U0362389

2011年天津市哲学社会科学规划项目成果

新中国天津商贸业60年

（1949—2010）

张堃 等编著

南开大学出版社

天　津

图书在版编目(CIP)数据

新中国天津商贸业 60 年：1949—2010 / 张堃等编著
. —天津：南开大学出版社，2017.5
ISBN 978-7-310-05396-4

Ⅰ.①新… Ⅱ.①张… Ⅲ.①商业史—天津—1949—
2010 Ⅳ.①F729.7

中国版本图书馆 CIP 数据核字(2017)第 143368 号

南开大学出版社出版发行

出版人：刘立松

地址：天津市南开区卫津路 94 号　　邮政编码：300071

营销部电话：(022)23508339　23500755

营销部传真：(022)23508542　　邮购部电话：(022)23502200

*

天津午阳印刷有限公司印刷

全国各地新华书店经销

*

2017 年 5 月第 1 版　　2017 年 5 月第 1 次印刷

230×160 毫米　16 开本　28.5 印张　2 插页　405 千字

定价：86.00 元

如遇图书印装质量问题,请与本社营销部联系调换,电话:(022)23507125

前　言

本书对中华人民共和国成立至 2010 年期间天津商贸业发展的历程进行了研究。这大约 60 年间天津商贸业的发展划分为七个阶段，即第一个阶段：从 1949 年至 1957 年国民经济恢复时期和"一五"时期的天津商贸业；第二个阶段：从 1958 年至 1965 年"二五"和国民经济调整时期的天津商贸业；第三个阶段：从 1966 年至 1977 年"文化大革命"时期及其后两年的天津商贸业；第四个阶段：从 1978 年至 1984 年经济体制改革初期的天津商贸业；第五个阶段：从 1985 年至 1991 年"有计划的商品经济"条件下的天津商贸业；第六个阶段：从 1992 年至 2001 年"向社会主义市场经济体制转变"时期的天津商贸业；第七个阶段：从 2002 年至 2010 年社会主义市场经济体制进一步完善时期的天津商贸业。由于第三个阶段的历史情况的复杂性和资料的不完整性，本书对这一阶段的天津商贸业没有进行介绍。因此，根据上述历史阶段的划分和第三阶段的特殊情况，将本书的内容划分为六章，每一章都分别阐述了该章所属历史时期的天津商贸业的发展状况。本书根据大量的历史资料对中华人民共和国成立后六十年期间的天津商贸业的发展状况进行较为系统的研究与阐述，以便经历过这一历史时期的人们和后人有更深入的了解和客观认识，对他们继续研究天津商贸业及其对天津乃至整个国家经济发展和社会进步所做的巨大贡献、成功经验、不足与失误都有一定的帮助；同时，也在一定程度上填补了天津市在这一领域研究的空白。在研究过程中，本书参考并引用了大量的史志和资料，为了尊重客观历史和便于作者查找原文，书中出现的一些度量单位（如尺、寸、两等）和专属名词（如国营商业、国合商业等），本书未做换算与解释，请读者予以理解。

目　录

第一章

国民经济恢复时期和"一五"时期的天津商贸业（1949—1957）

第一节 国民经济恢复时期和"一五"时期的商贸业管理体制

一、商业管理体制

天津市的商业管理机构和体制是根据具体的任务、管理方式和分工来决定，并随之变动而调整变化的。

（一）市级管理体制

1949 年 1 月 15 日，华北人民政府发布命令，宣布天津市人民政府成立。天津解放初期，一切商业活动由市人民政府下设的工商局统一管理。1949 年 9 月 11 日，天津市成立财经委员会统管全市各类经济活动，市工商局对其负责。此后，天津市一级的商业管理体制一直由委（办）、局两级机构组成。委一级机构的变化为：1955 年 2 月 22 日，财经委员会撤销，财粮贸办公室（也称三办）成立。

局一级机构的变化为：1949 年 2 月市供销合作总社成立；1953

年 4 月 9 日，原工商局分成国营商业局与工商局，国营商业局承担国营商业的领导与管理工作，工商局承担私营工商业的行政管理与加工订货及公私合营企业的工作；1953 年 12 月，粮食管理局成立，负责管理粮油商品的加工、储存、购销等活动；1955 年 2 月，粮食管理局改称粮食局，国营商业局改称商业局；1955 年 8 月，商业局分为 3 个商业局，其中，一商局负责管理日用工业品向埠外批发业务，二商局负责管理日用工业品供应天津市市场的批发和零售业务，三商局负责管理农副产品和食品批发与零售、饮食服务业等行业；1956 年 2 月，农产品采购局成立（转年 1 月撤销），负责管理棉花、烟、麻等采购及供应、出口业务。

（二）批发和零售管理经营机构

在天津解放后的较长时期中，天津公司一级的商业机构大多是政企合一的，批发机构又分为埠外辐射的批发和供应天津市的批发两种，零售机构只负责天津市商品市场供应。解放初期，天津与中央贸易部各专业公司对口，设立粮食、花纱布、百货、盐业、煤建、土产、石油、工业器材等公司，基本上负责批发业务，有时兼营零售业务。1952 年 12 月，百货、五金、工业器材、针织、纺织、文化、化工、石油、医药等工业品采购供应站（简称批发站）先后成立，市里同时相应设置批发公司，各批发站对埠外经营，各市公司对埠内经营。零售业务主要是由区、郊县零售公司承担。

（三）市区分工

天津市内 6 个区先后建立了百货、蔬菜副食、糖业糕点、修配、饮食、服务、煤建等公司，粮食局及土产总店、医药总店、五金总店等零售机构下设基层商店和门市部两层机构。1957 年以前，零售商业体制是条条垂直领导，市商业公司按批零一条鞭原则组织经营。

（四）城乡分工

供销合作社是农村商品流通的主渠道，所以城乡商业管理分工与其密切相关。1949 年，天津供销合作总社成立，初期以开展城市业务为主，同时也设立了农民服务社等机构，专为农民进城购销商品服务。当时的郊区商业活动由乡、村公所组织，多以小商小贩的自由交易为主。后来，各联村供销社、供销点纷纷兴建。1955 年初，天津郊区供销合作社成立，原天津供销合作总社改称天津消费合作社，并于当年底撤销，相应成立天津地方贸易公司，下设各区分公司。1957 年初，市郊区供销社与市农产品采购局合并成立天津供销合作社，除农村商品购销业务外，还负责领导主要为城市服务的棉花、烟麻、茶叶、废品、畜产等公司。

二、物资流通业管理体制

天津解放后，军管会立即着手接管国民党政府的仓库。同时，为了稳定物资市场，保证生产的恢复和发展，市人民政府指定由市财经委员会（后由市计划委员会）负责物资工作。从 1950 年 3 月，天津在政务院成立的全国仓库物资清理调配委员会领导下，组织各接管仓库、各国营企业开展仓库的物资清理，把呆滞、积压物资调配给所需单位，用于增加生产。自当年 10 月起，在国家财政经济委员会的领导下，对煤炭、钢材、木材、水泥、纯碱、杂铜、麻袋、机床等 8 种关系国计民生的重要物资实行统一的计划调拨。

随着国营工厂的出现，天津相应建立了负责物资分配调拨的职能机构，以保证这些工厂生产所需的原材料供应。1949 年下半年，天津原计划在市财政经济委员会内设供应处，负责重要原材料及产品的调拨分配和运输，后因一些因素的影响，此项任务实际上由这个委员会的计划处承担。按照国家要求和经济形势发展的需要，市财政经济委员会的机构、管理范围于 1952 年做了调整，在所属贸易合作处设立了物资分配科，负责国家统一计划调拨物资的对上申请和对下分配。到1955 年，市财政经济委员会撤销后，组建了市计划经济委员会和财粮贸办公室。市计划经济委员会内设物资分配计划处，负责全市生产建设所需各类统一计划分配物资的对上申请和对下分配；市财粮贸办公室内设物资供应处，负责计划分配物资的订货、经营和储运工作，同时主管地方建筑材料的生产、分配和调度。

三、外贸业管理体制

1949年1月15日天津解放后，天津市军事管制委员会下设对外贸易接管处，接管了旧政权的输出入贸易管理委员会天津办事处、津海关和商品检验局，没收了中央信托局天津分局和扬子天津分公司等官僚资本企业。在此基础上，于同年3月18日成立了华北对外贸易管理局。10月1日中华人民共和国成立后，设中央人民政府贸易部，随之改组华北对外贸易管理局为天津对外贸易管理局，受中央贸易部领导。

为了适应社会主义建设的需要，国家于1952年撤销贸易部，成立对外贸易部和商务部，各省、市、自治区的对外贸易管理机构改由对外贸易部和地方政府双重领导。其间，由于海关总署划归外贸部领导，天津对外贸易管理局曾与天津海关合并，但不久即为华北特派员办事处所代替。1954年2月1日，华北特派员办事处又改组为华北行政委员会对外贸易局，受外贸部和华北区行政委员会双重领导，原正副特派员改任正副局长。1955年3月1日，随着华北行政委员会撤销，华北外贸局又改为天津市对外贸易局，受天津市人民政府和对外贸易部双重领导。

自天津解放至1955年，天津对外贸易管理机构由"接管处"到"华北区"转变为"天津市"，由"管理局"到关局合并，又发展到"外贸局"，反映出中共七届二中全会确定的基本经济政策已经从组织上基本落实，实现了国家对进出口贸易的垄断和对外贸易经营与管理的统一。

第二节　稳定市场物价和构建社会主义商贸业体系

一、没收官僚资本商贸业企业

（一）没收官僚资本主义商业企业

天津的官僚资本商业企业为数不多。天津解放后，在市军管会贸易接管处的领导下，接管了官僚资本开办的长芦盐务局、山西实业公司、粮食调配处和中央信托局天津分局等商业机构。这些机构与由晋察冀边区迁到天津的原边区人民政府所属的商业机构一起，共同形成了天津市国营商业组织的基础。在国营天津市贸易公司下面，设有纱布、煤炭、盐业、百货、信托等专业公司。在没收官僚资本商业企业之后，新的商业机构得到积极发展，先后成立了合作货栈、供销合作社总社等。

（二）没收官僚资本主义物资流通企业

1949年以前，天津的仓储业，除几家外商洋行和银行兴办的部分仓库外，多属小型货栈。迎接天津解放时，工人们对仓储设施同对工厂、桥梁一样进行了重点保护。解放军一进城，就没收官僚资本的仓库，接管国民党的军用仓库和外商以及部分银行的仓库，建立了国营仓储企业，归国家贸易部在津设立的华北贸易公司储运部领导，担负华北地区商品流通中的储存、运输业务。天津解放后，军管会立即着手接管国民党政府的仓库。

（三）没收官僚资本主义外贸机构与企业

天津解放以后，天津军事管制委员会对外贸易接管处开始接收"输出入管理委员会天津办事处""天津海关""天津商品检验局"等国民党政府的对外贸易行政管理机构，以及"中央信托局天津分局""杨子公司天津分公司"等官僚资本的外贸企业，成立了华北对外贸易管理局和华北对外贸易公司等国营外贸企业，这些机构和企业构成了天津解放后对外贸易工作的基础。

二、平抑三次物价大波动

天津的解放，结束了近百年来帝国主义、封建主义和官僚资本主义在天津的反动统治，彻底摧垮了旧政权。但由于长期受帝国主义、国民党反动统治压榨，天津工商各业濒临绝境，生产经营极度萎缩，投机活动猖獗，市场物价狂涨。新生的人民政权面临着严重的财政经济困难，刚刚接管尚未恢复正常的经济，很快遭到投机资本的猛烈冲击。资产阶级投机商趁国营经济实力尚属薄弱、物资力量控制尚少、国家财政收支困难之时，兴风作浪，重操囤积居奇、哄抬物价的旧业，企图凭借物价工具为其谋利，破坏国家经济建设。面对危害国计民生、幻想支配市场的投机商，党和政府同他们开展了针锋相对的斗争，击败了他们一次又一次的进攻。从1949年1月15日天津解放到1950年3月国家统一财政，天津的市场物价由波动开始步入稳定，各种物价在当时的水平上稳定下来，至1952年经济基本恢复。平抑物价的斗争使新生的人民政权摸索积累了经验，初步掌握了驾驭物价的规律，逐渐形成了自己的经济建设雏形。

解放之初，物价波动十分频繁，仅1949年就发生三次大的物价波动。解放刚几天的天津，在人民币尚未占领市场、法币信用一直狂跌、市场交易未恢复正常时，摊贩开始聚集，成交物价相当混乱，计价多以金银为标准，黑市黄金、银圆、美钞交易抬头，金银充斥市场。在天津市军事管制委员会公布兑换金圆券比价、禁止金银流通、确立人民币为法定币之后，人民币才逐渐占领市场，物价渐趋统一。1949年2月上旬，人民币虽已占领市场，但商业行庄多未复业，金融处于半冻结状态。天津物价低于外地，这样，各地商贩及已解放地区公营采购集团拥入天津市大量购买物资，使货币大量流入天津市。因此物价除粮食以外，一般工业品都呈上涨趋势。

1949年2月中旬，各行庄陆续复业，金融已渐流通，批发市场也恢复，交易渐旺，游资增多，投机资本乘机活动，物价继续上升。至下旬，天津市物价已高于外地，货币流入大大减少，并有人携款赴外市购货。为此，市人民政府随即加强对黑市的管理，组织信托公司，打击投机活动。因而物价又转向回落，游资也多转入证券。

1949年3月上旬，申汇开放及南北通航后，上海物价狂涨，而申汇牌价未能及时调整，故投机资本又开始活跃，牵动天津物价上涨。后因人民银行通令各私人行庄暂停申汇，并随上海物价波动，及时调整牌价，才摆脱了上海物价波动的影响。加上物资交流及城乡贸易趋向畅通，粮食由南方、西北和东北各地源源运入，部分工业产品大量输出，市场供求始渐正常。

第一章　国民经济恢复时期和"一五"时期的天津商贸业（1949—1957）

　　1949 年 3 月下旬物价出现解放后罕见的平稳，其中以粮食最为明显。4 月初，国共和谈破裂，投机商乘机蠢动。由于证券黑市被政府取缔，游资乃转向大量套购黄金及各种实物，市场物价又趋上涨。为此，天津市人民政府采取了大量抛售，打击取缔投机黑市及紧缩银根等措施，使物价稍见回落。但由于华北大部区域春旱，尤其冀中春荒更甚，引起农村物价上涨，而天津市物价偏低，使粮食大量外流；纱布又适逢销售旺季，东北、西北各地客商大批来津采购。4 月 6 日黄金牌价突由 19000 元跃升到 28000 元，导致游资迅速集中于纱布、面粉。加之投机奸商哄抬物价，致使物价继续上涨，终酿成天津解放后第一次大的物价波动。从 4 月初至 5 月中旬，物价上升为 119.8%，其波动特点是纱布上涨突出，粮食次之。

　　解放前，纱布是投机倒把与囤积的主要对象，不但纱布经营者以此作为投机资本，其他行业也多以纱布作为筹码，干投机生意。因此平稳物价，抓好平抑纱布上涨是关键。天津的纱布黑市主要集中在六号路永和里锦荣大楼和西马路南小道子一带。那里的跑合店铺投机商们控制着纱布价格。1949 年第一次物价大波动时，市工商局与国营花纱布公司配合，曾对他们进行清查整顿，但因没能建立与之对应的国营交易市场和采取必要的制裁而打击不力。这次波动后在吸取教训、总结经验的基础上成立了天津市纱布交易所，并公布了《天津市纱布交易所管理交易暂行办法》，规定了交易的品种范围、数量限额，凡不按规定进行交易者，皆视为不正当交易。这一来大大打击了投机活动，初步控制了纱布的来源及交易。同时工商、税务、公安、纱布交易所共同配合，检查各种投机行为。查获非法交易者，送法院依法处理或在报上公布，对杜绝黑市纱布交易起了作用。天津纱布交易所成立之后，不但制定了管理办法，还针对具体情况采取了一些行政管理手段控制物价。如：实行凭证入城购货；实行购货介绍信及外埠采购证明；登记审批采购数目，天津市坐商及行商凭折子及行商证明购货；各工厂购纱实行卡片，根据生产需要数目及供应情况按天批数；强调私商与国营纱布公司牌价一致；各染厂及织布厂所出一切成品必须拿到市场出售。

在第一次物价波动刚刚平息 20 余天后，天津又出现了第二次物价波动，时间是自 1949 年 6 月下旬至 8 月上旬。这次波动较第一次波动在时间、范围、上涨幅度上更甚，物价上升了 201.6%。7 月 4 日至 24 日达最高峰。20 天中，棉布每匹上涨 76.99%，棉纱每件上涨 109.5%，白面每斤上涨 122.2% 以上。几种主要物品批发价格平均上涨一倍多。造成上涨的原因是多方面的，大致有以下几点：①受上海及江南新解放区物价高涨影响；②平沪通车后投机商北来抢购物资，游资充斥市场；③市外水灾严重，灾民接受 1939 年水灾教训，纷纷购粮；④北宁路运输曾一度断绝，粮食来源不畅；⑤天津市投机奸商乘机活跃；⑥各地公营采购集团竞相争购等。这次物价波动与前一次一样，仍是纱布上涨最先，接着是粮食，所不同的是最后转向了股票。为平抑这次物价波动，政府不但采取大量出售、先提后压的策略，还进一步加强行政管理，树立长期管理市场的思想，制定纱布粮食管理办法，加强外地采购集团及人员的登记管理，采取主动掌握市场货量、组织调剂供求、检查囤积、打击投机行为等措施。加之 9 月初天津市召开了各界人民代表会议，10 月 1 日中央人民政府成立，这种政治局面使人民群众情绪高涨，民心稳定，使物价很快平稳下来。然而这种平静没多久，又出现了更大的物价波动。

第三次物价波动是由于财政发行所致，加上东北禁运粮食入关，西北发生鼠疫运输禁止，农村收购棉花投下大批货币，汇集城市购买实物，因而造成天津市货币骤然膨胀。自 10 月中旬起，物价开始节节上升（此次波动是全国范围的）。这样一来，私营工商业均存货不售，市民纷纷抛出货币抢购物资。粮棉黑市价格高出牌价一倍，仍是有行无市。各街粮食代售店门前，市民购粮拥挤。11 月 12 日群众在粮店前打架者有 10 余起，市场之混乱与人心之浮动为天津解放后 10 个月来前所未有。这就是第三次也是最严重的一次物价波动。时间为 10 月上旬至 11 月下旬，物价上升为 310.5%，其特点是纱布先期上涨，形势逐步猛烈，后粮食价格突出高涨，形成严重的粮食问题。

针对这种情况，天津市人民政府除召开干部会议说明物资来源充沛，多向群众做解释工作外，具体做法是，首先保证基本群众的生活用品，这些用品直接由公家供给。当时计有合作社员 60 余万人，保证社员每人每天至少可购粮一斤；同时扩大吸收社员，社员家属均可入社。这样就可保证全市三分之一强的人口直接由公家售给粮食。另外粮食公司在市内有 300 余处代售店，这种代售店在物价波动时有囤积牟利之弊，为此政府决定抽调大批干部，往每店派一人监督售粮，制发购粮证，按每户人员计量，每天每口可购粮一斤，一次准购两天主粮。还决定增设公营售粮店为粮食公司的基层组织，使绝大多数粮食零售由公司直接掌握。对花纱布则停止售给私商，采取直接供给生产者及直接零售的办法，委托布商代售，限定每人购买 5 丈，不售整匹，以保证市民需用为主。这些办法实施后，摆脱了商人操纵及投机者哄抬物价的局面，自 11 月 14 日起物价开始回疲，同时银根转紧，囤积户亦向外吐售，至 11 月 25 日物价普遍转落。

1949 年三次大的物价波动之后，1950 年 1、2 月份物价仍处于波动之中，其中以 2 月份为 1950 年上涨最高峰，但较前几次略为逊色。这次波动与前几次有明显的不同，这次波动是根据中贸部对全国物价的指导方针在天津市人民政府统一部署下，密切结合经济部门，伴随着全国物价形势，有计划、有步骤稳步上升的。1950 年 1 月 5 日国家公布第一期公债，虽然上海物价不断提高，细粮实销渐增，市场曾一度紧张，但不少商人认为公债推销，物价多看回落，因而整个市场除细粮外，成交并不踊跃，商人亦多裹足不前，此时行庄存款不断增加。国营公司根据全国物价形势主动调整物价。1 月下旬初，国家开始发行新钞，运费、外汇、电讯等价格均同时调整。与此同时，粮食、纱布、信托等公司大量供应物资，银行提高利率，政府征收行房捐、清洁费等，在各种措施配合下，使物价形成稳升局面。为了防止因津沪物价差额过大而引起天津物价大波动，在中贸部指示下，天津支援上海，跟随上海的物价稳步上提。

纯粮食方面，两个月出售达 16000 万斤之多。纱布方面，适逢销售旺季，为避免商人投机，采取了"细出稳提"的方针，控制出售，两个月来仅出布 6897 件、纱 3196.5 件。整个市场也表现了粮食成交活跃，纱布虽呈上升但成交清淡的显著特点，终未造成大的波动。

1950 年 3 月 3 日，中央人民政府政务院发布《统一国家财政经济工作的决定》。在全国范围内从财政、金融、商业等方面采取了一系列的新措施，即统一全国财政收支、统一全国现金管理、统一全国的物资调度。在当时，这是我国从战时经济到和平建设经济的转变，是争取财政收支平衡、稳定市场物价的关键所在。天津认真贯彻了中央指示，收到了很大效果，虚假购买力消失，物价基本稳定下来。例如，当时全市 43 种主要商品批发物价指数以 1950 年 2 月为 100，4 月为 101.1，5 月为 91.63，6 月为 91.94。至此，天津物价情况发生了根本的变化，结束了国民党反动统治造成的十余年物价波动的威胁，改变了物价波动所导致的生产萎缩、通货膨胀等经济病态，扭转了物价波动时被动挨打的局面，开始步入主动驾驭物价的阶段，使物价成为国家经济建设的工具，给恢复与发展生产铺平了道路。从 1950 年 3 月中央统一财经，至 1953 年第一个五年国民经济计划实施前，物价虽有波动，但在党中央的统一领导下都很快平抑了，终未发生大的波动。

三、初步建立社会主义商贸业体系

（一）社会主义商业体系的建立

天津解放后，在党和政府的领导下，天津商业得到了迅速的恢复和发展，在建立和发展国营商业和合作社商业、发挥公有制经济对市场的领导作用的同时，鼓励多种经济成分、多种经营方式和多条流通渠道并存。

解放之初，军事管制委员会在接收了国民党政府的部分商业行政部门和没收了官僚资本的商业企业的同时，建立了市工商局、市财政经济委员会等各级商业行政领导机构，并相继成立了市贸易公司、天津合作总社、市民消费合作社以及粮食、百货、花纱布、煤建、信托、土产等专业批发公司和市零售公司等国营商业系统，并于 1949 年 6 月在接收旧中原公司官僚资本的基础上成立了天津第一个国营大型零售商业企业——天津市百货公司（即现在的百货大楼），与零售公司、合作总社和天津第一个实行公私合营的中原公司（含旧中原公司的民族资本等部分）四个较大的零售企业组成了解放初期天津商业零售网络。这一时期，天津商业发生了本质的变化，国营商业和合作社商业从无到有，逐步发展壮大起来。

在商业恢复营业的过程中实行了"公私兼顾、劳资两利、城乡互助、内外交流"等政策，号召私营工商业者迅速复工复业，解放仅两个多月，商业复业率就达 92.8%，形成了国营商业、国家资本主义商业、私营商业等多种经济成分并存的社会主义商业流通体制。国营商业通过加工、订货、统购、包销、代销等多种形式，对公私工商关系进行调整，稳定物价，繁荣市场，活跃城乡物资交流。到1952年，在商业部门职工中，国合商业职工人数由1949年的5987人增加到21176人，而私营商业职工人数由1949年的53989人减少到33845人；在社会商品零售额中，国合商业所占比重已由 1950 年的 17.1%上升到34.7%，而私营商业所占比重由1950年的82.2%下降到64.2%；在纯商业机构商品批发额中，国合商业所占比重已由1950年的36.0%上升到72.1%，而私营商业所占比重由1950年的64.0%下降到27.5%。

1953年，为了稳定商品供应并不十分丰富的市场、稳定物价、保障供给、保证社会主义经济建设有计划地顺利进行，开始实行统购统销政策，并先后对市民实行了粮食、食用植物油、棉布等凭票证定量、定点、按计划供应，这是实行商品分配定量供应的开始。到1956年底，天津商业实现了全行业公私合营，并初步形成了以国营商业为主导、多种经济成分并存的社会主义商业体系。为适应形势发展的需要，国营商业系统开始实行"一级站、二级站、三级站、零售店"的商业流通体制，这种流通体制以后虽然有些调整变化，但基本上延续了三十多年。

（二）社会主义外贸体系的建立

1949 年 2 月 7 日，天津市军事管制委员会下设的对外贸易接管处经过审查决定接管以下 13 个单位：输出入管理委员会天津办事处、工商部天津商品检验局、津海关、中央信托局天津分局、中国石油公司天津分公司营业所、中美联合企业公司天津分公司、扬子建业公司天津分公司、祥记公司、中国工矿建设股份有限公司天津分公司、泰东贸易股份有限公司、三友公司华北办事处、中华植物油厂、同记公司。

在此基础上，于 1949 年 3 月 18 日成立了华北对外贸易管理局。同时，成立华北对外贸易公司，下设进口、出口、储运、油脂、土产药材 5 个部，初步开展了国营经济的对外贸易。1949 年 9 月，先后建立了华北猪鬃、油脂、皮毛、土产、蛋品等 5 个出口专业公司和 1 个进口公司，国营比重开始上升。

1949 年 10 月 1 日中华人民共和国成立后，设立了中央人民政府贸易部，随之改组华北对外贸易管理局为天津对外贸易管理局，受中央贸易部领导。1950 年 1 月，天津海关由华北对外贸易管理局移交海关总署直接领导；2 月，津海关改称为"中华人民共和国天津海关"。1950 年 6 月 27 日，中国皮毛公司在津成立；该公司在上海和西安设区分公司，在北京、包头、石门设直属公司。1950 年 7 月 1 日，中国土产公司天津分公司成立；主要业务是经营土产出口，调剂市场供应天津市工业所需的土产原料。1950 年 10 月 1 日，中国蛋品公司在津设立直属分公司，负责领导河北、平原、张家口及绥远 4 个分公司、办理华北地区有关业务。1950 年 11 月 7 日，华北对外贸易公司储运部改组为天津国外运输公司。

第一个五年计划前，为了适应社会主义建设的需要，1952 年撤销贸易部，成立对外贸易部和商务部，各省、市、自治区的对外贸易管理机构改由对外贸易部和地方政府双重领导。其间，由于海关总署划归外贸部领导，天津对外贸易管理局曾与天津海关合并，但不久即为华北特派员办事处所代替。1954 年 2 月 1 日，华北特派员办事处又改组为华北行政委员会对外贸易局，受外贸部和华北区行政委员会双重领导，原正副特派员改任正副局长。1955 年 3 月 1 日，随着华北行政委员会撤销，华北外贸局又改为天津市对外贸易局，受天津市人民政府和对外贸易部双重领导。

自天津解放至 1955 年，天津对外贸易管理机构由"接管处"到"华北区"转变为"天津市"，由"管理局"到关局合并又发展到"外贸局"，反映出中共七届二中全会确定的基本经济政策已经从组织上基本落实，实现了国家对进出口贸易的垄断和对外贸易经营与管理的统一。

截止到 1957 年底，天津外贸机构根据中央精简精神和业务需要，将原有的 9 个国营公司、8 个合营公司、2 个办事处合并成 13 个公司、2 个办事处。8 个合营公司分别与国营公司合并办公，保留合营名义，对外挂双牌。同时根据天津市人民委员会决定，成立地方国营天津海轮服务公司，年底开始营业。

第三节　"三反""五反"运动和对私营商贸业的社会主义改造

一、商业系统的"三反""五反"运动

在中央统一部署下，从 1951 年底至 1952 年 5 月，天津市开展了"三反""五反"运动，打退了资产阶级的进攻，纠正了工作中的偏向。经过"五反"运动，全市查出不法资本家共盗窃国家资财 2 亿元以上。"五反"运动后期，对资本主义工商业中的违法户，分别不同情况作了处理。全市私营工商业共 68046 户，其中守法户 9525 户，占 13.9%；基本守法户 48974 户，占 71.97%；半守法半违法户 7491 户，占 11.01%；严重违法户 1772 户，占 2.6%；完全违法户 284 户，占 0.42%。

天津市的"三反""五反"运动，只用了 5 个月多一点的时间。由于注意了"运动与生产相结合"，因此运动初、中期，加工订货未中断，私营工厂尚能维持生产。但在运动中一些干部滋长了"左"的情绪，在处理劳资关系时，强调斗争，忽视团结；在处理公私关系时，只顾国营，不顾私营。国营商业和合作社商业发展速度过快过猛，加工订货标准要求过高过严，误期罚款过重。因此，"五反"运动后期，私营工商业再度出现生产减缩、市场萧条、劳资关系动荡的困难，工厂停工半停工增多，失业队伍扩大，国家税收减少。

市委和市政府为了解决"五反"运动后期出现的问题，一方面大力宣传党和政府对资产阶级的政策，明确规定民族工商业的地位和"合法利润与非法利润"的界限，纠正干部和职工中"左"的情绪；一方

面采取调整加工订货的价格与标准，组织各种专业会议，开展城乡物资交流，扩大加工订货范围，放宽银行贷款尺度，扩大批零差价，国营、合作社营商业减少经营品种，缩小零售阵地，延缓退罚"五反"赃款等一系列措施，扶持私营工商业恢复和发展生产、贸易。到 1952 年底，私营工业的生产普遍恢复并超过了"五反"前的水平，私营商业从 1953 年开始也逐渐恢复起来。1952 年全年，私营资本主义工业有 56 个行业，其产值为 63444 万元，其中加工、订货、包销、收购的产值为 38554 万元，占 60.77%。全市面粉、棉纺织、植物油、盐、碱等工业，基本上都为国营企业加工而生产。同时，私营工商业在国家经济中的比重进一步下降。1952 年底，国营工业产值在工业总产值中的比重由 1951 年的 41.3%上升到 50.3%，私营工业则由 48.2%降到 37.9%；私营商业在商业营业总额中的比重由 1951 年的 54.37%下降到 35.94%。而国家资本主义的加工订货等产值又占了私营工业总产值的 60%。国营和国家资本主义经济占了优势。

二、对私营商贸业社会主义改造的准备工作

天津是中国主要的商业贸易中心，民族资本占有很大的比重。天津的民族资本主义商业在全市社会商品零售额和纯商业机构批发额中的比重，1950 年分别为 82.24%和 64.01%，到 1952 年仍分别为 64.21%和 27.47%。这表明民族资本主义经济力量还相当大，对它进行改造，从而壮大社会主义经济，是摆在人民政权面前的一项重要任务。

按照中央的指示，天津对民族资本主义商贸业的社会主义改造采取了国家资本主义的形式。国家资本主义商贸业分为初级形式的加工、订货、收购、包销、经销、代销以及高级形式的公私合营。对私营商贸业改造的过程是由国家资本主义的初级形式向高级形式不断发展的过程。

1953 至 1957 年是中华人民共和国第一个五年计划时期。这个时期的中心任务是：为实现国家的社会主义工业化和为实现国家对农业、手工业以及资本主义工商业的社会主义改造而奋斗。

在建立和发展国营商贸业的同时，对资本主义商贸业实行利用、限制、改造的政策。维护资本主义商贸业的正常发展，以利于国民经济的迅速恢复，对不法资本家的投机活动进行打击和斗争。对资本主义商贸业加强控制和引导，从而把私营商贸业企业纳入国家计划轨道，以适应各种经济并存的流通体制。

天津商贸业在第一个五年计划期间，紧紧围绕社会主义商贸业的中心任务，不断巩固国营商贸业的领导地位、占领市场，有计划、有步骤地对私营商贸业进行社会主义改造，改善经营管理，做好市场供应和对外交流，为国家建设积累资金和提供服务。

在国民经济恢复时期，为了稳定市场物价，打击投机倒把，制止通货膨胀，天津市商业系统实行资金统一下拨，销货款逐级上缴的贸易金库回笼制。当时各零售单位统一向批发单位进货，销货款全部上缴，在财务管理上实行报账制，各批发、零售单位先后改为独立核算。

1955年，天津市消费合作社与国营零售公司合并。同年8月，天津市百货公司接收市合作总社分布在各区的国营百货、针织品业务的35个零售机构，共计930人，将这些零售店的财产、人员原地划分给各区百货商店，改为国营百货门市部。为了扩大商品流通和对私改造，天津市百货公司派出干部、职工组成工作小组先后在市内和塘沽建立9个百货商店，并按区设立综合批发部。区商店和综合批发部由市公司和区人委双重领导。各区建立国营百货商店后，成为本区百货市场的领导和骨干力量，发挥着国营领导作用。其任务：①对本区零售门市部进行宏观调控，为公私合营归口做准备。②管好本区市场，实行对私改造。

1956年，经过几年的准备，对私改造工作在全市掀起高潮。根据党的政策，各市公司对属于本公司归口的私营批发商、私营零售商、个体小商小贩进行了全面安排和改造，胜利完成了这一历史任务。

三、对私营批发商的社会主义改造

根据中央关于国营商业首先必须代替私营批发商的指示精神，天

15

津市自 1953 年开始，从批发商入手，对资本主义商业进行社会主义改造。1952 年 10 月成立的天津市公私合营瓜菜栈隶属于天津市国营零售公司，1952 年 10 月划归中国土产公司天津分公司领导。1953 年 12 月建立的国营蔬菜站为中国土产公司天津土产副食品公司（1954 年改称中国土产公司天津市分公司）下设的经营单位。由于国营和公私合营蔬菜批发业尚很弱小，无力调节市场。当时中共中央提出要建立经营蔬菜业务的专门机构，改造旧的菜市，建立蔬菜收购批发站，负责收购菜农的蔬菜，再批发给公私蔬菜零售商，限制和改造私营蔬菜批发商。1955 年 12 月，国务院规定蔬菜划归国家统一经营并成立中国蔬菜食品杂货公司。根据这一要求，天津土产公司负责领导并完成对私营蔬菜批发商的改造和合营工作及部分瓜菜零售商贩的公私合营工作。

1956 年初公私合营后，在金钟路市场内设立公私合营瓜菜批发总店，将金钟路、台儿庄、小西关、旱桥、凤林村 5 个市场的 297 户私营菜贩组织起来成立了 25 个公私合营瓜菜批发分店。瓜菜批发总店和分店归中国土产公司天津市分公司领导。

天津市百货公司负责归口的私营批发商共有 655 户，从业人员 3194 人。根据留、变、转、包的精神，1954 年市公司安排百货、纸张、转运、货栈、自行车等 5 个行业、331 户、1959 人。1955 年市公司又安排 188 户、821 人。到 1955 年底，通过多种形式，市百货公司共安排私营批发商 519 户、2780 人。余下的 136 户、从业 414 人在 1956 年实行了全行业合营。

对私营批发商，国家通过采取多种改革措施，有的已无法维持经营。因为国家执行统购、统销政策后，从进销渠道上、银行贷款上、工商管理以及税收政策等多方面，限制了私营批发商的经营和发展。这时国营批发业占领了市场，起着主导作用。

随着全国对私营工商业改造工作的进展，对全市 122 户私营出口商进行清产核资后，按其经营范围组成 8 个公私合营联合专业公司，分别由 5 个外贸公司（畜产、土产、食品、杂品、机械）归口领导。

四、对私营零售商的社会主义改造

对私营零售商和对私营批发商的改造政策不尽相同。对私营零售商按照"全面规划、统筹安排、积极改造"的方针，从 1954 年底开始这方面的准备工作，1955 年开始进行全面改造。

天津市百货公司负责归口的私营零售商有：百货、钟表、缝纫机、服装、鞋帽、皮件、唱机、玻璃、料器、自行车、化妆品等十余个行业，1378 户、4077 人（其中职工 1824 人），共有资金 412 万元。在调整、改造过程中，对部分零售商店有的合并、有的撤点。到 1956 年 1 月 18 日市百货公司负责归口改造的百货、玻璃、服装、鞋帽、钟表、眼镜等 7 个行业、1306 户私营商店（包括天津劝业场）在全市公私合营高潮中，全部实现公私合营。

1954 年禽蛋行业在市工商局、国营公司领导下，由区片小组走向联合联营，成立了鸡鸭卵联营社。1955 年开始对私营资本主义商业的社会主义改造。1956 年 1 月初中国食品公司天津市公司成立公私合营鸡鸭卵业筹备委员会，18 日，鸡鸭卵全行业挂牌合营，建立了 5 个市总店、8 个经理区、74 个门市部，各区总店业务由市公司领导，行政由区领导。公私合营 625 户，占坐商、摊贩 975 户的 64.1%；从业人员 775 人，占合营前从业人员 1176 人的 65.9%。1956 年底对禽卵行业的社会主义改造基本结束，至此禽蛋经营由国营商业统一掌握。

1955 年 12 月，全市糕点业率先公私合营，成立天津市公私合营糕点公司，按行政区下设糕点总店，将参加合营的 238 个糕点门店中的 186 个作坊合并为 36 个生产厂（车间）。1956 年 9 月，根据天津市第三商业局和中国糖业糕点公司的通知，在原公私合营糕点公司的基础上，正式成立中国糖业糕点公司天津市公司。为便于业务划分和专业对口，中国百货公司天津采购供应站和中百天津市公司于 1956 年 10 月将食糖、饴糖、糖果、糕点、蜜饯、罐头、奶粉、奶制品及其他糖制品、小食品等批发业务，全部移交给中国糖业糕点公司天津市公司。

17

五、对个体小商小贩的社会主义改造

从 1955 年开始，对百货行业的摊贩进行整顿和管理。到 1956 年底、属于市公司归口的百货、玻璃两个行业的小商小贩共有 1479 人，已经组织起来的有 1273 人，占 86%。其中组织联购、联销自负盈亏的合作商店 24 个，295 人；联购、联销合作小组 78 个，978 人；其余 206 人另有出路。此外，1956 年公私合营时，另有划归各区公司管辖的酱菜业摊贩 275 户，281 人。其中合营的 258 户，263 人。

至此，天津商贸业按照党的方针、政策，通过不同形式完成了对私营批发商、私营零售商和个体小商小贩的社会主义改造的历史任务。在此期间，商业的经济成分发生显著变化。若以当年的全市商品零售总额为 100%，各种经济成分所占比重的变化是：1950 年，国营商业占 12.4%，合作社商业占 8.7%，私营商业占 78.9%；1955 年，国营商业占 44.7%，合作社商业占 4.2%，国家资本主义及合作化商业占 1.4%，私营商业占 49.7%；1957 年，国营商业占 44.2%，合作社商业占 4%，国家资本主义及合作化商业占 49.9%，私营商业下降到 1.9%。在这一阶段，天津市和全国一样，实行以国营商业为领导，多种经济成分并存，在商业工作上是注意按经济规律办事的。经过五年的探索和努力，天津商业系统总结出许多行之有效的规章制度和管理经验，对后来的发展起了积极作用。

第四节　国民经济恢复和"一五"时期天津商业的发展

一、天津商业承担的主要任务

中华人民共和国成立初期，国民党反动政府遗留下来的是一个商业萎缩、投机猖獗、物价狂涨的市场。摆在天津商业面前的任务是迅速壮大社会主义商业，打击投机活动，稳定市场，繁荣经济，保障城市供应，为恢复和发展国民经济创造有利的市场条件。为了保证这一任务的完成，要集中抓三个方面的工作：一是没收官僚资本，在这个基础上建立和发展国营商业；二是管制对外贸易，摆脱国际资本主义市场对国内市场的影响，使对外贸易为恢复国民经济服务；三是打击投机活动，稳定市场，使私营工商业逐渐转入正常经营。三条战线要同时展开，协同作战。

根据国家"一五"计划的要求以及天津市的具体情况，天津在1954年12月编制完成了"一五"计划。1955年6月，中共天津市委召开了第二次党代表会议，讨论了《关于天津市发展国民经济的第一个五年计划报告》。同年9月，天津市第一届人民代表大会第三次会议讨论并通过了《天津市第一个五年经济计划纲要》。会议提出，"天津市第一个五年计划的方针是：在全国平衡的基础上，尽量利用现有设备能力，积极稳步地对资本主义工商业、手工业和农业进行社会主义改造，以支援国家建设，供应人民日益增长的对生产资料和生活资料的需要，并在提高劳动生产率的基础上，相应地提高人民的物质生活和文化生活水平"。为了保证上述任务的完成，天津市"一五"计划对于天津商贸业提出的任务是：为了适应国家建设和市场发展的需要，国营商业和合作社商业应该有计划地扩大商品流转，加强批发业务及调拨业务，改进对工业原料的供应，积极推销工业产品，认真扶植生产；节约流通费用，加速资金周转；加强对市场的领导和管理，活跃城乡，内外交流。

二、天津的批发商业

（一）国民经济恢复时期天津批发商业的形成

1949年，中国共产党晋察冀边区政府通过自己的经济组织以及相继建立的永茂、德茂等几个地区贸易公司开展了天津地区及其外围地区的商业经济工作。1949年1月15日天津解放，为了迅速把握国民经济命脉，稳定物价，保证市场供应，保障人民生活基本需求，解放的当天，永茂、德茂等几个贸易公司连夜赶赴天津就位。在天津市军管会领导下，成立了"天津市军管会贸易接管处"，同时接受了原国民党官僚资本企业的全部留用人员，下设三个部：百货部、粮食部、花纱布部，分别负责百货行业、粮食行业和花纱布行业方面的接管工作。这一时期，通过抓住大的中心市场、争取吞吐商品、控制供货、打击投机倒把等几个重大措施稳定了天津市场。

中华人民共和国成立前的一段时间，由于各地解放的时间先后不同，加上国营商业一进入城市立即投入了打击投机活动、稳定市场的斗争，还没有来得及从组织、制度上建立全国的统一领导，财经工作仍由各地分散管理、分散经营。因而，虽然在打击投机活动、稳定市场方面取得了很大胜利，但由于力量分散，市场物价波动并未从根本上制止。为了加强市场领导，调剂物资供求，集中力量在主要方面给投机商以致命打击，争取财政经济状况的根本好转，亟须建立对贸易工作的统一领导。1949 年 11 月 1 日，在原中央商业处的基础上，正式设立了中央人民政府贸易部，统一管理国内商业和对外贸易，并着手进行统一全国贸易的准备工作。1950 年 3 月，中央人民政府政务院先后发布了《统一国家财政经济工作的决定》和《统一全国国营贸易实施办法的决定》，提出财政、物资、资金三统一的要求，建立起集中统一的管理体制。在统一其他财经工作的同时，也统一了全国的内外贸易。当时的主要措施是：①建立全国性的专业公司。从 1950 年 2 月开始，在原各大行政区和省、市、自治区贸易公司和没收的官僚资本商业的基础上，先后建立了盐业、粮食、油脂、百货、花纱布、煤建、土产、石油、工业器材、皮毛、猪鬃、蛋品（后面三个公司合并为畜产公司）、矿产、进口、进出口等 15 个专业总公司，在中央贸易部统一领导下，分别经营国内商业和对外贸易。各专业总公司根据业务需要，在省、专区、市、县设立分支机构，由总公司统一管理、统一经营，在全国范围内统一核算。②建立贸易金库制度，实行资金大回笼。各级专业公司固定资产和流动资金都由中央贸易部（通过各专业总公司）统一分配和调度、使用；各级专业总公司的现金收支，一律实行"贸易金库"制；企业实现利润和其他一切现金收入，均须按专业系统逐级上缴，由中央贸易部汇总交库，企业财产损失和一切费用开支均须列作计划，报中央贸易部批准，由专业总公司以支付通知书通知金库支付。这种全国范围内的统收统支制度把全部资金置于中央贸易部（通过专业总公司）的统一管理之下。③建立商品调拨制度，实行物资大调拨。地区之间、各级专业公司之间的商品调拨，均须按中央贸易部批准的各专业总公司的调拨计划执行；为应付市场急需，临时性商品调拨必须由专业总公司根据中央贸易部指示开出调拨单始能进行。从而，把国家掌握的物资全部置于中央贸易部（通过专业总公司）的控制之下。这一时期在天津设立的总公司的分支机构有中国百货公司华北区百货公司和天津市公司、中国花纱布公司天津市公司、中国工业器材公司天津市公司等。

1950年4月1日，原华北百货公司天津分公司改名为华北区百货公司天津市公司，并实行"调剂物资，回笼货币，掌握物价，统一贸易"指导下的商业工作方针。对原来的批发业务机构生产采购部进行了充实加强，作为公司领导下相对独立、自主经营的单位，下设采购、调拨、储运、财会等科室，并改称为进货储运室，执行华北区百货公司批发业务职能。进货储运室积极贯彻扶持工商业恢复和发展的政策，使天津市百货生产行业，特别是关乎国计民生的重要商品及各种名牌商品的生产厂家恢复了生产，并使有的厂家发展到很好的程度。同时，对300户左右的生产厂家经销、代销百货小商品。由于控制了本地百货行业主要商品货源和上级拨付的所接受的敌伪物资，以及中国百货总公司拨付的苏联和东欧国家的进口商品，同时还掌握了华北地区及全国主要产销地区的市场信息，认真执行了中国百货总公司及天津市财委、商业局的调拨指令，及时把主要物资拨运送到全国各地，诸如华北、西北、东北和天津市的各主销区，支持了各地国营百货商业，有效地占领和控制了批发阵地，打击了投机资本势力，对稳定市场物价、活跃城乡物资交流及安定人民生活起到了国营商业主渠道的作用。这个时期经营的范围很广，计有百货、文化、针织、纺织、建材、糖、烟、酒、日用土特产等，是一个集日用工业品、副食品等的较为综合的商业部门。

　　1950 年 2 月 6 日中国花纱布公司筹备组在北京召开第一届全国经理会议，讨论通过《中国花纱布公司组织条例》。1950 年 3 月，中央人民政府发布《统一全国国营贸易实施办法的决定》，同年 3 月 10 日中国花纱布公司在北京正式成立。天津市花纱布公司被列为中国花纱布公司（以下简称总公司）直属企业，定名为"中国花纱布公司天津市公司"，由总公司直接领导，统管全市原料、棉纱和棉布的收购、调拨和供应工作，并实行贸易金库制度，财政上统收统支，形成高度集中的管理体制。根据纺织品货源和供求情况，商品采购的主要形式是"以货易货""加工订货""统购包销""自由选购"等。但对不同的品种，其采购形式也不尽相同，其中对棉纺织品主要是实行计划收购、计划供应（简称统购统销），到敞开供应；对呢绒、丝绸、化纤产品则实行选购、包销、订货等形式，到自由选购。花纱布中的统购商品主要包括棉纱、棉花、棉布，化纤混纺布因含棉也曾被列入统购范围。1951 年 1 月 4 日政务院财经委员会发布《关于统购棉纱的决定》，其主要内容是：凡公私纱厂自纺部分的棉纱，均由国营花纱布公司统购。现存的棉纱均行登记，停止在市场上销售，均由国营花纱布公司承购。此项决定发布后，除单织厂生产的纱布仍有少量自营外，棉纱和大部分布匹均由国营花纱布公司所掌握。

　　1950 年 2 月，政务院发布《关于统一全国国营贸易实施办法的决定》，根据这一决定，中央贸易部成立中国工业器材公司，并在天津、广州两地设办事处，各省（市）设置分支机构，天津成立工业器材市公司。由中国工业器材公司实行统一物资调拨、统一核算、统收、统支的高度集中管理体制。国民经济恢复时期急需大量工业器材，国内工业器材工业基础薄弱，又处于恢复生产阶段，市场奇缺，多依赖进口。帝国主义列强封锁、禁运，对外贸易主要对苏联、东欧各国和港、澳地区。天津特殊的优越地理条件使得苏联和东欧各国工业器材多从天津进口，港、澳工业器材多从广州进口，并分别由津、穗两办事处接收，再调运全国各地，支援国民经济的恢复和建设，供应抗美援朝物资。天津成为北方工业器材商贸中心。1951 年中国工业器材公司系统全国购进 3.34 亿元，其中天津占 40%，广州占 29%，上海占 14%；

1952 年全国购进 6.255 亿元,其中天津占 20%,上海占 19%,广州占 12%。

在国民经济恢复时期,合作社商业也迅速发展。早在 20 世纪 30 年代,各个革命根据地就开始建立合作社商业。它是农村劳动人民在中国共产党领导下,自愿集股、联合组织起来的集体所有制商业,主要形式是供销合作社。中华人民共和国成立后,合作社商业也建立起全国的领导系统,开始是在中央人民政府政务院设立合作事业管理局,指导和推动合作事业的发展。1950 年 7 月,召开了全国合作社工作者第一届代表会议,成立了中华全国合作社联合总社,地方建立各级联社,自上而下形成了一个独立的组织系统,成为国营商业的一个有力助手。

经过三年多的努力,国营商业迅速发展,并很快控制了对外贸易,掌握了一定的物资力量,成为国内市场中一支举足轻重的力量。与此同时,合作社商业在农村也得到迅速发展,成为农村市场中的一支重要力量。国营商业与合作社商业相互配合,很快就在批发市场掌握了主动权,以后也在零售市场上掌握了一定的主动权,为恢复国民经济、保障人民生活和建立新的市场秩序,创造了有利条件。

（二）"一五"时期天津批发商业的发展

1."一五"时期的批发商业管理体制

1953 年,我国在完成了恢复国民经济的任务之后,开始进入有计划的经济建设时期。为适应这一新的形势,在国营商业的领导、管理和社会商业的组织结构等方面都进行了新的调整和改革。从 1953 年开始,通过建站核资、推行经济核算制、下放若干管理权限,把原来高度集中的商业体制改为统一领导、分级管理的体制。这一体制的主要内容是:

（1）按经济区域建立批发站,实行统一领导、分级管理。原来按行政层次和行政区划设立的各级专业公司由管理兼经营机构改变为基本上是企业管理机构,主要执行管理职能,原有的商品经营职能由各级批发站承担。专业总公司在全国集中生产的城市和进口口岸设采购供应站（简称一级站）,负责收购当地产品,接收进口物资,在全国范围内对二级站组织调拨供应;省公司按经济区域在省内主要生产城市和交通枢纽城市设批发站（简称二级站）负责收购当地产品，向一级站进货，按合理流向划定供应范围，对本供应区内的三级批发商店组织供应；市、县公司设批发商店（简称三级站）和零售商店经营市场批发、零售业务。各级专业公司和批发、零售企业受上级公司和当地商业行政部门双重领导，业务上以上级公司领导为主；各级公司、企业实行分级核算，最后由专业总公司统一核算。这种组织形式沿袭至20 世纪 80 年代中期，其间变化不大。

（2）核定资金，废止贸易金库制度和资金大回笼制度，实行经济核算制。商业部通过各专业总公司逐级核定各级公司和批发、零售企业的资金；核资企业一律实行独立核算，在银行立户，按计划办理贷款和结算，在国家计划指导下，独立进行业务活动；企业间的商品购销货款和资金往来一律通过银行划拨清算，废止商业内部转账的办法；各项财务按专业公司实行"条条"管理，财务计划按公司系统逐级汇总上报，由总公司审批下达；企业利润列入中央财政，实行利润就地缴库，按专业公司汇总，最后由专业总公司与财政结算，各级企业按利润或工资总额提取一定比例的留成，用作企业基金和职工奖励。

（3）商品实行分级管理，废止物资大调拨制度，业务往来实行合同制。全部商品分为甲、乙、丙、丁四类，商业部、总公司、省（市）商业厅（局）和省（市）公司都有一定的商品分配权；各级企业经营机构从一、二级站到独立核算的批发、零售企业，都是买卖关系，通过集中的供应会议，自上而下地分配数量和自下而上地选购品种相结合，签订供货合同，按合同规定组织购销活动，从而改变了物资大调拨的现象。

2. "一五"时期天津工业品批发商业机构设置及经营状况

天津市因商业的发展，多年来已逐步形成为对"三北"（华北、西北、东北）地区乃至全国有一定影响的商业中心。因为地处交通要道，又濒临渤海，具有天津港的优势，在开展经济联系和内外贸易方面有得天独厚的条件，有利于按商品自然流向组织商品流通，促进"三北"地区乃至全国商品流通的发展；加之天津有一定工业基础和广阔的生产资源，又是人口密集的消费中心和向本经济区推销商品的基地；此外，1949年1月天津解放至1952年底，天津的国民经济得到较好的恢复，商业有了迅速的发展。因此，天津在"一五"时期就成为国家重点发展商业的地区之一。这一时期商业部等部委在天津设立的一级站就有九个，分别是天津百货采购供应站、天津纺织品采购供应站、天津针织品采购供应站、天津五金采购供应站、天津交电采购供应站、天津化工采购供应站、天津文化用品采购供应站、天津石油采购供应站、天津医药采购供应站。按照上下对口管理的原则，天津市同时相应设置市级批发公司（简称二级站）和区级批发公司（简称三级站或批发店）。这一时期九大一级站的建立与发展概况如下：

（1）天津百货采购供应站的成立与发展。1952年12月，根据中央贸易部和中国百货总公司的安排，将华北区百货公司和天津百货公司一分为三。1953年1月份，天津百货采购供应站（以下简称百货站）宣告成立。同时，上海、广州也成立了百货一级站。百货一级站实行中央与地方双重领导，以中国百货总公司领导为主，干部由地方与中央协商配备，业务经营受中国百货总公司领导，一级站实行独立核算，资金由中央财政拨付，利润上缴中央金库，并列为计划编报单位，其商流、财务等计划直报中国百货总公司并同时报当地国营商业局。

天津百货站的任务主要是采购天津市日用百货工业品，向全国四省市（华北、东北、西北地区）二级批发站供应。同时根据中国百货总公司安排，负责天津港口岸进口物资的接受分拨运输工作。为完成接受进口物资的工作，还成立塘沽办事处。建站初期，经过清产核资后，实行在国家计划指导下的独立经营，独立核算，自负盈亏，由中国百货总公司下拨信贷指标作为流动资金，当时自有流动资金占全部流动资金的10%左右。1954年自有资金1600万，固定资产435万，上缴利润及亏损由天津百货站与天津市财政代理中央金库解缴和结算。其后，根据中国百货总公司指示，停止了贸易金库制度，天津百货站在银行开户，企业之间的资金经贸往来一律通过银行划拨结算。对所收购的工业商品付款实行支票结算，对系统内二级站实行托收承付，信贷资金实行计划供应，基本是资金供给制，银行对百货站开户，起初是存贷分户，后改为存贷合一。

改善了商品大调拨制度，不再搞"上拨下卖"，每年在总公司领导下，组织召开全国供应会议，实行自上而下的分配和自下而上的要货相结合的供应合同制度。天津百货站一直是历届全国供应会议的主要供货单位，并以供应合同为准，解决在供应合同中的货物短少等查询拒付问题，把各个单位之间的关系由过去的行政隶属关系改变为企业间的买卖关系。1953 年在天津百货站挂钩单位几十个，1957 年达 200 余个。

1956 年实行全行业公私合营后，天津百货站贯彻逐步代替私营大批发的政策，1956 年全行业公私合营前后全部清产，百货类商品基本全部被天津百货站掌握，全部收购私营工业产品，切断了私营批发商的货源。在价格上，适当缩小地区差价，并对私营商业批发恢复征收营业税，使其批发无货源，城乡贩运无利可图。天津百货站通过加工定货、包销等多种形式，完成了把私营百货生产行业纳入国家计划轨道的任务，通过核定工缴定价，限制了私方资金利润的无限提高，使资本家难于囤积居奇对工人剥削，使加工定货、统购包销的一部分价值以商业利润的形式回归国家财政，增加了社会主义积累，完成了向更高级的国家资本主义形式公私合营的过渡。

（2）天津纺织品采购供应站的成立与发展。1953 年中国花纱布公司决定对基层企业进行清产核资，建立花纱布采购供应站，推行经济核算制，实行分级管理，将原来管理机构和经营机构合为一体的体制分开设置，并按经济区域建立批发机构。1954 年 1 月 1 日，中国花纱布公司天津采购供应站正式成立，并列为中国花纱布公司（以下简称总公司）直属企业，由总公司直接领导，单独进行核算，其性质是一级经营型批发单位，负责原棉、棉纱、棉布的收购和调拨。原"中国花纱布公司天津市公司"不再列为总公司直属企业，改由地方天津市工商局领导，业务上仍受总公司的监督和指导。根据天津市情况，仍然保持一套领导班子，两个核算单位，形成一套机构，两块牌子。1955 年底中国农产品采购部成立，中央商业部决定，将全国棉花收购和纺棉供应任务移交农产品采购部办理。1956 年中国花纱布公司又接收原由中国百货公司经营的呢绒业务，随之，又接收原由外贸部经营的丝绸。因此，中国花纱布公司于 1956 年 6 月 1 日更名为"中国纺织品公司"。原中国花纱布公司天津采购供应站更名为"中国纺织品公司天津采购供应站"（以下简称纺织站），仍列为总公司直属企业。1956 年全市实现全行业公私合营，零售商业已归口管理，天津市花纱布公司又下放到地方，更名为"天津市第二商业局纺织品公司"，并与天津纺织品采购供应站分开设置。

这期间天津棉纱产量和收购量有了较大幅度的增长，到 1954 年棉纱产量和收购量已达 67682 吨，比 1950 至 1953 年四年平均产量增长32.66%。但是，棉纱统购后，棉花和棉布仍处于半自由购销状态，当时还有相当数量的棉花货源掌握在棉农和私营商贩手里，尽管有关部门采取停发快件、停办邮寄、停止贷款、恢复征收批发税、缩小地区差价等措施，但棉布的投机活动仍未得到有效的遏制和有力的打击。为此，1954 年 9 月 14 日以周恩来总理名义正式签发《关于实行棉花计划收购》及《对于实行棉花计划收购和计划供应》两个命令。该命令的主要内容是：棉花自 1954 年 9 月 15 日起，凡生产棉花的棉农，将所产棉花，除缴纳农业税和必要的自用部分外，全部卖给国家；国家的棉花收购工作，统由中国花纱布公司办理。私营棉花商、贩，一律不得经营籽棉、皮棉的收购和贩运业务。对于棉布，命令中指出：所有国营、合作社、公私合营和私营纱布厂、印染厂和手工业生产的机纱棉布和手纺纱交织棉布一律由国营中国花纱布公司统购、统销，不得自由出售。完全用手纺纱织成的棉布，由中国花纱布公司通过供销合作社进行收购，逐步纳入计划收购和计划供应的范围。棉花与棉布实行统购后，因机构调整变化，1956 年原由花纱布公司统购的棉花移交供销合作总社所属棉烟麻公司办理，花纱布公司更名为纺织品公司，原来与纺织工业部门的加工关系逐步改为购销关系，并根据市场需要，由工商部门共同衔接产、销计划，然后按照计划由工业安排生产，天津纺织品采购供应站按照计划组织收购。

纺织商品除棉纺织品和化纤织物列入统购范围之内，呢绒和丝绸均未列入统购范围，在国家实行计划经济的条件下，对呢绒和丝绸产品也是有计划地组织产品收购。呢绒和丝绸均属高档品种，1949 年天津解放以后，大部分供应出口，市场内销量很少。1956 年以前呢绒和丝绸由内贸商业收购的数量分别在 50 万米左右，当时的收购形式，主要是从出口结余中选购一部分，余下的由工业自销。1956 年以后呢绒和丝绸产品开始归由纺织品商业经营，随着人民生活水平的提高，市场上对呢绒和丝绸的需要量逐年增加，对东欧和其他国家出口任务逐渐减少，呢绒和丝绸的收购形式也从原来的选购逐步纳入计划经济的轨道，改为按计划订购或包销，其收购量逐年增加。1956 年呢绒收购量为 54 万米，丝绸年收购量仅为 44 万米。

在国家实行计划经济条件下，对棉纺织品实行统购统销，对呢绒、丝绸产品实行有计划地组织收购。天津纺织品采购供应站主要担负着统一收购当地工业产品、外地产品的调入和接收外贸进口商品的任务，这也是其进货的主要渠道。

（3）天津针织品采购供应站的成立与发展。天津针织品采购供应站是 1956 年 1 月 1 日成立的。当时，遵照商业部专业划细经营的要求，把原来百货站经营针织、棉织、毛纺、服装四大类商品的部门划出来，与拟将撤销的华北合作总社供应经营处合并一起，正式成立天津针织品采购供应站（以下简称针织站），隶属于天津市商业局领导，在 20 世纪 50 年代至 80 年代是全国国内贸易系统北方最大的国营针织品批发企业，主要业务是收购当地产品，输往东北、西北、华北、西南各地，在计划经济体制下起到安排生产、组织市场供应的重要作用。

针棉织品生产的主要原料是棉纱，属统购统销物资。生产的主要商品是商业部管理的计划商品，也称二类商品，包括：毛巾、线袜、汗衫背心、棉毛衫裤、卫生衫裤、床褥单、毛线、锦纶袜、棉毯、木纱团 10 种商品。这些商品由商业部统一计划、统一购销平衡、统一对全国供应调拨。其余的商品是小商品，也称三类商品，由地方管理，工商衔接平衡生产计划；对外供应则参照调入方的生产、要货和可供货源能力酌情安排。棉纱指标是由国家统一安排，国家计委、纺织工业部每年下达针织用纱指标，分内、外销各多少，内销中又分主要商品和小商品各多少，由商业部按地区分别下达安排。

1956 至 1957 年为天津针织品采购供应站发展的第一阶段，这一阶段正处在第一个五年计划时期。当时，国民经济经过三年的恢复和建设，已经初步建立一定的基础，建站的一年又是对私营企业生产资料私有制的社会主义改造基本胜利完成的一年。随着所有制的改变，解放了生产力，调动了积极性，促进了针棉织品的生产发展。与此同时，针织站本身加强了组织力量，党的组织由党总支组建为党委会，坚持了党的一元化领导，行政上也充实了各级领导班子，建立了各项规章制度，理顺了各项手序，加强了经营，改善了管理，取得了较好的经营成果。到1957年年末，在棉纱指标没有增加，进、销经营额没大变化的情况下，毛利率由1956年的4.56%上升到6.66%，费用率降到0.93%，利润实现了976.1万元，资金周转次数高达11.19次。

（4）天津五金采购供应站的成立与发展。天津五金采购供应站前身是中国工业器材公司（以下简称总公司）驻天津办事处，受总公司及天津市工商局双重领导。中央商业部于1952年12月决定将中国工业器材公司划分为五金机械、交电、化工三个总公司，原中国工业器材公司所属各省（市）分支机构相应分设三个公司，并增设一级站。中国工业器材公司驻天津办事处一分为三：成立五金机械、交电、化工三个一级站。天津工业器材公司相应分为三个市公司。1953年3月11日中国五金机械公司天津采购供应站成立，与此同时，广州、沈阳（1979年撤销）也成立一级站，上海于1955年成立一级站。该站受中国五金机械公司（以下简称总公司）和天津国营商业局双重领导，业务经营以总公司领导为主，是总公司直属企业。天津五金商品的埠际贸易主要由该站经营。商品购进方面：加工、订货、统购包销天津五金工业产品和接收进口商品；供应方面：在优先供应"三北"（华北、西北、东北）地区基础上，调拨供应全国各地和出口援外。经营范围广泛，除五金商品外，还经营统配、中央贸易部负责管理一、二类物资，如钢材、有色金属、各类机床、发电机、电动机、橡胶等以及仪器、仪表、火车弹簧、造船钢板、纺织针布等三类物资。1954年国家加强物资的计划管理，将该站经营的大型机床、专用工业器材和精密仪器等分别移交给使用部门或物资储备单位；对钢材和有色金属基本上由国家按计划分配给使用单位，该站只经营市场零售需要和厂矿、基建单位计划外需用部分。1955年又将三角带、平型胶带、运输胶带、钨钢刀头等14种商品分别移交给冶金、化工等有关工业部门。同时，总公司决定，仪器统一由上海、沈阳经营，该站库存移交上述两站。

建站伊始，废止了原中国工业器材公司实行的商品大调拨制度，成为独立核算企业。业务往来实行合同制，商品向二级站调拨是买卖关系。每年春秋两次全国供应会前，一级站、产地公司编制年度和半年供货计划，省（市）公司编制要货计划均上报总公司，由总公司自上而下向省（市）公司分配商品数量，省（市）公司向一级站、产地公司统一进货、统一签订合同，再统一分配给所属二级站。这一期间，该站受僵化计划经济模式束缚较少，经营较灵活，既有进口又有出口，既大力开展收购天津市产品，又积极采购华北、西北、山东等地产品，形成巨大经营规模。1954 年，各地逐步贯彻落实商业部规定的统一领导、分级管理原则，各省（市）商业厅（局）和省（市）公司都有一定的商品分配权，调动了积极性，各省（市）逐步增加当地产品收购，该站外地收购大幅下降，加之进口逐年减少至1956 年基本停止，该站经营规模逐步缩小。

对天津产品收购工作贯彻市国营商业局加工订货管理办法，对国营、公私合营工业产品采取包销政策，对私营工业产品采取区别对待政策，凡产量较大、符合市场需要、有销路或能打开销路的采取加工订货办法，畅销的重要商品全部包销或全部加工，对个体手工生产品不予收购。1953 年收购主要商品 20 种，1956 年增至 29 种。其余产量小、不宜调出的商品由市五金公司和市百货公司收购和工厂自销。

（5）天津交电采购供应站的成立与发展。天津交电采购供应站（以下简称交电站）于 1953 年 3 月 1 日正式成立。天津交电站建站初期正值国家开始转入大规模经济建设，实施 1953 至 1957 年第一个五年国民经济时期，在国内汽车工业刚刚建厂、发展主要交通电工商品尚不成熟、私营工商业在生产和流通中仍占有较大比重的情况下，企业在努力搞好商品经营的同时，加强国营商业对交电市场的统一领导和供需调节、稳定价格的作用。天津交电站在购进渠道和形式上，一是继续执行商业部统一按国家计划安排的主要进口交通电工器材商品的接收任务、负责天津和秦皇岛两个口岸到货的苏联、东欧社会主义国家以及某些资本主义国家转口的各种汽车、汽车配件、电工器材的验货接收任务。二是扩大天津市工业企业生产的交通电工器材商品的收购工作，贯彻国家对私营工商业社会主义改造的"利用、限制、改造"的政策，执行天津市国营商业局规定的工缴费价核定办法，对市场供求紧缺的商品和有销路的商品实行统购包销或加工订货的形式进行收购；三是对附近省区的主要交通电工商品，如青岛的汽车轮胎、长治的马车轴承、济南的汽车配件，派驻工作组进行收购。

1956 年全国胜利地完成了对私营工商业全行业社会主义改造任务后，在进货形式上进一步增强了统购包销、加工订货的收购工作，逐步形成了统购统销、国营商业独家经营的局面，并在国民经济建设高潮到来之际，交通电工器材商品市场需求迅速增长的趋势下，开展了全国 62 个牌号各种汽车社会保有量和主要配件消耗定额、天津市轻工业品交电类商品的生产厂家调查，农村小型水力发电站、广播站、水利建设的典型调查，以及"三北"地区基本建设对交电商品的需求调查，依此努力地促进天津交电商品的生产的发展，扶植和提高天津交电产品的生产力，扩大市内商品的收购同时还扶植利用山西、北京、山东等地的军工。国营以及公私合营工业企业的生产能力，不仅增加货源组织，还支持各地经济建设和市场供求的需要。

在调拨供应的形式上，建站开始由于中国交通电工器材公司（以下简称总公司）在全国各地系统内分支公司和批发站设点尚且不多，企业执行总公司的调拨供应办法基本上是：由各地公司分季提报要货计划，经总公司汇总平衡后，"发文"将核准的商品数量供应地区列表分别发送各要货公司和供货站、司，依此供需双方衔接遵照执行。此后实行经济核算，改革管理体制，总公司自 1956 年建立了召开一年 4 次季度全国专业供应会，实行了按各分公司要货计划，平衡分配计划商品，企业依总公司的分配指标与各要货公司签订合同予以调拨供应。计划商品以外的商品实行与各公司自行衔接交流。1957 年省公司和二级站司在全国设置基本完善，全国专业供应会议开始邀请二级站参加，企业与各省公司签订合同，并按省公司分别供应二级站数量，直拨各二级站（包括省、市兼二级站业务的公司）。

（6）天津化工采购供应站的成立与发展。天津化工采购供应站于1953 年 3 月 5 日正式成立，当时的名称是"中国化工原料公司天津收购供应站"，当年 7 月 1 日起更名为"中国化工原料公司天津采购供应站"。1957 年国家强调实行商业新体制，于 1958 年 1 月 1 日又更名为"天津化工原料采购供应站"。

天津化工采购供应站（以下简称化工站）从 1953 年 3 月建站起，由中国化工原料公司和天津市国营商业局双重领导，以中国化工原料公司领导为主。1958 年 1 月起，商业部将所属各专业总公司改组为政企合一的部属专业贸易局。原中国化工原料公司（总公司）改为化工贸易局。原总公司所属的企业，除一级站外，全部下放给各省、自治区、直辖市领导。一级站实行以商业部领导为主、地方领导为辅的双重领导，二级站实行以省、自治区、直辖市商业行政部门领导。一级站从建站开始就承担了收购当地化工产品，接受进口物资，在全国范围内对二级站组织调拨供应，加强商品储备，发挥蓄水池作用的任务。二级站则组织从一级站进货，并负责对天津市及一定区域内三级站的供应调拨和收购。天津化工商业二级批发企业是指 1953 年 1 月 24 日由中国工业器材公司天津市公司化工染料批发部改组成立的"中国化工原料公司天津市公司"，该企业于 1957 年 12 月 25 日改称为"天津市化工原料公司"。

天津化工站与天津市化工原料公司经营化工商品的范围和品种是与国家统一规划、多次调整、经营分工及有关政策规定密切相关的。概括起来，可分为三个阶段：从 1953 至 1957 年为第一阶段。在这一阶段中，凡属化工商品，包括进口和国产，全部由国营化工商业统一经营。进口商品由商业部化工总公司（五交化局）提出计划，通过外贸部向国外订购。货到后，按总公司内部分工，分别由有关一级站或口岸公司接受，国产商品由各当地一级站和公司进行包销收购。由于化工商品具有易燃、易爆、腐蚀、毒害等独特的理化性质，商业经营自 20 世纪 50 年代起，就实行化工危险物品经营许可证制度，会同公安消防等有关执法部门共同管理。20 世纪 50 年代，五种经济成分并存，国家在化工商品的管理上，采取发展国营商业，利用、限制、改造私营企业的办法，进行社会主义改造。在对私营资本主义工商业进行改造中，天津化工采购供应站采取加工订货的形式，利用私营工业的设备和技能向厂方提供原料，收回国家需要的产品，付给合理的工缴费，以限制其利润增长幅度和投机性。1953 年，加工收回总值为 720 万元，其中私营工业为 602 万元，占 83.60%，加工的主要品种有烧碱、小苏打、氯酸钾。1954 年加工收回总值为 2077 万元，比上年增长 1.88 倍，其中私营工业为 1792 万元，占总值的 85.80%，比上年增长 1.98 倍，加工的主要商品中增加了氯化锌、氯化钡和染料、颜料。1955 年加工收回总值上升到 2616 万元，为 1953 年的 3.63 倍，其中私营工业占 2094 万元，为 1953 年的 3.48 倍。1956 年全行业实现公私合营。1953 年，国家规定所有化工原料，包括进口和国产的，全部采取包销的办法进行收购，工厂不得卖给其他企业，也不能自销，工厂按计划生产，天津化工采购供应站按计划收购。当年，该站化工原料类商品的购进额为 4514 万元，其中，国内纯购进 2209 万元，调入 272 万元，接收进口 2033 万元。

（7）天津文化用品采购供应站的成立与发展。1955 年上半年商业部成立中国文化用品公司，要求天津、上海、广州相应成立文化用品一、二级站。1955 年 7 月，天津百货采购供应站和天津市百货公司分别划出部分机构和人员组建了天津文化用品采购供应站和天津市文化用品公司。天津文化用品采购供应站（以下简称文化站）有四个业务部门：纸张科、文具科、运动乐器科、进口科。天津市文化用品公司是二级站，有三个业务部门：纸张油墨批发部、文教用品批发部、运动乐器照材测绘仪器批发部。这两大国营批发商业企业是全市文化用品商业的龙头企业，在 20 世纪 50 年代至 80 年代实行计划经济的 30 多年中，为支持工业生产、对私改造、平抑物价、繁荣市场发挥了骨干作用。1956 年，全市文化用品零售商业大部分由私营转变公私合营或国营，并在此基础上经调整将郊县及周边经济区三级批发商店扩大到 35 个，在天津市较快形成了由一二三级批发企业和各零售单位组成的文化用品销售网络，加速了商品周转和流通，方便了消费者的购买。

"一五"时期商业部在天津设立的九大一级站很好地完成了收购天津及周边地区产品、向"三北"地区乃至全国调拨所需产品的任务，为这一时期人民生活的稳定和提高、为国民经济的恢复和"一五"计划的完成做出了重要的贡献。表 1-1、表 1-2、表 1-3 分别为"一五"时期九大一级站调给天津市市内外工业品总值、"一五"时期九大一级站调给天津市市外工业品总值和"一五"时期九大一级站调给天津市市外工业品占调给市内外工业品总值的比重。

表1-1　1953—1957年九大一级站调给市内外工业品总值

单位：万元

年份	1953	1954	1955	1956	1957
石油站	11588	10431	11830	14972	16652
五金站	37981	32356	19604	16548	16270
交电站	20386	27222	22205	24506	25707
化工站	13565	21150	14370	19935	16598
纺织站	23318	40398	36937	58289	47512
针织站	—	—	—	18768	17950
百货站	43630	42516	42807	20819	11792
文化站	—	—	5810	17469	14669
医药站	10103	12852	10866	16351	15829
调出总量	160571	186925	164429	207657	182979

资料来源：天津市统计局.天津四十年（1949—1989）[M].北京：中国统计出版社，1989：869-870.

表1-2　1953—1957年九大一级站调给市外工业品总值

单位：万元

年份	1953	1954	1955	1956	1957
石油站	9349	8668	10307	13340	14630
五金站	27679	25062	15598	12599	12633
交电站	14982	22760	20087	19905	22588
化工站	8437	12705	9738	15927	13299
纺织站	15256	29697	27848	41744	34405
针织站	—	—	—	16690	15449
百货站	33444	32658	37698	17823	10377
文化站	—	—	5165	15230	12435
医药站	8365	10678	9383	14357	13529
总值合计	117512	142228	135824	167615	149345

资料来源：天津市统计局.天津四十年（1949—1989）[M].北京：中国统计出版社，1989：873-874.

表1-3 1953—1957年九大一级站调给市外工业品占
调给市内外工业品总值的比重

单位：%

年份	1953	1954	1955	1956	1957
石油站	80.68	83.10	87.13	89.10	87.86
五金站	72.88	77.46	79.57	76.14	77.65
交电站	73.49	83.61	90.46	81.23	87.87
化工站	62.20	60.07	67.77	79.89	80.12
纺织站	65.43	73.51	75.39	71.62	72.41
针织站	—	—	—	88.93	86.07
百货站	76.65	76.81	88.07	85.61	88.00
文化站	—	—	88.90	87.18	84.77
医药站	82.80	83.08	86.35	87.81	85.47
总值合计	73.18	76.09	82.60	80.72	81.62

资料来源：根据表1-1和表1-2数据整理。

3. "一五"时期天津食品、副食品、蔬菜等批发商业机构设置情况

1955年天津市第三商业局成立初期，领导市食品公司、市土产公司、市油脂公司、市水产供销公司及市食品加工供应站。随着对私营工商业社会主义改造工作的开展和行业的归口领导，1955年11月至1956年初，经市人民委员会批准，先后成立了市蔬菜公司、市糖业糕点公司、市饮食公司、市地方贸易公司、市茶业公司、市福利公司。1956年上半年，根据市人民委员会的决定，先后将中华全国供销合作总社天津废品经营处、天津市盐业公司划归市第三商业局代管。在市地方贸易公司成立的同时，根据商业部的指示，至1955年11月1日止，取消天津市消费合作社及各区消费合作社的名称，各区消费合作社划归市地方贸易公司，为各区地方贸易分公司，受市地方贸易公司与区的双重领导。

（1）天津市食品公司。1949年1月15日天津解放后到全行业公私合营前，天津市的猪肉市场主要是私人经营，由市工商局管理。1953

年，天津市第二食品加工厂建立（后为天津市肉类联合加工厂，简称市肉联厂），主要负责屠宰加工出口猪肉，隶属中国食品公司华北区公司。1954 年中国食品公司华北区公司撤销，成立了中国食品公司天津肉类蛋品加工供应站（1955 年更名为天津市食品公司）。同年建立了天津市食品公司牛羊屠宰加工厂（后为天津市第三食品加工厂，简称市食品三厂）。1956 年全行业公私合营中，猪、牛、羊肉行业和鸡、鸭、卵行业归口市食品公司，建立了市食品公司。市食品公司的主要任务是根据国家计划和市人民政府的安排，负责猪牛羊肉的收购、调进、加工、储存、市场供应、出口及猪牛羊屠宰加工厂的领导管理以及与相关的区共同领导天津四个郊区食品公司、塘沽区食品公司、汉沽区食品公司。在市禽蛋公司系统建立前及禽蛋公司机构撤销时，曾负责禽蛋的收购、调进、加工、储存、市场供应、出口及家禽饲养场的领导和管理。

（2）天津市禽卵公司。天津解放初期，国营商业尚未建立经营禽蛋业务的专门机构。华北贸易总公司组织了城乡物资交流，为禽蛋行业疏通了渠道，组织了货源。1950 年，国营商业开始经营禽蛋商品。同年，中国蛋品公司在天津组织蛋品加工出口业务。1953 年，蛋品出口业务改由中国食品出口公司天津分公司负责，市内的禽蛋经营由市土产副食品公司等单位负责。1954 年后，蛋品出口先后由华北区食品公司、中国食品公司天津肉类蛋品加工站、天津市食品加工供应站等单位负责。1954 年 4 月成立的中国食品公司天津市公司负责天津市的禽蛋经营。6 月，该公司组织成立肉食批发部，负责市内禽蛋供应，8 月份改由该公司的鸡鸭蛋品批发站负责。

1956 年底对禽卵行业的社会主义改造基本结束，至此禽蛋经营由国营商业统一掌握。1957 年，中国食品公司天津市公司贯彻批发零售"一条鞭"的经营思想，在 4 个郊区各建立经营处，在贯彻政策、执行计划、禽卵购销、运输保管等方面实行统一领导。1957 年 8 月 1 日，天津市禽卵公司成立，该公司负责市内禽蛋经营业务。

（3）天津市糖业果品公司。1950 年 1 月天津解放后，随着专业批发公司的建立和行业调整，糖杂、糕点、烟酒、南味、茶叶和干鲜果品等行业的企业于公私合营后先后归口天津市糖业糕点公司管理，逐步形成天津市糖业糕点行业。1956 年 9 月，根据天津市第三商业局和中国糖业糕点公司的通知，在原公私合营糕点公司的基础上，正式成立中国糖业糕点公司天津市公司。1957 年 6 月，根据市三商局指示，中华全国供销合作总社天津副食品经营处与中国糖业糕点公司天津市公司合并，成立天津市糖业果品公司。

1956 年，全行业公私合营时，酱菜酱料业有 209 户，从业人员 978 人，资本 753871 元。其中工业户 45 户，从业人员 523 人，资本 500985 元；手工业户 164 户，从业人员 455 人，资本 252886 元。当时市蔬菜食品杂货公司（后改为天津市蔬菜公司）设公私合营管理处，下设四个酱菜总厂，每个总厂分管市内两个区的公私合营单位。

（4）中国专卖事业公司天津市公司。1949 年 4 月，奉华北税务总局指示成立华北酿酒总公司天津分公司，受天津市人民政府税务局、华北酿酒总公司双重领导。1950 年，天津分公司内部科室设有秘书室、保卫科、产制科、营销科、会计科。直接领导的工业有 6 个小型白酒厂及黄酒厂、酒精厂，商业分区设批发部。1951 年 8 月 15 日，奉中国专卖事业公司指示，天津分公司更名为天津市专卖事业公司。1952 年 2 月，奉商业部指示，又改称为中国专卖事业公司天津市公司，此后市专卖公司由税务局领导，改为由天津市人民政府工商局和中国专卖事业公司双重领导。1953 年年初，中国专卖事业公司天津采购供应站成立，负责卷烟收购调拨一级站的业务。不久，市专卖公司由市工商局划归刚成立的国营商业局领导。10 月，天津市国营商业局决定，经中国专卖事业公司同意，天津采购供应站与专卖公司合并。同年初，工业中的各酒厂、酒精厂已划归轻工业部领导。

1957 年，市专卖公司将 9 个批发部调整为 5 个批发商店，负责全市各区的批发业务。烟草加工部与酒类加工部合并，改为商办工业的烟酒加工厂。

（5）天津市茶叶公司。1950 年初，中国茶叶公司天津办事处成立，负责华北、东北两大行政区的茶叶调拨供应工作。1953 年天津市对茶叶零售商实行全面计划供应。1954 年，国家对茶叶实行统一购销，结束了私营茶叶收购批发活动。1955 年 1 月宣布 150 户零售商为国营公司的经销店。1955 年以后各省茶叶业务陆续交出，由于业务范围缩小，中国茶叶公司天津办事处改名为中国茶叶公司天津分公司，后又改为天津市茶叶公司，只负责天津市及河北省的唐山、沧州、承德三地区的茶叶加工供应工作。1956 年元旦实行全行业公私合营。

（6）中国蔬菜食品杂货公司天津分公司。1949 年天津解放初期，瓜果行业经营活动受天津市副食品管理委员会的指导和监督。1952 年 10 月成立的天津市公私合营瓜菜栈隶属于天津市国营零售公司，1952 年 10 月划归中国土产公司天津分公司领导。1953 年 12 月建立的国营蔬菜站为中国土产公司天津土产副食品公司（1954 年改称中国土产公司天津市分公司）下设的经营单位。1955 年 12 月，国务院规定蔬菜划归国家统一经营，并成立中国蔬菜食品杂货公司。根据这一要求，中国土产公司天津分公司负责领导并完成对私营蔬菜批发商的改造和合营工作及部分瓜菜零售商贩的公私合营工作。

中国土产公司天津分公司还设立公私合营瓜菜零售管理处，管理合营改造后的瓜菜零售商贩。其下设和平、河北、新华、南开、城厢、河东、河西、红桥 8 个区总店，负责对零售门市部的管理工作。兼营蔬菜零售的杂货铺由 1955 年 12 月建立的天津市地方贸易公司负责改造并管理。由于蔬菜零售分为两个公司管理，不便于协调批零关系，经天津市人民委员会批准，1956 年 8 月，中国土产公司天津市分公司与天津市地方贸易公司合并，改称中国蔬菜食品杂货公司天津分公司。至此，国营和公私合营蔬菜批发业、蔬菜副食品零售业划归同一系统。市分公司受中国蔬菜食品杂货公司和市三商局（后为市二商局）双重领导。所需流动资金由中国公司拨付，大宗蔬菜余缺调拨由中国蔬菜食品杂货公司负责，党务和人事工作归市商业局管理。市内 8 个区和塘沽区分别建立区蔬菜食品杂货公司，统管蔬菜副食品零售业，各瓜菜零售总店并入各区公司。区蔬菜食品杂货公司也由市区双重领导，实行市、区商业局共管，但在实际工作中，市商业局管理职能由市公司代行。

三、天津的零售商业

（一）居民口粮供应

天津解放后，中共天津市委员会、市人民政府为了保证人民生活，稳定市场，认真贯彻中共中央、政务院有关粮食供应政策，采取配售、计划供应、特需补助等方法，对城镇居民进行粮食供应。随着粮食形势的发展变化，供应的品种由以杂粮为主发展到以小麦粉、大米为主，同时，特需补助的项目和数量逐渐减少。

1. 供应方法

在这一时期对城市居民口粮供应主要采取了配售和计划供应的方法。

（1）配售。天津解放初期，粮食供求矛盾十分尖锐。当时，市场上多种经济成分并存，资本主义粮食商业占很大优势，资产阶级投机势力一再掀起市场粮价的剧烈波动。为保证市民用粮，减少私商中间盘剥，华北贸易总公司粮油部在 1949 年 2 月颁布的《天津市粮食配售实施办法草案》中规定：配售以玉米面、小麦粉为主，所需粮食由华北贸易总公司粮油部统一筹措；配售对象只限市区有常住户口、固定住所、经济条件比较清苦并经所在区公所审查批准者；配售数量，每人每月供应玉米面 20 斤、小麦粉 10 斤，但 3 周岁以下儿童不计入人口；配售价格每 10 天根据当时市价调整 1 次，但玉米面必须低于市价 10%、小麦粉低于市价 5%，每次调整的价格均在《天津日报》公布；粮油部统一印制天津市贫苦市民粮食购买证，统一编号，加盖公章，免费发放，市民凭证到各代售点购粮。

在基本解决了全市居民口粮供应的基础上，市贸易公司粮食公司于 1949 年 6 月 3 日进一步制定了《粮食公司对机关、工厂、学校粮食配售试行办法》，规定：凡本市购粮制的机关、工厂、学校，已组织起消费合作社或供给商店者皆可申请，经粮食公司审查批准后，每半个月按单位人数配售 1 次，每人每月不超过粗粮 20 斤、细粮 10 斤，供应品种以小麦粉、大米、玉米、高粱米为限。到 9 月 3 日又制定了《对包干制机关粮食配售办法草案》，对经市财政局批准实行包干制的机关及薪金制干部参加机关食堂者，按大、中、小灶的供给标准与数量每半个月配售 1 次。配售价格按购粮当日市场批发价格，细粮低 5%、粗粮低 10%。粮食配售对于稳定粮价，保证居民口粮供应起了重要的作用。1950 年全国财政经济统一后，市场趋于稳定，市场粮食价格已接近配售价格，故配售粮食的销量逐渐减少。1951 年 6 月粮食配售停止，集体食堂和居民开始到消费合作社和米面铺根据需要自由选购粮食。

（2）计划供应。1953 年国家进入大规模经济建设阶段。由于经济作物种植面积扩大和农村人口生活水平提高，粮食购少销多，供需矛盾开始尖锐，影响天津市的粮食调入，粮食投机商乘机抢购粮食，哄抬粮价，市场日趋紧张。为把粮食供应放在长期稳定的基础上，天津市从 1953 年 11 月开始实行粮食计划供应。

① 小麦粉计划供应。由于人民生活水平的提高和城市人口的增加，天津市小麦粉销售数量不断增长，仅 1953 年 9 月全市就销售 1289880 袋（每袋 44 斤），比 1952 年同期增长 23.43%，小麦粉供应趋于紧张。1953 年 10 月，中共天津市委员会发布《天津市关于实行面粉计划供应办法》，决定从 11 月 1 日开始全市实行小麦粉计划供应：市区人口每人每月供应小麦粉 8 斤；国家机关工作人员等除供应 8 斤外，每人每月再增供小麦粉 4 斤；从事生产的国、公营工矿企业的职工、基建工人等除供应 8 斤外，每人每月再增供小麦粉 10 斤；外宾、外交人员等一般每人每月供应小麦粉以 18 斤为限，如确实不足的，可编造计划，经批准后，以天津小站大米补足。另外。对年节、婚丧、生育、疾病等的补助供应也做了具体规定。同时，中共天津市委员会粮食办公室还制定了《面粉计划供应标准的若干具体规定》《关于面粉补助购买证发放办法》《私营商店、手工业厂及百人以下私营工厂补助面票填报发放办法》，小麦粉计划供应的实行，得到了广大群众的拥护和支持，打击了私商投机倒把行为，制止了小麦粉的外流，迅速而有效地控制了小麦粉销量，稳定了粮食市场。

② 划片定点凭折售粮。为了妥善地解决粮食问题，保证经济建设和人民生活需要，中共中央于 1953 年 10 月 16 日做出《关于实行粮食

计划收购和计划供应的决议》（简称《决议》），接着政务院也发布了《关于实行粮食计划收购和计划供应的命令》（简称《命令》）。当年 11 月 29 日，中共天津市委员会根据中央的《决议》和《命令》决定从 12 月起采用以粮食购买折作为购买粮食的凭证。为了做好粮食购买折的管理工作，中共天津市委员会粮食办公室在制定的《粮食购买折使用办法》中规定：

第一，购买折由市粮食管理局统一印制，由各区公安派出所分发到户，购买折必须加盖公安派出所的公章方为有效。

第二，购买折以户或伙食单位为单位，1 户 1 折。每户购买折上须注明户主姓名、常住人口数、常在本户吃饭的人数，按其流动情况确定其全部吃饭人数，作为粮食供应的依据。

第三，市民凭购买折向指定的消费合作社、零售公司门市部、私营代售店购买粮食。所购粮食只限于自己食用，不得转让或出售。

第四，各户购粮标准由粮食部门内部掌握，暂定每人每月 30 斤。不分年龄、不分粮种。遇有住户大人较多或其他特殊情况者，可酌情予以增加供应。

第五，机关、团体和各国、公营企业的购买折，亦由所在地公安派出所发放。在购买折上只填单位名称，不列人数，购粮数量由单位掌握。

第六，水上船只伙食单位的购买折，本市的船只由公安水上派出所发放，外地的船只不发购买折，凭停泊证到指定地点购买停泊期间及返回途中所需粮食，并由供应单位在停泊证上注明购买数量。

为加强对出入市粮食的管理，市粮食管理局、市工商局于 1953 年 12 月 15 日联合制定了《关于粮食出入市管理的几项规定》，凡国家调拨的粮食及郊区机关、团体、部队、学校经批准在市区购买的粮食，一律由市粮食管理局开具出市证明，凭证明运输出市。

③ 以户定量核实供应。实行划片定点凭证售粮后，在一定程度上控制了粮食的销量，保证了市民口粮供应，但仍有不少漏洞：一是外流严重；二是超购囤积，借折套购；三是糟蹋浪费；四是利用职权破坏计划供应政策。1954 年 7 月，全市粮食销量仅 3819.5 万公斤，到

12 月就上升到 5006.5 万公斤，5 个月上升 31.08%。为加强管理，严格控制粮食销量，市人民委员会于 1955 年 7 月 9 日通过了《关于节约粮食，整顿统购统销工作的措施方案》（简称《方案》），决定从当年 7 月开始，对全市居民实行以户定量、核实供应的办法，对集体伙食单位实行用粮预决算制度。

以户定量、核实供应，是根据市民的劳动差别、年龄大小确定每人每月各等级口粮定量标准。一般市民以户为单位核定，集体伙食单位由其主管单位评定，经核准后发给粮食供应证，凭证购买。

天津市粮食局根据市人民委员会的《方案》，制定了《关于市区节约粮食，控制销量，"以户定量"工作实施的几点意见》，规定：以每户 5 月实际粮食用量为核算依据，在 5 月以后人口如有变更可照增照减；对个别月底口粮确实不够吃的市民，可酌情给予补助；每区设立 1 个粮食办公室，每街组成 1 个由街道办事处主任、公安派出所所长为核心的粮食工作队，负责粮食的核实工作。

实行以户定量、核实供应办法的第一个月，口粮供应就较该年 3 月下降了 16.3%，减销粮食 900 万公斤，控制了销量增长的趋势，扭转了供应中的不合理现象，打击了不法商贩套购粮食的非法活动，减少了口粮的外流。

④ 以人定量凭证供应。1955 年 5 月 16 日，中共中央、国务院在《关于整顿城市粮食计划供应工作的指示》中提出，保证城市粮食正常供应和克服目前不合理现象的可靠办法是全面地实行"以人定量"和各种行业定量供应的计划供应制度。当年 8 月 25 日，国务院在《市镇粮食定量供应暂行办法》中规定，对非农业人口一律实施居民口粮分等定量，工商行业按户定量，牲畜饲料用粮分类定量的供应制度。当年 8 月 30 日，市人民委员会第六次会议根据中共中央、国务院指示，通过了《天津市粮食定量供应实施细则》，决定从当年 11 月 1 日起，在全市实行以人定量的粮食供应办法，使全市粮食供应工作开始形成一套比较完善而又切合实际的制度。

《天津市粮食定量供应实施细则》的主要内容是：根据居民的劳动强度、年龄大小确定供应等级和每月的口粮标准；居民以户为单位，按人提出供应等级，经居民小组评议，由居民委员会报送街道办事处核准，按户发给天津市居民粮食供应证；机关、团体、企业、学校的职工、学生由所在单位评定等级，编造名册，送街道办事处核准；居民迁出、迁入、出生、死亡均应办理粮食的增减、转移手续。对少数民族、外国人的粮食供应及居民节余粮食的处理办法也都做出了具体规定。

实行以人定量后，市人民委员会于 1955 年 12 月对实施情况做了全面调查。结果表明，全市 90% 以上的居民定量合理，能为广大群众所理解和接受，但也有极少部分居民由于定量偏低、家庭经济条件困难、孩子较多、计划用粮不周等原因，口粮不够吃。对此，本着实事求是的精神给予调整解决。此后，虽然根据各行业工种劳动强度的差异、每年粮食生产丰歉的变化以及粮食销售数量的增减趋势，对城镇居民口粮供应政策进行过多次修改和补充，但直到 1990 年，以人定量这一粮食供应制度仍在执行。

2. 供应标准

实行以人定量供应，评定居民的粮食定量标准难度较大。既要严格执行粮食政策，又要按照劳动差别掌握好工种等级。1955 年，天津市第一次推行以人定量、分工种评定口粮定量标准，共分为 4 类 33 个等级。

3. 供应品种

1949 年 2 月，华北贸易总公司粮油部发布《天津市粮食配售实施办法草案》规定，市民每人每月供应玉米面 20 斤、小麦粉 10 斤。1951 年 1 月至 2 月，市供销合作总社对粮食的实际配售量平均每人小麦粉 11 斤、大米 7 斤、毛米 5 斤，其中小麦粉和大米占 78.2%。实行粮食统购统销后，天津市的粮食主要靠中央调入。居民粮食供应品种是根据调入粮食情况，按照调啥吃啥、有啥吃啥的原则，积极做好品种调剂。在粮食供应品种比例中，尽量让居民能吃到一定比例的细粮。但每年粮食产量丰歉不同，丰年粮食调入品种多，供应的细粮比例就大，歉年粮食调入品种少，供应的细粮比例就少。特别是在国家粮食调拨困难时期，经常出现粮食供应比例一年内变化多次的情况。1953 年 12 月，天津市全面实行居民口粮计划供应，对供应品种未做规定，根据居民的实际需要供应。1955 年 11 月，天津市实行粮食以人定量供应时，对粮食供应品种也未做具体规定。到 1956 年 11 月市人民委员会才做出决定，从当月开始，在全市实行小麦粉搭配供应，按居民粮食定量供应 40%的小麦粉，其余 60%可选购大米和其他杂粮。1957 年 8 月，市粮食局根据市人民委员会《关于节约粮食，防止浪费，提高标准粉出粉率，减少富强粉生产的决定》，从当年 11 月起，除行业用粮、国际船只外，对居民（包括外侨）、医院、托儿所一律停止供应富强粉。11 月 16 日，市粮食局根据市人民委员会第十次全体会议决定，从 12 月起，将供应城镇居民小麦粉的比例由 40%降到 32%。同时，天津郊区农村为提高粮食产量大量种植甘薯，由国家收购一部分调入市区供应居民，只作品种调剂。

4. 票证种类

天津市居民口粮供应曾使用过票证如下：

（1）天津市面粉购买证。1953 年 11 月天津市实行小麦粉计划供应后，居民一律凭天津市面粉购买证购买小麦粉。每月一发，每人 1 证。每个购买证上附有面票两张，每张面额 4 斤。持面票人凭购买证到国营零售店、消费合作社或私营代售店购买小麦粉。购买证和面票只限当月有效，过期作废。天津市面粉购买证在每月初 5 前发放。发证标准以每月最后一天的人口为准，此日以后出生、死亡、迁出、迁入的人口变动均不退证，不补发。此证只使用了 1 个月即因实行粮食统购统销而停止使用。

（2）天津市居民粮食供应证。1953 年 12 月，天津市开始发放使用天津市粮食购买折。1955 年 9 月改为天津市居民粮食供应证，是居民购买粮食的凭证，并可凭此证领取天津市地方粮票和全国通用粮票。人口增减，定量变动，均须凭此证办理手续。天津市居民粮食供应证系 1 户 1 证，注明户主姓名、住址、指定购粮的粮店名称、家庭成员姓名、工种类别、粮食定量等内容。

（3）天津市单位粮食供应证。1953 年 12 月起，集体单位凭购粮折供应粮食。1954 年 1 月开始发放使用天津市集体单位粮食供应证，单位凭证到指定粮店购粮、领取天津市地方粮票和全国通用粮票。同时，还有一种天津市凭票集体单位粮食供应证，此证只用于单位集体食堂就餐职工凭粮票购粮使用。

（4）天津市工商行业用粮供应证。此证系工商行业用粮单位的购粮凭证，从1955年9月开始实行，由生产单位提出用粮计划，经粮食主管部门核定后，注明批准的季度、月份、粮食供应的品种和数量，粮店（站）据此供应。

（5）地方粮票。天津市地方粮票主要有粗粮票和面粉票两种。此外，还一度印制使用过特需粮票和工种粮票。粗粮票1955年印制，1956年开始流通使用。使用范围是：在本市粮店购买粮食，在饭馆、食堂就餐，在市场上购买各类熟食品。面粉票从1957年开始印制并流通使用。使用范围是：在本市粮店购买小麦粉，职工在食堂就餐，在市场上购买各类粮食复制品和熟食品。

5. 网点设置与布局

天津解放后，为尽快恢复粮食正常供应，稳定粮食市场，市军管会贸易接管处粮油部从1949年1月开始便组织私营米面铺代售粮食，凡经营粮食的正当商人，经区、街、公安派出所、工商局的介绍和粮食部门审查批准，可以成立粮食代售店。对粮食代售店的经营明确规定：秤要公平、说话和气；不掺假使水，保证原供粮食质量；不把粮食卖给小贩；执行粮食部门规定的出售办法、价格和交款手续。到该年4月全市粮食代售店发展到580个，11月增加到640个。这对迅速疏通粮食供应渠道，合理安排市场供应，发挥了一定的作用。

1951年第三季度中国粮食公司天津市公司和市供销合作总社签订了代销合同，规定由市供销合作总社所属各区联社（消费合作社）为市粮食公司代销小麦粉、大米、杂粮等。这一做法对于私营粮食代售店的经营起到了平衡和制约作用。

实行粮食统购统销以后，为加强对粮食经营工作的领导，市人民委员会于1955年4月决定将经营粮食的各区消费合作社全部移交给天津市粮食局管理，改为国营粮店。1955年10月15日，由市粮食局和天津铁路分局签订协议，将天津铁路部门所属的王串场、南仓、张贵庄、塘沽、新河5个职工生活供应站移交给粮食部门管理。从1956年1月1日起，全市231家私营粮食代售店全部转为国营粮食门市部。

至此，在天津市结束了粮食行业中私营粮店经营的历史，由国营粮店全面担负起全市的粮食供应销售工作。

天津市区的大多数粮店都是由解放初期私营米面铺和消费合作社转化而来的，普遍是店堂窄小，条件简陋。随着经济的发展和人口的增长，粮食的销售经营活动也在不断增加。20 世纪 50 年代至 60 年代，天津市粮食零售部门售粮设备简陋，以手提秤为主，1955 年以后逐步改为台磅；粮食的码垛、整理均靠营业员人力搬倒，劳动强度很大。

（二）居民食油供应

1. 城镇居民食用油供应

天津解放之初，有私营零售油商 949 家，以零售食用油为主，也兼营副食、杂货。食油商贩则走街串巷，摆摊叫卖。当时，天津的食油经营是自由贸易。

1949 年 8 月，在天津市工商局的领导下成立了植物油和矿物油交易业务的油市场，地址在今和平区兴安路与多伦道交口处，结束了油脂经营由少数私营油商控制的局面。油市场明文规定，所有私营油商的自由贸易必须经由市场办理成交手续方为正当经营。油市场配合国营油脂专业公司做好油脂的分配，稳定油价，打击和取缔不法商贩的投机倒把。1949 至 1952 年，天津市油脂商业经营出现了两大变化：一是国营油脂商业由单一外销转向内销与外销相结合，华北区油脂公司从 1949 年到 1952 年在天津市场上共销售各种油品 65161.81 吨、油料 20585.31 吨、油饼 53070.82 吨；二是在经营数量上国营所占比例逐渐增大。1952 年上半年和 1951 年上半年相比，天津市场上 5 种食油（花生油、棉籽油、芝麻油、菜籽油、豆油）供应数量国营、公营（地方国营、部队）、私营各占比例如表 1-4 所示：

表 1-4　1951 年上半年和 1952 年上半年天津市场 5 种食油供应情况表

年度	总供应量（吨）	国营	公营	私营
1951 年上半年	11965	10.40%	29.30%	60.30%
1952 年上半年	14457	18.33%	34.20%	47.47%

资料来源：天津市地方志编修委员会.天津通志·商业志·粮食卷[M].天津：天津社会科学出版社，1994：232.

第一章　国民经济恢复时期和"一五"时期的天津商贸业（1949—1957）

1953 年矿物油划归石油公司经营。1953 年 3 月华北区油脂公司撤销，中国油脂公司天津市公司同时成立。当年开始大规模经济建设，各方面对食油的需求量不断增加，全国油脂市场供不应求已十分突出。天津市场上私商排队争购，人心不稳，为此，天津市采取了临时措施：居民凭购粮证每人每 7 天供应食油 3 两（16 两 1 斤）；对私商按行业编组逐日轮流定量供应；对零售公司、合作社及用油多的工商行业大户按计划供应；配合工商行政管理部门在市场上开展议价交易和禁止食油外流。由于采取了这些措施，供求矛盾有所缓解。

统购统销前全市食油零售商贩共有 2675 家，其中主营 461 家，兼营 1424 家，摊贩 790 家。实行统购统销后经市国营商业局核定为食油零售商贩 1918 家，其中主营 405 家，兼营 859 家，摊贩 654 家，均与中国油脂公司天津市公司建立经销关系。1954 年 11 月 24 日，中国油脂公司天津市公司与 316 家主营食油零售商、634 家兼营食油零售商和 673 家食油摊贩正式签订经销合同。1956 年 1 月 19 日，对主营食油座商 314 家、676 人实行了全行业公私合营。

1954 年前，天津市有香油坊 33 家，从业人员 519 人。从 1954 年起，全市香油坊均为中国油脂公司天津市公司加工生产香油。全市还有麻仁、麻酱坊 50 家，从业人员 166 人，公私合营前由中国油脂公司天津市公司供应原料，自营生产。这些油坊、麻酱坊于 1956 年实现全行业公私合营后，均由中国油脂公司天津市公司管辖。

1953 年 12 月初，中国油脂公司天津市公司对全市人口和私商经营食油情况做了调查，就食油计划供应管理办法以及零售公司、合作社、私营油商与中国油脂公司天津市公司的关系提出了实施方案；同时，市和各区都设立了食油计划供应办公室。在市区设立了 34 个食油供应站，在塘沽区设立 1 个供应站。1954 年 3 月 15 日天津市召开各界大会，宣布实行食油计划供应的决定，3 月 16 日公布了中国油脂公司天津市公司拟定的市内油脂零售牌价。

基本食用油 1954 年实行计划供应时，城镇居民食用油采取分等定量计划供应：居民每人每月 8 两（16 两 1 斤，下同）；职工每人每月增加补助供应 6 两，分两次购买；国庆、春节两个节日，对居民和职工每人每节补助供应 4 两。供应的品种是花生油、棉籽油、小磨芝麻油 3 种。供商比例是 25% 的芝麻油，75% 的花生油或棉籽油。流动人口另有供应办法：1957 年 8 月，市粮食局修改制定《天津市食油供应标准及补助范围》：城镇居民食用油每人每月定量 8 两、麻酱 2 两；职工和大中学生每人每月增加补助供应 6 两；高级知识分子每人每月定量 24 两。国庆、春节两个节日每人每节仍补助供应 4 两。

2. 郊区农民食用油供应

1949 至 1953 年，天津郊区农民的食用油自由贸易，大多自产自销。1954 年 3 月起，天津市实行食油计划供应。根据郊区农民生活情况实行分等供应办法：距市区远的农民每人每月 3 两（16 两 1 斤，下同）；邻近市区的农民每人每月 4 两；生活水平低的地区农民每人每月 2 两（此属内部掌握，不公开，不发油票，凭购油折买油）。供应的品种有花生油、棉籽油。1957 年，天津市供应近郊农民的食用油提高到每人每月 5 两，远郊农民每人每月 4 两。春节、国庆节时随城镇居民每人补助供应 4 两。

3. 特需用油

1954 年 3 月天津市实行油脂计划供应后，根据各方面需要制定了特殊用油供应办法，主要有：

（1）城镇特殊食油补助。生育补助、疾病补助、结婚补助、丧礼补助、回民节日用油补助。

（2）郊区特殊食油补助。生育补助、疾病补助、结婚补助、丧礼补助、农村盖房用油补助、牲畜用油补助、牧场用油补助、会议用油补助、其他用油补助。

（3）部队食油供应。包括军籍人员和非军籍人员的供应标准等。

此后，由于社会的发展和供应工作的变化，又增加了一些新的规定。1957 年中国油脂公司天津市公司将食油供应标准及特殊用油补助范围、数量及有关新的规定整理成《食油供应手册》，作为工作依据。

（三）居民猪肉、牛羊肉、鲜蛋供应

1. 居民猪肉供应

天津解放初期，市场猪肉供应主要是依靠小商贩。1952 年"三反"

"五反"运动后，国营商业和合作社商业供应上升。私营商业大幅度下降。为了活跃城乡经济，保持私营商业的正常营业额，国家采取扩大批零差率、地区差价和季节差价，调整了公私商业经营范围，调动了私营商业的积极性。第一个五年计划时期，国营猪肉经营主要是出口，对市场供应一般不超过市场总量的50%。1954年，根据对私利用限制改造政策，本着"安批发、稳零售"的原则，妥善安排猪肉批发商，基本杜绝了私营批发。猪肉货源已经全部掌握在国营专业公司手中。1955年6月，天津市猪肉市场划归市食品公司肉食批发部领导。1956年2月，肉食零售行业全部公私合营，当时因货源短缺、市场供应紧张，曾一度由日上市600头压缩到日上市400头，采取"满足节日、压缩平日"的供应措施。1957年6月，中央决定生猪经营实行统一领导后，城市服务部开始统一安排北京、上海、天津三大城市供应和出口计划，增加了储备货源，稳定了市场供应，打击了私商投机倒把行为。这一时期猪肉基本是敞开供应，按国家牌价销售，居民、集体单位进行选购。

据历史资料记载，1936年全国平均每人年消费猪肉5.7公斤，其中城市人均9.5公斤，是中华人民共和国前历史上消费水平最高的年份。中华人民共和国成立后，随着生猪生产的恢复和发展，猪肉消费水平提高很快。1953年，全国平均每人消费猪肉6.05公斤，其中城市人均10.1公斤，超过了中华人民共和国成立前历史上消费的最高水平。

2. 居民牛羊肉供应

由于牛羊活畜收购、调运的季节性和牛羊肉消费的常年性，对牛羊肉的供应，天津解放后采取"保证重点，照顾一般"的原则和"旺季多供应"的办法。在牛羊肉食分配上，首先保证特需和定量供应少数民族的消费，对汉族居民则根据各季货源情况适当照顾供应。1953年，天津市牛羊肉市场在国营商业经营范围较小的情况下，大部分由私商贩运供市。除4、5月份淡季货源不足市场供量较少外，旺季供应基本正常。1954年上半年牛羊肉市场货源缺乏，供应紧张。为调节市场需求，食品公司由山西、张家口等地组织调进部分牛羊，后又从产地相继调进货源，市场缓和，供求趋于平衡，经营比重国营上升，私营下降。1955 年 9 月，商业部在《关于牛羊肉经营中有关回民风俗习惯的几点注意事项》的指示中，进一步明确供应回民牛羊肉必须由阿訇执刀屠宰，大中城市要建立牛羊经营部。根据指示精神，国营公司在不断完善经营机制的同时，进一步加强了市场管理和领导。随着对私营资本主义肉食行业的社会主义改造，私营批发商按行业归口，由主管公司统一经营，货源充裕，市场繁荣。1957 年食品公司建立第三食品加工厂，负责供应禁猪民族牛羊肉的屠宰加工、储存，屠宰由伊斯兰教阿訇执刀放血，按照民族习惯和有关规定，进行剥皮、剔骨、储存、保管。

3. 居民鲜蛋供应

天津解放初期，在市场上经营的鲜蛋中，私营商户、个体小商小贩的经营量占市场销量的比重较大。如 1953 年鲜蛋市销 78 万公斤，其中国营商业经营 28 万公斤，占总销量的 35%，私营经营 50 万公斤，占总销售量的 65%，市民人均食蛋水平为 0.14 公斤。以后鲜蛋市销量逐年增长，国营商业经营鲜蛋的比重增加。1956 年天津市的鲜蛋经营由国营公司统一掌握，鲜蛋购销纳入计划。1957 年市内销售鲜蛋 512 万公斤，市民人均食蛋水平为 2.4 公斤。

（四）民用布供应

民用布是批发通过零售部门直接售与个人的消费用布。个人消费用布过去是自由选购。全国解放以后，由于棉布货源紧缺，为稳定市场物价，国务院决定从 1954 年 9 月 15 日起，对棉布实行统购统销。根据统购统销实施办法规定，对"所有列入中央人民政府商业部计划供应范围的棉布及棉布复制品，不论花色、品种和质量，在全国范围内，一律采取分区、定量、凭证供应的办法，实行计划供应"。

1. 供应范围

民用布实行凭证供应，其供应范围是随着棉布资源情况的变化而不断调整。1954 年第一个棉布供应年度时规定，各种纯棉布（粗细帆布及蚊帐布除外）、布制被褥、布制成衣（包括衬衫、衬裤以及每套用布 4 市尺以上的童装），一律凭票供应。到 1955 年已将床褥单布纳入凭票供应范围。1956 年因水灾棉花减产，从 1957 年 2 月底童装不分大小一律按实际用布量收票，蚊帐布实行二折收票；对 2 市尺以上零头布、各种服装里子布、布制蚊帐和蚊帐的顶、边布，均核实收票；对幅宽 4 尺以上的棉布实行加倍收票。

2. 供应标准

棉布在统购统销期间，由于花色较多，品种宽窄不一、质量上薄厚差异很大，在收票标准上不尽相同。1956 年以前，棉布资源基本正常，群众定量布票够用、对收票多少关心不大。1957 年棉布资源不足，下期布票实行对折使用。

3. 供应指标

对民用布定量供应指标进行确定，是根据天津人口和资源情况，按商业部分配天津市民用布供应指标进行安排的。1954 年第一个棉布供应年度，天津市城市户口每人定量为 42 市尺（14 米），农业户口每人 35 市尺，全年共发放布票折合 4900 多万米，实际销售 4300 多万米。1955 年因棉花减产，天津市棉布产量减少 6188 万米，因此，在安排 1955 至 1956 年民用布供应指标时，天津市城市户口每人改为 36 市尺（12 米），农业户口每人 30 市尺（10 米）。但是，棉布销量却出现疲滞，1955 年仅定成计划 70%，1956 年一季度又比原计划少销 50%。从 1956 年第二季度起，棉布销量突然转旺，1956 年下半年比上半年棉布销量增销达 30%，库存急剧下降。为此，从 1957 年开始，对棉布供应指标从紧掌握，机关团体不十分必要的工作服一律停发，大力提倡节约代用，压缩周转库存，增产纱、布，对 1957 年下期布票按票面数额对折使用，并延期使用三个月。

4. 供应期限

1954 年 9 月棉布实行计划供应时，为了与棉花生产年度一致，便于花纱布资源综合平衡，规定每年 9 月至次年 8 月底为一个供应年度，同时将一个供应年度的布票分为前后两期，一次发放，分期使用，前期布票从当年 9 月至次年 2 月，后期布票从次年 3 月到 8 月底，前期布票可以延至后期使用，后期布票不能提前使用。1956 年秋季，因水灾棉花减产，为避免棉布脱销，决定 1956 年度第一期布票延期使用到 1957 年 8 月底；1957 年第二期布票延期使用到 12 月底，并按票面数额对折使用。

（五）蔬菜副食品零售

解放前，副食品零售业经营的主要是蔬菜，兼营猪牛羊肉、禽卵、水产、海味、素货、调料等。解放前经营者多是本小利微的摊贩和家庭业户。大店铺多集中在市区中心和商业繁华区，如黄家花园的祥记、劝业场附近的德顺成等。祥记的调味品汇集南北风味，德顺成的海鲜种类齐全。1920 年以后，市内陆续开设专营加工自制酱味猪肉制品的商店有天成号、天宝楼、天福楼和永德顺；专营牛羊肉制品的有月盛斋，专营驴肉制品的有曹记驴肉。均是后厂前店，自制自售。

蔬菜零售由摊贩构成菜市场，原外国租界内的菜市均为室内型，有"法国菜市"（今长春道副食中心商场），"英国菜市"（今大沽路副食综合商场），小营门菜市，"意国菜市"（今光复道副食商店），"奥国菜市"（原址在今建国道东浮桥畔），这些菜市场由外国人出资修建管理，摊位租赁给商贩经营。"法国菜市"1920 年开业，直到 40 年代，进场经营者保持 100 家左右。官银号菜市由街道两旁毗邻的店铺组成。各摊位店铺经营的品种大都专一，分别有菜、肉、鱼、禽、蛋、副食调料等。除菜市场外，蔬菜的零售有少量菜铺和固定摊贩，并且还有肩挑摊贩走街串巷售卖。解放初期，私营副食品零售业仍保持原有经营方式和规模。1952 年以后，菜市摊贩锐减，长春道菜市场由原百余家到只剩十几家。后由政府贷款扶持，摊贩集中经营，形成安东路、重庆道、天隆、平安等新的综合副食露天市场；另外还有建物街、北大关、二马路、沈庄子、兰州道、永安道、广开、鱼市、六合、营门西等 20 多个蔬菜零售市场。

1949 年 1 月天津解放，根据华北合作委员会石家庄会议精神，同年 2 月建立天津市供销合作社。根据政务院《关于统一全国国营贸易实施办法的决定》，1950 年 1 月天津市建立国营零售公司，其下设的门市部经营蔬菜副食品。同时，先后在工厂、机关、学校和街道创办由群众集资入股的消费合作社。1951 年 8 月天津市供销合作社建立区级消费合作社。根据商业部《关于城市工矿区消费合作社移交国营商业》的指示精神，1954年10月天津市消费合作社划归国营商业局领导。根据市人民政府指示，同年12月将天津市零售公司移交天津市消费合作总社，零售公司所属零售店移交各区消费合作社。零售公司移交合作社后对外名义不取消，零售公司所属零售店视同区社的零售单位。消费合作社移交商业局后，已成为国营商业。1949年底，全市共建消费社481个，社员近百万人。到1955年底，消费社有零售店363个，职工4500人，股金144万元。初期经营粮食、百货、副食品，后逐渐以蔬菜、副食品为主，经营量逐年增加，初步形成蔬菜副食品零售业格局。1955年12月建立天津市地方贸易公司，各区消费合作社改为区地方贸易公司分公司。1956年全行业公私合营后，原私商成立公私合营杂货总店、瓜菜总店。同年杂货总店、瓜菜总店并入区地贸分公司。1956年天津市地方贸易公司与天津市蔬菜公司合并改称中国蔬菜食品杂货公司天津市分公司。各区地贸分公司改称区蔬菜食品杂货分公司，在经营上确立以蔬菜、副食品为主的业务范围。

　　1956年初完成社会主义改造，劳资户和合资户实行核资定息、自负盈亏；小商小贩组成联购分销互助组或联购联销合作商店，补充了国营零售店的不足。1956年国营与合营零售店调整，到年底共有零售网点1929个，其中国营366个。此时是蔬菜副食品零售业经营状态较好的时期。

　　（六）糖果糕点食品零售

　　天津的糕点业有悠久的历史。早在明代，在东北角有东庆兰，在西道湾子有西庆来两家点心铺。清咸丰年间祥德斋糕点店开业，延续至今。清末民初，又有一品香、庆丰斋、四远香、祥兰斋、庆元斋、文祥斋等糕点店开业。糖业的形成，主要是在1860年天津开埠以后。糖果糕点行业包括食糖、糖果、罐头、烟酒、茶叶、糕点、食品等，批发、零售基本上都是专业性的。20世纪20年代号称"四大号"的德记、厚记、德和永、恒泰昌，即包销英商怡和、太古，日商三井、三菱洋行的外来糖，批发给杂货店零售。烟叶，在清末民初有中和、长原、长义烟店，批零兼营，每年秋冬季节直接到东北、山东、河北产地采购。卷烟早在 19 世纪就由外国运销天津，永记烟行经销英商颐中烟厂产品；全兴厚烟行经销日商东亚烟厂产品。之后，上海、青岛、天津开始生产卷烟，有增记、振华、义泰、中兴、荣记、瑞记、庆德成、同昌厚等烟行竞相批售。茶叶批发分内局、茶栈，它们经营的茶叶除供应市内零售外，还以天津为集散地转销华北、西北和东北等地。鲜果批发，以锦记、锦茂为代表的干鲜果货栈，代客购销。一些"赶羊"户从货栈趸货运到锅店街、估衣街一带，零整批发给小店、小贩。

中华人民共和国成立后，分别建立国营的天津市糖业果品公司、天津市专卖事业公司、天津茶叶公司，私营批发业相继关闭或转为零售。

1950 年 3 月，华北供销合作总社加工出口部在解放北路成立，下属一个桃仁加工厂，一个中药材加工厂，主营桃仁、粟子、辣椒、冬菜及中药材加工。1952 年 5 月，加工出口部改称推销经营处。1954 年 10 月划归全国供销合作总社，业务由全国总社和天津外贸局双重领导，内外贸业务兼营。为发展进出口业务，在香港设立益丰行，以私营名义对外营业。1956 年初，推销经营处下放天津市，在此基础上成立天津市果品公司。同年 9 月，果品公司与糕点公司合并，改称中国糖业糕点公司天津市公司，经营食糖、罐头、糕点、糖奶制品及干鲜果品等，既管批发、零售，又管糕点生产。1956 年实现了糖果糕点全行业公私合营。1957 年 6 月，全国合作总社天津副食品经营处并入，改为天津市糖业果品公司。天津解放不久，即成立华北酿酒总公司天津分公司。同年 6 月，改称华北酒业专卖公司天津分公司，按行政区分设 11 个营业部，负责全市酒类生产管理和批发业务。1951 年 8 月，改称天津市专卖事业公司，1953 年 2 月又改称中国专卖事业公司天津分公司，并承担对全国一级站的卷烟调拨业务。1954 年对私营烟叶批发商改造，成立了烟草批发部。1956 年私营烟酒零售业实现了公私合营，按区设立烟酒总店。

天津市区经营糕点的网点，1954 年有 200 余家，大多是前店后作坊，一般户月产量千斤左右，祥德斋产量居首位，月产约五万斤。1956 年公私合营以后，成立了天津市公私合营糕点公司，按当时市区区划，8 个区各设有糕点总店，将 186 个生产网点合并成 36 个，集中生产，年总产量达 1035 万斤。到 1986 年，有市公司直属糕点生产厂 8 家，职工 2213 人，生产品种 760 个，年产量 3887.2 万斤。全年社会零售量达 4300 万斤。

（七）饮食业、服务业、修配业营业概况

1. 饮食业营业概况

1948 年解放前夕，政局动荡，经济崩溃，伤兵骚扰，饮食业纷纷倒闭歇业。1949 年天津解放后，饮食业逐步恢复。1956 年全行业公私合营以前，全市饮食业根据各户店堂规模的大小、经营品种的简繁、服务对象的不同，分别组成饭馆业、面食业、豆食业、馃子业四个同业公会，作为政府与各行业之间的桥梁，负责行业的行政事务管理。1956 年 1 月 16 日，全行业公私合营后，天津市饮食公司统管全市的饮食行业，四个同业公会撤销，各区成立饮食总店，市区实行条块双重领导，即人、财、物统由市公司管理，中国共产党、共青团、工会的关系在区。各区饮食总店下设若干分店，分片管理门市部。

到 1957 年，饮食网点发展到 7846 家，国营、合营、集体、个体多种经济成分并存；固定与流动的摊、点配套，曾有"三步一摊，五步一点"之说。和平区合营时饮食网点 659 个，1957 年增加到 1300多个。其中大、中、小型饭庄、餐厅、饭馆 120 家；馃子铺、豆腐房、馄饨铺、小吃店、大饼铺 320 户，切面铺 30 余户，摊贩 900 余户。南市清和街从东到西五个路口内就有 92 户饮食网点。营业时间有早有晚，经营品种仅小吃就有 250 多种。1956 年从业人员有 2.3 万人，总营业额为 5788 万元。

2. 服务业营业概况

1949 年 1 月天津解放后，天津的私营旅店业、理发业、浴池业、照相业、洗染业统由工商局有关部门管理，并在市人民政府组建的工商业联合会领导下，分别建立新的同业公会，协助工商管理部门贯彻政府政策法令，组织会员进行政治、业务学习并为工商业联合会会员服务。市总工会下设店员工会，服务业的各行业职工属于店员工会。服务各行业内没有纵向的工会组织，而是在各区店员工会领导下，各行业分别设立基层工会组织。1955 年市人民政府决定，将旅店、理发、浴池、照相、洗染等服务性行业，由工商局划归市三商局管理。同年12 月 16 日，在市三商局领导下，设立天津市福利公司（服务公司），管理旅店、理发、浴池、照相、洗染等行业，建立起天津市服务业专业管理体制。新建立的管理体制为两级管理制，市福利公司在市三商局领导下，为市级专业主管部门，各区福利公司（初期是按行业设立区总店，1957 年合并为福利公司）在区人委领导下，为区级专业主管部门。

天津解放初期，全市服务业共有 1754 家，其中大型的 99 家，中型的 412 家，小型的 1243 家；此外，理发业有固定和流动摊贩 2000余人。以行业划分：旅店 572 户，照相 137 户，洗染 319 户，浴池 88户，理发（坐商）638 户。1956 年全行业公私合营，同业公会结束，形成服务专业管理体系。

20 世纪 50 年代初，有 30 个大中型旅店歇业或转业。一部分由政府接收改作办公用房或宿舍，120 个被取缔的小妓院改作旅馆。理发业大户业务冷清，一些职工及从农村流入城市的理发人员自己设摊点经营。有些会照相的闲散人员，也从事小照相馆经营。另外家店不分的小洗衣店也大量增加。1951 年与 1949 年相比，旅店增加62 户，理发增加 262 户，照相增加 13 户。"三反""五反"之后，有些服务业的资本家抽逃资金，原有的 29 户照相器材商店全部歇业或转为照相馆；有 20% 的旅店大量搬入长期住户或改成单位的宿舍，到 1955 年公私合营前夕，形成"大店少，小店多，高档少，简陋多"的局面。全市旅店业 575 家，资金在 1000 元以下的占 58.6%；浴池83 户，资金在万元以下的占 83.13%；理发业坐商 878 户，资金在 1000元以下的占 91.23%；照相业 174 户，资金在万元以下的占 83.81%；洗染业 267 户，资金在 1000 元以下的占 87.64%。服务业呈现出不景气的萧条状态。

1956 年 1 月实现全行业公私合营,年底基本上完成小商贩的改造。从此，建立起以公有制为主导的统一的服务业市场。详见表 1-5。

表1-5　1956年私营服务业社会主义改造后合营户数

单位：户

行业 经营方式	旅店	理发	浴池	照相	洗染	修脚
坐商	530	815	67	116	257	—
摊贩	—	1224	—	26	155	13

资料来源：天津市地方志编修委员会.天津简志[M].天津：天津人民出版社，1991：559.

公私合营后，在车站设立了旅店服务处，清除了"递片""抢行李""包小票""挂红灯"等做法；在企业中取消了陈规陋习和不卫生的服务项目，建立了福利制度，加强了企业基础建设。此外还有广告业、委托租赁业，改造坐商1947家，占全部的99.54%。合营后的1957年，天津服务业出现一个兴盛时期。全行业提出服务态度的八字要求（主动、热情、耐心、周到），针对服务性质开展了不同内容的"五满意"活动，即让顾客来时满意、买时满意、走时满意、使用起来满意、想起来满意。旅店拆除室内阁楼，规定了铺位间距，消灭跳蚤、虱子、臭虫；理发业实行三消一戴（毛巾、刀具、推子消毒，刮脸时戴口罩）；浴池业实行三巾（面巾、浴巾、脚巾）分开，茶具消毒，取消了妇科病传播率较高的女公共浴池。同时，在服务业中全面推行经济核算制，健全各种财务制度，结束了私营时期的财务混乱状况。1957年五个行业总收入达1340.6万元，比1950年增长69.27%。

3. 修配业的营业概况

1949年天津解放时，有修配服务摊点9000多个，从业人员2万多人。个体经营是传统的经营方式。部分设固定摊位，多数走街串巷。修绱鞋的摇铃铛，磨剪刀的吹喇叭，焊铜焊锡的敲壶底，补锅锯碗的打当当。修理价格面议。由于服务上门，群众称便。1956年个体经营的修配服务业建立了合作社。市政府成立了市、区两级手工业生产合作联社。1956年全市有修理网点9000多个，平均每55户居民一个。

（八）著名的三大商场

1. 劝业场

19 世纪末劝业场一带还是一片荒地，附近有个叫"紫竹林"的村庄。清光绪二十六年（1900 年）八国联军再次入侵天津，法国将今和平路的东南段划为法国租界。从光绪二十六至宣统二年（1900—1910年），这一带逐渐修出道路，有了"梨栈大街"（今和平路），街上有几家平房和当铺。20 世纪 20 年代初，由于战乱，天津商业中心由北门外大街、估衣街、北马路一带，纷纷迁往法租界。

1926 年，高星桥开始筹建天津劝业场。高星桥，民国初年在天津大闸口街经营铁铺，以打制铁链条为主，供外国货轮使用，后结识时称直隶省井陉煤矿的犹太裔法国人，华名韩德根，在韩的帮助提拔下，高星桥一面任井陉煤矿司磅员，后提升为华账房；一面经营井陉煤矿津、保分销处、出售井陉矿务局各种煤块、煤末。同时，高在其他煤厂也有投资，这样，高星桥就从多方面得到财源。1914 年第一次世界大战爆发后，韩德根应召回国，井陉矿务局的业务全部归高星桥，经过几年经营，高星桥积累了巨额资本，先后在天津兴建天津商场、天津劝业场、交通旅馆、渤海大楼、龙泉澡堂和大连码头附近的威尔逊大楼。

1928 年 1 月，天津劝业场建造工程开始奠基。工程投资 75 万两白银，由上海一家营造公司承建，每天施工人数有三四百人之多，昼夜施工，高星桥还亲临现场监工。

1928 年 12 月，劝业场正式落成交工。

临开业时，各界人士赠送银盾、花篮、楹联等礼品表示祝贺。其中有一只银盾上面镌刻着 16 个字："劝吾胞舆，业精于勤，商务发达，场益增新"。用以表示劝人兴办企业之内涵，也为劝业场做了寓意深刻而透彻的说明。这四句话以传统的冠顶格式取每句话的第一字组成"劝业商场"，正合场主高星桥心意。

当初在申请许可修建执照时，法租界当局提出要取名为"法国商场"，以给法租界壮大声势，增加光辉。高星桥在取得执照后再三思索，他顾忌到"法国商场"名称不合中国人口味，也很容易被人误解为外国人所办，一旦遇到国人反帝运动，必受连累，因之迟疑未决。当时北京前门外已有一个"劝业场"，其主要股东是载振，高星桥采用了载振的意见，仍取"劝业场"，但在中间加上一个字成为"劝业商场"，并商场内高悬"劝吾胞舆，业精于勤，商务发达，场益增新"四言联句作为建场精神。

1928 年 12 月 12 日（农历戊辰年十一月初一），集商业和娱乐于一体，时称华北第一高大商场的天津劝业场隆重开业。

开业时，新业公司总经理高星桥、劝业场经理翟耀庭、副经理尹献亭、交通旅馆经理陈静斋都出席主持仪式。劝业场装饰绚丽，挂满彩灯，并饰以四匹红缎由屋顶垂下，辉煌壮观。法、英、日领事及法租界当局，商界友好，社会名流共 100 多人参加开业典礼，并以 5000 元雇用英国驻军军乐队到场奏乐。开业当天约有 2 万余人进场观光购物，盛况空前。当时《大公报》和《北洋画报》对劝业场开业盛况做了报道，《庸报》用大篇幅对整个劝业场大楼进行速写，并配以形象性文字描绘。高星桥特意买下有此画面的全部报纸，广为散发，以示纪念。

1929 年正月，高星桥出资 500 银圆的润笔费，请天津著名书法家华世奎（时称津门第一笔）书写"天津劝业场"五个大字牌匾。悬挂于商场一楼楼梯正中上端的颜体楷书"天津劝业场"金地黑字大匾，上款"戊辰春正月"，下款"华世奎"，刻印章两方。匾高 1.2 米，宽 4.35 米，字径 0.8 米。

劝业场建成后，采取租赁方法，分租给 200 余家大小商号进场开店，这些商号遍布场内各楼层，大商号设有门面，小商户摆摊设点。一家一户，独立经营。

当时劝业场规定：一楼为百货、绸缎、鞋履、食品等商店，同类商店不得超过 4 家。同样二楼同类商店不得超过 3 家，唯第三层珠宝古玩等商店则求其多多益善。当时《北洋画报》记者引用行家评论曰："此类商店需本甚重，货色难齐，不怕竞争，宜于合作，故应使集中一处，亦即所以便利顾客云。所言诚有至理。而下两层之限制办法，则为防止排挤，调剂商务，用心良苦也。"

劝业场经营针织、纺织、服装、裘皮和鞋帽的商店，一楼有三友实业社、久成、德华馨、金九霞鞋店、天章绸布店、大通皮货店以及专营西服的李同益服装店和华茂女子服装店；劝业场经营日用百货、化妆品、小五金的有德义、同昌、华洋、万生、泰和新和正大礼品镜店等 47 家；经营陶瓷、搪瓷、铝制品、文房四宝等文化用品、京花、工艺品等共有 14 个行业，197 家商店。劝业场还有提供观赏的花鸟鱼虫商店，草虫社（卖蝈蝈、蛐蛐等）。劝业场经营食品的行业包括中餐、西餐、糖果糕点、干鲜果品等等。劝业场各商户根据各自的特点，采取不同的经营方式，形成自己的经营风格。

一是多路进货。所谓多路进货，不仅在天津市内从工厂直接进货、从货庄批发进货、从经纪人手中进货，而且可以从南方的申、粤、闽、苏州、杭州、温州、常州和北方的济南、辽宁等地直接进货。

二是互为补充。场内商店由于行业门类繁多，各家的经营各具特色，既互相竞争，又互为补充，各商店商品品种越来越多，花色、式样越来越丰富，互补互促，共同发展。

三是专业经营。劝业场内有许多各具特色的专业商店，如京花店，瓷器店，礼品镜店，珠宝古玩、古币、字画店和唱机唱片、南漆制品店，金笔、相机商店。

四是前店后厂。前边是店堂，后边设作坊。店堂向作坊提出需求，作坊为店堂提供商品。在劝业场内以前店后厂方式经营的有服装、鞋帽、裘皮等商店。

五是"以卖带修"或"以修促卖"。一些商品可配件维修，主要项目有中西乐器、金钢笔、收音机、照相机、气枪、打火机等。其中大件乐器钢琴、风琴等可登门入户修理。京胡、南胡、琵琶、小提琴等可以进行"接骨""植皮"的维修"手术"。像金钢笔、打火机等小修小配，随来随修，立等可取。修配业务，多是卖什么修什么，以卖带修；也有专门以修配为业的店铺。

高星桥以"顾客花钱，不出劝业场"为办场指导思想。在经营上，既有各行各业数百家商店，又有剧场、影院、球社、茶礼等娱乐场所。同时在六楼设立事务所作为管理机构。

第一章　国民经济恢复时期和"一五"时期的天津商贸业（1949—1957）

高星桥为与天祥的"小广寒""大观园"、泰康的"小梨园"娱乐场所竞争，推出以"大"字为冠的"八大天"，责成其子高渤海亲自管理。

"八大天"包括如下场所：天华景戏院、天宫影院、天纬台球社、天纬地球社、天露茶社、天会轩、天乐戏院、天外天。

"八大天"每月上演的戏曲有京剧、评剧、越剧、梆子腔、文明戏（话剧）；曲艺有京韵、梅花、乐亭、西河、奉调大鼓、对口相声、山东快书、河南坠子及古典戏法、魔术、耍花坛、抖空竹等。

1937年卢沟桥事变（"七七事变"），日本侵华占领天津后，劝业场三友实业社等许多商号开展提倡国货、抵制日货经营活动。从"七七"事变到日本投降，劝业场前期表现为日货泛滥，购买力虚假上升，出现虚假的畸形繁荣；后期劝业场内各商号普遍感到生意难做，掌柜们一方面无法忍受苛捐杂税和明枪暗算的经济掠夺，一方面又不得不苦撑门面，维持经营。20世纪40年代中期日本投降以后，劝业场经常受到国民党一些军政人员的敲诈，高星桥听说有人告发他是汉奸，逃匿到上海，三年后病故于沪。其子高渤海、高晓龄则隐避到北平，将劝业场事务所委托尹献亭代管。

天津解放后高渤海回到天津，重新接手掌管劝业场事务所。解放初期，国家平抑物价，打击投机倒把活动，从而保障了商业的正常经营，劝业场业务迅速恢复，销货额稳中有升。场内广大店员担负起改造旧商场的重任。高渤海委托场内的职工、地下党员叶思贵主持劝业场事务所的工作，并让其兼任劝业场七楼大都会舞厅的经理。1950年1月正式选举产生劝业、天祥基层工会委员会。同年劝业、天祥各商户分别联合成立商场委员会。1950年5月成立中国新民主主义青年团劝业、天祥总支部，对团员、青年开展组织、宣传教育等项工作。1950年6月国家对工商业进行第一次调整。1950年10月25日，劝业场各商户同全国、全市人民一道，开展了增产节约和抗美援朝捐献飞机大炮活动。高渤海将其个人所有的渤海大楼售给天津市房管局，以部分房款分给渤海大楼职工，其余全部买建设公债。解放初期高渤海参加了在天津举办的华北物资交流活动，任大会交际处副处长。高渤海曾被选为天津市和平区人民代表。

经过两次调整商业，缓和了公私关系，安定了私商的情绪，劝业场各商户经营积极性较高，商场的百货、服装、针织、鞋帽、金笔、手表、照相机、望远镜等业务异常繁忙。场内游艺场所，天华景戏院为促进南北文化交流，首次请来南方剧种上海女子越剧团演出越剧，上座率很高，促进了商场的繁荣兴旺。

1952 年劝业、天祥基层工会委员会和商场委员会代表劳资双方建立劳资协商会议制度，就全场业务经营、职工福利和作息时间等有关事项进行协商。同年，全国开展"三反""五反"运动，劝业场在运动中对资方搞假账、欺骗国家、偷税漏税、偷工减料等违法行为进行了斗争。1952 年，"五反"运动后期，高渤海被捕关押，法院对高渤海的财产进行清点没收。这次运动，各商户较彻底地清查了账目，废除了假账，公开了经济，同时，对 80% 的半违法和违法户给予了结论处理。

1953 年，对私营工商业实行"利用、限制、改造"的政策，场内众多商户经营好转，利润增加。政府为体现上述政策精神，提出"四马分肥"的措施。"四马分肥"是指在私营企业盈余中，国家所得税、企业公积金、股东股息和职工集体福利四个方面各得到适当分配。在国家受益的基础上，许多商户老板从中获利甚丰，提高了经营积极性。也有不少商户由于经营不善，获利甚微，无从"分肥"，等待行业合并，关门歇业者有所增加。国营商业也采取"让营业额、分配热门货、降低批发起点"等措施，维护各商户的经营。在 1953 至 1955 年间，国家采取更加积极的"经销、代销"的扶植政策，到 1955 年有 20 多家较大的商号先后被批准为经销、代销商店，为 1956 年全行业公私合营打下良好的基础。1956 年 1 月 18 日，天津劝业场随同全市工商系统 107 个行业实行公私合营，改为全民所有制。合营时，劝业场一侧共有大小商号 187 户，从业人员 547 人，核定资金 37.2 万元。国家按照企业核定的私方资产给以 5 厘定息，定息原定 7 年，后又延长 3 年，到 1966 年 9 月停止。除定息外对在企业中担任职务的私方人员原有高薪仍予保留。

从 1956 年第一季度开始，国家拨款 120 万元，在不停止营业的情况下，从楼内到楼外对劝业场进行全面的修缮粉刷。这次整修历时半年，完全是职工们自己动手完成的，场内拆除原先一家一户的隔墙，更换统一货柜货架，扩大营业场地，使每层楼都变成一个宽敞明亮的售货大厅，按行业归口统一经营，调整商品布局，经营上保持"门类多、品种全、方式活"的传统，注重"小"的特色。商场在上海、江浙建立小商品采购基地，并重视小修小补业务。商场以其独有和多项便民措施，对商品，尤其是贵重商品实行保修。公私合营后，全心全意为人民服务成为劝业场的办场宗旨，这个时期先后推出送货上门，直接服务到车间班组，到军营连队，到工地，到田间，为顾客解决特殊困难，注重商品的售前、售中、售后服务。为满足个别顾客急需，成立早晚服务部，经营规模比合营前有了长足的发展。劝业场以诚待客、信誉第一，获得了物价信得过"双信"单位的称号，成为真正的"顾客之家"。合营前，全场月销货仅 20 万元左右，合营后上升 2.5 倍，月销货增至 70 万元，充分显示了社会主义商业的优越性。

2. 中原公司

中原公司始创于 1925 年，当时叫天津中原股份有限公司，创办人是广东人林寿田、林紫垣、黄文谦等。

20 世纪 20 年代，身居上海先施公司副司理要职的林寿田和首饰部主任黄文谦，看到华南各大商号纷纷崛起，十分眼红，早就跃跃欲试，准备自己也开办一个大型商场，但苦于资财匮乏，一直夙愿难偿。1925 年年初，黄文谦在上海跑马场的一次赛马赌博中中了 25 万元的头彩。他大喜过望，首先拿出 5 万元作为筹建商场的基金，并资助林寿田投资入股。他们又找到与日侨有着广泛联系的先施公司驻日采办林紫垣进行商议。与此同时，还在同僚中串通游说，先后又网罗陈军海、何逸州、容原刚、何嘉年等人，在汇丰银行买办兰赞襄、正金银行买办鲍翼军等许多旅日华侨的资助下，于当年冬天在上海成立筹备处，次年又将筹备处迁至天津，一面继续对外招股，一面物色商场地点。

当时天津的商业中心一处在南市，一处在法租界的"梨栈"一带。南市作为津城百姓最大的购物市场，买卖虽然兴隆，但却是小本生意，难有更大的作为。相比之下，"梨栈"却聚集着一些较有影响的商场、钱庄、饭店、舞厅、影剧院、游艺场等，生意兴旺，热闹非凡。林寿田等人一眼就相中这块"黄金宅地"。无奈，因地皮价高未能如愿。日本驻津领事馆得知此事后，立即派翻译徐良到各股东间游说。在他极力撺掇下，林寿田等人终于同意将商场建在日租界，并以 3 万多元的低廉价格在旭街（今和平路）购得一块 1200 平方米的地皮。1926 年工程开始破土，仅用一年半时间，一座高达 60 多米、耗资 50 万银圆、堪称当时天津最大、最豪华的建筑物落成。

1928 年 1 月 1 日，天津中原股份有限公司隆重开业。开业之日，盛况空前。旭街上人山人海，鼓乐喧天；达官显贵、社会名流纷至沓来，到场祝贺。商场新颖的设计，宏大的规模，先进的设备，齐全的功能，特别是商场安装的垂直电梯，吸引众多顾客，人们慕名而来，争相参观、购货。雄心勃勃的创业者们之所以把商场定名为"中原公司"，其用意就是要"在经济上雄视中原，垄断华北，称霸北方"。他们把"创始无二价，统办全球货"作为招牌，以丰富的品种、上好的质量、"优良"的服务和齐备的辅助设施吸引顾客，一时间信誉陡起，生意兴隆，日销货额雄居全市各商场之首，几年之中就赢得丰富的利润，并且一度成为沟通南市商业区与劝业场商业区的枢纽。由于公司与日侨商人有着广泛的联系，商场中充斥着许多日本商品，加之店址又设在日租界，因此中原公司在社会上得到一个"日货公司"的绰号。就在公司蒸蒸日上、处于鼎盛时期的时候，"九一八"事变爆发。日本军队占领中国东北三省，激怒全国人民。反对日本入侵、抵制日货的呼声响彻神州大地。津门百姓不愿踏入日租界一步，以表爱国之心。地处日租界的中原公司立刻遭到冷落，几乎陷入绝境。股东们朝夕谋划，终于听说英商泰隆洋行计划在法租界绿牌电车道（今滨江道）盖数十间平房作铺面分租。林寿田等人急忙找到泰隆洋行商议合作，双方一拍即合。遂将平房改建点贯通的三层楼房，先由中原公司全部承租，后月计 5000 元逐渐还本。1932 年初大楼竣工，于是中原公司天津分店宣告成立并开张营业。分店的建成不仅使公司有了退身之地，而且还打开通向法租界商业区的通道，公司多年的夙愿变成现实。在此期间，为图更大发展，公司还实行两个较大举措：一是为了解决公司资金不足等问题，1932 年 12 月成立中原商业储蓄银行股份有限公司，并开始对外营业。银行总行设在多伦道 39 号，分行设在滨江道 202 号，徐良出任第一任行长；二是于 1934 年在北京王府井大街开办中原公司北京分店。增设银行和北京分店，使得中原公司的业务经营开始有所回升。

"卢沟桥事变"以后，日本人加紧对中原公司的控制，强迫公司经营日本商品。这样就使中原公司成为名副其实的"日货公司""洋货公司"。人们如同憎恨日本人一样憎恨中原公司，把它视为日本人的工具和爪牙，对之退避三舍。公司业务一落千丈。这样苦度几年，公司生意非但没有好转，反而祸事接踵而至。1939 年冬北京分店起火，50 多万的货物付之一炬。1940 年 8 月天津总店又起大火，烈焰持续一天一夜才熄灭，总店变成一片废墟。以后，天津总店虽经重新开业，但终因元气大伤而回天乏术。在这种情况下，董事会决定终止总店五、六楼中、西餐的业务，转租给他人经营。天津分店也把二楼租给万寿厅饭庄，日本投降前后又将三楼顶层租给百乐门仙乐舞厅，一楼的大部分地盘租给天孙呢绒店和大众袜厂，后又兑给光荣鞋店。从此，商场被拆得七零八落，面目全非，至天津解放前夕，中原公司实际上已是名存实亡，空壳一具。

天津解放后，华北地区百货公司天津分公司以月租金一万个折实储蓄单位将无力经营、濒临倒闭的中原公司商场承租过来，经过紧张的筹备于 1949 年 7 月 7 日重新开业，并改名为天津百货大楼。同年 12 月，军管小组进驻中原公司天津分店。人民政府彻底清查中原公司的资产，没收其官僚、汉奸股东的股份。在党的政策感召下，中原股东们决定走公私合营的道路。1950 年 5 月 1 日，中原公司天津分店被国家批准为全国首家公私合营的大型百货零售商场，同时更名为新中原公司，由华北地区百货公司选派曹英出任公方代表，原中原公司协理张子纯为私方代表。从此以后，中原公司回到人民的手中，走上一条不断发展的光明之路。

从 1952 至 1958 年，先后有天孙呢绒店、光荣鞋帽店、瑞隆祥棉店、泉祥隆记茶庄和谦祥益辰记绸布店等五家商店并入新中原公司。

其中，谦祥益辰记绸布店在当时名气较大，后来对新中原公司在业务经营等方面起到过积极的影响。

中华人民共和国成立以后，广大妇女走出家门，参加工作的越来越多，生活条件明显改善，社会地位不断提高。这时很需要一个专营妇幼用品的商店。当时偌大的天津市却没有一家这样的商店。权衡再三，市属百货公司决定由新中原公司转营，易名为妇幼儿童用品商店，同时调来女经理王荣以及谷银蓉、董浩等一批女科级干部主管业务。1956 年 4 月妇幼儿童用品商店开张营业。妇女儿童用品商店开业以后，由于仅限经销奶瓶、童装一类的妇幼商品，凡属男性、中性（即男女都能使用的商品如床单、暖瓶等）商品一律停售，导致经营范围缩小，花色品种单一，商店经营效益明显下降。特别是在销售淡季，商品几乎连正常的费用开支都难以维持。后来虽然逐渐增添一些中性商品，经济效益仍不理想。在这种情况下，直到 1958 年 7 月，借与谦祥益合并的契机，商店才又重新恢复原有的商店名称（即中原公司）和业务经营范围。

3. 百货大楼

百货大楼的前身为天津中原股份有限公司。1949 年 1 月 15 日天津解放后，天津中原股份有限公司已处于一无资金、二无商品、即将倒闭的垂危绝境。店员、工友们在党和政府的帮助下，先后成立职工小组、工会筹委会及工会组织。工会组织把店员、工友紧紧团结在一起，从谋求员工根本利益出发，强烈要求政府立刻接管中原公司。当时中国人民解放军军事管理委员会根据中原公司员工的要求与中原公司进行接收谈判，达成租用中原公司楼和设施、留用职员的协议。1949 年 6 月 24 日军管会接管天津中原股份有限公司，就此撤销该商店字号。1949 年 7 月 7 日，华北地区百货公司天津分公司在此正式成立。从此，天津第一家国营大型百货批发企业兼零售商场诞生。20 世纪 50 年代初，天津有 287 户私营百货零售商改为国营零售商店，1036 户商店实行公私合营，1479 名摊贩组织成 24 个合作商店、87 个合作小组。华北地区百货公司天津分公司的主要工作之一是向这些零售商店和合作小组批发百货商品。同时，作为国内第一家国营百货商场，承担着经营百货商品、稳定人民生活的任务。当时，在帝国主义对新中国实行经济封锁、国内生产力落后的情况下，市场上的一些不法私商趁机大搞投机倒把，囤积居奇、哄抬物价、扰乱市场，企图在经济上动摇新生的人民政权，同国营商业进行经济实力的较量。他们看到市场上布匹、医药、纸张、红糖、白糖、肥皂、百货等人民生活急需的商品较少，于是他们就拼命抢购，伺机抛售，抬高物价，坑害群众，造成混乱。公司党组织针对奸商的阴谋，立即组织大批人员，奔赴各地，夜以继日地采购，突击调运物资。为了向不法奸商显示经济实力，稳定人心，开着装满物资的卡车队，往来于工商业集中的街道，使不法私商们看着国营商业源源不断的商品货源，望而生畏。在公司商场里，职工们把市民急需的商品，高高地码在柜台上，有的商品一直码到屋顶，以显示国营商场货源充足，商品丰富。还做到足量供应，价格合理。从而占领了市场，平抑了物价，稳定了人心，打击了不法私商，维护了广大消费者的利益。

1954 年，在天津商业战线盛开出一朵服务工作的奇葩，这就是百货公司纺织科的"列娜小组"。她为成千上万的顾客送去愉快和温暖，其美誉蜚声全市、全国。"列娜"之名的由来，源于苏联一位女劳动英雄，其名列娜，她出色的服务工作为苏联人们所爱戴，还出版了介绍列娜事迹的书《我们的切身事业》。那时，纺织部花布小组 17 名青年女售货员被列娜事迹所感动，人人学列娜，当列娜，建立列娜小组。她们为了争当名副其实的列娜式的售货员，利用业余时间，刻苦学习商品知识、专业技能、语言艺术，裁剪技术。她们提出的服务口号是"把愉快送给顾客"；服务特点是态度和蔼，热情周到，量体卖料，代客裁剪，量尺快准，包扎美观。她们是一个优质服务的群体，为公司扩大了信誉，增强了国营大型零售商场的凝聚力。共青团天津市委根据花布小组的先进事迹，于 1954 年 7 月，在本店五楼剧场举行"列娜小组命名大会"。列娜小组张淑华于同年被评为天津市劳动模范，也是公司第一位劳动模范。

1956 年，在贯彻党的鼓足干劲、力争上游、多快好省地建设社会主义总路线，对私营工商业进行社会主义改造以后，华北区百货公司批发业务已分化出去，建立站、司，零售商场也易名为和平路百货商店。零售商场的布局是：一楼针织食品部；中二楼：百货部；二楼：纺织品部；三楼：服装鞋帽部；四楼：钟表电讯部；五楼：津百影院。另外还设有储运部。

（九）闻名遐迩的"天津三绝"——狗不理包子、耳朵眼炸糕、桂发祥麻花

1. 狗不理包子

天津包子又称为水馅包子，特点有三：①用肉取瘦七肥三的比例，瘦肉比肥肉剁（后改为用绞刀搅）得碎，然后分几次加入调料（酱油、姜）和水，每 1 斤鲜肉要搅入 1 斤多水，这样蒸好的包子才能一咬流油水，吃到嘴里肥而不腻、瘦而不柴；②因为要包入水馅，天津包子的皮面一定要用"一拱肥"，即发酵至五六成的嫩肥，而不能用老肥兑死面，否则就会透油（包子皮上有酱色斑点）或掉底（包子底粘在屉布上），影响质量；③每个包子捏成 18 个褶，状如美丽的菊花。由于天津包子物美价廉、食用方便，所以深受顾客欢迎，因此天津的包子铺很多，遍布全市商业区和居民区，如河北鸟市小吃群中不足 10 米的距离内就有三合成、保发成、德发成三个包子铺，共有职工四五十人，每天制售包子一千余公斤。比较知名的包子铺还有陈傻子包子铺、一条龙包子铺、天顺德包子铺等。经营天津包子铺的经理和工人绝大多数为津北武清人，行业内俗称"北遛儿的"，而且在天津餐饮业厨师中除红、白案外，还有"包儿匠"，说明天津包子影响之广。在此基础上，在激烈的竞争中，诞生了狗不理包子铺。

狗不理包子的创始人高贵友生于武清县（今天津市武清区），小名"狗子"，青年来津在侯家后中街刘记蒸食铺学徒，出师后自己开个小包子铺，因一个人又做又卖忙不过来，加之他为人敦厚，因而他放一大黑碗，别人把买包子的铜钱扔在黑碗里，他也不言语就把包子递过去，因而产生一句歇后语"狗子卖包子——一概不理"，狗不理包子就此得名。据传说袁世凯曾将狗不理包子贡奉给慈禧太后得到嘉奖，狗不理因此声名大振。到 20 世纪 30 年代，狗不理包子铺迁至侯家后中街与北门外大街交口处，已有四五间门脸，雇工多至 20 人。后迁至天祥后门，称德聚号，生意日渐清淡，至天津解放前即告歇业。1949 年天津解放后，在市政府的直接关怀下，将已改行的狗不理包子第三代传人高焕章请出，调天津各大包子铺著名的"包儿匠"，把山东路的丰泽园饭庄改成"天津市国营包子铺"。到过天津的党和国家领导人、国际友人绝大多数都品尝过狗不理包子，并留下美好的印象。国内外旅游者到津也多以能品尝到狗不理包子为一大快事。改革开放以来，狗不理包子铺已在国内外开设几十家分店，并成立了天津狗不理包子饮食集团公司。狗不理包子店发展成有十几个品种的系列包子。

2. 耳朵眼炸糕

耳朵眼炸糕起源于光绪二十六年（1900 年），当时的北门外大街是通往京师的通衢大道，东西两侧的估衣街、针市街、竹竿巷等，有着全市最大的干鲜果、皮货、染料、药材市场。商号鳞次栉比，顾客车水马龙，吸引众多经营各种食品的小商小贩来此摆摊设点，招揽生意。耳朵眼炸糕店的第一代掌柜刘万春（1874—1962），最早是推着独轮车在鼓楼、北大关一带走街串巷流动售货，后在估衣街西口的北门外大街上摆摊设点现做现卖的。后来，刘万春与其外甥张魁元合伙，在北门外大街租下一间八尺见方的脚行下处（搬运工办事和休息的地方），挂起"刘记"的招牌，办起炸糕店。起初，每天卖斗米（10 公斤至 15 公斤）左右，由于刘万春的炸糕选料和制作精细，物美价廉，因而在众多的炸糕中独树一帜，使刘万春赢得"炸糕刘"的绰号，买卖日渐兴隆。刘万春的儿子刘玉才、刘玉书等陆续进店，每天炸糕销售量达 50 多公斤，逢年过节时，人们借"糕"字的谐音，取步步登高之意，争先购买，互相馈赠，日销售量可达 200 多公斤。尤其是炸糕店附近估衣街和针市街中经营染料店、当铺、银号的山西客商，每逢生孩子、过生日、办喜寿事更是提前预约，大量购买，使得炸糕生意蒸蒸日上。因为炸糕店紧靠一条只有 1 米多宽的狭长胡同——耳朵眼胡同，人们便风趣地以耳朵眼来称呼刘记炸糕。日伪时期，耳朵眼炸糕店被迫加入商会，起名"增盛成"，但并不为群众所接受，而耳朵眼的绰号却广为流传。

耳朵眼炸糕采用北河（北运河沿岸的杨村、河西务）、西河（子牙河沿岸的文安、霸县）产的黏黄米，经水泡胀后用石磨磨成粥状，盛在布袋中，经淋水发酵后再兑好碱当作皮面，用天津出产的朱砂红小豆，每大锅下 40 公斤煮至开花后放少许碱，捞出过罗、搓沙、去皮（现在用细箅绞肉机搅成泥状），再按 1：1 或 1：1.5 的豆糖比例，选用优质红糖，在锅内熬成糖汁，下入豆沙，炒至不粘锅、不粘手时即成豆沙馅，晾凉后作为馅心。操作时，用 60 克皮面包 35 克豆沙馅，抟成扁圆形，整齐地排放在铺着湿布的木板上，再将直径 1.1 米的浅底铁锅一次下入大槽子油（生芝麻油）40 公斤，烧至油温 130℃时将包好的炸糕一次下入 200 个，然后调整火力，勤翻勤转，半小时后热油（155℃）出锅。这样做出的耳朵眼炸糕色泽金黄，炸糕皮外表酥脆不艮，内里柔软糯黏，豆沙馅黑细香甜，别有风味。耳朵眼炸糕不仅为天津人民和南来北往的旅客们争相排队购买，先尝为快，就是不少外国旅游者也都入乡随俗，买到炸糕后，便在马路上迫不及待地趁热大嚼。中国党政领导人和许多外国贵宾（如金日成、西哈努克等）来津时，则将耳朵眼炸糕师傅请到宾馆，现做现吃以品尝其中之美妙。在天津风味的宴席上，精制的小炸糕与天津水馅包子作为甜咸点心上桌，为宴会增添津门色彩。

3. 桂发祥麻花

1924 年河北大城县的少年范贵材和范贵林随母亲逃荒来到天津，兄弟俩先后在南楼一带的李富贵、刘老八等麻花店学徒，1936 年年初兄弟俩与别人合伙开办麻花店，时间不长即告散伙。1937 年后，兄弟俩先后娶妻成家各立门户，哥哥范贵材开了"贵发成"麻花店，弟弟范贵林开了"贵发祥"麻花店。在当时，一般的麻花店都千篇一律，用两三根白条拧成的叫"绳子头"，用两根白条和一根麻条拧成的叫"花里虎"，用两三根麻条拧成的叫"麻轴"。在竞争中，范贵林独出心裁，反复探索创新，在白条麻条中间夹一棵含桂花、闽姜、桃仁、瓜条等多种小料的酥馅。同时，麻花白条发艮的难题也在一次偶然的机会中得到解决。一个下雨天，顾客稀少，面料剩下，范贵林为防止面皮发干，就往面里放些水，不料，放水太多，面料成糊状，转天发酵了。他就兑上干面粉加碱和成半发面，没想到炸出的麻花特酥脆。以后又经过多次试验、改进，终于总结出一套酵面兑碱随季节、气候变化而增减的配比方法，使炸出的麻花一年四季保持质量稳定。后来，根据人们的需求，炸制 50 克、100 克、250 克、500 克、1000 克重量不同、大小各异的多种规格的麻花。这种独特风味的夹馅什锦麻花口感油润、酥脆香甜、造型美观、久放不绵，因而倍受群众欢迎。由于贵发祥的店铺开设在东楼十八街，人们都以"十八街麻花"相称，范贵林的大麻花名声越来越响亮，众人送他"麻花大王"的美称。

　　1949 年 1 月天津解放后，党和政府注重挖掘民间传统风味食品，范贵林曾受到市领导的接见。1956 年初，市政府在原天祥市场内举行全市风味食品展览会，范贵林做的夹馅什锦麻花展出，很快被抢购一空。从此，贵发祥麻花闻名遐迩。1956 年公私合营，贵发祥、贵发成两家店铺合在一起，因范贵林的技艺、声望高而起用"贵发祥"的字号，1958 年国家拨款重建店堂，扩大铺面，将"贵"字改为"桂"，因麻花中投料有桂花，且桂字比较典雅。从此，改称"桂发祥"。

四、天津市供销合作社

　　1949 年 1 月 15 日天津解放时，中国人民解放军天津市军事管制委员会贸易接管处合作小组随即进城，积极筹建合作社的工作，于 2 月中旬，天津市供销合作总社正式成立，负责领导和管理本市的合作事业。为迅速恢复和发展生产，安定人民生活，供销合作社一方面接管了国民党在津的合作社隶属机构；一方面在工厂、机关、学校、街道中积极发动群众，集资入股，组织发展职工、市民消费合作社和手工业、渔业生产合作社。网点星罗棋布，积极占领城市零售商业阵地。供销合作社紧密配合国营经济，对社员群众开展粮食配售，春节商品廉价配售业务；起先经营粮食、煤炭、布匹、油、盐、日用品；继之增添副食、蔬菜、百货、服装、鞋帽、烟酒、文具等，品种繁多。群众说合作社经营"上至绸缎，下至葱蒜"，无所不包。国营商业依靠合作社推销大量生活必需品。合作社每月代销粮食、煤炭、布匹，占国营公司销售总额的 70% 至 80%，"百万市民生活获保障"，对平抑物价、安定民生、发展生产起了很大作用。由于解决了群众迫切的生活问题，深得民心，发展很快，声誉很高，成为劳动人民不可缺少的集体经济组织。

根据中央关于实行国营商业与合作社商业城乡分工的精神，1954年 12 月召开了天津市供销、消费合作社第一届第二次社员代表会议，贯彻了国合城乡分工的方针、原则、办法，决定撤销天津市供销合作总社，将所属手工业生产合作社（组）216 个和市区消费合作社 9 个、零售店 686 个、加工企业 128 个分别移交手工业生产合作联社和国营企业领导。同时，市供销总社向三个部门移交资金总额为 437.46 万元。其中商业局为 85.2 万元，手工业生产联社筹备处为 259.05 万元，郊区供销社为 93.2 万元。此外，市区消费社向国营商业移交资金财产总额为 433.66 万元。

1955 年 1 月，建立了天津市郊区供销合作社，主要负责领导本市郊区供销合作社的工作。1957 年 1 月天津市农产品采购局与天津市郊区供销合作社合并，更名为天津市供销合作社。供销合作社加强了对农副产品、工业原料的收购，支援工业和出口的需要；加强了对生产资料和生活资料的供应。1956 年召开了第一次先进工作者代表会议，总结交流推广先进经验，选举出席全国总社先进工作者代表会议代表。积极进行对郊区私营商业和小商小贩的社会主义改造，1956 年底，通过各种形式，共完成改造私营商贩 3670 户，4497 人。

五、"一五"时期天津商业的兴盛

"一五"时期，在对私营商业本着先批发企业后零售企业的原则，采用批购、经销、代销、公私合营等形式进行社会主义改造的同时，以兴办合作商店、合作小组方式改造小商小贩，到 1956 年底，除少数商贩仍保持个体经营外，天津商业实现了全行业公私合营，并初步形成了以国营商业为主导、多种经济成分并存的社会主义商业体系。为适应形势发展的需要，国营商业系统开始实行一级站、二级站、三级站、零售的商业流通体制，开始实行统购统销政策，并先后对市民实行了粮食、食用植物油、棉布等凭票证定量、定点、按计划供应。

这个时期，比较重视发展商品经济，发挥价值规律的作用，并运用各种经济手段来调控市场，内外贸易繁荣活跃，天津经济中心城市的作用得到发挥。1957年国合商业商品购进总额39.02亿元，比1953年的29.85亿元增长30.7%，平均每年递增6.9%；商品销售总额37.32亿元，比1953年的30.37亿元增长22.9%，平均每年递增5.3%；社会消费品零售总额实现了10.55亿元，比1950年的4.37亿元增长1.4倍，平均每年递增13.4%，吃、穿、用、烧所占比重分别为52.1%、14.2%、28.8%和4.9%。详见表1-6、表1-7和表1-8。"一五"时期是天津商业比较兴盛的时期。

表1-6 1950—1957年社会消费商品零售总额

单位：万元

年份	合计	售给居民	售给集团
1950	43699	33672	10027
1951	66194	47804	18390
1952	71865	55116	16749
1953	92809	67224	25585
1954	88527	67313	21214
1955	84583	65006	19577
1956	98637	73782	24855
1957	105512	84726	20786

资料来源：天津市统计局.天津四十年（1949—1989）[M].北京：中国统计出版社，1989：826.

表1-7 1952—1957年社会消费品零售总额及其分类

单位：万元

年份	社会消费品零售总额	吃	穿	用	烧
1952	71865	31870	11852	24531	3612
1953	92809	41254	15956	31105	4494
1954	88527	45101	14161	25196	4069
1955	84583	44765	12517	22648	4653
1956	98637	48563	15351	30037	4686
1957	105512	54925	14961	30423	5203

资料来源：天津市统计局.天津四十年（1949—1989）[M].北京：中国统计出版社，1989：831.

表 1-8　1952—1957 年社会消费品零售额分类构成

单位：%

年份	总计	吃	穿	用	烧
1952	100.00	44.35	16.49	34.13	5.03
1953	100.00	44.45	17.19	33.52	4.84
1954	100.00	50.95	16.00	28.46	4.60
1955	100.00	52.92	14.80	26.78	5.50
1956	100.00	49.23	15.56	30.45	4.75
1957	100.00	52.06	14.18	28.83	4.93

资料来源：天津市统计局.天津四十年（1949—1989）[M].北京：中国统计出版社，1989：832.

　　这一时期的天津商业，虽然得到了较快的恢复和发展，实现了初步的繁荣，但也存有某些潜在的缺陷，主要表现在：当时特定历史条件下采取的政府直接参与商业经营、包揽重要商品在区域间交易等临时措施，被不适当地沿袭下来，特别是公私合营后，商品购销方式基本上都实行了统购包销，集中的组织管理越来越多，导致后来商业网点缩减，经营特色削弱；对私营商业改造的步子过快，以一种商业形式取代了多种形式，扭曲了合理的商业经营结构，对后来的商业发展产生了不利影响。

第五节　国民经济恢复和"一五"时期天津的物资流通业

一、与多种经济成分并存相适应的流通方式

　　国民经济恢复和"一五"时期，天津的物资流通主要是随着经济成分构成的变动以及与其相关联的经济计划、组织、运行方式的调整，不断进行适应性的探索，其中，既有符合国情和生产力发展水平、以多种经济成分组织流通的成功经验，也有急于追求国营单一经济成分，

高度集中组织流通的教训。

1949 年，物资进出天津市及在企业间买卖，采取以自由流通为主的方式。当时，市工商局曾明确规定，除枪支、金银、外币、锌、铝、收发报机等管制物资外，商品出入天津市一律不加限制，不需证明。同时，各类生产资料交易场所、购销机构和经纪人业务也得到迅速恢复，物资市场逐步活跃起来。物资流通方面的这些进展对尽快恢复企业间原有的购销关系，发展天津同秦皇岛、上海、青岛等港口和广大内陆地区的公私贸易往来，加速私营企业的复业开工和国营企业的巩固和发展，都起到积极作用。众多的私营工厂，主要从市场上采购所需原材料，而所生产出来的中间产品也主要在市场上销售。国营商业企业则根据业务分工，充分利用市场组织物资交流。天津信托公司在组织工业日用品代理业务的同时，成批地办理了埠外公营企业在津采购物资的业务。国营煤铁、工业器材等公司在市场上设立了煤炭、器材、钢铁商店等销售机构，向工厂供应物资。一些主要供应民需的零售商店也供应工厂生产中所需的零星物资。随着国营商业的发展和新公司的增设，国营物资销售商店不断有所增加。国营工业企业以及后来组建的地方国营工业局，都设有原材料供应和产品销售的机构，从事物资经营，保证生产过程的正常循环。当时利用市场的方式，除了由不同经济成分、不同经营方式的商业企业中介服务外，还有生产、建设企业间直接挂钩协作、按合同订货送货等，1951 年 10 月 5 日至 11 月 20 日，华北区城乡物资交流展览会在津举行，天津国营、私营各类企业利用这次会议的优势，在大会前后约一年的时间内，分产品召开了一系列物资专业交流会，推动了物资在埠际间的横向流通。此后，1952 至 1957 年，天津每年举办一次城乡物资交流大会，既进行农副土特产品和日用工业品的交流，又组织生产资料的交流，以供应生产企业需要及其他用户的需要。这在相当规模上组织了埠际间生产资料的交流，使其成为利用市场组织物资流通的一条重要渠道。

随着经济的恢复与发展，市场上的物资需求明显增加。为保持市场的稳定，天津相应调整了一些政策规定，逐步加强了市场管理，如规定来津购销人员需要登记或持证明入场交易，重要物资只能在法定的交易场所成交，超出规定数量的要报请工商局批准。这些做法，并没有妨碍生产资料市场的存在与发展。一直到 1956 年初，即天津按行业全面实行公私合营以前，物资市场始终是国营、私营各类企业沟通经济联系、各取所需、并存发展的重要条件。对于某些紧缺的物资，国营企业曾几度组织清仓利库，挖掘资源潜力，加大市场投放；工商双方曾携手研究物资的替代利用办法，不断加以推广。天津市劳动模范、市国营化工商业公司推销员白丙午，与他的同事们一起，认真研究市场和生产两个方面的变化对批发业务提出的新要求，创造出寻找新用途、新对象、新品种的"三新"推销法，密切了商业与生产的联系，推动了城乡间、埠内外间的物资流通。新用途，是指某一种商品在不影响工厂产品质量、成本的前提下，对其他商品的替代性；新对象，是指对以往根本没有或偶尔有购销关系但数量微小的生产企业，通过主动、热情地联系而成交，扩大推广商品的新用途；新品种，是指在行业经销商品系列内，扩大经营以往不经营的品种。这种"三新"推销法，深得生产企业的赞誉。此外，即使国家直接控制的重要物资，每年也要按比例拿出一定数量，由国营商业部门投放到市场上进行自由流通；生产企业在完成国家计划、地方计划或订货合同之后，也可以直接通过市场另外承接任务，自行销售产品。总之，在多种经济成分并存时，物资流通一直依靠市场的伴随，保持了生机和活力。应该肯定，天津工业生产之所以能在三年经济恢复时期和"一五"时期分别保持年均增长 38.9%和 16.7%的高速度，在很大程度上得益于当时比较适宜的物资流通方式。

二、直接计划分配物资的流通方式

随着国营工厂的出现，天津相应建立了负责物资分配调拨的职能机构，以保证这些工厂生产所需的原材料供应。1949 年下半年，天津原计划在市财政经济委员会内设供应处，负责重要原材料及产品的调拨分配和运输，后因一些因素的影响，此项任务实际上由这个委员会的计划处承担。按照国家要求和经济形势发展的需要，市财政经济委员会的机构、管理范围于 1952 年做了调整，在所属贸易合作处设立了物资分配科，负责国家统一计划调拨物资的对上申请和对下分配。到 1955 年，市财政经济委员会撤销后，组建了市计划经济委员会和财粮贸办公室。市计划经济委员会内设物资分配计划处，负责全市生产建设所需各类统一计划分配物资的对上申请和对下分配；市财粮贸办公室内设物资供应处，负责计划分配物资的订货、经营和储运工作，同时主管地方建筑材料的生产、分配和调度。当时，按照所有制性质、生产规模、物资消耗特点等条件，地方国营企业，以及后来逐渐发展的定股定息的大型公私合营企业等企事业单位被列为"申请单位"，享受计划分配物资的直接调拨供应。天津被列为"申请单位"的，1952 年有地方国营工业局、财政局、公用局、港务局和劳动改造管理处 5 个局级单位和 195 个基层企业，1955 年调整为 10 个局级单位、450 多个基层企业。所需计划调拨物资的主要来源是：（1）国家直接调拨部分；（2）地方国营企业的生产部分；（3）公私合营企业或私营企业生产的由市统一购销或加工订货部分；（4）贸易部门按照国家计划统一进口部分。

1951 年以前，天津计划调拨的物资较少。后来，随着国家计划调拨物资的不断增加，转向按统配、部管、地管三种类型（统配物资为国家统一计划调拨的物资，部管物资为中央各主管部门负责计划调拨的物资，地管物资为省、市在所辖范围内对前两类以外自行分配调拨的物资）组织物资流通，逐步强化了物资直接分配的程度。中央在津国营企业、地方国营企业、大型公私合营企业所需的统配、部管物资，由国家列入直接计划。对于地方生产企业所需的这两类物资，天津虽仍组织购销，实际上只是对国家直接计划的贯彻落实，本身并无决策和支配权。每年由市计划委员会的物资分配计划处负责汇总全市"申请单位"的情况，报国家主管部门核准，再向"申请单位"分配计划调拨物资的指标。各"申请单位"根据下达的分配计划考虑自己的实际需用时间，按自下而上的程序，分系统地向市人委供应处报送订货明细表。市人委供应处审核汇总并分别上报国家各主管部门，然后再根据国家的调整意见和要求，组织"申请单位"参加订货会议。其中，大批量的物资用户，按所需的品种、数量和时间，直接同生产厂签订供货合同；小批量的物资用户，由市人委统一同生产厂签订供货合同，然后也按所需的品种、数量和时间，视不同情况，分别采取在车站交货、在仓库交货和直接送货三种供应方式。1957 年以前，国家没有在天津安排大型重点建设项目，因而也就没有这方面的直接计划调拨物资，天津各项基本建设所需物资由自己安排。开始，砖、瓦、灰、砂、石等地方建筑材料，主要由需用企业通过市场获得；后来，逐步列入地方计划调拨的范围。1955 年以后，各单位所需地方建筑材料均要向市计划委员会申请，然后根据批准的年度计划指标，分季度提前一个月向市人委物资供应处报送月用料明细表。市人委物资供应处平衡确定供应后，与各用料单位签订供应合同。供应方式以车站、码头及本市生产厂交货为主，以市人委供应处的材料厂、仓库交货为辅。在车站、码头交货的物资，需按用料月提前二十五天向市人委报送调料计划。

对私营企业改造开始后，公私合营企业、联营企业大批涌现并先后享受了同国营企业一样的物资供应办法，打乱了原来划分的"申请单位"与"非申请单位"的界限。特别是全市分行业实行公私合营以后，已不存在调拨价与市场价的差别，经营生产资料的私营商业也很快被国营销售机构取代。至此，随着经济成分由多种并存急剧转变为单一化，天津的物资流通基本上变为单一的计划分配方式。

三、流通调节控制手段的变换

由于经济成分的构成、计划调拨物资的范围以及物资流通的方式都经历了一个变化过程，天津对物资流通的调节控制手段也不断地进行探索，并予以相应的变换。1950 年 10 月以前，天津对物资实行市场交易、自由流通为主。物资流通的过程，实行以经济手段调节为主，辅之以必要的行政手段，如紧缺的重要物资必须在指定交易市场购销，市工商局为平抑市场波动进行限买限卖，或限定购销价格，在特殊情况下责成国营商业部门包买包卖，等等。这些做法，完全适应了天津解放初期经济恢复的客观要求。1950 年第四季度至 1953 年初，实行直接控制少数重要物资的做法，控制范围以外的物资仍由企业自行购销；此后至 1955 年，逐步转为以计划调拨为主。这五年多的时间，一直实行直接管理和间接管理相结合的办法，采取计划流通和市场自由流通两条渠道、两种价格间接控制的手段，一是把计划调拨的物资切出一块，进行总量控制，由商业经营单位掌握对市场的投放，按市场牌价销售，主要供应"非申请单位"，同时也供应"申请单位"对部分零星物资的需要；二是逐步扩大加工订货的范围，并由市商业局、工商行政管理局等部门和劳资双方代表组成加工订货审核小组，负责审核加工订货计划，督促检查各项合同的执行情况；三是在政策法律规定下，由企业自行采购原材料，自行销售产品。即使直接管理的部分，也有经济手段起作用，以保障物资按量、按质、及时、准确的正常流通。例如，在对统配、部管物资进行追加追减时，"申请单位"除按规定程序办理手续外，要承担因计划变更所造成的费用损失；在未经市计划委员会批准的情况下，"申请单位"不按期提货交款，供应、运输单位不按时供料运货，对方均可按日付料款总额的万分之五向其索要罚款，直到货款付清为止；而且，不按期提货交款的单位要承担由其行为造成的物资积压、变质、储运费用等损失，不按时供料运货的单位，要包赔用料单位另寻物资而超出供应价格的经济损失。

　　1956 年后，基本上形成完全的计划流通。中央一度下放的物资购销权，实际上被纳入地方直接控制的轨道，用单一的计划手段组织流通，导致市场的重要调节作用遭到排斥，各种经济调节和间接管理的手段被取代。此后，物资流通的调节和控制出现效益呆滞和沉缓的问题。因为，一旦遇到生产所用原材料供应不上时，直接的计划调拨和向其他工厂求援均难以救急，所以，各企业纷纷采取以加大物资库存的办法保证生产。此时，由于实行单一的直接控制手段，高度集中的物资计划调拨所带来的隐患开始形成。

第六节　国民经济恢复和"一五"时期的天津外贸业

一、出口货源的结构

中华人民共和国成立后，天津对外贸易迅速发展，出口货源分别由国营天津外贸公司、供销合作社负责经营，货源地区有天津市和外省市。

（一）天津市货源

天津解放初期，出口商品多为土产品、畜产品、油脂油料、猪鬃、马尾、绵羊毛、羊绒、桃仁、草帽辫、地毯等传统商品。国营公司内外贸尚未分置（1953年后逐渐分立），全由外贸局领导。当时以对苏联和大宗商品对资本主义国家出口为其主要经营范围。地方对资本主义国家出口工作先由外贸局负责，1953年改由海关负责（关、局合并），组织合作社和私营进出口商完成。

1949年因天津市外贸机构尚不健全，出口货源的进货方式主要是依靠小商小贩下乡收购和私商供应，不法商人从中牟取非法利润，之后委托各地供销合作社代购的比重渐增，1952年供货单位在天津大都有了销售机构，国营公司的出口货源大部由总公司安排调拨，或与各省市驻津单位挂钩。私营企业出口多由自己收购。1953年以后第一个五年计划开始执行，某些货源开始呈现紧张状况，更由于海关采取出口亏损全面贴补办法不当，致使私商高价抢购货源，与国营公司竞争，影响国内市场稳定。

1953年党在过渡时期总路线公布后，实行粮食统购统销，主要物资由国家控制，城乡资本主义活动受到限制，自由市场缩小，小土产的收购和城市零星工业品购销出现暂时困难，私商无法收购，一些较大宗的出口物资由负责地方对资本主义国家出口的海关代替，私商向驻津供货单位联系货源，并将其列入地方对资本主义国家出口计划。

1954 年上半年，私营货源更加沉寂，下半年由于"对私营工商业的社会主义改造"工作的开展，才有所转变，私商被组成联营小组，归口各外贸公司直接领导，由国营公司供给货源，作为代理关系出口。出口计划不再分中央、地方两部分，国营公司负担起几乎全部出口货源的收购任务，解决了中央、地方及私商三头进货发生矛盾的问题。

国家进入大规模经济建设后，国内需要的物资增加，出口货源出现紧张，很长时间存在内外销矛盾的问题。1954 年 7 月，中央提出"内销服从外销"的政策，在《关于加强市场管理和改造私营商业的指示》中规定："关于各种商品国内市场销售和出口的关系，除粮食、油料等物资特殊规定限量出口外，其他物资在今后一个相当长的时期内的一般方针应当是国内市场销售服从出口的需要"。在安排出口货源收购、处理内外销关系上执行统筹兼顾、适当安排的方针，逐步形成了以下三条原则，即有关国计民生的重要物资，限量出口；国内市场和出口都需要而货源较紧的商品，要积极发展生产，调剂一部分出口；国内市场可多可少的商品，基本上供应出口。这时，口岸和内地已成立了外贸局、特派员办事处和一些主要外贸公司等，组织货源工作十分便利。1954 年食品、土产两公司进货总值为 1953 年的 74%，1955 年是 1954 年的 151%，外贸广大职工积极寻找新商品、新货源，并开始出口工业品、蚂蚁蛋、黄羊、铁钉、铁丝等物资。为解决出口货源不足，天津外贸部门还采取内外销商品互相调剂的办法，帮助内贸部门寻找内销代用品，调换出口货源。

（二）外省市货源

天津市的外地出口货源有史以来重点来自华北、西北腹地。直到 20 世纪 50 年代，这些地区调入天津市的商品只有粮油、纺织、土产、畜产、五金矿产、化工 6 大类。

提供货源的地区如下：西北地区有陕西、甘肃、宁夏、青海、新疆。华北地区有北京、河北、山西、内蒙古。华东地区有上海、江苏、浙江、安徽、江西、福建、山东。中南地区有河南、广东、湖南、湖北。东北地区有辽宁、吉林、黑龙江。西南地区有四川、云南、贵州、广西、西藏。

这一时期天津外贸业出口的货源总值结构、货源产品结构、各省（市）调入货源总值见表 1-9 和表 1-10。

表 1-9　1953—1957 年天津市外贸出口货源表

单位：万元

年份	货源总值					货源结构			
	合计	天津收购	占合计%	外地调入	占合计%	工矿产品	占合计%	农副产品	占合计%
1953	43064	13897	32.3	29167	67.7	11198	26.0	31866	74.0
1954	45703	12584	27.5	33119	72.5	15237	36.3	30466	64.7
1955	55716	16778	30.1	38938	69.9	19854	35.6	35862	64.4
1956	77983	23344	29.9	54639	70.1	38469	49.3	39514	50.7
1957	85805	23039	26.9	62766	73.1	47780	55.7	38025	44.3
合计	308271	89642	29.1	218629	70.9	132538	43.0	175733	57.0

资料来源：天津市地方志编修委员会.天津通志·外贸志[M].天津：天津社会科学院出版社，2001：188.

表 1-10　1953—1957 年天津口岸外省调入货源分省市总值统计表

单位：万元

年份\地区	1953	1954	1955	1956	1957
河北	7996	7281	7578	11135	11394
北京	1646	2390	1054	3105	4909
内蒙古	2056	3446	4883	5513	5923
山西	1533	3689	3287	5165	5893
辽宁	572	1147	2886	4775	6949
吉林	3	173	1401	2417	2940
黑龙江	230	177	1043	1940	1977
上海	28	611	736	941	698
江苏	39	105	168	177	102
浙江	—	2	142	184	187
安徽	211	41	46	78	136

地区 \ 年份	1953	1954	1955	1956	1957
江西	—	272	84	55	67
福建	—	—	6	2	3
山东	885	2675	5632	8708	10239
广东	—	286	675	443	316
广西	4421	1486	9	61	144
湖南	—	280	23	331	321
湖北	150	785	1920	2036	732
河南	923	430	889	1333	2714
四川	15	127	813	1073	1112
云南	—	—	58	85	89
贵州	7	21	47	41	42
西藏	446	162	—	—	—
陕西	283	1159	2166	1307	1077
甘肃	419	419	1485	1886	2260
青海	—	—	1903	1546	1865
新疆	—	—	4	297	97
宁夏	—	—	—	—	—

资料来源：天津市地方志编修委员会.天津通志·外贸志[M].天津：天津社会科学院出版社，2001：196-197.

二、出口商品结构和出口市场

（一）出口商品结构

在国民经济恢复时期，天津口岸出口商品结构与中华人民共和国成立以前出口商品结构基本相同，仍以传统农副产品和矿产品为主。在出口商品中畜产品始终占第一位，1951 年占出口总值的 44.23%，其他年均在 30%左右；粮谷油脂类占第二位，在出口总值中由 1949 年的 16.7%上升为 1950 年的 34.91%；1949 年土产品（包括药材和食品）占出口总值近半数，主要经香港转销东南亚各地，后由于远洋贸易逐渐开展，商品构成有所变化，故土产和食品类比重下降，分别由 1949 年的 24.2% 和 25.8% 下降为 1950 年的 10.31% 和 12.2%，食品至 1951 年又下降到 5.54% 等。详见表 1-11。

表 1-11　国民经济恢复时期天津口岸出口商品结构表

单位：%

年份 类别	1949	1950	1951	1952
土产	24.2	10.31	9.28	10.72
粮油	16.7	34.71	27.83	29.39
矿产	1.04	4.52	11.50	11.07
食品	25.80	12.20	5.54	5.78
畜产	29.25	36.67	44.23	42.73
茶叶	—	—	0.9	0.16
锦绸	0.58	0.74	0.67	0.15
日用工业品	2.43	0.85	0.05	—
合计	100.00	100.00	100.00	100.00

资料来源：天津市地方志编修委员会.天津通志·外贸志[M].天津：天津社会科学院出版社，2001：233.

这一时期大宗出口商品为猪鬃、花生、绵羊毛、山羊绒、皮张、蛋品、皮毛、肠衣、花生油、杂豆、苦杏仁、核桃及核桃仁、地毯、草帽辫等，1950 年猪鬃占第一位，花生仁居第二位，绵羊毛居第三位。

解放前，天津棉花出口经常占第一位。解放后，国家决定恢复和发展纺织业，并克服过去棉花既出口又进口的不正常现象，天津口岸不再有棉花出口，转向组织土特产品及畜产品出口。

组织出口农副畜产品时，注意到农业和畜牧业生产的长远利益。例如，羔皮在历史上是大宗传统出口商品，价格很高，鉴于出口这种商品有害于羊只的繁殖，自 1951 年即停止收购，对保护羊群起了一定作用，符合农牧民的长远利益。

1951 年以前，天津口岸大宗传统出口商品如猪鬃、绒毛、皮货、地毯、桃仁、草帽辫、特种手工艺品等，主要销往英国。1951 年以后，大宗出口商品的主要销售市场改为苏联和各人民民主国家。对这些国家出口的主要商品除上述物资外，还有生铁及各种矿产品，如铬砂、硫黄、锑、锡等。由于对社会主义国家出口的扩大，美帝国主义虽然实行经济封锁，许多传统出口商品的销路不但没有缩小反而有所增加，也有部分商品出口量减少，如女工地毯 1950 年出口价值占第六位，对美国的贸易停止后，仅对加拿大等国家有小量输出，山羊毛及部分特种手工艺品的输出量也减少。

美帝国主义对中国实行禁运后，中国对西欧国家的贸易并未完全停顿，对这一地区的出口主要通过美国中间商进行。出口的主要商品是肠衣、蛋品、绒毛、皮毛、皮张、苦杏仁等。在 1952 年内对这一地区销售了相当数量的油料，包括胡麻籽、芝麻、花生米、蓖麻籽等。

1950 年，开滦的煤炭和大沽的食盐恢复对日本出口。当时日本也向天津购买了不少油料、绒毛、杂豆等。日本还是天津红小豆和栗子的主要买主。1951 年以后对日本的直接贸易停顿，部分商品则由香港转口输往日本。

天津口岸历年有许多土特产品出口供应东南亚各地华侨，有鲜菜、水果、果脯、果干、酒、腌菜、药材以及其他食品等，一般先运到香港，再转口马来西亚、新加坡、印度尼西亚、泰国、越南、菲律宾等地。这些商品一般都是小土特产品，品种多，数量零星，其中主要品种有瓜子、栗子、红枣、乌枣、白酒、改制酒、冬菜、粉丝、土豆、梨、人参、鹿茸、甘草、当归、生地等，天津的白菜在春冬两季运往香港，大部分在香港出售，部分转销新加坡、马来西亚为当地华侨中名贵的蔬菜。

1950 年，全国批准出口额为 18295 万美元（海关实际出口 13678.6 万美元，占批准额的 74.77%），在审批中，以出口农、副、畜产品为主。此外还有煤、山羊绒、地毯等。详见表 1-12。

表1-12　1950年天津口岸大宗出口商品比重表

单位：万美元

商品名称	出口金额（万美元）	占出口总额的%
猪鬃	3093	16.91
花生仁	2582	14.11
蛋品	1528	8.35
桐油	1056	5.78
其他	10036	54.85
总值	18295	100.00

资料来源：天津市地方志编修委员会.天津通志·外贸志[M].天津：天津社会科学院出版社，2001：235.

1952年在批准的出口商品中，第一位为猪鬃，出口值2816万美元，占出口总值的17.59%；第二位为花生米，出口值1483万美元，占出口总值的9.26%；第三位为黄豆，出口值821.4万美元，占出口总值的5.13%；第四位为生铁，出口值595.4万美元，占出口总值的3.72%；第五位为钨砂，占出口总值的3.59%。其次还有猪肠衣、绵羊毛、蓖麻子、干蛋白、红茶等。以上干蛋白及蓖麻子输往资本主义国家，其余项目大部或全部输往苏联及各社会主义国家。对资本主义国家出口的大宗商品，除花生仁为第一位外，干蛋白居二位，第三位为高粱（全部输往印度），第四位是黄豆，均由国营公司经营，第五位为蓖麻子。以下是青豆、药材、桃仁、芝麻、猪鬃、男工毯、棉籽饼等。

第一个五年计划时期天津口岸出口商品的结构有显著变化，工业品在出口总值中所占比重有所增加，农副土特产品和原料比重相应的下降。详见表1-13。

表1-13　1953—1957年天津口岸工农业品出口比重变化表

单位：%

类别 ＼ 年份	1953	1954	1955	1956	1957
出口总值	100.00	100.00	100.00	100.00	100.00
农副畜产品占比	93.73	90.58	84.28	77.02	69.18
工业品占比	6.27	9.42	15.72	22.98	30.82

注：工业品不包括农副加工品、矿产品及手工艺品。

资料来源：天津市地方志编修委员会.天津通志·外贸志[M].天津：天津社会科学院出版社，2001：235.

第一章　国民经济恢复时期和"一五"时期的天津商贸业（1949—1957）

天津口岸解放前虽然也有工业品出口，但是出口的品种主要是手工业品和农副加工品，如酒、地毯、工艺品、成药等，也有少量的现代工业品，如玻璃、窗纱、草板纸、棉布、运动鞋类等，在"七七事变"前曾有外销，但数量有限，销路不正常，并曾一度中断。解放初期，仅玻璃有小量出口。1953年正式开始组织工业品（现代化工业品）对苏联及各社会主义国家出口，主要品种有硫化碱、纸烟、麻袋、调味品等。1954年对港澳及亚非地区出口，品种有所增加。至1957年，出口的工业品达数百种。工业品出口额在出口总值中的比重由1953年的6.27%上升到1957年的30.82%，增加了24个百分点。

在工业品的出口中，日用工业品（包括五金线材及建筑材料）和化工产品发展较快。其次是食用工业品、机械、运输机械和仪器等。在畜产品的出口中有皮鞋、皮件等。

这一时期大宗出口的工业品有烧碱、纯碱、棉布、柞丝绸、铁丝、铁钉、玻璃、新闻纸、有光纸、罐头等，缝纫机、自行车、收音机、柴油灯、热电发生器、卫生洁具各种染料、药品等在数量上占较小的比重，但在国外市场已引起很大注意。

工业品包括农副加工品的出口中，天津产品占很大比重，其中食品、棉毛织品、五金化工产品、手工艺品等类为大宗，有些品种虽然不是大宗出口商品，但其产品绝大部分是供应出口的，如玉器、地毯90%以上供应出口。蛋品、染料、呢绒、毛毯、罐头50%以上供应出口。1957年有15种主要出口工业品，占全市供应出口总值的55.17%。详见表1-14。

表1-14　1957年天津市15种工业品供应出口量占生产量的比重表

产品名称	供应出口量占生产量的比重	产品名称	供应出口量占生产量的比重
毛毯	87.97	烧碱	40.39
干蛋品	78.98	铁钉	37.76
呢绒	77.47	铁丝	27.39
罐头	71.22	肥皂	32.93
染料	50.51	氯化钡	23.09
白酒	22.03	橡皮线	21.86

续表

产品名称	供应出口量 占生产量的比重	产品名称	供应出口量 占生产量的比重
调味品	18.39	棉布	7.5
纸张	4.65	—	—

资料来源：天津市地方志编修委员会.天津通志·外贸志[M].天津：天津社会科学院出版社，2001：236.

（二）出口市场

在 1950 年以前，对苏联和人民民主国家（以下简称苏新）的出口贸易刚刚开始，对资本主义国家的出口还占主要地位。1950 年，天津口岸对资本主义国家的出口占出口总额约为 91.06%；对苏新国家的出口仅占 8.94%。由于美国对中国的封锁禁运政策，自 1951 年起天津对苏新国家的出口开始转为主要地位。两年后，对苏新国家的出口跃为第一位。详见表 1-15。

表 1-15　1950—1952 年天津口岸出口国家类别情况表

项目 ＼ 年份	1950	1951	1952
对苏新出口（%）	8.94	76.19	81.76
对资出口（%）	91.06	23.81	18.24

注：苏新是指苏联及新民主主义国家；资是指资本主义国家。
资料来源：天津市地方志编修委员会.天津通志·外贸志[M].天津：天津社会科学院出版社，2001：243.

在对资本主义国家的贸易中，1950 年以前对美国的进出口贸易曾占重要地位。美国在天津的进出口贸易总额中占 25%，居第一位。由于美国对华封锁禁运，因此对美国的进出口贸易关系断绝。1951 年美国在天津进出口贸易总额中所占的比重下降到 0.13%。1952 年对美国已无进出口交易，对香港的出口为 57.7%，居第一位；对英国的出口占 16.42%，居第二位；对荷兰的出口占 6.76%，居第三位；对瑞士的出口占 5.33%，居第四位；对日本的出口占 5.22%，居第五位。详见表 1-16。

表1-16 1949—1952年天津口岸对资本主义出口贸易国别和地区比重表

单位：%

国别地区 ＼ 年份	1949	1950	1951	1952
英国	6.74	9.90	9.10	16.42
法国	0.09	0.32	0.89	0.40
联邦德国	0.12	1.40	0.04	1.17
意大利	0.02	2.72	6.15	1.96
荷兰	0.44	3.85	4.00	6.76
比利时	0.36	1.63	1.65	1.52
瑞士	0.44	0.75	1.57	5.33
瑞典	0.11	0.25	0.16	0.02
丹麦	0.01	0.48	0.04	—
日本	0.30	6.64	0.82	5.22
中国香港、澳门	54.62	20.50	71.38	57.70
美国	33.05	43.24	0.17	—
加拿大	3.20	1.77	1.60	2.31
新加坡	0.03	0.06	0.01	—
韩国	0.04	0.36	—	—
以色列	0.02	—	—	—
埃及	—	0.16	0.31	0.10
澳大利亚	0.30	0.70	1.63	0.28
新西兰	—	0.15	—	—
其他	1.20	5.66	0.48	1.53

资料来源：天津市地方志编修委员会.天津通志·外贸志[M].天津：天津社会科学院出版社，2001：244.

在国民经济恢复和发展时期，对香港（澳门）的贸易占很重要的地位，其中大部分属于转口性质。香港接近大陆，船运畅通，商人的国内外关系较多。中华人民共和国成立以来是大陆与各资本主义国家进行贸易的主要市场及转口地点。自美国冻结中国外汇资金和实行封锁禁运后，资本主义国家商人对中国进行的贸易大部分通过香港，因此该地日趋活跃。截至 1952 年底，天津私营进出口商在香港设有分支机构（包括总店、分店及联号）共 65 户。1951 年对香港、澳门贸易曾占天津对资本主义国家和地区进出口贸易的 42%，发挥了桥梁的作用。1950 年，天津口岸从新加坡购买了大量橡胶，该年新加坡在天津进口贸易中的比重达到 19.76%，由于新加坡当局追随美国的贸易政策，对中国实行橡胶禁运，因此 1951 年以后对新加坡直接贸易停顿。

1950 年，日本在天津对资本主义国家的贸易中居第四位（出口占总值的 6.64%，进口占总值的 11.76%），该年 12 月，日本奉行美国的禁运政策，截卸中国进口物资，中国停发对日本进出口的许可证。1951 年对日本的贸易曾一度中断。不久日本商人采取通过香港进行三角贸易的办法与天津私商进行交易，由香港转开信用证，有的物资直接运输，有的通过香港转运。"禁运"并没有影响中国的经济建设，相反却严重打击了日本的经济。由于和中国不能发展正常的贸易关系，日本必须以高价从美国输入原料，正如日本官方所承认的，仅在 1951 年日本输入矿砂、煤和盐便损失了 5280 万美元。因此日本人民迫切要求扩展日中贸易。1952 年，日本贸易界代表团突破重重障碍来到中国，签订第一次中日贸易协议，使中日贸易进入了新的发展阶段，1952 年日本在天津口岸对外贸易额中所占的比重有一些提高，由于日本方面的人为障碍，总的贸易额不大。

西方国家追随美国的禁运政策，1951 年与中国贸易额剧烈下降。1952 年莫斯科国际经济会议以后，西欧各国的工商业界纷纷要求和中国开展贸易，天津口岸对西方国家的贸易有了恢复。

在对社会主义国家出口的比重中，苏联占重要地位，每年约占半数左右。其次是民主德国、捷克斯洛伐克、匈牙利和波兰。对朝鲜和蒙古的出口，援助物资占很大比重。详见表 1-17。

表 1-17 1953—1957 年天津口岸对社会主义国家出口贸易比重表

单位：%

国别地区＼年份	1953	1954	1955	1956	1957
苏联	43.85	44.2	52.95	48.64	51.08
捷克	13.92	14.23	9.72	8.51	9.88
民主德国	14.43	11.98	11.68	9.29	11.14
波兰	5.35	4.44	0.83	1.41	1.12
匈牙利	10.23	8.21	7.14	5.55	4.3
保加利亚	1.29	0.46	0.13	0.49	0.16
罗马尼亚	1.53	1.13	1.98	0.66	3.46
阿尔巴尼亚	—	—	0.8	0.94	0.09
朝鲜	9.08	14.64	12.08	15.04	9.13
越南	0.21	0.13	2.04	7.26	6.03
蒙古	0.11	0.58	0.65	2.21	3.61

资料来源：天津市地方志编修委员会.天津通志·外贸志[M].天津：天津社会科学院出版社，2001：246.

为配合国家的和平外交政策，根据双方平等、互利的原则，天津口岸发展对东南亚各国的进出口贸易；在有利于中国经济建设的条件下，继续发展对资本主义国家的进出口贸易，增加若干必需物资的进口。巩固国家对外贸易的发展，防止资本主义的袭击，保护中国的经济建设，这是第一个五年计划期间对外贸易的重要任务。第一个五年计划期间天津口岸的中日和中美贸易都有不同程度的发展。详见表 1-18。

表 1-18 1953—1957 年天津口岸对日美出口情况表

单位：万美元

项目＼年份	1953	1954	1955	1956	1957
日本	484	734	1505	1459	1491
对日本出口发展程度%	100	151.65	310.95	301.45	308.06
美国	769	974	1341	1634	1334
对美国出口发展程度%	100	126.66	174.38	212.48	173.47

资料来源：天津市地方志编修委员会.天津通志·外贸志[M].天津：天津社会科学院出版社，2001：248.

对日本的出口贸易额 1957 年比 1953 年增加 1007 万美元，增长 2

倍以上；对美国的出口贸易额增加 565 万美元，增长 73.47%。自 1952 年下半年起，中国与西方资本主义世界各国的贸易逐渐恢复。对亚、非地区的贸易也逐步建立和发展起来。1952 年 10 月，中国和锡兰（斯里兰卡）签订了一般贸易协定，12 月又签订了关于橡胶与大米的 5 年贸易协定。天津口岸对其出口的贸易值分别是：1956 年 86715 美元，1957 年 28285 美元。

中国与印度的贸易关系也有所发展。1951 至 1952 年，中国先后供应印度大米 216500 吨，高粱 450000 吨，帮助印度度过了粮荒。印度也供应中国大量麻袋、棉布和烤烟等。1954 年 6 月，中国和印度在新德里签订了中印两国间第一个贸易协定。天津口岸对印度的出口贸易值为：1954 年 6806 美元；1955 年 922952 美元；1956 年 3446661 美元；1957 年 2904280 美元。

1954 年 4 月，中缅两国政府在仰光签订了中缅贸易协定。11 月，两国又签订了《中缅关于大米同中国出口商品换货议定书》，在此期间，天津口岸对缅甸出口值分别为：1954 年 2782 美元；1955 年 454231 美元；1956 年 685547 美元；1957 年 839868 美元。

1954 年 6 月，中国和印度尼西亚签订了中国印尼贸易协定书和支付协定。1954 至 1957 年，天津口岸对印尼的出口贸易值分别是 688510 美元、1373582 美元、1217981 美元和 968905 美元。

1955 年 4 月，在万隆召开了亚非会议，会议上通过了发展亚非国家间经济合作的决议。中国和亚非国家的贸易关系有了进一步的发展。1955 年以后天津口岸对亚非各国的贸易有了很大的发展。此外天津口岸同柬埔寨、泰国、马来西亚、新加坡等国家进行的贸易得到不同程度的发展。

三、出口贸易的经济地位

天津解放后，出口贸易恢复较快，上海港尚属国民党政府控制，直到 1950 年 5 月，舟山群岛解放，上海口岸对外航运开展以前，华东、华南的物资都转道天津输出，天津的出口贸易占全国的重要地位。1950 年美国发动侵朝战争后，天津口岸的对外贸易受到一定影响，下半年，采取一系列有力措施，加紧推销商品，使出口贸易有所上升。详见表1-19。

表1-19 1949—1952年天津口岸出口比重情况表

单位：万美元

年份 项目	1949	1950	1951	1952
贸易总值	8770	38486	14462	8625
出口总值	4196	14882	4636	4329
出口占贸易总值的比重	47.84	38.67	32.06	50.19

资料来源：天津市地方志编修委员会.天津通志·外贸志[M].天津：天津社会科学院出版社，2001：262.

经过国民经济的恢复，1953年进入了大规模经济建设时期，生产得到了迅速的发展。由于人民生活消费品的需要不断提高，生产赶不上消费的需要，某些出口物资的货源开始紧张，1954年的出口贸易曾一度呈现下降。国家和天津市对出口非常重视，为适应国内生产和对外贸易关系发展的需要，加强了对出口货源的组织工作，发掘新品种并组织工业品的出口。1955年出口贸易额开始回升。对农副产品制定了除粮、棉、油及其他统购物资外，优先出口的措施，因而天津的出口贸易得到了迅速的发展。但是由于全国各口岸对外贸易陆续恢复和发展，天津口岸出口贸易的比重相应的下降了。详见表1-20。

表1-20 1950—1957年天津口岸出口总值占全国出口总值比重表

单位：万美元

年份	全国出口总值	天津出口总值	天津占全国的比重（%）
1950	55236	15267	27.64
1951	75692	14086	18.61
1952	82294	19044	23.14
1953	102212	22398	21.91
1954	114580	20272	17.69
1955	141188	24390	17.27
1956	164483	26988	16.41
1957	159755	24773	15.51

资料来源：天津市地方志编修委员会.天津通志·外贸志[M].天津：天津社会科学院出版社，2001：263.

四、进口商品结构和进口市场

（一）进口商品结构

中华人民共和国成立以后，实行了独立自主的管制与保护贸易政策，对外贸易成为发展国内生产建设服务的工具，进口商品结构发生了很大变化。过去以消费品为主改为以输入国防建设和工业建设所需机器、设备、生产器材和原料为主。详见表 1-21。

表 1-21　1950—1952 年天津港进口商品结构表

单位：%

按经济用途划分　　　　　　　年份	1950	1951	1952
进口总值	100.00	100.00	100.00
生产资料	87.42	75.6	76.99
生活资料	12.58	24.4	23.01

资料来源：天津市地方志编修委员会.天津通志·外贸志[M].天津：天津社会科学院出版社，2001：281.

1951 以后，进口物资逐渐集中由各对外贸易企业总公司统一对外订购。天津口岸对外贸易中的进口商品结构只能反映进口物资用于地方生产和市场需要的部分情况。天津口岸国营、私营外贸企业进口贸易情况，在 1951 年以前，化工产品占进口第一位,五金、钢材占第二、三位。由于国内生产的发展，许多化工产品逐渐不需要进口。另外，部分商品，如橡胶（列为化工类统计）在 1950 年内进口数量较大,1951年以后进口数量锐减。因此，1952 年化工产品降为进口第二位。其他进口比重较大的商品为电工器材、交通器材、纤维及其制品、西药、南药、机械、纸张及纸制品、科学仪器、医疗器械等。在 1951 年以前，矿物油类商品在进口商品中曾占重要地位。1951 年以后，这类商品改为以从社会主义国家进口为主,从资本主义国家进口的数额逐渐减少。详见表 1-22。

表1-22　国民经济恢复时期天津口岸进口商品结构表

单位：%

年份 类别	1949	1950	1951	1952
五金类	13.76	20.75	17.00	35.06
电工类	8.40	13.00	7.00	8.43
交通器材类	4.03	7.25	12.94	2.57
机械类	2.33	4.30	6.80	4.32
科学仪器类	0.04	1.30	2.60	4.11
医疗器械类	0.30	0.90	2.49	1.33
矿油类	7.97	3.90	2.60	—
化工类	26.45	27.14	20.45	14.25
西药类	6.20	5.30	6.60	9.39
纸张及其制品	10.00	4.04	4.78	3.16
纤维机器制品	14.72	6.10	6.74	10.25
百货类	5.80	6.02	10.00	7.13
总计	100.00	100.00	100.00	100.00

资料来源：天津市地方志编修委员会.天津通志·外贸志[M].天津：天津社会科学院出版社，2001：282.

1953至1957年第一个五年计划时期，进口贸易集中在各对外贸易总公司经营，口岸进口贸易已不占重要地位，进口商品以供应地方生产部门临时需要或补充建设器材为主，同时为了改善华北地区人民生活条件，进口了一些国内不能生产的生活必需品，如医药品及南药等。因此，在进口商品中虽以生产资料为主，但生活资料也占一定比重。详见表1-23。

表1-23　1953—1957年部分年份天津口岸进口商品用途分类表

年份 类别	1953	1955	1957
生产资料占比	72.55	77.25	60.62
生活资料占比	27.45	22.75	39.38
进口总值	100.00	100.00	100.00

资料来源：天津市地方志编修委员会.天津通志·外贸志[M].天津：天津社会科学院出版社，2001：283.

（二）进口市场

在国民经济恢复期间，对进口商品的输入，国别或地区的变化很大，1949 年批证 5141 万美元，其中从苏联进口仅 97 万美元，占进口总值的 1.88%；从朝鲜进口 32 万美元，仅占 0.63%。至 1951 年以后，由于帝国主义的封锁禁运，对资本主义国家的贸易缩小，对苏联及人民民主国家的贸易迅速发展。从苏联等国家进口应当迅速增长，但由于都是易货贸易，结汇方式采用记账方式，由中央外贸企业统一进行，因此天津的进口贸易额急剧下降。从资本主义国家的输入额比重仍占主要地位，但贸易额呈锐减的趋势。以往占比重较大的英国、法国、比利时、日本及新加坡输入值已不到 1950 年的十分之一，新加坡由于追随美国的封锁禁运政策，于 1951 年终止了对中国的贸易往来。

1949 年，天津从香港的进口值为 3040 美元，占天津进口值的 59.40%，居第一位；从美国进口 1193 万美元，占 23.21%，居第二位；从日本进口 217 万美元，占 4.22%，居第三位；从比利时进口 119 万美元，占 2.31%，居第四位；从苏联进口 97 万美元，占 1.88%，居第五位；其他进口国还有印度、英国、瑞典、德国、新加坡等共 28 个国家或地区。

1950 年天津从香港进口 5555 万美元，占天津口岸进口总额的 22.54%，居第一位；从新加坡进口 4668 万美元，占 18.94%，居第二位；从美国进口 3475 美元，占 14.10%，居第三位；从日本进口占 11.25%，居第四位；从瑞典进口占 10.72%，居第五位。其他进口国还有联邦德国、比利时、苏联、法国、瑞士等。12 月份美国对中国实行禁运，并强迫卸货，许多货物未能进口，其中有一部分货物已到海关却不再办理入关手续；另一部分货物则根本未予进口或因冻结不能进口。

在美国的压力下，对华贸易封锁逐步升级。日本于 1950 年 8 月实行特别输出许可证，禁止化学制品、金属矿物、汽车及其副产品输往苏联及中国。12 月 6 日，日本政府颁布除日用杂货、农产品及海产品以外，一切生产品均禁止输往中国、朝鲜、中国香港、中国澳门。香港英国当局于 1950 年 6 月 30 日公布 1950 年输出统治法令，主要内容是：除持有及遵照香港政府工商处所发普通许可证或特别许可证外，任何人不得直接或间接由香港输出货品。英国、加拿大等国先后宣布管制战略物资的输出。1951 年 5 月 18 日，联合国大会在美国的压力下，通过了对中国和朝鲜实行禁运的决议。

1951 年 10 月 26 日，美国国会通过了《巴特尔法案》以及《互助防御实行管制法》，规定任何接受"美援"的国家，如果把禁运物资出售给民主阵营国家（包括中国），美国即停止对其给予军事、经济、财政的"援助"。天津主要是从香港进口，全年进口值占资本主义国家和地区进口的 72.22%。英国、法国、比利时、日本等对天津的输入值不及上年的十分之一。特别是新加坡，自上年的占天津口岸 18.94%，居第二位，降为零。当年的排位顺序是：香港占 53%，居第一位；印度占 8.84%，居第二位；联邦德国占 2.18%，居第三位；锡兰占 1.88%，居第四位。

1952 年 6 月，日本民间贸易团体和中国在北京签订了第一个中日贸易协议，双方规定进出口总额为 6000 万英镑。11 月，又在北京签订了中日易货贸易合同，随着中日易货贸易合同的签订，日本政府也承认中日两国直接贸易。日本通产省于 1952 年 12 月 26 日发表第 51 次进出口公报时，第一次承认中日贸易进出口各 47 万美元。

经过几年的国民经济恢复，天津的对外贸易发生了重大的变化，进口贸易的输入国别和地区也相应变化。除了自苏联等东欧国家的进口贸易继续由各对外贸易总公司经营外，1953 年以后配合发展国际经济关系和适应国家大规模经济建设的需要，对资本主义国家的大宗进口交易也逐渐改由各进出口总公司集中谈判进行。因此，天津口岸的进口贸易额逐年下降，一直到 1957 年才有回升，但仍比 1952 年低。由于进口额很小，所以不能全部反映中国对外贸易关系的发展情况，天津经营的进口商品多属工业产品。在进口贸易的国别地区中，西方资本主义国家和日本则占重要地位。

天津口岸的进口贸易中，香港的转口地位逐渐缩小，远洋的直接进口相应增加，1955 年以前，英国在天津的进口贸易中占第二位，仅次于香港。1956 年以后，日本超过了英国而居第二位。联邦德国、比利时、瑞士、印度、马来西亚等在天津的进口贸易中也日益恢复和发展起来。在中日双方有关人士的共同努力下，1953 年和 1955 年陆续签订了第二次和第三次中日民间贸易协定。在天津口岸的进口贸易中，日本对天津输入的商品值，1953 年占 2.56%，居第五位；1955 年上升到 24.56%，居第三位；1957 年又上升到 25.64%，跃居第一位。1957年日本岸信介内阁执政时，采取敌视中国的政策，使正在商签的第四次贸易协定不能执行，中日贸易中断。

英国的财政大臣巴特勒在 1952 年向美国提出的"要贸易，不要援助"的口号，自 1953 年开始逐渐变为现实。从天津的进口贸易中也能看出，1953 年英国向天津输出的商品已占天津进口贸易额的第三位；1955 年天津从英国进口 429 万美元，占天津进口额的 26.42%，跃居第二位；1957 年占 20.51%，仍居第二位。

1956 年前三个季度大约每两天有一艘日本商船来到天津港。这些商船带来化学肥料、海带、人造丝、药品、染料、纺织品、五金工具和机械零件等，从中国运回大量的食盐、豆类、羊绒、矿产品、畜产品、土特产品等。

1957 年，西方国家面临着严重的经济困难，要求解除或放宽禁运的呼声越来越高。英国在 5 月 30 日不顾美国反对宣布单独放宽对中国的贸易特殊限制。

五、进口贸易的经济地位

天津解放初期，战争使上海港口遭受封锁，一直到 1950 年 5 月舟山群岛解放、上海口岸对外航运开展以前，华东、华南经济建设和人民所需要的物资，如五金、机械、工业原料、某些日用品等都要通过天津订购进口。天津的进口贸易在国民经济中占重要的地位。6 月，美国发动侵朝战争，对中国封锁禁运，天津进口贸易经济地位也相应受到影响。按照国内的分配方式，国营公司经营的范围为对苏联及人民民主国家的进口和对资本主义国家的大宗进口商品，对苏联和人民民主主义国家的进口是由中央统一对外谈判成交，口岸公司根据中央分配给地方的进口合同仅负责接货和拨交给用货部门，这样，天津口岸的进口贸易在经济中的地位显得不那么重要了。详见表 1-24。

表 1-24　国民经济恢复时期天津口岸进口贸易变化情况表

年份	占进出口贸易合计的比重	占进口贸易的比重
1949	22.42	19.37
1950	100.00	100.00
1951	63.35	42.78
1952	61.5	18.2

资料来源：天津市地方志编修委员会.天津通志·外贸志[M].天津：天津社会科学院出版社，2001：300-301.

从以上情况可以看出，天津的进口业务逐年下降，至 1952 年比 1950 年下降了 81.8%。

1953 年，在国民经济恢复的基础上进入了第一个五年计划时期，天津的进口贸易由各外贸总公司集中谈判、统一经营，进口贸易额连续下降。1953 年的进口贸易额比 1952 年下降 33.31%，1954 年比 1952 年下降 57.96%，比 1953 年下降 36.96%；1955 年比 1952 年下降 62.18%，比 1954 年下降 10.04%；1956 年比 1952 年下降 66.97%，比 1955 年下降 12.72%；1957 年比 1952 年下降 49.54%，比 1956 年上升 53.17%。虽然有所回升，但仍低于 1952 年的水平。

参考文献

[1]　天津市统计局.天津四十年（1949-1989）[M]. 北京：中国统计出版社，1989：826-832、869-874.

[2]　天津市统计局.天津五十年（1949-1999）[M]. 北京：中国统计出版社，1999：51-57.

[3]　肖元等.当代中国的天津（上）[M].北京：中国社会科学出版社，1984：33-37、82-83、306-312、351-364.

[4]　天津市地方志办公室，天津一商集团有限公司.天津通志·一商志[M].天津：内部资料，2007：36-39、74-81、112-121、155-170、194-201、244-245、247-252、304-306、320-343、348-362、405-410、

539-546、562-573、673-687.

[5] 天津市地方志办公室，天津二商集团有限公司.天津通志·二商志[M].天津：天津社会科学院出版社，2005：67-77、94-104、117-119、125-133、202-208、451-485、502-517、533-534、550-551、560-562、602-669.

[6] 天津市地方志编修委员会.天津通志·商业志·粮食卷[M].天津：天津社会科学院出版社，1994：109-126、132-136、141-142、226-236.

[7] 天津市地方志编修委员会.天津通志·外贸志[M].天津：天津社会科学院出版社，2001：149-150、186-206、233-236、243-249、261-263、281-284、291-293、300-302.

[8] 高尚全等.当代中国的经济体制改革[M].北京：中国社会科学出版社，1984：45-47、468-478、500-505.

[9] 谷书堂.天津经济概况[M].天津：天津人民出版社，1984：215-216、244-246、255-256.

[10] 天津市地方志编修委员会.天津简志[M].天津：天津人民出版社，1991：525-580.

[11] 朱其华.天津全书 [M]. 天津：天津人民出版社，1991：249-302.

[12] 天津市地方志编修委员会办公室.天津通鉴（上）[M].北京：中国青年出版社，2005：302-433.

[13] 天津市地方志编修委员会办公室.天津通鉴（下）[M].北京：中国青年出版社，2005：601-645.

[14] 秦克江，马少元，庄健.天津市供销合作社六十年变迁[EB/OL].2009. http://www.tjcoop.com/article/d1/2511.html.

[15] 郭今吾.当代中国商业（上）[M].北京：中国社会科学出版社，1987：21-61.

[16] 万典武.当代中国商业简史[M].北京：中国商业出版社，1998：1-110.

[17] 中国人政治协商会议天津市委员会.天津文史资料选辑（第52辑）[M].天津：天津人民出版社，1982：116-122.

第二章

"二五"和国民经济调整时期的天津商贸业（1958—1965）

第一节 "二五"和国民经济调整时期的商贸业管理体制

一、国家的商业管理体制

1958 至 1965 年是商业乃至整个国民经济曲折发展的阶段，这一阶段包括 1958—1962 年的"二五"计划时期和 1963—1965 年的三年经济调整时期。这期间，商业管理体制做了多次调整，其中两次大的调整都是在"二五"期间，一次是在"二五"初期，即"大跃进"时期；另一次是在"二五"中期。

（一）"大跃进"时期国家商业管理体制的大变动

1956 年，在基本完成了生产资料私有制的社会主义改造之后，全国人民的基本任务是发展生产力，进一步推进社会主义经济建设。在这种新形势下，各方面的关系需要加以调整，商业管理体制也需要进一步加以改革。中心问题是需要进一步下放管理权限，以便更好地发挥中央和地方、行政和企业的积极性。但在"左"的思想影响下，特别是在"大跃进"的影响下，采取了一些不适当的措施。

（1）政企合一，企业下放。为了更好地发挥地方和企业的积极性，国务院于1957年11月做出了《关于改进商业管理体制的规定》，要求中央有关部门适当下放一些管理权限，把各级企业管理机构同行政部门合并起来，实行政企合一的组织形式。不久，1958年开始的"大跃进"，刮起了"浮夸风""共产风"，大量精简机构，过多地下放管理权限，商业管理体制发生了很大的变化：①1958年2月，城市服务部与全国供销合作总社合并（保留供销社牌子并保留基层社），成立第二商业部，商业部改为第一商业部。同年7月，第一、第二两个商业部又合并为一个商业部。②从1958年初开始，商业部撤销各专业公司，改组为商业部内部的专业局。随之，地方上各专业省公司也改组为省商业厅内部的专业处，县公司改为县商业局的经理部，从而取消了专业公司系统"条条"的领导关系，各级企业分别由各级商业行政部门"块块"领导，由原来的统一领导、分级管理，改变为分级管理、分工经营。③各级专业公司的直属企业也逐级下放。一级站和二级站虽明文规定仍然实行以商业部和省商业厅领导为主的管理体制，实际也下放了。有些大城市开始把一级站与市公司合并，许多省把二级站下放给专区，实际形成全面下放、层层下放的局面。

在农村，为了适应人民公社化后政社合一的组织形式，从1958年12月开始，对农村财贸体制做了较大的改变，将农村的基层社以及粮食、食品、工业品的经营机构、人员和资产下放给公社管理，在统一政策、统一计划、统一流动资金管理的前提下，由公社包干上缴财政任务。

（2）小商小贩向国营商业过渡，自由市场关闭。从1958年开始到1960年，全国单纯追求所有制的"一大二公"，把许多参加合作商店和合作小组的小商小贩过渡到国营商业，有的转到工业，也有一部分转到农业。1960年底，全国留在合作店、组的人员，大约还有90万人。这部分商业虽然保留了合作商店的形式，但大部分归口国营商业统一核算，或者按国营办法统负盈亏，吃"大锅饭"。与此同时，自由市场也相继关闭，改变了各种经济成分并存的局面，基本上形成国营商业（在农村是供销社）一家经商，一条渠道。

"大跃进"时期商业管理体制大变动造成的影响是巨大的。中华人民共和国成立后，国家本来缺乏按经济办法管理经济的经验，第一个五年计划时期刚在这方面有所尝试，很多制度、办法还没有来得及进一步发展完善，在"大跃进"的浪潮中，又基本上被破坏了。由于企业下放给各级行政部门（"块块"）领导，许多批发机构，特别是二级站改按行政区划设置，基本上有一级行政组织就有一套批发机构，二级站就由原来的 600 多个猛增到 800 多个；设站的城市由原来的 150 个左右扩展到 200 个左右，基本上有一个专区就设一套二级站。结果形成机构重叠、环节增多，商品按行政区划组织流通，统一的市场被分割，地区之间相互封锁，中央的集中统一领导被削弱，专业公司的业务指挥系统中断，商品调拨不灵，许多行之有效的规章制度被废弃，经营管理混乱，损失浪费严重。1963 年，原商业部系统经国家批准核销的"三清"（清资金、清财产、清账目）物资达 100 亿元，供销社系统也有几十亿元，大部分是这期间盲目购进、经营管理不善造成的。中共中央、国务院很快发现了这些问题，随即采取了一些补救措施，比如，明确各级专业局（处）仍有指导本专业系统经营管理的责任，明确一级站和二级站分别为中央和省的直属企业，一级站的利润列入中央财政，已经下放了的一、二级站要收回来由商业部和省商业厅直接领导等等。在商品管理上，1959 年 2 月，国务院批转了商业部、粮食部、外贸部、卫生部、水产部、轻工业部《关于商品分级管理办法的报告》，将全部商品分为三类，实行不同的管理办法。一类商品有粮食、食用植物油、棉花、棉布、食糖等 38 种，这类商品的购、销、调、存、进口、出口等项指标，由国家管理；二类商品包括黄麻、生猪、化肥、毛竹、青霉素等共 293 种，这类商品由国家计划委员会平衡，基本上实行差额调拨，其中除一部分由国家集中管理外，余均授权主管部管理；其他商品都是三类商品，主要由地方管理，有些重要品种，也可以由主管部门通过专业会议平衡安排，这种办法一直沿用到 20 世纪 80 年代。其中存在的一些问题仍未解决,特别是政企合 的问题，一直没有得到很好解决。

（二）国民经济调整时期商业管理体制的调整和改革

1958 年的体制改革出现了许多问题。针对这种情况，中共中央于 1961 年 1 月做出了《关于调整管理体制的若干暂行规定》，明确经济管理权集中到中央、中央局和省委三级；下放的权限放得不适当的一律收回，中央各部直属企业的主要管理权统归各部管理。根据这个精神，商业管理体制进行了一系列的调整和改革。

（1）政企分开，恢复和建立各级专业公司。为了建立指挥自如的业务指挥系统，改变行政（"块块"）领导分割市场的状况，更好地组织全国商品流通，国务院于 1962 年 5 月做出了《关于商业部系统恢复和建立各级专业公司的决定》，恢复和建立了各级专业公司。全部公司分为三种类型，实行三种不同的管理办法。第一类公司（包括五金、交电、化工三个公司）实行统一领导、分级管理，各级企业以公司系统领导为主，当地商业行政部门领导为辅，最后由总公司统一核算。第二类公司（包括百货、纺织品、医药、食品、糖烟酒、石油、煤建七个公司）实行统一领导、分工经营，一级站以总公司领导为主，二级站和市、县公司以省公司领导为主，总公司不实行统一核算。第三类公司（包括饮食服务、民族贸易、劳保用品、蔬菜、储运、信托等公司）完全由地方管理经营。实际上，专业公司系统的许多组织制度并没有完全建立起来，仍带有政企合一的性质。但这一时期，对二级站进行了坚决的调整，撤并了按行政区划设置的二级站和明显重叠的批发机构，基本上恢复了按经济区划组织商品流通。与此同时，1962 年 7 月，供销合作总社与商业部分开，从上到下恢复了供销社的组织领导系统；供销社主管的主要农副产品也按行业建立了专业公司，部分地改变了政企合一的组织形式。1962 年 9 月 27 日，中共中央做出了《关于商业工作问题的决定》，明确规定国内商业要有国营商业、合作社商业和集市贸易三条渠道。此后，直到 20 世纪 80 年代，供销合作总社的组织系统基本上没有大的变化。

（2）改进财务管理体制，划分中央和地方的管理权限。为了加强集中统一领导，改善经营管理，改变各自为政的状况，在财务管理上先后采取了以下一些措施：①从 1961 年起、将各级商业企业的财务计划和主要财权集中起来，分别由商业部和省（市、自治区）商业厅（局）集中管理。②从 1962 年起，各级企业的资金统一由商业部管理，商业部通过各专业公司和省（市、自治区）商业厅（局）逐级核拨到基层企业；自有资金由财政部统一拨给商业部，银行贷款由商业部核定贷款指标，再按企业隶属关系逐级核定到基层企业。③经营利润，一类公司和二类公司的一级站列入中央财政，就地交中央金库；二类公司列入省财政；三类公司列入地方财政，实行中央财政与地方财政三七分成，就地交库。④建立奖励制度，根据企业各项经济指标完成情况按工资总额提取 3%到 5%，用于企业和职工奖励。⑤继续保留利润留成制度，留成使用范围包括奖金、简易建筑费和四项费用等（实际上除饮食服务企业和民族贸易企业保留留成制度外，一般商业企业的留成制度并未执行）。

（3）小商小贩退出国营和合作社商业，恢复合作商店。为了增加商品流通渠道，活跃市场，发挥小商小贩点小、分散、机动、灵活、方便群众的特点，1961 年 6 月，中共中央决定有计划地将并入国营商业和合作社商业的小商小贩退出来，重新组织自负盈亏的合作商店。到 1962 年底，原来过渡升级的小商小贩有相当一部分退了出来。与此同时，集市贸易也陆续恢复，供销社恢复了贸易货栈，积极开展自营业务；粮食市场再次开放，从而，整个商品流通又活跃起来了。

国民经济调整时期商业管理体制的改变虽然带有一定的恢复性质，但其目标不仅在于恢复第一个五年计划时期一些好的做法，而且试图解决一些第一个五年计划时期已经存在但还没有来得及解决的问题。划分三类公司，就是为解决中央集中过多、地方机动权过小而采取的一种经营管理体制。此外，还在许多问题上采取了恢复性措施并做了一些新的尝试。如组织大规模的三类物资交流会；开放城乡集市贸易，开放粮食市场，允许小商小贩进入集市，努力开辟更多的流通渠道，把市场搞活。在企业管理方面，制定了批发、零售管理条例；实行了十级工资标准，恢复了奖励制度，如在理发业实行提成工资，对一部分具有高级技艺的厨师、理发师、摄影师等实行特定工资，开展"五好企业""六好职工"活动，等等，有力地调动了企业和职工的积极性。在贯彻按劳分配、提高经营管理水平方面，积累了一些有益的经验。但由于时间较短，有些措施还没有真正发挥作用，特别是没有认真地从根本上清算"左"的思想，如小商小贩虽然从国营商业中退出来恢复了合作商店，但对他们仍从改造的角度采取某种限制的方针，因而没有很好地发挥作用。

二、天津的商业管理体制

1958 年 2 月 11 日，天津市由直辖市改为河北省省辖市（1958 年 4 月，河北省省会由保定迁到天津。1966 年 5 月河北省省会又由天津迁回保定，天津复改为中央直辖市至今）。同时，商业部精简、合并行政管理部门，下放管理权限，撤销各专业公司，改组为商业部内部的专业局。随之，天津市各专业公司取消了专业公司系统"条条"的领导关系，各级企业分别由各级商业行政部门"块块"领导，由原来的统一领导、分级管理，改变为分级管理、分工经营。商业管理体制变动频繁，商业经营机构归属调整较大。

（一）市级机构变动情况

1955 年 2 月以后，天津市的商业工作由市人委财粮贸办公室（也称"三办"）负责领导；1960 年 6 月 30 日，财粮贸办公室与市场物价委员会合并，改称市人委财政贸易委员会（简称财委），作为这一时期领导商业工作的市级机构。1958 年 8 月至 1961 年底，市人委财政贸易委员会管理 5 个直属单位：第一商业局、副食品局、粮食局、水产局、工商行政管理局。1962 至 1965 年底，市委财贸政治部、市人委财政贸易委员会管理 13 个直属单位：第一商业局、第二商业局、副食品局、市供销合作社、粮食局、水产局、工商行政管理局、财政局、税务局、人民银行、外贸局、海关、商检局。

（二）局级机构的变动情况

1958 年 3 月，天津市供销合作社与天津市第三商业局合并，为第三商业局。1958 年 8 月市第一商业局与第二商业局合并，称为第一商业局。1958 年 9 月工商局与物价委员会合并为工商行政管理局。同年，天津市成立了物资局。1959 年 9 月 19 日，天津市人民委员会第十一次全体（扩大）会议决定，成立天津市副食品局，同时撤销第三商业局。1960 年 6 月，三商局业务向副食品局划转；1962 年 1 月，第一商业局将第二商业局业务向第三商业局划转。

1962 年 7 月，根据中央关于国营商业和供销合作社分工的决定，并按照城乡分工，商品分工的原则，恢复建立天津市供销合作社。市人民委员会于 1962 年 8 月 4 日将市第三商业局改称为市第二商业局。

（三）市区分工

1958 年，天津进行商业体制的改革，零售商业管理权下放到区，市商业局和公司只负责商品分配供应，区与市对口设财粮贸办公室（此后区商业管理部门一直与市按同一名称对口设置）；各区商业局相继成立，具体负责本区零售公司的领导工作。当时，商业管理实行市、区、公社三级对口，即市、区政府各设财粮贸办公室、商业局两层，公社（街道）组建地区商店。地区商店统一领导公社所辖区内百货、煤建、粮食、修配、服务、饮食、蔬菜副食等各种零售店。这种体制因内部行业过多、业务不专、管理过粗、精力分散，暴露的矛盾越来越突出。1962 年 8 月，全市撤销了区商业局和地区商店，区零售公司在分专划细的基础上对门市部直接领导，取消全部中间机构，业务经营管理权由市商业局向上集中。后来，区公司和门市部中间又组建基层商店。市、区分工基本保持市商业局负责业务管理，区财办负责监督和党政、干部工作。石油、信托、化工及医药行业的零售业则完全归口市公司管理。

（四）城乡分工

1958 年 3 月，市供销合作社并入市三商局，其中原棉烟麻公司、生产资料批发站并入一商局，废品经营处并入二商局。1958 年 9 月，天津实行市郊合一体制，除中心区（即和平区）外，南开、红桥、河西、河东、河北 5 区都辖管农村，区商业局设供销公司具体领导农村商业，各农村公社建中心商店组织综合经营。1960 年 7 月，市供销合作社随郊区的恢复而恢复。

三、天津商业管理机构归属变动情况

1958 至 1965 年这段时期，天津商业发展缓慢，流通体制变化较大。公私合营后，在"大跃进"的影响下，由国营经济取代了多种经济成分并存的局面，形成了计划调拨、固定渠道的流通体制，天津商业系统基本上由国营商业独家经营。

1962 年 5 月国务院决定在商业部系统恢复和建立各级专业公司，同时发出《关于成立专业公司的通知》，同年 9 月 27 日，中共中央做出了《关于商业工作问题的决定》，明确规定国内商业要有国营商业、合作社商业和集市贸易三条渠道。这一时期，天津市商业体制实行政企分开，恢复和建立各级专业公司，对二级站进行了调整，撤并了按行政区划设置的二级站和明显重叠的批发机构，基本上恢复了按经济区划组织商品流通。

（一）"二五"和国民经济调整时期天津工业品批发商业管理机构变动情况

（1）天津百货采购供应站和天津市百货公司。1958 年 1 月 1 日原中国百货公司天津市公司改为天津市百货公司，不再冠以"中国百货公司"字样。这一时期，天津市百货公司本身体制共有过六次变动。其中较大的变动是在 1958 年 9 月与天津百货采购供应站合并，撤销天津市百货公司。同时将原天津市百货公司所领导的批发部按业务性质范围，划归百货站、文化站、针织站领导，并将和平路百货商店、劝业场交一商局直接领导。百货站与天津市百货公司合并，将百货一、二级批发业务统由市公司领导，两单位党委、经理及政工、行政职能部门合并重组，业务部门保持原建制不动，实行一套人马两个牌子。一年后，站司又重新分设，恢复天津市百货公司建制，将百货、针织、文化三站的市内批发业务分出，移交天津市百货公司。同时恢复市百货公司对各区百货零售公司的业务领导。根据市场需要市百货公司下设百货、针棉、纸张、文教、文体五个专业批发部。

1958 年 1 月天津市成立了八个区的百货零售公司，即和平区百货公司、红桥区百货公司、河西区百货公司、南开区百货公司、河北区百货公司、河东区百货公司、塘沽区百货公司、汉沽区百货公司，受市百货公司及区双重领导。区公司具体负责领导管理本区的国营、合营及集体门市部，市百货公司对各区负责业务领导。

1963 年在百货批发部的基础上增设"小百货采购供应批发部"，为市百货公司直接领导的独立核算机构，后于 1965 年改称"小百货批发部"。到 1965 年，市百货公司直属单位有大百、小百、钟表、鞋帽、劳保、文体、文教、纸张、针棉九个专业批发部。还有天顺、沙船、国际、德华馨四个商办皮鞋厂。1965 年 10 月，八个区百货零售公司一律划归天津市百货公司直接领导，实现除塘、汉沽外市内批发、零售百货系统党政关系的统一领导。

天津百货采购供应站于 1961 年改为由中国百货总公司领导为主，并恢复商统、财务、计划为直接编报单位，同时抄报天津市一商局。

（2）天津纺织品采购供应站和天津市纺织品公司。从 1958 年 1 月 1 日起，中国纺织品公司改组为商业部纺织品贸易局，实行企业管理机构与商业行政部门合一的形式。基层企业划分为中央主管企业与地方主管企业。天津纺织品采购供应站列为中央主管企业，以商业部纺织品贸易局领导为主，天津市第二商业局领导为辅。天津市纺织品公司列为地方主管企业，由天津市第二商业局领导，其原管理的零售企业划归各区百货公司。当时天津市纺织品公司与天津纺织品采购供应站合并，实行一套领导班子，两块牌子，分别进行核算，取消总公司与市公司上下级的领导关系。

1962 年 5 月 25 日，中国纺织品公司恢复建制，原商业部纺织品贸易局同时撤销，实行"统一领导，分级管理，分工经营"。中国纺织品公司天津采购供应站与天津市纺织品公司再次分开设置。天津市纺织品公司原来在各区设立的批发机构，进行合并与调整，相继成立业务一科、二科、三科负责商品供应。原来负责管理零售商业的各区棉布总店同时撤销，将全市零售纺织品商店下放到各区百货零售公司领导和管理。同时，天津纺织品采购供应站仍列为总公司直属企业，以总公司领导为主，天津市第二商业局领导为辅，业务上由总公司统一管理，统一核算。天津市纺织品公司则以天津市第二商业局领导为主，业务上总公司有指导之责。商品实行分类分级管理。棉纱、棉布由国务院管理；呢绒由商业部管理；其他如服装等由地方管理。同年10月，天津市纺织品公司撤销原设置的业务一、二、三科，改为业务科和一、二、三批发部，并于 1965 年 1 月增设综合批发部。

（3）天津针织品采购供应站。1958 年 9 月，天津市百货市公司与天津百货采购供应站合并，取消天津市百货市公司机构。将天津市百货市公司针棉批发部划归针织站领导，仍然执行两个财政上缴，自主经营，分灶吃饭，实质上是隶属关系的改变，到 1959 年又分开。这一时期天津针织品采购供应站始终由市一商局领导。

（4）天津五金机械采购站和天津市五金交电公司。1958 年 1 月 1日中国五金机械公司天津采购供应站下放地方，由天津市第一商业局领导，更名为天津五金机械采购供应站。1958 年 4 月，天津市五金公司和天津市交电公司合并，更名为天津市五金交电公司。1958 年 6 月7 日中华全国供销总社天津生产资料批发站与该站合并，更名为天津五金生产资料采购供应站。同年 8 月 26 日，天津市一、二商业局联合通知于 9 月 1 日将天津市五金交电公司五金部分合并于天津五金生产资料采购供应站，其时该站下属科、室、库、厂、店达 29 个。同年 9月 12 日中华全国供销总社天津生产资料批发站分出，另成立中华全国供销总社天津化肥农药批发站，经营化肥、农药。1959 年 8 月 17 日站、司分开，1960 年 1 月 11 日该站更名为天津五金机械采购供应站，1962 年该站收归商业部领导，更名为中国五交化公司天津五金采购供应站。期间经营范围也有较大调整。

（5）天津交电采购供应站。1958 年 8 月，天津市五金交电公司撤销，天津交电采购供应站接收了其交电部分的人员和业务。1959 年 6月，根据上级指示，站、司分开，天津交电采购供应站又将接收的人员和业务移交给恢复的天津市五金交电公司。

（6）天津化工采购供应站和天津市化工原料公司。1958 年根据天津市第一、第二商业局党组会议指示，天津化工采购供应站与天津市化工原料公司于 8 月 22 日进行机构合并。合并的特点是：站、司党委会合并为一个，经理室合并为一个，领导站、司的全部工作，对外是两个牌子、两个公章，对内各行政职能科室对口合并设立，但仍是两套人马，分别管理站、司工作。原站、司所属的各专业科、批发部仍保持原状不变。在领导关系上，原一级站的工作仍由商业部直接领导为主，市公司的工作由市一商局领导为主。

1962 年年初，根据市委财贸工作会议决定和市财委有关指示精神，站、司分开。同年，商业部化工贸易局又改组为中国化工原料公司。天津化工采购供应站的隶属关系没有变，仍属总公司垂直领导为主，地方领导为辅。1962 年 11 月 1 日，为贯彻市委财贸会议决议，实行业务"条条"归口领导，从 11 月 15 日起，将百货公司领导的化工专业门市部、专业中心店移交天津市化工原料公司直接领导。

（7）天津文化用品采购供应站和天津市文化用品公司。1958 年 8 月天津文化用品采购供应站与天津市文化用品公司合并，名称仍沿用天津文化用品采购供应站。1959 年 8 月站司分开，天津市文化用品公司的三个批发部归属天津市百货公司领导，未恢复原天津市文化用品公司。

（二）"二五"和国民经济调整时期天津食品、副食品、蔬菜等批发商业管理机构变动情况

（1）天津市食品公司和天津市禽卵公司。1958 年，天津市禽卵公司被撤销，禽卵经营业务合并于市第一食品加工厂，郊区经营处划归郊区供销社领导，经营禽卵的人员改作其他工作，这时期零售业务由市蔬菜公司系统各区蔬菜副食品公司负责，批发与零售之间是业务关系。1959 年 7 月改由市食品公司负责天津市禽蛋经营及组织出口加工工作。由于郊区经营任务繁重，先后成立了专门经营机构，但人员配备不足，机构不健全，不能胜任经营业务的需要，经营机构划归郊区供销社。1963 年 3 月市食品公司根据市副食品局的指示精神，为加强近郊肉食、禽蛋的收购供应工作，相继成立 4 个郊区的食品经营处（塘沽区由东郊区食品经营处负责，北大港区由南郊区食品经营处负责，汉沽区暂由市蔬菜公司负责），各郊区经营处下设若干收购站。6 月，市食品公司禽卵经营部成立，负责禽蛋的组织进货和批发供应业务，下设 2 个禽蛋分拨站，向各区零售部门供应货源。市食品公司设有业务科，负责对外联系业务、签订进货合同和协议，指导禽卵经营部按照计划、合同和协议具体组织进货。1964 年 3 月根据市财贸会议及市肉食会议精神，为了减少环节，降低费用，改善经营管理，市食品公司将禽卵经营部及分拨站合并到第一食品加工厂，合并后第一食品加工厂按照市食品公司安排的计划任务，负责进销经营，并以公司的名义对外统一组织进货。1965 年 6 月市食品公司按照经营分工的原则对批发加工机构进行调整，将第一食品加工厂的禽卵批发站、门市部、西于庄禽蛋分拨站、河北货栈移交市公司领导，进销业务由市公司直接经营管理，第一食品加工厂负责加工生产和上市运输，商品验收、保管等工作。

（2）天津市糖业果品公司。1958 年，随着全市行业调整，各区糕点、烟酒、糖果总店分别合并组建区糖果糕点公司，负责领导本区糕点生产和零售业务。同年，公兴隆、福昌祥果脯厂，大华、良友、起士林糖果厂，元记、天津食品厂和山海关汽水厂划归糖业果品公司。1959 年 2 月 28 日，天津市茶叶公司并入市糖业果品公司，增设茶叶批发商店，负责加工、批发、调拨业务。1961 年，仁立食品厂又划归为糖业果品公司管理。为实行行业归口，加强领导，根据市人委的指示，1962 年将山海关汽水厂移交给市轻工业局。1964 年 11 月，又将公兴隆、福昌祥、大华、良友、起士林、元记、天津食品厂等 8 个厂全部移交给市轻工业局的食品工业公司。1962 年 12 月 10 日，按照天津市副食品局、市供销合作社《关于干鲜果业务移交方案》，市糖业果品公司经营的干鲜果业务全部移交给市供销社副食品经营部。有关人员、财产、商店、货栈、仓库、加工厂一并移交。食糖、糖果、糖制品、罐头、糕点、小食品、茶叶继续由糖业果品公司经营。1965 年 6 月，市糖业果品公司与市专卖事业公司合并，成立了天津市糖业烟酒公司。

（3）天津市蔬菜食品杂货公司。1957 年，天津市蔬菜食品杂货公司将 400 多个分散的酱腌菜调味品生产点归并为 20 余个相对集中的生产厂，使各厂的生产初具规模。1958 年，撤销公私合营瓜菜批发总店和分店，蔬菜批发业务并入国营蔬菜批发部（其前身是国营蔬菜站，1954 年 12 月改称）。同时，蔬菜副食商业管理由中央下放到地方，中国蔬菜食品杂货公司天津分公司改称天津市蔬菜食品杂货公司。同年 9 月市三商局为贯彻"统一领导，分级管理"和市财贸四级干部会议精神，确定和平、南开、红桥、河东、河西、河北、塘沽、汉沽区（当时市内行政区划已调整，将新华、城厢两区撤销，分别并入和平、南开两区）副食零售公司，受市蔬菜食品杂货公司（负责业务经营领导）及所在区商业局（负责党和行政领导）的双层领导。

1965 年，市蔬菜食品杂货公司在经营业务上对调味品酱腌菜实行批零分工。即市公司主要负责批发、加工生产，为零售单位提供货源；区公司主要做好零售分配，组织好市场供应。在这一分工原则指导下，各区公司所属加工生产厂全部划归市公司直接领导，并在体制上和人事上进行较大的整顿，实行按区设厂，并与原市公司直属企业合并调整。原市公司直属酱料一厂与河北区公司所属加工生产厂合并，定名为第一调料酿造厂；原市公司直属酱料二厂与红桥区公司所属生产加工厂合并，定名为第二调料酿造厂；和平区公司所属生产加工厂定名为第三调料酿造厂；河东区公司所属生产加工厂定名为第四调料酿造厂；南开区公司所属生产加工厂定名为第五调料酿造厂；河西区公司所属生产加工厂定名为第六调料酿造厂；塘沽、汉沽各区公司所属生产加工厂分别定名为塘沽调料酿造厂、汉沽调料酿造厂，连同市公司所属粉丝、回民、光荣 3 个厂共 11 个生产加工厂。

（4）天津市专卖事业公司。1958 年，中央企业、行政合一，撤销专业公司，成立专业局，中国专卖事业公司天津市公司又改称为天津市专卖事业公司。1959 年，随着天津市国营商业体制的调整，专卖公司先后划归市三商局、市副食品局、市二商局领导。市三商局决定将第一食品厂的仁立食品厂划归市专卖事业公司领导，发展酒类生产。市专卖公司筹建天津啤酒厂。1961 年市三商局决定，仁立食品厂划归天津市糖果糕点公司领导。1962 年 12 月，遵照天津市人民委员会决定，市专卖公司将已建成投产的天津啤酒厂移交给天津市轻工业局领导。市专卖公司恢复塘沽批发商店，1963 年 1 月建立汉沽批发商店。

1965 年 6 月，遵照天津市人民委员会决定，天津市专卖事业公司与天津市糖业果品公司合并，组建天津市糖业烟酒公司。

（5）天津市果品食杂公司。天津市果品食杂公司前身为天津市供销合作社副食品经理部，建于 1963 年 1 月，1964 年更名为天津市果品公司。

（三）"二五"和国民经济调整时期天津蔬菜副食、糖果糕点等零售商业管理机构变动情况

（1）蔬菜副食零售商业管理机构变动情况。1958 至 1965 年，蔬菜副食零售商业管理机构共有四次大的变动。第一次是 1958 至 1960 年按区建立专业区公司，实行市、区双重领导，并在 1958 年 4 月根据市改革商业体制的指示，各区公司接收原市管的食油、猪肉、牛羊肉、水产、禽卵的各专业总店，名称改为区副食品零售公司。第二次是 1960 至 1961 年区副食品零售公司与区糖果糕点公司合并，同时与各市公司脱钩，实行区领导，名称仍为区副食品零售公司。第三次是 1961 至 1965 年区副食品零售公司与区糖果糕点公司在 1962 年 6 月分开，各自单独成立公司，恢复市、区双重领导，区副食品零售公司改名为区蔬菜食品杂货公司。第四次是从 1965 年开始区蔬菜副食杂货公司与区商委脱钩，归市蔬菜公司领导，改名为区蔬菜副食品公司，实行按行业管理领导，这次机构变动一直持续到 1969 年。

（2）糖果糕点零售商业管理机构变动情况。1958 年 3 月，根据市三商局《关于改变商业体制的规定》精神，撤销区糖果糕点零售专业总店，成立区糖果糕点零售公司，负责对所属零售门市部的领导和人财物的管理，并负责对经营商品的对口加工厂（糕点厂、南味厂、干果厂和综合食品厂）的领导与管理。隶属关系在区，业务对口市糖业果品公司。1960 年 10 月，根据市人委决定，区糖果糕点零售公司与区副食品零售公司合并，统称区副食品零售公司。1961 年 8 月，副食、糖业分家，重新恢复区糖果糕点零售公司。1962 年 10 月，根据市财贸工作会议精神和上级决定，区糖果糕点零售公司党、政、业务隶属关系划归市公司，更名为"天津市糖业果品公司××区公司"。其中汉沽区公司于 1963 年 7 月与区蔬菜公司合并，由市蔬菜公司直接领导。

1965 年 7 月，市内的和平与河西、红桥与南开、河北与河东 6 个区糖业果品公司，分别合并成立市糖业烟酒公司下设的第一、第二、第三分公司；塘沽区成立市糖业烟酒公司塘沽分公司。

（3）饮食业管理机构变动情况。1958 年 10 月至 1960 年 2 月，为了组织人民生活，饮食业的管理完全下放给区，撤销天津市饮食公司，各区成立饮食公司，下设地区商店管理门市部。地区商店同时受主管街委会的领导。各区以副食、粮食、糕点行业为主，统一安排市场，不少饮食门市部划归这些行业；地区商店又以安排职工生活为名，将不少饮食门市部改为职工宿舍和办公室；同时抽调不少技术人员派往钢铁工业，饮食业的网点、人员大减。1960 年 2 月，为了统一管好饮食业网点和市场供应，本着精兵简政的精神，又合并成立天津市饮食服务公司，各区饮食、服务仍是两个独立的区公司，地区商店改为基层商店，恢复市、区条块双重领导的管理体制。1965 年 4 月，贯彻中央"全国学习解放军"的指示，各区饮食公司改为管理处。各基层店以连队形式进行编制，中国共产党、共青团、工会的组织关系以及人、财、物统由天津市饮食服务公司实行条条领导。

（4）服务业管理机构变动情况。1958 年撤销天津市福利公司，在市副食品局（原市三商局）内设立饮食福利处。各区除和平区保留区福利公司以外，其他各区公司分别并入各区商业局。服务业的基层企业分别划归所在街道的地区综合商店管理，专业管理体制第一次解体。1959 年成立天津市饮食福利公司，各区分别组建区饮食福利公司，恢复两级管理的体制。1962 年各区饮食业、服务业分开，分别设立区公司。1965 年天津市饮食福利公司更名为天津市饮食服务公司。服务业管理体制由原来市、区分工的两级管理，改为在市公司领导下，按行业统一管理（条条管理），撤销各区服务公司，设立各行业管理处，为市公司的派出管理机构，各行业的人、财、物管理权集中在市公司。以河北区服务公司为基础，组建旅店业管理处；以和平区服务公司为基础，组建理发业管理处；以红桥区服务公司为基础，组建浴池业管理处；以南开区服务公司为基础，组建洗染业管理处；河东区公司与河西区公司合并，组建照相业管理处。在中共天津市副食品局党组领导下，市公司设立中共天津市饮食服务公司委员会，各管理处分别设党委或总支。

四、天津物资流通业的管理体制

1958 年 8 月，市计划委员会向市政府提出关于加强物资、设备供应机构管理，改进供应体制的报告。1959 年 1 月，天津成立市物资供销局，以加强全市生产用统配、部管物资的供应和管理工作。后来，根据国家关于对重要物资实行统一集中管理的方针，建立健全与全国统一的物资管理系统和业务经营网络，天津于 1962 年 9 月把市物资供销局改为物资管理局，并于次年 5 月组建金属材料、化工轻工材料、建材、木材、机电设备、生产资料服务、物资储运、机电设备成套 8 个专业公司和塘沽、汉沽、天津专区 3 个物资局。当时，各专业公司一律冠以"中国某某公司"字样，实际上是国家物资管理总局各专业物资总公司在津下设的机构，业务上完全服从国家总公司的垂直领导。为加强对物资销售工作的统一管理，天津市冶金、一机、二机、一轻等 8 个工业局的供销处，改为天津物资管理局的分局，由市物资管理局和其原属局双重领导，产品销售和原材料供应以市物资管理局为主。但由于各局直接管理所属企业产供销全部活动的权力未作改动，时间不长，这种双重管理的矛盾暴露出来，市物资管理局各分局又恢复成原属工业局的物资供销处。

五、天津外贸业的管理体制

这一时期天津外贸业的管理体制是比较稳定的，与"一五"时期相同，天津市对外贸易局仍然是天津市对外贸易工作的主管机关，受天津市人民政府和国家对外贸易部双重领导。只是在 1958 至 1966 年河北省省会迁津期间，对外贸易局一个机构分挂河北省和天津市两块牌子。

第二节 "二五"和国民经济调整时期天津商业的业务经营

一、一级采购供应站的业务经营

"二五"和国民经济调整时期，天津各一级采购供应站有着以下五种共同的经历：一是在 1958 年站司合并，站被撤销了；一年以后站司又分开，恢复一级站建制，重新发挥一级站功能。二是 1958 年全国掀起大跃进的高潮时，工业部门提出"需要什么、生产什么"，商业部门提出"生产什么、收购什么，生产多少、收购多少"，接着工商双方共同提出"工不姓工、商不姓商、大家都姓国"的口号；继而便开展了一场"大购大销"的行动；在"大购大销"行动中，出现了不管工业生产的商品是否适销对路、是否可以获得经营利润、甚至是否存在质量缺陷、一律购进入库的问题，给一级站后来的经营和资金周转造成了严重的困难，也给国家财产造成了一定的损失。三是自 1960 至 1962 年开展节约度荒，大搞主副食生产；在这三年中，由于粮食歉收，主副食都供应不足，人们开始节约度荒，过的是瓜菜代生活，各站党委为了帮助职工渡过难关，采取了积极措施，从各站抽出部分人力，从事于主副食生产。四是 1961 至 1962 年开展了"三清"处理中（"三清"指清查库存商品、清查资产悬案、清查在途商品。清查库存商品又分为清查销小存大商品、清查残损变质商品、清查质次价高商品）。五是 1963 至 1965 年国家对国民经济实行"调整、巩固、充实、提高"方针，开展了国民经济的调整，纠正了在经济上"左"的错误；到 1965 年初，第三届全国人代大会宣布：调整国民经济基本完成，整个经济将进入一个新的发展时期。无论在哪种经历中，各一级站都坚决听从党的号召，服从上级指挥，加强企业经营管理，团结带领全站职工，克服面临的各种困难，做出了自己应有的努力和贡献。

（一）天津百货采购供应站的业务经营

为适应工农业生产"大跃进"的形势，天津百货站在 1958 年 1 月就已制定出放手收购工业品的措施。按照一手托两家的办法，只要各地驻津代表需要签成交合同，天津百货站就组织进货，打破经营范围，不属百货行业的也组织进货，如汽车照明灯、旧衣服、旧军装、洋灰包装纸袋、渔船、车马轮具等。

1959 年天津百货站在改以地方商业局领导为主为总公司领导为主以后，进一步加强了管理。为促进天津日用百货工业品生产发展，天津百货站开展支帮促活动。为了缓解"大跃进"时期的商品短缺、市场紧张、物价上涨矛盾，天津百货站在收购业务活动中，以"支帮促"大力增产增收，扩大供应。"支"，是支持工业，增产增收，对本市生产的大小百货商品基本上按计划全部收购，超产超收。"帮"，是帮助工业解决原料、副料、设备、技术、工具等困难。"促"，是促进工业增产，补上缺门，恢复断档，使整个百货行业全面发展。

在具体工作中，天津百货站发挥大批发商业耳灵、目广、腿长的特点，从全国各地为天津百货工业解决各种原材副料，有力地支持了日用百货工业品的生产，缓解了天津市场压力。

与此同时，有步骤地开展"三清"运动。天津百货站在市一商局领导下，成立"三清"领导班子，发动群众结合整风运动，对经营思想作风及存在的问题进行查找，彻底查清资金和库存，进行了账账、账实核对。这期间重点开展了以下三个方面的工作。

（1）改进小商品收购形式。针对不同的小商品，分别采取了以下四种收购形式：一是包销，对全国生产地区集中、销售面广，与国计民生关系较大的，品种花色又不复杂，产销基本稳定的小商品进行包销，如锁账发剪、发椅、推子、塑料皂盒、牙刷、梳子、胶雨衣、搪铝制品、子母扣等。二是订购，对生产集中、销售面广、品种规格、花色变化较大的小商品进行订购，如塑料雨衣、玩具、化妆品、不锈钢器具等。三是选购，对生产分散、花色品种复杂而且变化快、时令性强的小商品进行选购，如卫生球、苍蝇拍、小竹制品、塑料制品、棔灯灯芯等。四是工业自销，对小量经营的童帽、童布鞋等商业退出经营，让工业自销。并且制定工业自销比例。

同时，天津百货站对三类小商品经营推出"多品种、小批量、常变常新"的指导思想，帮助工厂"一业为主、多品种、生产综合经营"，使天津百货站的经营始终处于主动地位。

（2）改进商品分配办法。天津百货站根据中百总公司指示，对二类商品实行全额调拨；三类商品中的一部分商品由于部拨来料生产，纳入全国统一分配系列，简称其为"二类半"，通过每年两次全国供应会议成交签约。对其他三类商品，过去按上级指令分配总金额方案，分类按全额成交，品种由供货单位自己配供。1962年废除了全额分配方案，由供、要货双方自由成交，并明确增产减产同时增供减供。

（3）开展"四清"（即清政治、清经济、清组织、清思想）运动。在"四清"运动中，组成工作团，解决干部作风和企业经营管理问题。天津百货站在运动中提出一条方针：发展经济，保障供给；两个服务：为生产者服务，为消费者服务；三个观点：生产观点，群众观点，政治观点；四个思想：多比少好，质量第一，农村市场，储备观点。并提出四个过硬：业务技术过硬，服务质量过硬，供应管理过硬，干部参加劳动、职工参加管理过硬。

（二）天津纺织品采购供应站的业务经营

（1）商品购进业务。1958年以后，为减少流转环节，商业部对棉纱的收购工作进行两项较大的改革，一是将原由内贸纺织品公司收购供应的出口纱，改由外贸部门直接从工业部门进货；二是对棉纺织厂自产自用的棉纱，实行厂内直接调拨，不再通过商业部门收购后再返供。1964年商业部对棉纱和棉布实行内部调拨又重新做出规定，由厂内调拨扩大到省市范围以内。天津市从1964年下半年开始，对纺织工业系统所需的织布用纱、针织用纱及印染坯布由纺织品公司控制计划，在计划内由工业部门内部调拨，不再通过商业收购环节。但是，对于纺织工业系统以外的其他工业用纱、用布及民用布，仍由天津纺织品采购供应站按照计划组织收购。

（2）商品检验业务。1958年"大跃进"时期，在经营中出现重视数量不重视质量的倾向，使商品检验工作不同程度受到削弱。1960 年因遭受严重自然灾害，棉花大面积减产，棉布产量减少，货源不足，供需矛盾十分突出，致使重量轻质的现象有所发展，出现有什么原料就生产什么产品、商业就收购什么产品的现象，产品质量几乎处于失验状态。

（3）商品调拨业务。天津商品调拨的区划和对象基本上是按照"三固定"（固定供应区划、固定供应对象、固定倒扣作价率）的办法调拨。其区划和对象主要以"三北"（华北、西北、东北）及本市二级站为主，并辐射华中、华南、华东少数地区。为完成调拨工作任务和更好地为销区服务，天津在每年召开供货会之后，还举办补货会、邀请进货代表座谈，衔接品种，选样定产；对边远地区还携带样品，上门服务，就地签约，按期发货；根据实际情况，还采取到销区举办展销会的办法供销区选购。在执行调拨合同中，因生产和市场变化而出现的提（前）调、缓调、停调、增调等情况尽量帮助解决。

（三）天津针织品采购供应站的业务经营

在"大跃进"初期天津针织品采购供应站的"大购大销"也促进了进、销业务指标的快速上升。进货由 1957 年的 17937 万元，到 1958 年上升为 22675 万元，增长了 26.4%；到 1959 年又增加到 25253 万元，比 1957 年、1958 年分别增长 40.8% 和 11.4%。销售 1958 年达到 24163.4 万元，比 1957 年的 18622.1 万元增长 29.8%，到 1959 年又增加到 25212.3 万元，比 1957 年、1958 年分别增长 35.4% 和 4.3%。由于在经营上盲目乐观，只求数量，不讲品种，只考虑完成多少金额，不重视产品质量，只算政治账，不算经济账，导致进、销经营额虽然增加，但利润却减少，费用也加大，周转也缓慢。以进、销经营额最好的 1959 年为例：利润比 1957 年减少 430.7 万元，费用率比 1957 年上升 0.15%，周转比 1957 年慢 0.67 次。由于工作上的失误和连续的自然灾害，从 1960 年开始业务出现走下坡路的情况。1960 年，中央原来下达天津的针织用纱为 20 万件，由于农业歉收，只拨给 13.39 万件，比计划减少 33%。国家决定从 8 月份开始针织品凭票供应。从 1960 年开始经营状况急转直下。1961 年针织用纱又比 1960 年减少 68%。商业部决定，三种内衣、床单等五种二类商品停止生产，三类针织小商品也由商业部管了起来。1962 年针织用纱 47141 件，比 1961 年减少 18.5%，商业部又将手帕、腰带、松紧带、绒手套、线团、线手套 6 种三类商品提为二类商品，由商业部统管。1963 年，针织用纱再减少到 31000 件，比上一年又减少 34.2%，降到最低点。1960 至 1962 年各项经济指标连续三年都是大幅度下降的。

　　1961 年，为了平衡购买力的差额和满足一部分收入较高的消费者需要，遵从上级领导部门的指示，天津针织站开始经营高价的毛巾、汗衫背心、棉毛衫裤、卫生衫袄、床褥单、毛巾被、衬衣等品种，实行高价免票销售。经营的高价商品总的原则是：高纱支、高工艺、高质量、高装潢、高价格。1961 年高级商品折纱 7290 件，收购值达 2153 万元；1962 年高级商品折纱 8625 件，收购值达 1873 万元。高价商品的经营对丰富市场、回笼货币、增加利润起到了一定的作用。高价商品以销定产，工料都优于一般商品，价格高于一般商品 2～3 倍，高价商品的经营一直延续到 1965 年。

　　国家体委专业运动员服装原来是由上海、天津、青岛等地分散生产的。1962 年，为了给天津市针织行业争取一部分棉纱，弥补生产的不足，借天津针织厂设备好、技术强的优势，在商业部的支持下，把专业运动服装的生产任务争取过来，专纱专用，专项安排。1962 拨给棉纱 781 件，以后又逐年有所增加，"白玫瑰"牌运动服装为天津市增添光彩。同时，也给天津运动服装的生产发展奠定了基础。

　　20 世纪 60 年代初，化纤产品开始与消费者见面。针织站经营化纤产品开始于 1962 年，主要品种是锦纶袜和少量的棉型腈纶针织内衣，当时只占经营比重的 0.3%，1963 年化纤织品占 0.96%，1964 年上升为 1.8%，1965 年上升为 3.6%。以后几年发展的速度更快，已成为针棉织品的主要原料之一。

　　1963 年以后，随着国民经济的好转，国家下拨的原料每年也在逐步上升。1963 年棉纱指标只有 38424 件（含运动衣 900 件），到 1964 年就增加到 57368 件，到 1965 年又增加到 78919 件（含运动衣 1500 件）。原料供应逐年上升，针织站的各项经济指标完成的情况也一年比一年好。

（四）天津五金采购供应站的业务经营

由于"大跃进"导致各地生产发展很快，五金商业经营的品种侧重于生产资料，因此供需矛盾日益突出。为了更好地为生产服务，天津五金站提出了"保料、保钢、保市场，全面安排好人民生活"的战略，作为"一个基地两条龙"的工作，即办好一个货源基地、支持好工业和农业生产。为此，天津五金站商业企业抽调出大批熟悉业务人员，深入重点社队厂店，采取同吃、同住、同劳动、同商量的办法，共同搞好供应和生产。但是，在"大购大销"中，天津五金站也收购了大量冷背呆滞商品。如水砂纸是优质产品，但由于工业盲目增产，商业盲目收购，造成库存过大，长期积压，导致产品变质，最后作报废处理。天津五金站还突破经营范围，盲目收购大量劣质钨钴合金刀头，后来也全部报废；甚至无使用价值的土法冶炼的土钢，也通过该站走账，计入该站收购任务。同时，取消了商品化验入库制度，盲目收购了大量质次不合格和没有使用价值的商品。如尾钻原用优质钢生产，1958 年改用普通钢生产，根本不能用，被用户讽刺为"火筷子"。1957 年收购 23 万支，1958 年增至 51 万支，1959 年 82 万支，后来全部报废。这一局面一直持续到 1960 年，给国家和该站造成严重经济损失。

由于"大跃进"的失误，加之三年自然灾害以及"左"倾路线的影响，原材料供应矛盾日益扩大，相关的五金商品也随之供应紧张，因此合理分配商品成为稳定市场的关键。这一时期天津五金站的主要做法是：

（1）对脱销断档的商品，除加强对合同货源的催调以外，积极地组织了地区交流，派出大批人员深入全国各地访问交流，组织了大量市场急需的品种；在生产安排上千方百计地协助工业组织原料，尽力提供一切资料，努力安排市场急需的品种。

（2）对市场供不应求的品种，分别视不同情况采取用量、凭证、以旧换新等不同方式供应。

（3）大力推动社会节约，开展修旧利废业务，设立修旧利废门点，增设各种工具的租赁业务，并积极组织易损配件的经营。

（4）对一般市场畅销的商品，虽然货源较少，但对生产和人民生活影响不大的，敞开销售，不怕卖光。

在 1962 年开展的"三清"工作中，该站共处理 145 种商品，损失 2747 万元。在此基础上，开展了以改善经营管理为中心的增产节约运动，分析在经营管理上存在的主要问题是大手大脚、不计成本、不计盈亏、单纯任务观点，以致造成大量损失浪费。通过反浪费、堵漏洞、找差距、赶先进的活动，经营管理水平有所提高，企业发生了明显的变化，市场形势明显好转，出现了市场稳定繁荣的局面。

（五）天津交电采购供应站的业务经营

（1）商品购进业务。在"大跃进"的影响下，天津交电采购供应站 1958 年购进总额上升到 55364 万元，较 1953 年增长了 1.82 倍，其中接收进口 8301 万元，占购进总额的 15%，较 1953 年减少 19%；国内购进值 45995 万元，占购进总额的 83.1%，较 1953 年增长 4.36 倍。国内购进中的当地工业购进 32696 万元，占购进总额的 59.1%，比 1953 年增长了 9.92 倍。上述数字既反映了在大规模的国民经济建设中交电商品的生产和流通有了飞跃的发展，同时也反映了在"大购大销"中出现了工业生产什么商业收购什么的高指标大任务带来的好大喜功、忽视质量、强调生产指导消费的弊端，形成工业报喜、商业报忧、库存积压、财政虚收的状况。天津交电站对"三清"商品库存连续进行了三四年的处理工作，以致形成近两千多万元的经济损失，并在 1960 年到 1962 年由于部分商品经营的部门分工和三年自然灾害以及"大购大销"带来的影响下，使购进总数出现大幅度的下降。1960 年购进总额为 31871 万元，较 1958 年下降了 42.4%，其中接收进口 2869 万元，较 1958 年减少 66%，国内购进 28423 万元，较 1958 年减少 38%；国内购进中的当地工业购进 26871 万元，下降了 18%。1962 年购进总额又减少为 10753 万元，较 1958 年下降 80.6%，其中接收进口 611 万元，较 1958 年减少 92.6%，国内购进值 10142 万元，较 1958 年下降 77.9%；国内购进中的当地工业购进为 9673 万元，较 1958 年下降 70.4%。

1963 至 1965 年三年国民经济调整时期恢复到 1.3 亿元左右，1963

年购进总额为 13836 万元，较 1962 年上升 28.7%，其中接收进口值为 197 万元，占购进总额的 1.4%，较 1962 年下降 67.8%，国内购进 13639 万元，占购进总额的 98.6%；国内购进中的当地购进为 13361 万元，占购进总额的 96.6%，较 1962 年增长 38.1%。

（2）商品销售业务。1958 年"大跃进"时期销售额上升，当年销售 65093 万元，较 1953 年增长 2.19 倍，其中调往市外值 52326 万元，占总额的 80.38%，较 1953 年增长 2.46 倍，调给市内值 10973 万元，占总额的 17%，较 1953 年增长 1.03 倍。1960 至 1962 年三年自然灾害时期受国家经济困难压缩基本建设、工业品生产原料不足、社会购买力下降等因素影响，销售额减少，1960 年销售总额为 38739 万元，较 1958 年减少 40%，其中调往市外值 27395 万元，占总额 70.71%，较 1958 年减少 48%，调给市内 9226 万元，占总额的 23.8%，较 1958 年减少 16%。1962 年销售继续减少，当年销售额为 11557 万元，较 1960 年减少 70.2%，其中调往市外值 9765 万元，占总额的 84.49%，较 1960 年减少 64%，调给市内值 1237 万元，占总额的 10.7%，较 1960 年减少 86.6%。经过 1963 至 1965 年的三年调整时期，总销售额开始有所回升，1965 年总销售额为 15048 万元，较 1962 年增长了 30.2%。

（3）商品购销总额占商业部系统内的比重和地位。自建站以来，天津交电站充分利用天津市的工业生产和交通港口的条件，发挥国营经济的主导作用，增强企业集散功能，扩大交电商品流通，以三北和中原地区为重点，为全国各地交电商品的供求调剂余缺，稳定物价，安排交电商品市场供应。天津交电站的购销总额长期以来在全国占据着主要地位，与上海、沈阳、广州、重庆一级站和包括江苏、浙江等省公司在内的主要产地站司在商品调出值上的对比仅次于上海，排在第二位。20 世纪 50 年代以 1958 年为例，企业购进总额 55364 万元，占全国交电系统商业企业的购进总额 267274 万元的 20.7%，销售总额 65093 万元，占全国交电系统商业企业的销售总额 278673 万元的 23.4%。进入 60 年代，经过三年国民经济调整的最后一年即 1965 年，企业购进总额 13383 万元，占全国购进总额（102611 万元）的 13.04%，销售总额（15048 万元），占全国销售总额（127063 万元）的 11.8%，占全国主要产地站司的调出总值（78700 万元）的 19.1%。

（六）天津化工采购供应站的业务经营

1958 年天津化工采购供应站从当地工业购进 19768 万元，1959 年 28199 万元，1960 年 24262 万元，分别比 1957 年的 8004 万元增长 1.47 倍到 2.5 倍。1958 年总销货额达 40358 万元，1959 年为 36621 万元，1960 年为 37853 万元，也都比 1957 年的 16945 万元翻了一番多。天津化工采购供应站从 1958 年到 1960 年的三年里，为国家积累资金 10565 万元，平均每年积累 3521 万元。

1957 年天津化工采购供应站经营的国产商品有 54 个品种，1960 年为 88 个品种，在 1956 至 1960 年三年扩大经营的品种中，绝大部分是适销对路的，但也吸收了一些超前生产、质次价高甚至品质低劣的品种，如香精、蓝色基、黄色基等。这些有问题商品在 1961 年开始的清理库存、清理资金、清查账目的"三清"运动中，共核实削价、报废等损失 1497 万元。

1964 年，商业部根据化工商品基本属于生产资料的特点，并在"生产资料不是商品"理论影响下，准备退出市场，纳入统一分配的物资渠道。其主要措施一是推行产需直接挂钩、直接结算的定点供应，二是降低化工商品价格。降价的具体安排是从 1964 年 8 月由牌价改为供应价，作价原则为：按出厂价加商业费用 4.2%（其中包括利息 2%、管理费 2%、损耗 2%）不计利润的办法制订商业系统的商品供应。产地（含一级站）调给二级站的商品，再按供应价回扣 2% 作为内部调拨价。这个作价办法实行后，产地（含一级站）的进销差率仅为 2.04%，低于实际费用水平。天津化工站在执行新的化工商品价格以后，采取积极有效的措施，坚持继续经营化工商品。

（七）天津文化用品采购供应站的业务经营

1958 年"大跃进"时期，受社会极"左"思潮影响，天津文化用品采购供应站也盲目收购、盲目进货，质次价高商品大量收购进来造成库存积压。经过一段时间后，低劣商品形成冷背呆滞，甚至出现残损变质，给国家和天津文化站财产造成了一定损失。

在 1960—1962 年经济困难时期，文体用品的销售急剧下降。造纸

125

工业、文教用品工业压缩了生产规模，办公用品的销售受到极大限制，使天津文化站和天津市三个文化用品批发部经营陷入低谷。天津文化站 1961 年第一次出现亏损，达 59.6 万元；1962 年购销金额较 1959 年下降 70% 左右。针对经营亏损和购销下降问题，天津文化站利用经济调整时机努力加强和改善企业内部管理，重新修订并认真执行计划、物价工作制度和质量检验制度，大大提高企业管理水平。经过努力，仅用一年时间就扭亏为盈，并实现利润 186 万元。从 1963 年开始，购销金额全面回升，逐步恢复和接近历史较好水平。

"二五"和国民经济调整时期，天津一级采购供应站体制变化较大；在"大跃进"的影响下，大搞"大购大销"，虽然购销业务量猛增，但导致"工业报喜、商业报忧、库存积压、财政虚收"的局面；在三年的节约度荒和开展"三清"工作期间，购销业务量大幅下降；按照"调整、巩固、充实、提高"八字方针调整商业工作，购销业务量逐步回升。这一时期，天津一级采购供应站的业务经营走了一条曲折的道路，在曲折中前进。详见表 2-1、表 2-2 和表 2-3。

表 2-1　1958—1965 年九大一级站调给市内外工业品总值

单位：万元

年份	1958	1959	1960	1961	1962	1963	1964	1965
石油站	31743	35758	42943	39412	35049	29282	33481	39874
五金站	33355	24259	29837	12248	10790	11964	11628	14605
交电站	63299	47137	36621	8863	11002	12827	13258	14726
化工站	39747	35294	33306	9086	8862	14021	13975	17425
纺织站	63260	75978	48395	20790	21109	35629	44497	48437
针织站	24007	24595	21040	8497	8060	9130	11477	15744
百货站	16278	21616	38106	19883	21441	21982	23853	19090
文化站	22106	24229	21763	8788	6910	8977	8757	8907
医药站	18920	21527	20051	11535	10484	10690	12939	15657
调出总量	312715	310393	292062	139102	133707	154502	173865	194465

资料来源：天津市统计局.天津四十年（1949—1989）[M]. 北京：中国统计出版社，1989：869-870.

第二章 "二五"和国民经济调整时期的天津商贸业（1958—1965）

表 2-2 1958—1965 年九大一级站调给市外工业品总值

单位：万元

年份	1958	1959	1960	1961	1962	1963	1964	1965
石油站	27991	30771	37193	35249	31224	25487	29223	35093
五金站	26604	15927	20857	9651	9083	10170	9879	12167
交电站	52326	38929	27811	7300	9765	11786	11901	13143
化工站	28440	20347	21007	5966	5977	10339	10193	13895
纺织站	42584	46814	27069	12022	14858	29007	36384	39396
针织站	20836	19090	16174	5992	5789	7253	9128	12636
百货站	13390	15881	27679	13192	16636	17308	19948	15355
文化站	16896	17590	16017	5900	4432	5810	6394	7020
医药站	15611	18436	17201	9909	8753	9126	11260	13588
总值合计	244678	223785	211008	105181	106517	126286	144310	162293

资料来源：天津市统计局.天津四十年（1949—1989）[M]. 北京：中国统计出版社，1989：873-874.

表 2-3 1958—1965 年九大一级站调给市外工业品
占调给市内外工业品总值的比重

单位：%

年份	1958	1959	1960	1961	1962	1963	1964	1965
石油站	88.18	86.05	86.61	89.44	89.09	87.04	87.28	88.01
五金站	79.76	65.65	69.90	78.80	84.18	85.01	84.96	83.31
交电站	82.66	82.59	75.94	82.36	88.76	91.88	89.76	89.25
化工站	71.55	57.65	63.07	65.66	67.45	73.74	72.94	79.74
纺织站	67.32	61.62	55.93	57.83	70.39	81.41	81.77	81.33
针织站	86.79	77.62	76.87	70.52	71.82	79.44	79.53	80.26
百货站	82.26	73.47	72.64	66.35	77.59	78.74	83.63	80.43
文化站	76.43	72.60	73.60	67.14	64.14	64.72	73.02	78.81
医药站	82.51	85.64	85.79	85.90	83.49	85.37	87.02	86.79
总值合计	78.24	72.1	72.25	75.61	79.66	81.74	83.00	83.46

资料来源：根据表 2-1 和表 2-2 数据整理。

二、市级工业品批发公司（二级采购供应站）的业务经营

（一）天津市百货公司的业务经营

1. 市百货公司下属业务经营机构的调整

这一时期，按照上级的要求和适应业务经营的需要，市公司下属单位相应做了如下调整：

（1）全行业公私合营后，撤销了原来行业建立的按"条条"管理的三个合营总店（百货、钟表、玻璃）。1958 年 1 月成立 8 个区百货零售公司，受市百货公司及区双重领导。区公司具体负责领导管理本区的国营、合营及集体门市部。市百货公司对各区负责业务经营，财产管理为指导关系。1965 年 10 月改为直接领导关系。

（2）市公司原来直接领导的百货大楼、劝业场、新中原公司三大商场在 1958 年 9 月移交给市商业局直接领导。

（3）到 1965 年，市公司直属单位有大百、小百、钟表、鞋帽、劳保、文体、文教、纸张、针棉九个专业批发部；还有天顺、沙船、国际、德华馨四个商办皮鞋厂；并负责对八个区百货零售公司的业务经营、财产管理的指导工作。

2. 开展"比、学、赶、帮"和"三参六满意"活动

1958 年出现"大跃进"的形势和在全国范围内掀起人民公社化的高潮时，各行各业都要支持"大跃进"和人民公社化运动。此时，市商业局召开跃进誓师大会，各单位之间展开了挑战与应战活动，掀起了商业工作的新高潮。同时，商业部发出号召，在全国商业系统开展"六好"红旗竞赛。市百货公司也大张旗鼓地开展"比、学、赶、帮、超"各项竞赛活动。首先，在各大、中型百货零售商场掀起学北京、赶天桥的红旗竞赛运动。其次，各批发部学习了北京东门仓百货批发部"仓批合一"的经验，结合市百货公司的具体情况与可能，建立了大沽路百货、张自忠路玻璃、台儿庄路文教等三个"仓批合一"的批发部。

在"大跃进"的鼓舞下，落实到商业工作业务上，就是要工商协

作、支持生产"大跃进"。大力支持当地工业生产，尤其是社（街）办工业生产。做到一支持、二参与。帮助他们解决原料、设备、技术、销路等困难。这对当时工业生产的发展起到一定的积极作用。在销售方面，就是要搞好批零协作，共同做好市场供应。批发坚持为零售送货上门，批发定期召开零售代表会议，广泛听取零售意见，改进工作。市百货公司所属各批发部都积极、认真地开展"三参、六满意"竞赛活动，指导消费，服务消费。"三参"是：批发参与零售管理、银行参与零售资金运用、零售参与批发业务活动。"六满意"是：国家满意、消费者满意、零售满意、批发满意、银行满意、生产单位满意。市百货公司开展的这一竞赛活动得到上级党、政领导的重视，并在 1960年 2 月 5 日大公报上刊登这一经验。

　　1958 年 9 月"大跃进"时期，由于"左"倾错误的影响，许多部门都盲目追求高指标，怕犯右倾保守错误，因而就出现一些片面的、错误的做法。商业部门提出工业生产什么，我们就收购什么；生产多少，我们就收购多少。这就脱离了国家计划指导，脱离了市场客观需要，给国家财产造成一定的损失。比如，市百货公司经营的汽灯纱罩，当时城市大炼钢铁，农村深翻土地，都在夜以继日，挑灯夜战。为了充分满足这一需要，市百货公司就盲目进货，因而造成大量积压，销不出去，积压日久，腐蚀变质，不仅大批报废，有的还要深埋地下进行处理，仅此一项就损失 54 万元。再如，鱼漂，在国家经济困难时期，渔具紧缺，于是就收购进价值 17 万元的鱼漂，因为是用高粱秆做的，卖不出去，都生了虫，只好报废处理。

　　3. 开展"三清"运动、增产节约运动和社会主义教育运动

　　这一时期，天津市百货公司按照上级的要求，认真开展了这三个运动。

　　（1）"三清"运动。从 1960 年 11 月开始到 1965 年底，市百货公司开展清理资金、清理库存，改善经营管理的"三清运动"。同时不断进行复查。市百货公司每年组织 1～2 次清仓查库和商品排队，并开展库存分析。各基层单位对商品库存，要按月盘点，按季清仓。对清查出来的问题，在尽量减少国家损失的情况下，积极研究处理。

（2）增产节约运动。在"三清"的基础上，1962 年 11 月开展以改善经营管理为中心的增产节约运动。通过反浪费、堵漏洞、找差距、赶先进工作的开展，经营管理水平有了提高，企业面貌发生变化。与此同时，企业加强了财务管理，加强了经济核算，建立健全了各项规章制度，建立了岗位责任制，实行了定额管理。

（3）开展社会主义教育运动。1964 年 8 月到 1965 年 5 月，市委和中央有关部门在市百货公司的科室和下属大百、小百两个批发部开展社会主义教育运动，即"四清"运动的试点工作。历时 9 个多月的"四清"运动，对于解决干部作风和经营管理方面的问题起到了一定的作用，但也产生了一些副作用，造成一些损失。首先是混淆了两类不同性质的矛盾，对一些不同性质的问题，都认为是阶级斗争，造成一些冤假错案，打击了一些干部和群众，使一些人蒙冤受屈，背上包袱。其次是业务经营受到一定影响。"四清"中，对业务经营中的问题也是上纲上线，脱离某些问题的时代背景，过多地追究个人责任，致使不少人对业务工作望而生畏，缩手缩脚，生怕犯了"资本主义经营"的错误，再加上半天工作、半天运动给业务经营带来一些损失。

（二）天津市纺织品公司的业务经营

1. 市纺织品公司下属业务经营机构的调整

1958 年以前，市纺织品公司按区设置批发机构，各机构负责本区工商业户的商品供应。1958 年以后，精简机构，将六个区六个批发机构调整合并为两个。从 1962 年开始，为疏通商品流通渠道，对批发机构设立进行了多次探索与改革。1962 年按照供应对象，增设工业用布批发部，负责全市工业生产用布、劳动保护用布、机关团体集体消费用布的供应。1965 年推广唐山市跨区供应的经验，天津市又增设综合批发部，负责四郊五县及沧州、廊坊等部分地区的商品供应；市区的商品供应仍然按照划定的区域和对象，由指定的批发机构负责供应。供应价格一律按照国家牌价，其零售价格采取按批发价顺加作价的办法，实行统一价格，直至 1984 年棉布实行敞开供应为止。

2. 开展直调直拨业务，保证工业生产需要

1957 年以后，随着生产的发展，工业生产单位用布量不断增加，

而棉布的生产受棉花资源限制，不能适应和满足生产单位的需要，供需矛盾越来越突出。为了稳定生产，保证工业用布生产单位的需要，加快商品周转，天津市纺织品公司工业用布批发部抽出20多名职工组成的下厂服务小组，采取"就厂售货、就厂直拨商品、就厂结算货款"的服务措施，对用布单位需要的货源品，特别是专项安排的必保产品，实行"定品种、定规格、定数量、定进度"的办法，在货源供应困难条件下，不误生产需要。对用布量较大的产品用布如运输带、胶管、雨衣布、面袋布、药纱布等，为减少商品迂回运输，避免影响工业生产，节约运输费用，组织产、供、销三方开展商品厂厂对口直接调运，即售给用布单位的货源品种不再经过批发部入库后再发运，而是由产、供、需三方签订协议，规定直拨的品种、数量、交货时间、地点、结算方式等。按照时间和数量要求，及时将商品从生产厂到使用厂，然后由批发部负责结算。对外地品种或非固定的品种则采取就车站、码头或一级站仓库直拨的办法。其直调直拨商品的比重约占工业生产用布总销量的80%。通过这些供应措施，不仅支持了生产，加速了商品周转，节约了大量运输费用，更主要的是在货源供应紧缺的情况下，保证了工业生产的需要。

3. 开展节约和代用业务，克服原材料供应困难

纺织商品特别是棉纺织品，自全国解放以后至1983年，历经30余年，长期处于供不应求的紧张状态。1956年以前，市场供应基本正常和稳定；1957年因许多地区遭受水灾，棉花减产，已发放的民用定量布票实行对折使用；对工作上没有十分必要的，一律停发工作服；各种公共设备用布，除新建单位，停止供应；各种产品包装布尽量节约并加强回收复用工作。为此，天津市纺织品公司采取一些必要的措施，抽出人员组成回收复用小组，加强代用品收购。对售出的整包布，由购货单位经每人签字或扣押金，定期交回；对于回收的旧包装布，供应到集体食堂用于笼屉布、饮食行业抹布以及一般产品包装布等；对回收的旧面粉包装袋，经加工洗涤整理后，供应布轮厂代替好布生产抛光布轮。一年回收的旧包装布有10万多斤、旧面袋8万多条，折合棉布约37万米，为国家节省大量好布。

1960 年严重自然灾害发生后，棉花大面积减产、棉布资源十分紧缺。同年 3 月，中国纺织品公司专门召开全国纱、布节约代用经验交流会，总结推广各地经验，提出开展棉布节约代用的要求，对民用布倡导"新三年、旧三年、缝缝补补又三年"的艰苦朴素的作风；对"三项用布"坚决贯彻"能节约的节约，能不用的不用，能少用的少用，能代用的代用"的原则。工业生产用布量很大，在棉布资源紧缺的情况下，常常是压缩供应的重点。天津市 1960 年棉纱销售量为 13000 万件，销售额为 12083 余万元，1961 年供应指标压缩 56.5%，实际上仅供应 19090 件，减少销售额 1750 万元。1960 年"三项用布"全年供应量约 4000 万米，到 1961 年压缩到 1500 万米左右，减少 60% 以上。当时为弥补供需之间的差距，天津市纺织品公司工业用布批发部与天津玻璃纤维厂开始利用玻璃纤维代替棉布的试验。由于玻璃纤维具有耐酸碱、抗腐蚀、强力大的特点，经过反复试验，推广使用，先后试制成功代替冷布的玻璃纤维涂塑窗纱，用于代替棉帆布的玻璃纤维煤矿导风筒底布，以及用于代替棉布的化工、矿产使用的玻璃纤维乳胶包装布等。天津市仅利用玻璃纤维布代替棉布全年就达 150 万米以上，为节约好布、缓解供需矛盾发挥了很大作用，效果十分显著。

1963 年三年自然灾害过去以后，生产得到较快恢复和发展，棉织品产量不断增加，工业生产用布量也随之成倍增长，供需矛盾仍然十分突出。抛光轮用布全年用布量达 80 多万米，供应计划一年只能安排 40 万米，缺口 50%。同时许多日用小商品生产用布，包装厂的书包里、钱夹里用布等，均因受棉布供应计划和资源的限制，无法安排供应。为帮助众多生产厂家解决原料困难，天津市纺织品公司加强了代用品收购工作。收购范围包括旧包装布、轴头布、面粉袋、羊肉袋、布条布块以及工厂用余的边脚下料等。收购以后经过分档整理，本着"物尽其用"的原则，区别不同用途，供应到生产单位使用。抛光轮用布除抛光精密仪器或手表等，供需部分好布外，对一般产品抛光轮用布，一律改用轴头布、旧面袋、旧包装布取代。对收购的布条、布块、边脚下料等，区别不同的产品，分别供应到缎布厂、玩具厂、包袋厂，生产布娃娃、书包、钱夹、墩布等，其中较宽的漂白布条供应到妇女用品厂，生产妇女胸罩、卫生带等，其产品质量与好布相同，既节省好布，还降低成本，全年代用品收购量达到70多万斤，节省好布200多万米。

（三）天津市五金交电公司的业务经营

1. 开展"三清"运动和增产节约运动

1958年全国范围内的"大跃进"运动开始，各地生产发展很快，市五金交电公司为了更好地为生产服务，提出了"保粮、保钢、保市场，全面安排好人民生活"的战略，做好"一个基地两条龙"的工作，即办好一个货源基地，支持好工业和农业生产。为此该公司抽调大批熟习业务人员，深入重点公社、生产队、工厂商店，采取同吃、同住、同劳动、同商量的方法，共同搞好供应和生产。由于"大跃进"中工业盲目追求产值数量，商业大量收购，以致库存出现大量不合格商品。1961年初，在商业部的领导下，市五金交电公司开展"三清"运动，通过清仓查库，发现库存中有大批质次价高，甚至没有使用价值的商品，经过逐级审批核销商品损失1974万元。在清库存、清资金、清财产的基础上，市五金交电公司开展了以改善经营管理为中心的增产节约运动。经过分析，在经营管理上主要存在大手大脚、不计成本、不计盈亏、单纯任务的观点，以致造成大量的损失浪费。通过开展反浪费、堵漏洞、找差距、赶先进的活动，经营水平有所提高，把住了进货质量关，使所进商品基本上适销对路；进一步加强企业经营管理工作，健全各项管理制度，节约费用，减少流通环节，开展"四就直拨"（四就指就厂、站、港、库），降低损耗，杜绝不计成本、不算盈亏的做法，使企业经营和效益逐年好转和提高。

2. 经营商品的调整

1958年天津市成立物资局后，国家为保证重点建设需要将原由市五金交电公司经营而被国家列为统配物资的商品划归有关部门经营。从1959—1964年间先后移交物资部门经营的商品包括：五金类中的钢铁原材料、有色金属、机床、大规格阀门、电焊条、轴承、压力表、自来水表、硬质合金、砂轮、油毡、石棉制品等；交电类中的汽车及配件、专用通信器材、发动机、变压器、高压电瓷、动力电线电缆和电工仪器仪表等。此后，至 20 世纪 90 年代初期，市五金交电公司主要经营一般的建筑小五金、扳钳工具和水暖器材，还有一部分汽配件、民用交通工具、一般电线、低压电瓷、电讯器材和电料灯具等。

3. 实施有效的商品分配措施

由于"大跃进"的失误，加之三年自然灾害以及"左"倾路线的影响，原材料供求矛盾日益扩大，相关的五金交电商品也随之供求紧张。因此合理分配商品成为稳定市场的关键，市五金交电公司采取以下措施，做到合理分配，货供适需：

（1）对脱销断档的商品，除了加强对合同货源的催调外，积极组织了地区交流，派出大批人员深入全国各地访问交流，组织了很多市场急需的品种，千方百计协助工业组织原料，努力安排市场急需的品种。

（2）市场供不应求的品种分别按不同情况采取限量、凭证、以旧换新等不同方式供应。

（3）大力推动社会节约，开展修旧利废业务，设立修旧利废网点，增设各种工具的租赁业务，并积极组织易损配件的经营。

（4）对一般市场畅销的商品，虽然货源较少，但对生产和人民生活影响不大的，敞开销售，不怕卖光。

（四）天津市化工原料公司的业务经营

1958 年以后，随着国民经济的发展，化工商品逐步形成分级管理、归口经营的形式，改变了由商业统一经营的格局。

（1）统配部管形式。原由商业统一经营的一些对国民经济建设和人民生活比较重要的商品，如硫酸、硝酸、盐酸、纯碱、烧碱、橡胶等列为一类物资，由国家计委统一分配，即统配物资。这部分物资不再以商品形式进行交换。具体负责管理的部门是物资总局及其所属的化工轻工材料公司。

（2）商业内部分级管理和经营形式。商业分级经营形式又具体分为三种。第一，商业部部管商品，也即商业部计划商品，品种有：硫黄块、硫酸粉、石蜡、松香、松节油、明矾、硫酸铝、红矾钠、四氯化碳、紫胶 10 种化工及染料、油漆两大类。其管理办法是：这些商品的收购、调拨，进、出口指标由商业部审定。系统内调拨由要货单位向商业部提出要货申请，商业部在商品分配会议上制定分配方案或开具调拨单，由货源单位按照执行。第二，会议联合分配商品（即平衡商品）。其管理办法是：商业系统内要货单位提出要货申请，在商品供应分配会议期间由商业部组织货源单位联合分配。联合分配的商品，1964 年底调整为 56 个品种，1965 年执行。第三，企业自营的三类化工商品。除部管和联合分配品种以外的化工产品，统由企业经营，自主挂钩交流。这类品种在经营中占有相当比重。在这一期间，天津市化工原料公司主要经营了这类化工商品。

三、零售商业的市场供应

1958 年是"大跃进"的第一年，全民大炼钢铁、大搞人民公社化及家庭妇女参加工作，城市就业人口增加，社会购买力提高，对食品、副食品、日用百货等商品需要相应增加。由于生产赶不上需要，全年各种商品供应呈现紧张局面。1959 年，市场供应紧张的局面一直没有得到缓解。

1960 年 8 月，由于天津市自春夏以来干旱严重，7 月下旬又连降暴雨，积水成灾，因而农业大量减产和绝收的土地约 300 万亩以上。而为了压缩城市粮市销量，从 1960 年 9 月开始，市区清查户口，核实工种，压缩定量，堵塞漏洞。与此同时，也压缩居民的食油供应量。自 1960 年 9 月底核减粮食定量后，天津市城乡人民的体质下降，浮肿病等营养性疾病大量发生。市区从 10 月份开始发现浮肿病患者，11 月份显著增加，12 月份达到高潮，累计患者约 70 万人。市委、市政府对此高度重视，时任市委第一书记的万晓塘同志在 11 月 9 日召开的中共天津市委召开县、区委第一书记会议上做了报告，要求农村干部要上生活第一线，向群众讲清形势，大搞"瓜菜代"，粗粮细作，劳逸结合。城市也以抓食堂、抓生活为中心，大搞"代食"。12 月 31 日中共天津市委又召开市委各部委、各区委、有关党委、党组负责干部会议。万晓塘第一书记在会上强调指出：搞好劳逸结合；在保证工业用煤的原则下，尽量保证取暖用煤；在副食方面，从 1961 年 1 月至 4 月保证每人每天可吃 4 两至 5 两蔬菜；坚决搞好食堂；想尽一切办法停止浮肿病发展。经过全市上下的共同努力，特别是从 1961 年开始市委市政府认真贯彻中央"调整、巩固、充实、提高"八字方针后，工农业生产逐步好转并收到实效，国民经济又恢复了生机。

（一）日用百货商品供应

由于"大跃进"的失误、"左"倾错误的发展，加之三年来遭受严重的自然灾害，国民经济比例严重失调，表现在市场上则是商品短缺，票子过多，物价上涨。在市场上大部分主要商品处于供应紧张的情况，主要日用百货商品，如香皂、肥皂自 1959 年 1 月起实行凭购货本记数定量供应。自此，限量供应便成为这一阶段商品销售的主要措施。

在 1960—1962 年的三年度荒时间，天津市在市区主要百货商品的销售方面采取了一系列措施：

1. 1960 年市区主要百货商品的销售措施

1960 年在销售措施上分五种类型：

（1）凭布票供应的商品 15 种。自 1960 年 2 月份起收布票的有床单、褥单、门帘等 6 个品种。自 1960 年 8 月 15 日起，新增收布票 10 个品种，包括卫生衫服、棉毛衫服、运动衣服、汗衫背心、毛巾被等。

（2）凭专用票供应的商品 3 种：手表、毛线、毛衣裤。

（3）凭市区购货本记数限量供应的商品 8 种：香皂、肥皂、搪瓷面盆、胶鞋、缝纫机、雨衣、各种头围巾，还有铝锅、铝壶、铝盆、饭盒（四种铝品，只能任选一种。并自 1960 年三季度开始，只能满足以旧换新部分）。

（4）凭购货本记数，内部限量，掌握供应的商品（多购劝阻）10 种：火柴、毛巾、袜子、汗衫背心（个别品种）、毛毯等。

（5）凭购货本记数，不限量供应的商品有 13 种：暖水瓶、电筒、电珠、搪瓷口杯、电池（电池自 1960 年 11 月 1 日起采取以旧换新，第一次购买电筒可免收旧电池）等。

此外，胶制工作服自 1960 年 4 月 11 日停止市场销售，专供集体，支持工农业生产需要。

2. 1961 年市区主要百货商品的销售措施

1961 年在销售措施上分六种类型：

（1）中央统一规定凭布票供应的商品 12 种，包括卫生衫裤、棉毛衫裤、汗衫背心、床褥单等。

（2）中央统一规定，凭购货本记数限量供应的商品 3 种：棉毯、毛毯、胶鞋。

（3）中央统一规定，凭购货本记数不限量供应的商品 2 种：民用线、木纱团。

（4）天津市规定，凭购货本记数限量供应的商品 11 种：香皂、肥皂、洗衣粉、洗涤液（三季度改为记本不限量）、火柴、缝纫机等。

（5）天津市规定，凭购货本记数不限量供应的商品 5 种：暖水瓶、各种塑料雨衣、纳底绳、手帕、手套（线、棉手闷子）。

（6）凭临时专用票供应的商品 1 种：手表。

此外，夹胶男雨衣自 1961 年 4 月 18 日起，市场不做供应。对雨中作业人员优先供应。

3. 1962 年市区主要百货商品的销售措施

1962 年在市场供应上，可以说是度荒时期最紧张、最困难的一年。自 1960 年实行凭购货本记数限量供应以来，记本的品种屡屡调整，时增时减；限量的标准亦屡屡变更，时多时少。由于商品不同，在限量上有按人计量的，有按户计量的；在供应时间上有按月计算的，有按年计算的。有的品种限量，有的品种不限量，还有的由售货员内部掌握，多购劝阻。总之，由于凭本供应的品种很多，经营日用百货商品的零售门市部遍布全市，而营业员在具体执行上，不尽一致，困难甚多。在这种情况下，经反复研究，并借鉴其他地区经验，从 1962 年 1 月 1 日起，将大部分凭购货本供应的商品，改为凭工业品券供应。这一新的销货措施出台，改变了过去繁杂的做法，受到了消费者和营业员的欢迎。在销售措施上分四种类型。

（1）凭工业品券供应商品的销售措施。天津市是从 1962 年 1 月 1 日起执行，北京是从 1962 年 4 月份执行，全国有 23 个省、市、自治区的 140 多个县市都执行这一做法。当时被列为凭工业品券供应商品的原则是：在供应与购买力之间存在较大差额，属于多数人需要，而货源少，对一部分既不能敞开供应又无必要实行按人定量供应的商品，实行凭工业品券供应，这在当时是比较好的一种办法。它对稳定市场，安定人心起到好的作用。随着生产的发展，货源的增加，凭工业品券供应商品的范围逐渐缩小，收券标准逐年降低。这一做法，在本市连续执行近 16 年，到 1978 年后，不再执行。

工业品券是随同工资按月、按人、按劳动收入比例发给职工本人的。每 10 元工资发券一张（以此类推），基本上体现了按劳分配的原则。

自 1962 年 1 月 1 日起市百公司经营的商品中有 45 类日用百货商品被列入凭工业品券供应的范围。当时由于经验不足，开始时收券标准偏低，再加上人们心理紧张，怕有券无货，因而一时出现工业品券与商品供应之间的不平衡。从 1962 年 2 月 8 日起，调高收券标准，扩大了收券范围，由原来的 45 类商品扩大到 52 类商品。调整后收券偏高，又出现销售下降的情况。从 1962 年 4 月份开始，到 1962 年年末，先后调低收券标准 10 次。收券范围由 52 类商品，到 1962 年末降为 32 类商品。有 20 类商品退出收券范围，改为自由选购。

每种商品收券的多少是根据商品本身的价值和供需情况确定的。如当时铝制品最紧缺，就按照每件铝品本身的价值来确定（如铝壶每把 3 元，收工业品券 15 张，也就是每两角钱收券一张。缝纫机为大件商品，货源较宽裕一些，就按缝纫机的零售价格，每一元钱收券一张）。

为了扩大货币和工业品券的回笼工作，不定期地将一些残、次品，或花色规格过时陈旧的商品提出来，采取减收或免收工业品券的办法来刺激销售，活跃市场，回笼货币。

（2）凭购货本以人（户）记数限量供应的商品有 6 种：香皂、肥皂、洗衣粉、火柴、民用线、木纱团。此外，胶鞋自 1962 年 11 月起不再收工业品券，改为凭鞋票供应。布书包凭入学证供应一个。

（3）收布票供应的针棉织品仍和 1961 年相同，没有新的变化。

（4）高价商品，为了扩大货币回笼，根据中央指示，在 1962 年上半年，有高价商品出台，属于市百货公司经营的有手表和部分高价针棉织品。

①手表：自 1962 年 7 月 10 日起，市场停止销售。自 1962 年 10 月 1 日起，采取高价销售。至 1962 年年末，3 个月时间，批发部销售高价钟表类值共 495 万元，其中销售高价手表 41254 只，其中国产手表占 80%。

②部分高纱支、精梳、高级、高价针棉织品：自 1962 年 5 月 15 日起在市场上开始销售。自 5 月份至 1962 年年末共销售 218 万元。这一政策措施延续近 15 年，到 1977 年 9 月，根据市场的变化，经市商业局批准同意，市百货公司撤销对高价针棉织品的经营。

1963 年，随着生产的发展，货源的增加，到 1963 年的下半年，市场已经基本上稳定下来，并有明显的好转，凭工业品券供应的商品由年初的 32 类，到 1963 年 9 月 25 日还有 8 类商品仍收工业品券（即布胶鞋、部分香皂、毛线、毛衣裤、手帕、手套、头围巾、木纱团），其他原来收工业品券的商品，改为敞开供应，自由选购。

1964 年、1965 年，凭工业品券供应的商品，除胶鞋外，其余 7 类商品仍维持 1963 年的做法未变。1963 至 1965 年收布票商品、凭购货本供应的商品以及高价商品，均基本上维持原来的销售措施，未有新的变动。

（二）居民口粮供应

这一时期居民口粮的供应方法与"一五"时期的供应方法基本相同，仍然沿用了以人定量的计划供应方法。在票证管理方面，也与"一五"时期的票证管理基本相同。但是，在供应标准、供应品种等方面做了调整。

1. 供应标准

1958 年下半年开始，全市人民大炼钢铁，劳动强度普遍增加，中共天津市委员会指示：本着既要节约用粮又要让市民吃饱的原则，实行多缺多补，少缺少补，不缺不补，普遍进行了一次定量调整。到 1959 年 3 月，全市粮食平均定量水平提高到了 31.1 斤。1959 年 11 月，全市开展以节约粮食为中心的社会节约运动，对粮食定量又进行了压缩，到年底全市平均定量降到 30.65 斤。1959 至 1961 年国民经济困难时期，粮食产量下降，供求矛盾尖锐，全市开展了压缩粮食销售节粮度荒活动，大力提倡"瓜、菜、代（代食品）"。由于口粮定量下降，副食供应减少，天津市的居民普遍营养不良，部分市民一度发生患浮肿病、肝炎病等情况。为保障城镇居民身体健康，加强营养，市粮食局在 1961 年 1 月 16 日根据中央和市委指示精神，决定从 1 月起，对非农业人口在定量外每人每月增供营养豆（黄大豆）半斤。

1961 年 6 月，中共天津市委员会为了压缩市区粮食销量，决定在 7 月对市区人口数和粮食供应进行一次普查核实，主要内容是：①核实常住人口数；②核实粮食定量；③核实户口；④查清应予压缩的农业人口；⑤查实工业、行业用粮及补助粮的销量；⑥查堵粮食管理上的漏洞。6 月 28 日成立中共天津市委员会核实城市人口和粮食办公室，并组成 4 个工作组分赴各区、各重点单位推动这一工作。7 月 15 日中共天津市委员会召开了各区、各系统党政负责同志紧急会议。会后，全市组织 15000 多人深入基层推动"双核"工作的开展。经过准备、核实、复查、补课、验收，该项工作到 11 月结束，共查出黑人黑户（未有户口者）9420 人，应销未销户口 3303 人；1961 年 1 月至 6 月，共虚报冒领粮食 151.25 万公斤；行业用粮月销量压缩 585.5 万公斤；查出差错粮食 65 万公斤。到 1963 年，天津市城镇居民每人每月口粮定量水平再次下降到 27.90 斤，为 1955 年以后天津市定量水平最低的一年。当年 7 月，市粮食局整理编印了《天津市粮食定量工种等级划分标准规定汇编》，城镇人口粮食定量供应标准调整为 5 类 32 个等级。

1964 年 5 月，市人民委员会在批转市粮食局《关于将供应非农业人口的半斤营养面纳入口粮定量的意见》中规定，从当年 5 月 26 日起，在现行规定的各类人员口粮定量标准的基础上一律增加半斤。

2. 供应品种

1958 年 9 月，市人民委员会鉴于天津郊区甘薯大丰收，发出《切实做好甘薯食用、分配和贮存保管工作的指示》，决定从当年 10 月起，市区居民在粮食定量内供应 20% 的甘薯，1 斤甘薯折合 1 斤粮食。此后，每年都从郊区和河北省的唐山、天津两专区调入市区部分甘薯供应居民，并根据情况，有时规定供应比例，有时不做规定。折合粮食的比例从 1963 年起按甘薯品种分别调整为 5:1 或 6:1。甘薯供应一直到 1980 年才停止。

1959 年 4 月，天津市城镇居民小麦粉供应比例又降到 20%。当年 6 月，市内玉米库存紧张，但小麦调入略有好转，故当月起，将居民定量小麦粉供应比例调高到 30%。到当年 11 月，东北粮食陆续到津，玉米不足的局面开始缓解，从 12 月起居民定量小麦粉供应比例又调回到 20%。1960 年，全国粮食大幅度减产，国家调入天津的粮食数量下降，品种多变。当年 6 月上旬，市内粮食库存只够 10 天的销量。为了稳定市场，防止脱销，各粮店采取居民凭购粮证只供应 3 至 5 天粮食的办法。由于供应次数增多，居民排队购粮现象相当严重。当年 6 月 6 日，中共中央发出了《关于为京、津、沪和辽宁调运粮食的紧急指示》，责成粮食部全权负责，哪里有粮就把哪里的粮食优先发运，迅速改变京、津、沪、辽粮食供应紧张、濒于脱销的局面。随着粮食调入情况的一时好转，7 月至 8 月，小麦粉供应比例达到了 60%，9 月以后又逐渐减少，到 11 月已从 10 月的 15%下降到 10%。1961 年，根据中共中央"吃饭第一、建设第二"的指示精神，国家采取了进口粮食的措施，小麦粉的供应比例从 1 月的 10%逐渐增加到 60%，到 12 月又改为 40%。

在 1959 至 1961 年经济困难时期，天津市在粮食供应上曾出现过每人每月只供应 1 斤大米和在大米断档时仅供应少量米渣、小米，仅能让老人、婴儿喝上稀饭的情况。对居民定量供应的粗粮尽量供应玉米面，在缺少玉米面时也曾多次搭配供应杂豆、高粱米（面）、大麦（面）、大豆片（面）、薯干及麸皮等。

1962 年以后，我国国民经济实行了"调整、巩固、充实、提高"的方针，粮食生产逐年好转，调入天津的粮食增多，居民口粮定量内的小麦粉、大米供应比例大体保持在口粮定量的半数以上。

3. 服务措施

从 1956 年全市粮食零售业务由市粮食局统一管理后，改善服务态度，提高服务质量，一直是粮食零售部门的基本建设之一，被列为考核职工服务水平和粮店业绩的主要内容，各级主管部门始终作为一项重要的工作来抓。粮店广大职工在搞好供应服务方面，创造了许多行之有效的好经验和好做法。在 1959 至 1961 年国民经济困难时期，全市从 1961 年 6 月开始实行了每月 25 日预借下月粮的办法。粮食零售部门为减少居民排队，缓解购粮紧张状况，在每月 23 日、21 日即预收购粮证、粮款、粮袋，提前把群众买的粮食按户、分品种装好，方便了群众。同时，在粮食零售系统还开展了为孤、老、病、残送粮到户的活动。

4. 特需用粮

特需用粮，是粮食定量外对一些特殊需要的口粮供应，所供应的粮食包括数量上的补助和品种上的调剂。天津市从 1953 年实行粮食统购统销后就开始有了特需用粮的供应，但供应范围很小。1960 年以后，特需用粮的项目逐渐增多。特需用粮包括保健补助和干部补助两部分。

（1）保健补助。保健补助包括：

①1960 年 12 月市粮食局规定：70 周岁以上的老年人在粮食定量内每月调剂供应小站大米或小米 3 斤，3 周岁以下的儿童在粮食定量内每月调剂供应小站大米 20%。

②1961 年 3 月市粮食局和市卫生局规定，从事放射线和接触传染病的工作人员，在粮食定量内每月调剂供应黄大豆 2 斤。

③1961 年 9 月市粮食局规定，妇女在怀孕后的 3 个月内，每月在粮食定量外补助供应小麦粉 2 斤；流产产妇（包括人工流产）当月补助供应小麦粉 2 斤；产期内产妇，在粮食定量内调剂供应小米 5 斤；哺乳期妇女，在前 6 个月内每月补助供应小麦粉 2 斤。

④1961 年 12 月，根据中共天津市委员会指示，市粮食局规定对社会上有一定地位和声誉、技术水平较高、年龄在 55 岁以上的中西医和二级至三级中西医大夫，在本人粮食定量内供应品种可以任选。

⑤1962 年 1 月市粮食局规定，患甲状腺功能亢进的病人，轻型患者每人每月补助供应粮食 3 斤，中型患者每人每月补助供应粮食 6 斤，重型患者每人每月补助供应粮食 9 斤。

⑥1965 年 5 月市粮食局规定，患糖尿病的病人，可凭市级医院诊断证明，在粮食定量内调剂供应黄大豆 2 斤。

（2）干部补助。干部补助包括：

①1961 年 9 月河北省粮食厅规定，到农村工作的国家机关工作人员，在社员家里吃派饭的，在原粮食定量的基础上，每人每天补足到 1.2 斤。

②1964 年 11 月市粮食局规定，到天津市郊区参加"四清"运动工作的干部，在原每人每天补足到 1.2 斤标准的基础上，另外每人每天再增加补助供应 0.1 斤。

③1964 年 3 月市粮食局规定，干部下到工厂、仓库、车间、工地、门市部、生产队等基层单位参加劳动，按轻体、重体、特重体三个等级，每人每天分别补助供应粮食 0.2 斤、0.3 斤、0.4 斤。1965 年 3 月市人民委员会决定将此补助规定调整为 0.2 斤、0.4 斤、0.5 斤。

（三）居民食用油供应

1. 城镇居民食用油供应

1959 年天津市居民用油和工商行业用油供应紧张。中共河北省委员会指示：农村一般停止供应，县城集镇压缩 1/2，中等城市压缩 1/3，天津市区压缩数量由市委决定，并对下矿工、特重体力工人、高温车间工人及大学教授、研究员等给予照顾。天津市除对各县按此统一规定执行外，还调整了市内各区城镇居民的用油标准，压缩了销量。从当年 7 月 1 日起，城镇居民用油每人每月供应 6 两；职工、高级脑力劳动者（系指行政工作人员）、大中学生每人每月补助供应 4 两；工业中特重体力劳动者、高温车间和高级脑力劳动者（非行政工作人员）仍按原标准供应。

1960 至 1963 年，农业歉收，经济困难，油源更趋紧张。从 1960 年 10 月 1 日起，天津市再次压缩城镇食油供应标准，居民每人每月由 6 两改为 3 两（10 两为 1 市斤，下同）；职工、高级知识分子每人每月补助供应由 4 两改为 2 两。1962 年 6 月，河北省对全省城镇居民食油供应再次压缩。据此，天津市城镇居民用油由 3 两改为 2 两；对职工、大中学生、高级知识分子补助供应的食油改为 1 两。

1964 年，农业生产逐步恢复，油源增加。根据国务院的通知，天津市从当年 5 月 1 日起，对非农业人口的食油定量做了调整，居民用油由每人每月 2 两提高到 3 两；职工和中学生每人每月仍补助供应 1 两；大学生改为每人每月补助供应 2 两。当年 11 月居民用油又调整到 4 两，职工和中学生仍补助供应 1 两，大学生仍补助供应 2 两。根据当年 12 月 25 日国务院通知，从 1965 年 1 月 1 日起停止了对高级脑力劳动者的食油补助供应。

1965 年 7 月，根据国务院通知，天津市城镇居民的食油定量由 4 两增加到 5 两；职工和大中学生仍补助供应 1 两；汉沽区的非农业人口的食油定量与市区相同。至此，天津市非农业人口的食油定量恢复到 1954 年计划供应初期水平，直到 1990 年未再变动。其间，从 1975 年开始取消了职工和大中学生的食油补助供应；将国庆、春节两节用食油补助供应均提高到 5 两；从 1981 年 10 月开始，城镇居民每人每年供应麻酱改为 9 两，此后一直延续到 1990 年。

2. 郊区农民食用油供应

1959 年，天津食油供求紧张，根据国务院压缩食油供应的指示和河北省人民委员会关于天津市压缩食油销量由市委决定的意见，天津市将近郊农民用油定量由 5 两降为 3 两，汉沽区农民的用油定量由 4 两降为 2 两。1960 年油料减产，食油供应更趋紧张，天津近郊的农民用油定量由 3 两降至 2 两，1961 年 9 月再降为 1.5 两，1962 年 6 月按中央指示精神又降为 1 两。1964 年国民经济好转，油脂油料生产增加。当年 5 月，天津市近郊农民的用油定量提高到每人每月 3 两。当年 8 月，郊区农民的用油定量又增加到每人每月 4 两。

（四）居民猪肉、牛羊肉、鲜蛋供应

1. 居民猪肉供应

1957 年 10 月，国务院发出《关于改进城市、工矿区猪肉供应的规定》，提出："各地是否需要凭票（或凭证定量供应办法，中央不做统一规定，各地可以根据具体情况自行决定"。天津市从 1959 年实行凭证供应，直到 1964 年生产情况好转后，猪肉供应才实行"凭本记数不限量、不跨区"的供应方法。在猪肉货源紧张的情况下，为繁荣市场，适应不同的消费，从 1962 年 10 月 1 日起，对供应高级宾馆实行高价供应。猪肉每公斤 3.16 元（牛肉每公斤 2.68 元，羊肉每公斤 2.66

元)，比当时牌价高 80%至 115%。1963 年 3 月，中央发出《关于严格管理大城市集市贸易和坚决打击投机倒把的指示》，提出大城市集市贸易应加强管理，缩小范围，逐步代替，区别对待，因地制宜的方针。天津市贯彻中央指示，开展了议价猪肉供应，每公斤售价 5 元。6 月份，为扩大议价销售，售价每公斤降为 3.4 元。11 月份，每公斤再次下调为 3.2 元。1964 年 4 月停止议价销售，议价、牌价合二为一，敞开供应，每公斤 2.32 元。

为了全面做好猪肉供应工作，1957 年和 1959 年，国务院先后对特殊工种劳动者、高级脑力劳动者的特殊需要做出规定。天津在贯彻执行上述规定的同时，1958 年 4 月增加对医院及疗养院病员的特需供应，实行凭证定点的供应办法，每单位发一购买证，每区指定 1~2 个门市部专点供货，按规定做好病员肉食的优先供应。1960 年 11 月，天津市又统一规定特需供肉标准。1962 年 8 月，市人委规定，对高温、有害、放射性等作业人员实行特需保健食品供应，每人每月供肉 1 公斤。猪肉的特需供应分为经常性和临时性两种，在敞开供应的情况下，也同市民供应分开，设立专点或指定零售点供应。定量供应时采取临时性的供应措施。随着猪肉敞开供应，这些临时措施随之停止。

三年经济困难时期（1959—1961 年）是中华人民共和国成立后供应最困难的年份，猪肉消费水平显著下降，天津市猪肉食用水平年人均仅 1.8 公斤。

2. 居民牛羊肉供应

在"二五"计划时期，随着就业人口的增加和社会购买力的提高，牛羊肉供应偏紧，曾实行凭票定量供应。在 1959 至 1961 年三年自然灾害期间，牛羊肉紧缺，供应本着"保证重点，照顾必需"的原则，对汉民停止供应，对少数民族则本着"月月有肉吃"的原则，结合货源情况，采取限量供应，每人每月保证 1 公斤以上。加上节日增供，全年每人平均 15 公斤。1963 至 1965 年随着货源的逐步充裕，供应大为好转。

3. 居民鲜蛋供应

1958 年鲜蛋供应较为紧张，供应市民鲜蛋采取凭证定量供应的办法，市民人均食蛋量基本维持在 1957 年水平。1959 年货源紧张，销售量下降，市内销售紧缩，除春节、中秋、国庆三大节日每人供应 1 个蛋外，平日不供应。1960 年鲜蛋只供应特殊需要，市民不安排供应。1961 年蛋品库存量极少，特需供应也一再压缩，全年市内销售仅 27 万公斤，市民人均食蛋水平为 0.08 公斤。1962 年市食品公司积极扩大计划外采购，鲜蛋供应好转，按定量满足了特需供应，国庆节对居民凭副食证供应 15 万公斤鲜蛋。1963 至 1965 年家禽副业生产发展较快，鲜蛋购销量增加，供应市民的鲜蛋产量也相应增加。同时，开展了议价销售。1965 年鲜蛋市内销售量为 1705 万公斤，市民人均食蛋水平为 5.53 公斤，比 1963 年增加 4.3 公斤。1965 年以后，天津市鲜蛋供应本着旺季多吃、淡季少吃的原则，采取旺季多供应或敞开供应，淡季定量供应的方法。

（五）民用布供应

1. 供应范围

这一时期，天津市民用布供应范围也是随棉布资源情况的变化而不断调整的。1959 年又规定搭用野生纤维或废花在 50% 以下的棉布对折收票；棉花与丝、毛、人造纤维等混纺交织的棉布，按搭用棉花的比例酌收布票。1960 年因遭受严重自然灾害。花纱布大幅度减产，供需矛盾十分突出。1960 年将布制窗帘、门帘、包袱等一部分成品纳入凭票供应的范围。1960 年 8 月 15 日，又将棉毛衫裤、睡衣、床单等 9 种针织品实行统购统销，一律凭布票供应。1961 年 3 月，纳入凭票供应范围的有：人造棉布、麻布、蚊帐、枕芯、枕套、风雨衣、毛巾等 10 种商品；1962 年纳入凭票供应范围的有：小孩围嘴、围裙、台布、箱套等布制品。

2. 供应标准

1960 年三年自然灾害期间，棉花减产、棉布定量下降，群众对布票十分珍惜，同一价格品种考虑收票多少。因此，收票标准不得不详细制订。制订收票标准，重要是按照不同品种不同用纱量为依据，具体的收票标准是：

（1）区别幅宽：幅宽不足 1.2 市尺的每 3 市尺收票 1 市尺，幅宽满 1.2 市尺收票 5 寸，满 1.6 市尺收票 7 寸，满 2 市尺按实收票，满 4 市尺收票 1.5 市尺，满 6 市尺收票 2 市尺。

（2）区别含棉比重：含棉量低的少收，含棉量高的多收。如含棉在 50% 及以下的涤棉混纺布，每市尺收票 3 寸，超过 50% 的收票 5 寸。

（3）区别质量密度：稀薄的少收，一般的实收。如窗纱布、蚊帐布每市尺收 2 寸，网眼布、纱罗、印花玻璃纱每市尺收 3 寸，豆色布每市尺收 5 寸。此外，还区别产品的不同重量、不同规格，确定收票和供应标准。

3. 供应指标

1958 年天津市城市户口每人发放定量布票 37 市尺，农业户口每人为 29 市尺。1959 年由于受"浮夸风"影响，收购指标落空，商业部要求按人均 2 市尺数量核减。天津市 1959 年城市户口每人下降到 26 市尺，农业户口下降到 24 市尺。1960 年严重自然灾害发生后，开始核减民用布定量，1961 至 1964 年采取低指标的措施。1961 年天津城市户口每人定量布票为 7.4 市尺，农业户口每人为 6.5 市尺。对在校学生和 15 岁以下儿童给予适当补助，同时从 1962 年起增发部分购买布鞋的鞋票。1964 年三年自然灾害过去以后，花纱布的生产得到较快的恢复和发展。1965 年城市人口定量布票从 1964 年的人均 12.6 市尺增加到 20 市尺，农业人口从人均 9.2 市尺增加到 15.5 市尺，并对不满周岁儿童城市户口增补 15.2 市尺，农业户口增补 14 市尺。

4. 供应期限

从 1958 年起，棉布供应期限改为每年 1 月至 12 月底，过期作废。1960 年由于受自然灾害影响，棉花大面积减产，同时花纱布库存又十分薄弱，全靠当年生产的棉花支持布票发放，没有回旋余地，因此，从 1961 年起，棉布供应期限又改为从当年 9 月至次年 8 月底。

（六）蔬菜副食品的供应

1. 蔬菜副食品的供应网点

从 1956 年开始，市三商局就对蔬菜副食品零售业网点进行了合并、集中、扩大、增设、淘汰的调整，使网点布局逐步趋于合理。1961 年,市副食品局又对蔬菜副食品零售业网点变化情况进行了全面调查，发现存在两个方面的问题：一是小点减少，大点增多；专业点减少，综合点增多。全行业 10 人以下小点，1956 年为 858 个，1961 年为 221 个。11～30 人的综合点，1956 年为 33 个，1961 年为 88 个。31 人以上的综合大点，1956 年为 2 个，1961 年为 26 个。二是网点卖场的扩大与网点的增设跟不上城市人口的增长。红桥区丁字沽新村，1956 年居民 2.9 万人，蔬菜副食品网点 33 个。1961 年，居民 6.4 万人，蔬菜副食品网点 19 个。根据调查结果，市副食品局采取改变供应方式、增加零售网点、增添蔬菜副食品流动售货车和摊点等措施和办法，到 1961 年年末，各区共有蔬菜副食品公司网点 3547 个。

1962 年，市副食品局改善市内六区对少数民族的副食品供应网点设置，将少数民族聚居区蔬菜副食品网点由 19 个增加到 34 个，少数民族专柜由 16 个增加到 23 个；设置牛羊肉专点 50 个，牛羊肉专柜 32 个。1965 年，天津市蔬菜副食品网点 1078 个，与 1961 年相比大量减少。其原因是在调整商业网点中强调管理方便，商店由小改大，合并网点，小点改为仓库、加工点、办公用房、职工住房等，有些网点流向新的行业。

2. 蔬菜的供应方式

蔬菜市场供应，旺季上市量大，居民自由选购；淡季上市量少，居民排队挨个购买。1960—1962 年，蔬菜实行凭本、划片定量供应。1963 年调整所有制结构，恢复合作商店、合作小组以后，蔬菜商贩的手推车、自行车、三轮车，又重现街头，居民称便。同年 6～8 月，市副食品局发出关于高温有害作业人员和潜水作业人员蔬菜供应标准，每人每月供应蔬菜 7.5 公斤。对外国留学生、实习生每人每月供应蔬菜 15 公斤。1963 年后国民经济形势好转，对居民也逐步放宽了凭本、划片、定量供应限制。

3. 副食品的供应方式

1959 至 1961 年，各区蔬菜副食品公司根据市副食品局传达的市人委有关指示，采取一系列措施，确保人民生活必需品的供应，将 18 类占职工生活费开支约 60% 的商品定为必保商品。1959 年初，根据市人委的部署，对主要副食品实行凭本凭票供应。18 类商品中涉及副食品类的有：食盐、酱油、酱、醋，肉鱼的定量供应部分，食糖、糕点、糖果的定量供应部分，大宗粗蔬菜、食油等。由于各区副食品零售门市部与批发部门紧密配合，做到物价稳定，保证了商品供应。1959 至 1961 年，根据商业部、市人委的有关规定，在特需供应上做了大量工作。对外宾、专家、使馆、留学生、实习生的特需供应，均按国家制定的标准执行。对市内特需供应，包括高级脑力劳动者、工程技术人员、国家测绘人员、浮肿病患者、高温作业工人、有毒有害及井下作业工人、部队海空勤人员以及特种技术部队、援外职工、外地调津人员、病弱干部、社会病人、1～2 级小学校教师等，均根据规定标准给予不同标准的肉食、食糖、蛋品、肉松、骨粉、八宝面、代乳粉、糕点的补助供应。

（七）糖果糕点供应

1. 糖果糕点行业的零售网点和人员

1956 年公私合营时，全市属于糖果糕点行业的零售网点为 1499 个，从业人员 6680 人。经市人委统一规划，几经并、撤、归口和调整，网点和人员发生较大变化。1965 年糖果糕点行业的零售网点仅有 540 个，比合营时减少 63.98%；从业人员 5334 人，比合营时减少 20.15%。

2. 食糖、糖果供应办法

1958 年春节，根据市三商局制订的供应办法，天津市居民凭票供应红、白糖各 200 克。1960 年开始实行平日凭票定量供应。在 1959 至 1961 年经济困难时期，根据市糖业果品公司通知，从 1961 年开始，糖果销售实行凭本记数限量供应，同时销售高价糖果到 1964 年结束，三年时间共销售高价糖果 6960.2 吨。食糖销售除定量供应外，从 1963 年开始还实行高价食糖敞开供应的双轨制，到 1964 年结束，两年时间高价食糖共销售 82 吨。

1965 年随着糖源充裕，按照上级公司通知，食糖敞开供用。1970 年根据市糖业烟酒公司《关于食糖限量供应的通知》，凡购糖 250 克以下看本不计数。1974 年改为凭副食本定量供应，每户每月供应 1 公斤。1983 年根据市二商局决定，取消凭本定量，实行敞开供应。1988 年 1 月，根据市糖业公司通知，又恢复按户凭票定量供应办法，每户每月

1.5 公斤。1990 年随着市场经济的发展和糖源的增加，凭票定量供应逐步自行消失。

3. 糕点供应办法

1959 年，根据市副食品局和市糖业果品公司的通知，销售糕点实行收粮票的办法，即购买 1 公斤糕点收粮票 0.5 公斤。1959 至 1961 年经济困难时期，糕点销售采取特殊供应办法。根据市副食品局的通知，1960 年 3 月 15 日起，居民凭购货本每人每月供应糕点 0.25 公斤。同年 10 月改凭糕点票供应，供应标准不变，加收粮票 0.15 公斤。1961 年 1 月 15 日开始销售议价糕点，最低零售价每公斤 10 元，收粮票 0.5 公斤。同年 3 月，议价糕点每公斤调整为 6 元。1962 年 7 月，价格不变，收粮票标准由 0.5 公斤改为 0.6 公斤。1963 年价格不变，免收粮票。1965 年价格调整为每公斤 2.6 元，免收粮票。随着国民经济形势的好转，议价糕点于 1965 年 7 月 15 日退出高价。平价凭票糕点的销售时间较长，直到 20 世纪 80 年代末，随着农业生产的发展和粮食丰收，用粮票买糕点的办法逐步取消。糕点敞开销售，给群众带来方便。由于消费者对糕点需求的变化，其销量也逐年下降。

（八）饮食业、服务业、修配业营业概况

1. 饮食业营业概况

1958 年以"一大二公"为原则，把全市饮食业的公私合营户都升为国营，合作商店也升为国营，所有的门市部均下放所属街道管理。当时，人员外调，网点撤并，许多门市部改为办公室、职工宿舍或划给其他行业。到 1958 年底，国营户降低到 1339 户，减少 39.19%；合作户降到 1487 户，减少 73.56%。由于自然灾害，节粮度荒，到 1960 年国营户为 1326 户、从业人员 18582 人，合作户只剩合作小组 9 户、44 人。

1959 至 1961 年，连续三年自然灾害，全民进入节粮度荒时期。饮食业先是卖山芋，粗粮细做，实行增量法；随后，采取主食凭粮票、吃菜凭就餐证、有些菜品实行高价政策等一系列措施，维持市场供应。

1962 年以后，虽然经济开始复苏，但饮食业仍难以维持，根据中央"调整"的精神，又把合作商店放出去，实行自负盈亏。到 1963

年，国营网点为 1061 户、职工人数 14691 人，合作网点 501 户、从业人员 3476 人。

1962 年下半年，市场开始复苏，但由于群众购买力低，大型户不好维持，只能以早点养正餐。1964 年，商业部针对饮食业市场疲软的情况，提出"薄利多销"的原则，并为饮食业制定了"面向大众，实行分级划类，开展多种经营"的经营方针，市人委也对饮食业提出十六字方针，即"放下架子，面向大众，经济实惠，薄利多销"。根据上述原则和方针，市饮食公司制定了《天津市饮食业价格管理规定》，降低了毛利总水平，开始分级划类经营。1965 年，为了突出政治，强调大饭庄也要卖简易小菜，开始打乱分级经营，使刚刚有点起色的饮食业又陷入低谷。

2. 服务业营业概况

1958 年"大跃进"中，天津市提出"变消费城市为生产城市"的口号，服务业被认为是"消费城市"的标志。从此一大批服务人员调离服务行业和退职还乡，一大批网点被撤掉，至 1961 年 5 月从服务业调出支援工业、支援外地，以及调到街道进行城市公社化的达 988 人（旅店业 261 人、理发业 337 人、浴池业 125 人、照相业 104 人、洗染业 161 人），其中技术工人 593 人，占调出人员总数的 60%，全行业中退职还乡的 500 余人。市区服务业网点比 1957 年减少 1180 户、从业人员减少 1505 人。"大跃进"时期在"公有化程度越高，优越性越大"的思想影响下，一批合作店、组升级过渡，并入公私合营企业，一些小合作店并成大店，按国营办法管理。1956 年市区内组建起的集体所有制合作店、组 940 户、从业人员 2625 人，至 1960 年小店仅剩 27 户、从业人员 27 人。1956 年合营时保留下的个体摊贩也被清理。天津服务业的多种经济类型经营形式变成国营（包括合营）独家经营，职工积极性受到挫伤，随着服务量的增大，服务各行业都出现供不应求的局面。服务业公私合营后，旧经营作风刚刚得到改造，又滋长起"官商"作风以及"铁饭碗"的依赖思想，服务业的服务质量下降。

1961 年以后，国民经济调整期间，针对网点不足、等级混乱、经营不灵活、群众不方便等情况，市饮食服务公司在当时服务业"市区共管"的管理体制下，根据市人委规定，所有服务网点，不经批准一律不准撤点，必须撤点要经市副食品局同意，由市人委批准；根据商业部指示，把 1958 年以后不该升级的小商贩从国、合营企业中退出去，重新组成合作店、组，恢复个体摊点，以适应群众就近消费的需要。1962 年市区内先后恢复合作店 385 个，从业人员 983 人。此次调整工作，1962 年以后未能继续进行。1963 年在全行业中掀起学技术热潮，市饮食服务公司邀请各行业的行家里手召开"神仙会"，出谋划策，改善经营，恢复和发扬传统服务。1963 年，天津市服务业历史上第一次明确技术职称，有 10 人被授予技师职称（理发师 6 人、摄影师 1 人、织补工艺师 2 人、修脚师 1 人），实行技术津贴制度，对服务业职工学习技术的促进起到很大作用。1964 年，根据商业部在全国饮食服务工作会议上明确的"面向大众，适应消费多种需要"的经营方针，吸取北京、上海调整工作经验，进行审级审价，修订质量标准、技术等级标准，天津服务业的服务质量开始有所提高，服务项目大量恢复。至 1965 年，天津服务业完成了适应市内各经济区划的等级协调，行业配套的 13 处服务网点群的布局。在市场供应服务上，除旅店业的供不应求局面持续发展以外，其他行业基本上满足消费者的不同需要。

3. 修配业营业概况

1958 年修配服务业采取归口管理，按修理内容分别划归机械、建材、房管、一轻、一商等局管理，由于行业分割，管理分散，修配服务业日渐萎缩。到 1959 年全市有修配服务网点 4084 个、从业人员 10585 人，比 1956 年减少 5765 个网点、9911 人。20 世纪 60 年代初，为加强对修配行业的集中管理，成立了市、区两级修配服务公司，对修配服务网点进行了调整，统一了收费标准，实行固定工资，接近国营模式。集中管理后，网点人员过于集中，失去了修配行业分散经营、灵活便民的特点，远不适应人民生活需要。1956 年全市有修理网点 9000 多个，平均每 55 户居民一个，到 1961 年还剩 1226 个，平均 490 户居民一个，造成了居民生活中的"修理难"。

四、天津市供销合作社

1958 年 3 月，市供销合作社与天津市第三商业局合并。1962 年 7 月，根据中央关于国营商业和供销合作社分工的决定，并按照城乡分工、商品分工的原则，恢复建立天津市供销合作社。面对三年自然灾害、生产下降、商品不足的局面，供销合作社建立市区副食品经理部、区供销社和 368 个消费社，大力开展自营业务、货栈贸易、疏通渠道，积极组织和采购农副产品，特别是副食品进城，对充实市场供应，平抑物价，弥补国营商业网点不足，发挥了一定作用。1963 年天津市遭遇到特大洪水，在防汛抗洪期间，供销合作社积极投入 1200 多人战斗在抗洪第一线，搞好零售服务工作，同时组织调运供应了大批防汛物资。通过购销活动，帮助农民生产自救，度过荒年。1964 年 6 月，召开了第二届社员代表大会第一次会议。会议通过了市供销社恢复后两年多来工作基本情况总结和今后任务的报告和决议；选举了市供销社领导机构——理事会、监事会和出席上级社社员代表大会代表。

五、天津商业在曲折中前进

"二五"和国民经济调整时期，天津批发商业受"大跃进"影响，由国营经济取代了多种经济成分并存，形成了计划调拨、固定渠道的流通体制，天津商业系统基本上由国营商业独家经营，国营商业对国营工业实行了统购包销。流通渠道合并，商业网点减少，自由市场关闭，商品供应紧张，凭票证供应的商品范围增加，到 1962 年，凭票证供应的商品达 98 种。"二五"期间，全民所有制商业和供销社商品购进总额年均仅增长 0.9%，商品销售总额年均降低 1.7%，社会消费品零售总额年均增长 3.1%，大大低于"一五"期间 8.0%的年均增长速度。详见表 2-4、表 2-5、表 2-6。

表 2-4　1958—1965 年社会消费商品零售总额

单位：万元

年份	合计	售给居民	售给集团
1958	118491	90229	28262
1959	134663	106362	28301
1960	144853	117123	27730
1961	137081	118372	18709
1962	123099	110388	12711
1963	120526	106096	14430
1964	125090	107259	17831
1965	123205	106902	16303

资料来源：天津市统计局.天津四十年（1949—1989）[M]. 北京：中国统计出版社，1989：826.

表 2-5　1958—1965 年社会消费品零售总额及其分类

单位：万元

年份	社会消费品零售总额	吃	穿	用	烧
1958	118491	58368	18403	36348	5372
1959	134663	66564	20333	41093	6673
1960	144853	67382	22060	48808	6603
1961	137081	71452	14847	43977	6805
1962	123099	67192	14301	35375	6231
1963	120526	66732	15295	32328	6171
1964	125090	69341	15447	34045	6257
1965	123205	70638	16421	29901	6245

资料来源：天津市统计局.天津四十年（1949—1989）[M]. 北京：中国统计出版社，1989：831.

表2-6 1958—1965年社会消费品零售额分类构成

单位：%

年份	总计	吃	穿	用	烧
1958	100.00	49.26	15.53	30.68	4.53
1959	100.00	49.43	15.10	30.52	4.96
1960	100.00	46.52	15.23	33.69	4.56
1961	100.00	52.12	10.83	32.08	4.96
1962	100.00	54.58	11.62	28.74	5.06
1963	100.00	55.37	12.69	26.82	5.12
1964	100.00	55.43	12.35	27.22	5.00
1965	100.00	57.33	13.33	24.27	5.07

资料来源：天津市统计局.天津四十年（1949—1989）[M]. 北京：中国统计出版社，1989：832.

1962年以后，天津商业按照"调整、巩固、充实、提高"八字方针，开始采取开放、搞活市场的措施，疏通、调整了商业流通渠道和商品购销方式，重新恢复和建立了各级专业公司和农贸市场，市场运营逐渐好转。

第三节 "二五"和国民经济调整时期的天津物资流通业

一、统配、部管物资的经营

1959年以后的二十年中，天津的物资流通一直保持单一的计划调拨形式。这一阶段物资经营管理上的一切变动是紧紧围绕国家对物资流通权限的"放"与"收"来进行的。其中，1958至1966年，天津为河北省省辖市，物资流通接受省里的领导，后来又恢复为中央直辖市，在物资调拨计划上直接同国家各有关部门发生联系。1959至1965年，为纠正"大跃进"中物权下放过头而出现的散乱现象，国家以加强集中统一管理为中心进行了探索性的改革。1959 年初，统配、部管物资一度减少到 132 种，比 1957 年减少了四分之三；后来从第二季度起又逐步增加，当年达到 285 种，1963 年达到 516 种。同时，全国建立统一的物资流通部门，并从生产和流通两个环节的结合上加强了对统配物资购销工作的统一管理。由于这些变化，天津对物资管理的权限被缩小，掌握和分配物资的范围被减少，实际上是恢复到 1956、1957 两年间某些集中管理物资的做法。

天津物资供销局成立后，除农业生产资料、石油、橡胶、煤炭等物资外，原商业部门五金、交电、化工原料等公司所承担的统配、部管物资的经营任务转移到物资专业机构，而商业部门的石油、煤建等公司，仍完全或部分地同时承担生产、非生产单位和民用所需统配、部管物资的供应。1963 年，各专业物资公司组建后，形成这样一种格局：市物资管理局和专业物资公司分级管理经营，专业物资供销系统和生产、建设、商业、事业等系统物资供销机构分工管理经营，市物资管理局在市计委领导下统一集中管理。在此前后，各生产、建设及文化、卫生、教育等系统，逐层设立物资管理及分配机构。全市主管物资分配的机构，除市计划委员会外，还有物资管理局、建材局、一机局、文化局等 32 个局级单位。统配物资和通用部管物资由市计划委员会统一计划和分配调拨，其中，大宗消耗的物资、具备直达运输条件的企业或定型产品所需的物资，可通过同供方直接签订供货合同实行直达或者定点、定量供应；通用或小额零星物资，则由市物资管理局所属各专业公司统一订货和供应。除市计划委员会和物资管理局以外，其余 31 个局级单位主要负责专用部管物资及地方建筑材料的计划平衡和分配，同时也负责一定数量的统配物资和通用部管物资的中转供应。中央在津的直属企业所需物资，除 1959 年初很短一段时间由天津负责申请、分配、供应外，一直由中央各主管部门分配和安排，由驻津的 34 个物资供应机构分头供应和管理。

由市专业物资公司负责中转供应的物资，除原样来原样销售外，木材、金属材料、机电设备、化工原料等不少物资实行加工改制、配套后销售。为缓和单一计划分配体制下产供销脱节的矛盾，自 1964

年起，各专业物资公司相继在内部分级成立物资供应服务队，深入企业，核实供应的品种、数量，落实分配计划。各级物资供应服务队按照市内已形成的生产、建设区域分工负责，或指派专人包干负责大厂，开展以送货、传递提交货物单据等为内容的上门服务，掌握生产企业物资消耗情况，对其所需物资管供、管用、管节约。国民经济调整后期，天津在建立 6 家托拉斯工业公司时，实行向公司直接分配物资，并允许在公司范围内横向调拨产品，供应生产需要，对打破部门、地区界限组织物资流通进行了某些尝试。但托拉斯工业公司存在的时间很短，其组织物资流通的尝试也就随之夭折。

从 1959 至 1978 年，天津逐步建立起的这种集中统一管理的物资流通体系和物资经营方式，对纠正"大跃进"造成的物资管理混乱状况，促进国民经济的调整和发展都曾起到积极作用，但也存在计划统得过多、供应服务手段过死的弊端。特别是在逐步形成的"生产资料不是商品"的观念影响下，不仅物资流通搞成单一行政渠道的计划调拨，而且物资企业被列为无利润、无税收单位。1962 年开始，物资行业推行"以收抵支、收支平衡"的作价原则，收取固定的管理费。物资企业由于没有经济利益的内在驱动，不讲经济核算，不重视提高经营管理水平，整个社会的物资流通库存大、周转慢、积压多，损失浪费惊人。

二、地管物资的经营

1958 年，天津在利用中央下放物权的同时，又在地管物（三类物资）的范围内，把满足工业、建筑业"大跃进"和城乡集体企业迅速发展所增加的物资需求，作为物资流通领域"大跃进"的一个内容。结果，由于超出可获资源的实际，造成地管物资的严重紧缺。1961 年，天津曾一度开展三类物资交流会和有控制的贸易货栈活动，以扩大地区、部门、城乡间的交流，弥补地管物资数量的不足。但从 1962 年开始，国家不仅要管一、二类物资（统配、部管物资），还要管三类物资，地管物资因此进一步加强了计划分配性，使上述物资交流活动一度中断。与此相配合，天津压缩了街道办的工厂，停办了农村人民公社的工厂。1964 年，各专业物资公司先后建立健全了销售科，设置了经营地管物资的专门职能。1965 年，化工轻工原料等公司成立三类物资管理科，专门负责地管物资在全市范围内的集中统一分配。同时，机电设备等公司成立检修厂，回收陈旧物资，经过修理、改制，然后再销售给用户单位，从修旧利废的途径增加地方供应的物资。地管物资的经营纳入计划管理期间，在属于三类物资的工矿产品中，凡由商业部门的五金、交电等专业公司负责供应的，曾采取凭证购买、限量供应、划定区域负责供应等分配手段。其物资来源，凡属本地产品，由市计划委员会分配计划指标；凡非本地产品，由国家商业部计划调拨。天津地管物资中份额较大的是基本建设材料。从 1957 至 1978 年，这部分地管物资在多数情况下要同国家计划调拨的物资以及地方进口的物资放在一起分配供应，其销售品种、范围、数量严格执行天津市基本建设年度计划。1958 年，在建立市物资供销局的同时，成立了市建筑材料局，既组织地方建筑材料的生产，又负责全市基建用统配、部管、地管物资的供应和管理工作。1962 年，市物资供销局改为物资管理局后，对基本建没用物资进行了统一管理。

三、物资的调剂服务

由于缺少市场机制，单一的物资调拨分配不断强化，往往造成计划与实际需求严重脱节。天津的分配物资长期缺口较大，常常是物资分配量为实际需要量的 80%，订货量为分配计划的 80%，实际得到的物资量占订货的 80%，最后，企业得到的物资还或多或少地有一部分规格不对路、质量不合格。在这种情况下，生产企业一般都能完成或超额完成当年生产计划，主要是因为在分配调拨渠道和调剂串换渠道间形成了一种相向迂回运转，即在按直接计划进行分配调拨以后，部门间、地区间、企业间为弥补物资缺口，频繁地开展余缺调剂工作，造成物资的第二次、第三次分配调拨。

上述弊端最先在国民经济调整时期明显地暴露出来。当时，生产建设单位为增加生产，纷纷派出采购人员，到全国各地去采购或串换物资，其货源一是"大跃进"以后积压的，二是企业被"关、停、并、转"后闲置出来的，三是新调拨分配后规格型号不适用的，四是生产厂计划外超额生产的。随之，出现采购员"满天飞"的状况。针对这一变化，天津注意加强了对物资串换的服务和采购代理业务。国家物资管理部在总结天津、无锡等地的经验后，决定在全国各地建立生产资料服务公司，为生产建设单位的物资串换和使用急需服务，以减少采购员"满天飞"的现象。天津生产资料服务公司为国家物资管理部和河北省的先期试点单位之一，于 1963 年 2 月正式成立。其主要业务范围是，打破地区、部门界限，办理三类物资和工业企业自销产品的代购、代销、代加工、代托运业务，组织企业间的物资调剂。到"文化大革命"前夕，天津生产资料服务公司已同全国大中城市的同行业公司建立起广泛的网络联系，通过函电信托、派员面洽等途径，互相委托办理业务，服务工作取得明显进展。

第四节　"二五"和国民经济调整时期的天津外贸业

一、出口货源的结构

这一时期天津市出口货源仍然分别由国营天津外贸公司和供销合作社负责组织，货源地区仍然划分为天津市和外省市两部分。

（一）天津市货源

这一时期天津外贸系统和供销合作社系统广大干部职工克服各种困难，千方百计保证并不断扩大出口货源。1956 年，外贸公司为了减少收购环节，深入产地，根据具体商品逐步实行直接进货与县社签订进货合同，并根据具体条件进行产地加工，直线运输，贯彻优质优价政策，适当提高群众收购价，鼓励生产者增加出口货源的积极性。至1962 年，核桃、栗子、杏仁、鲜蛋、鸭梨、白菜、填鸭等，由于实现了产地加工，均衡发运，直运出口，减少了运费和不合理损耗约 145 万元，节约资金 265 万元。

1959 年后全国农业连续 3 年减产，1960 年工业生产也随之下降，国内市场供应全面紧张，出口货源更趋短缺。中央要求各地要千方百计挤出物资出口，规定了"五先原则"，即在国家计划规定范围内对于出口商品应当安排在先、生产在先、原材料包装物料供应在先、收购在先、运输在先。并提出自 1960 年下半年起，少出原料，多出成品，更多地进口原料加工成品出口，进一步增加商品品种，提高规格质量，建立出口商品生产基地，实行超计划收购地方留成的办法，鼓励地方积极组织货源。

自 1962 年实行农副产品奖售政策。奖售的主要商品有茶叶、蚕茧、蔬菜、辣椒干、羊毛、羊皮、兔毛、猪鬃、羽毛、肠衣、黄狼皮以及其他珍贵细毛皮等。外贸部门按照河北省、天津市政府要求安排决定，1963 年开始对 56 种出口农副产品奖售粮食 1080 万斤、棉布 2650 万尺、化肥 8383 吨、工业品 259 万元。特别是在收购中采取按品质、季节、成品、毛货的差奖差价办法鼓励群众交售好货，均衡交货，不仅提高了产品质量，还促进了产品就地加工、就地储存、均衡发运、直运出口。如鲜蛋、白菜、白兰瓜、哈密瓜、三把毛、乱鸡毛、猪毛、黄狼尾等 45 个商品，减少了费用，降低了成本，减轻了口岸的压力。1964—1965 年拨给农民奖售物资，化肥 10650 吨，粮食 1727.5 万斤，棉布 323 万尺，桐油 61 吨，棕麻 70 吨，采取分等论价、分等论奖的办法，并支援生产土豆、杏仁、黑瓜子、胡萝卜、洋葱等种子，按时种植，保证供应出口。

每年派出 2000 人次帮助收购，培养各类商品技术人员 600 余人次，印发各种农副产品生产及饲养方法的宣传画，与供销社联合印发各类商品收购目录，通过报纸、电台、组织流动下乡文艺宣传队，举办实物展览等多种多样的形式，开展收购宣传工作。1963 年协助供销社广泛传授草帽辫技术，使掐辫地区由 16 个县发展到 41 个县，掐辫人员由当时河北省全省 49 万人发展到 162 万人，超历史最高水平。1963 年为扶植大营、思察羊头腿褥子生产，畜产公司抽调 50 人次到各地搜集原料，为生产部门解决碎头腿 19 万斤，从粮食厅解决黄米面 20 万斤，计划外贴补奖售物资煤炭 30 万斤、糖 8 万斤进行奖售。该年两地缝制羊腿褥子副业队发展到 160 多个生产队，生产 9 万条褥子，比 1962 年增加 57%。收购蚕茧贯彻"以叶定蚕，以茧定产"的办法与重点产区签订产销合同，举办蚕茧收购训练班，1963 年比 1962 年收购量增长近 1 倍。1966 年，为增加名贵杂豆、蚕豆、鸭梨、椒干等农副产品收购，投放化肥 100 万斤；加工肠衣、乱鸡毛、绒毛、皮张，增加下脚料等，投放化肥 100 万斤，共投放 200 万斤。贯彻亦工亦农政策，增加猪鬃、肠衣、核桃、鸭梨、辣椒干、药材、抽纱等产地加工，增加生产队收入 100 万元，扩大槐米、田鸡腿、玉米皮、鱼虫子、人发、珠宝、玉器等废弃的零星小土特产品及工艺品收购，增加生产队收入 100 万元，共增加收入 200 万元。

1964 年天津外贸部门向工业部门提供进口样品 10890 件，技术资料 13683 件，为生产部门编写 80 余种主要出口商品的专题材料，并翻译了 15 万字的国外较新的产品资料，与有关部门组织五金、轻工、纺织、化工等工贸对口小组，在市政府领导下，组织多次国内外产品对比展览会及专业座谈会。1965 年进口 1 万件先进样品、4.5 万册样品资料，整理了历年进口样品、样本 46 万册。半封闭电动机、印铁茶盘等新产品都是参照进口样品经过生产部门仿效制成的。天津外贸部门邀请国外生产皮鞋皮革等商品的专家、技术人员和驻外机构人员来工厂参观指导，帮助有关工厂解决生产技术问题。通过这些做法，使一些工业品质量得到提高。有的客户指名要天津生产的胶版印刷纸、天津生产的灯芯绒，客户反映都比日本的好。新产品铱金笔很受欢迎并提高了售价。化纤织物做了高档处理，人造革皮包、不锈钢炊具、电饭锅、静电植绒、塑料皮灌肠等质量、花色均有不同程度的改进和提高。

（二）外省市货源

这一时期天津市出口商品的外省市货源仍以华北和西北地区为重点，这些地区调入天津市的商品除粮油、纺织、土产、畜产、五金矿产、化工六大类外，又增加了工艺、轻工、机械三大类。

这一时期天津外贸业出口的货源总值结构、货源产品结构、各省（市）调入货源总值见表2-7、表2-8、表2-9和表2-10。

表2-7　1958—1960年天津市外贸出口货源表

单位：万元

年份	货源总值					货源结构			
	合计	天津收购	占合计%	外地调入	占合计%	工矿产品	占合计%	农副产品	占合计%
1958	143444	41734	29.1	101710	70.9	94643	66	48801	34
1959	156019	41487	26.6	114532	73.4	89082	57.1	66937	42.9
1960	131847	40560	30.8	91287	69.2	93640	71	38207	29
合计	431310	123781	28.7	307529	71.3	277365	64.3	153945	35.7

资料来源：天津市地方志编修委员会.天津通志·外贸志[M].天津：天津社会科学院出版社，2001：188.

表2-8　1961—1965年天津市外贸进货总值

单位：万元

年份	合计	天津收购	占合计%	外省调入	占合计%
1961	106705	39657	37.2	67048	62.8
1962	109664	39364	35.9	70300	64.1
1963	114702	43589	38	71113	62
1964	155109	57278	36.9	97831	63.1
1965	182030	70531	38.7	111499	61.3
合计	668210	250419	37.5	417791	62.5

资料来源：天津市地方志编修委员会.天津通志·外贸志[M].天津：天津社会科学院出版社，2001：190.

表 2-9 1958—1962 天津口岸外省调入货源分省市总值统计表

单位：万元

地区 年份	1958	1959	1960	1961	1962
河北	16688	29471	23814	24691	20974
北京	12812	8742	7927	6587	11773
内蒙古	7624	7673	6561	6147	6542
山西	6815	7364	5122	2682	5010
辽宁	11067	8772	6233	2578	2090
吉林	8705	4547	4197	1125	1203
黑龙江	4522	1976	1187	597	480
上海	1846	2479	2209	3654	3849
江苏	240	352	277	227	652
浙江	194	79	140	98	219
安徽	716	20	26	18	2
江西	116	70	15	1	179
福建	11	10	1	—	—
山东	6096	2574	844	386	465
广东	200	456	153	17	57
广西	28	19	2	2	1
湖南	672	704	1191	145	13
湖北	157	233	439	189	583
河南	5484	10517	4392	1325	2152
四川	2327	2963	1415	654	732
云南	334	417	236	178	44
贵州	153	313	329	44	26
西藏	—	—	—	558	867
陕西	3007	5276	5373	5233	4970
甘肃	5404	4442	2451	894	1537
青海	3063	9717	12701	4632	2666
新疆	505	188	187	236	175
宁夏	34	2380	1189	549	624

资料来源：天津市地方志编修委员会. 天津通志·外贸志[M].天津：天津社会科学院出版社，2001：196-197.

表2-10　1963—1965天津口岸外省调入货源分省市总值统计表

单位：万元

年份 地区	1963	1964	1965
河北	21535	24981	37261
北京	9976	14320	11092
内蒙古	9303	15402	12251
山西	5464	7596	11540
辽宁	2710	5006	4921
吉林	1159	1732	1954
黑龙江	803	1685	1009
上海	1167	2315	2603
江苏	176	483	666
浙江	111	184	159
安徽	156	850	787
江西	45	11	26
福建	—	—	0.3
山东	649	1187	1828
广东	8	22	72
广西	2	1	2
湖南	6	7	13
湖北	375	255	1011
河南	2178	2830	3300
四川	423	637	289
云南	13	1	33
贵州	90	147	134
西藏	582	1016	867
陕西	5801	6029	7381
甘肃	1817	2413	2921
青海	2417	2875	2273
新疆	672	2212	3082
宁夏	901	1184	1072

资料来源：天津市地方志编修委员会.天津通志·外贸志[M].天津：天津社会科学院出版社，2001：196-197.

二、出口商品结构和出口市场

（一）出口商品结构

1960 年中苏关系破裂，中国对外贸易的重要对象开始向资本主义国家和地区转移。根据中央指示，关于对外贸易要坚持保证内地对港澳地区长期稳定供应，在积极发展同亚非拉民族独立国家贸易关系的同时，要进一步打开对西方贸易的渠道，努力扩大对资本主义国家的贸易。天津口岸的出口国别、地区和出口商品的构成发生了巨大的变化。1959 年以前粮油出口是上升趋势，1960 年以后开始下降，国民经济调整时期又回升。1959 年前纺织品出口曾大幅上升，1960 年后逐年下降；1960 年以后土产出口有所下降，1964 年以后略有回升；畜产品出口升降情况与土产出口相同；轻工业品、五金矿产、化工产品逐年上升；机械类有升有降。详见表 2-11。

表 2-11 1958—1965 年天津外贸分公司出口商品总值统计表

单位：万美元

年份 类别	1958	1959	1960	1961	1962	1963	1964	1965
粮油	7737	10752	5828	2111	2807	3336	4311	7681
纺织品	6930	11041	8835	8609	8275	7835	7814	6710
土产品	2222	2001	1832	1124	1184	1632	2128	2048
工艺品	—	—	—	—	—	—	—	733
畜产品	6212	6339	5145	2948	3234	4238	4852	5219
轻工业品	1305	1000	882	718	901	1141	1387	1748
五金矿产	3755	3397	5239	4606	5199	4443	7187	6352
化工	1839	1112	1170	1086	1030	1117	1694	2176
机械	438	645	878	379	743	452	858	1451
合计	30438	36287	29809	21581	23373	24194	30231	34118

资料来源：天津市地方志编修委员会.天津通志·外贸志[M].天津：天津社会科学院出版社，2001：237.

（二）出口市场

20 世纪 60 年代初，中苏关系开始破裂，中国对苏联和东欧国家

贸易急剧缩减，为了国家经济建设的需要，中国对外贸易的主要对象
开始转向资本主义国家和地区，中国对外贸易部门在坚持保证中国内
地对港澳地区长期稳定供应、积极发展中国同亚非拉民族独立国家贸
易关系的同时，进一步打开对西方资本主义国家的贸易。天津口岸按
照国家对外贸易的国别政策开始向资本主义市场转移。

　　当苏联政府单方面撕毁合同、撤回全部在华专家以后，两国关系
日渐恶化。苏联对中国提供的所有援助，中国以等值的物资偿付并支
付了利息。1961—1963 年，天津口岸对苏联的出口贸易额仍然很高。
直到 1964 年中国才将苏联的各项贷款提前一年全部偿付并支付了利
息，1965 年虽然也有出口，但数额很少。中苏关系的恶化导致中国同
东欧一些国家关系的变化，加上中国连续 3 年遭受自然灾害，使中国
同东欧国家贸易受到影响。1964 年天津口岸对苏联和东欧等 8 个国家
的出口，除捷克、罗马尼亚有少量出口外，其余都没有出口任务。1965
年对东欧的出口对象仅有苏联、捷克、保加利亚、阿尔巴尼亚和罗马
尼亚，贸易额锐减。对苏联的出口，自 1957 年的 1999 万美元下降到
1965 年的 1070 万美元，下降了 46.47%。对波兰、匈牙利和民主德国，
停止了出口。相反，对西欧和亚洲一些国家的贸易，则出现了上升趋
势。详见表 2-12。

表 2-12　1957—1965 年天津对苏联和东欧各国出口贸易情况表

单位：万美元

年份 国别	1957	1958	1959	1960	1961	1962	1963	1964	1965
苏联	1999	2441	3309	2431	5994	6411	4937	—	1070
波兰	44	118	320	165	227	288	245	—	—
匈牙利	168	162	240	136	312	303	268	—	—
捷克斯洛伐克	141	156	619	465	563	912	741	16	123
保加利亚	6	15	84	83	173	194	50		22
阿尔巴尼亚	4	9	31	121	315	865	406	—	322
罗马尼亚	136	91	96	104	137	268	548	57	185
民主德国	436	456	641	378	532	575	346	—	—

资料来源：天津市地方志编修委员会.天津通志·外贸志[M].天津：天津社会
科学院出版社，2001：249.

第二章 "二五"和国民经济调整时期的天津商贸业（1958—1965）

1965 年底，中国对日本出口 5336 万美元，比第一个五年计划最后一年的 1491 万美元增长了 2 倍以上。这不仅是对日贸易的发展，而且也为开拓西欧对外贸易市场奠定了基础。

20 世纪 60 年代，中国对西欧国家的贸易随着西欧独立自强的势头日益加强而继续发展。特别是 1964 年中法建交和两国政府间贸易关系的发展带动了西欧开展对华贸易的热潮。同年，中国和意大利、奥地利互设商务代表处。尽管在美国的压力和"禁运"限制下，中国同西欧的贸易虽步履维艰，但发展势头明显加快起来。天津口岸对法国、意大利、奥地利的出口贸易也有了一定程度的发展。

1965 年对原联邦德国的出口贸易额为 1134 万美元，比 1957 年的 440 万美元上升 2 倍以上；对法国的出口贸易额与 1957 年的 192 万美元相比也上升 2 倍以上；对意大利出口额为 401 万美元，比 1957 年的 146 万美元上升 174.66%；1965 年对英国的出口贸易额为 3502 万美元，比 1957 年的 1334 万美元增长 162.52%；对奥地利从没有出口发展到 1964 年和 1965 年出口额分别为 5 万美元和 7 万美元。详见表 2-13。

表 2-13 1957—1965 年天津对西欧主要国家出口值统计表

单位：万美元

年份 国别	1957	1958	1959	1960	1961	1962	1963	1964	1965
联邦德国	440	1063	824	518	352	501	793	1056	1334
法国	192	131	395	466	527	189	254	417	587
意大利	146	182	128	180	69	125	288	303	401
英国	1334	1663	2518	2142	1457	1953	2287	3214	3502

资料来源：天津市地方志编修委员会.天津通志·外贸志[M].天津：天津社会科学院出版社，2001：250.

在对外贸易对象转移的过程中，天津口岸还注意了对亚洲一带的国家和地区的开拓和发展。20 世纪 60 年代中后期，天津口岸对亚洲地区的出口有了进一步的发展。其中除了继续保持同朝鲜、蒙古、越南等国良好的贸易关系之外，对日本的贸易也有了恢复和发展。1965 年天津口岸对日本出口额达到 5336 万美元，超过 1957 年的出口水平。

对香港和澳门地区的贸易，天津口岸一贯奉行长期稳定供应的政策，即使是国民经济严重困难的时期，也坚决采取有效措施保证供应。在对外贸易对象转移的时期，天津口岸对港澳地区的出口发展更为重要。1965 年对香港出口 4361 万美元，比 1957 年的 1024 万美元增长 4 倍以上；对澳门的出口从 1957 年的 12 万美元上升到 110 万美元，增长了 8 倍以上。对新加坡、巴基斯坦、叙利亚、黎巴嫩、伊拉克、科威特等都是成倍增长。对伊朗、约旦、沙特阿拉伯等国，从没有贸易关系发展成为贸易伙伴。与非洲贸易也有发展，如与苏丹、利比亚、肯尼亚等国家有了贸易往来。

三、出口贸易的经济地位

1960 年以后，国内市场供应全面紧张，出口货源短缺。为了完成对外贸易的出口和收购任务，中央要求千方百计挤出物资搞好出口，并规定了"五先"（即出口商品、生产、原材料包装物资、收购、安排运输力量五在先）原则，进一步增加出口商品的品种，提高规格质量。在这一方针指引下，天津对外贸易虽在 20 世纪 60 年代初期有所下降。但从这一时期的整体上看，还是得到了迅速发展，天津出口贸易的经济地位逐步提高。详见表 2-14。

表 2-14　1958—1965 年天津口岸出口总值占全国出口总值比重表

年份	全国出口总值（万美元）	天津出口总值（万美元）	天津占全国%
1958	198110	30438	15.36
1959	226135	36287	16.05
1960	185601	29809	16.06
1961	149063	21581	14.48
1962	149023	23373	15.68
1963	164921	24194	14.67
1964	191634	30231	15.78
1965	222790	34118	15.31

資料来源：天津市地方志编修委员会.天津通志·外贸志[M].天津：天津社会科学院出版社，2001：263.

1965 年，天津出口商品收购总值 70534 万元（按实际价计算），比 1957 年增长 2 倍以上，占天津国民生产总值 359600 万元的 19.61%，较全国收购占国民生产总值的比重还多 12 个百分点左右。从增长速度方面看，全国较上期增长 2 个百分点，天津则比全国的增长速度多 8 个百分点。有些工业品不仅在数量上增长，而且在质量上达到国际水平，同时还有一些新品种填补了天津的空白。

四、进口商品结构和进口市场

（一）进口商品结构

1958—1965 年，经过了"大跃进""人民公社化运动""三年自然灾害""国民经济调整"等阶段，另外加上中国与苏联关系恶化，进口贸易有很大的波动，进口商品的结构也不稳定。但是在这一时期的进口总额中，生产资料占有重要比例。除 1962 年因三年灾荒所致下降到 80% 以下外，其他各年均在 80% 以上。详见表 2-15。

表 2-15　1958—1965 年部分年份进口商品用途分类表

单位：万美元

年份 项目	1958		1962		1964		1965	
	金额	比重（%）	金额	比重（%）	金额	比重（%）	金额	比重（%）
总值	3381	100	713	100	451	100	1233	100
生产资料	2794	82.64	560	78.51	392	86.93	996	80.77
生活资料	587	17.36	153	21.49	59	13.07	237	19.23

资料来源：天津市地方志编修委员会.天津通志·外贸志[M].天津：天津社会科学院出版社，2001：285.

（二）进口市场

1958 年，进口商品输入的国家和地区中，联邦德国占天津进口总额的 39.77%，居第一位；英国占 23.93%，居第二位；香港占 8.86%，居第三位；日本占 4.68%，由上年的第一位降至当年的第四位，进口总额由上年的 3240740 美元下降到 1570851 万元，下降了 51.53%。

1962 年，进口输入国家和地区中居第一位的是英国，比重却由上年的第二位上升到当年的第一位；日本输入天津的进口商品占 17.93%，为第二位；意大利占 12.02%，居第三位；香港占 10.48%，居第四位；比利时占 6.31%，居第五位。

1964 年，日本输入天津的进口贸易占 41.39%，回升到第一位；英国占 22.55%，居第二位；香港占 8.47%，居第三位；联邦德国占 6.56%，居第四位；瑞士占 5.30%，居第五位。

1965 年在天津的进口贸易值中，日本占 41.43%，仍居第一位；英国占 16.91%，仍居第二位；荷兰输入值为 1291591 美元，占 10.48%，跃为第三位；联邦德国为第四位；瑞士为第五位；香港的位次显著下降。在中苏关系破裂、中国对苏联和东欧国家贸易急剧下降的情况下，中国对外贸易的主要对象开始转向资本主义国家和地区，在积极开展对亚非民族独立进行贸易的同时，进一步打开同西方贸易的渠道，努力扩大对西方资本主义国家的贸易。

五、进口贸易的经济地位

"二五"计划和国民经济整顿时期进口贸易经历着"大跃进""人民公社化"运动、三年自然灾害、中苏关系恶化，后经国民经济调整，又走向正规的道路，1958 年天津进口额由 1957 年的 1264 万美元上升到 3381 万美元，上升了一倍以上，1959 年进口额又下降到 2576 万美元，比上年下降了 23.81%。1961 年继续下降，至 1964 年降到 451 万美元，1965 年又回升到 1233 万美元。这一时期国民经济波动较大，贯彻"调整、巩固、充实、提高"的八字方针后才接近 1957 年的水平。详见表 2-16。

表 2-16　1957—1965 年天津口岸进口贸易额占进出口贸易总额比重表

年份	进出口总额（万美元）	进口贸易额（万美元）	进口额占进出口额%
1957	26037	1264	4.85
1958	33819	3381	10.00
1959	38863	2576	6.63

年份	进出口总额（万美元）	进口贸易额（万美元）	进口额占进出口额%
1960	32119	2209	6.88
1961	22369	833	3.72
1962	24086	713	2.96
1964	30682	451	1.47
1965	35351	1233	3.49

资料来源：天津市地方志编修委员会.天津通志·外贸志[M].天津：天津社会科学院出版社，2001：302.

天津口岸历年进口在全国进口中所占比重，"大跃进"时期比重较高，这说明天津的进口比全国的冒进程度大，天津纠正冒进的速度也快。1961年在全国的比重由1960年的1.13%下降到0.57%，1962—1965年的比重都在 1%以下，经过国民经济调整方针的实施，天津口岸的进口贸易在全国的比重得以向着正常的轨道发展。详见表2-17。

表2-17 1957—1965年天津口岸进口额在全国进口额中所占比重表

年份	全国进口额（万美元）	天津进口额（万美元）	天津进口占全国进口%
1957	150600	1264	0.84
1958	189000	3381	1.79
1959	212000	2576	1.22
1960	195300	2209	1.13
1961	144500	833	0.57
1962	117300	713	0.61
1964	154700	451	0.29
1965	201700	1233	0.61

资料来源：天津市地方志编修委员会.天津通志·外贸志[M].天津：天津社会科学院出版社，2001：302-303.

参考文献

[1] 天津市统计局.天津四十年（1949—1989）[M]. 北京：中国统计出版社，1989：826-832、869-874.

[2] 天津市统计局.天津五十年（1949—1999）[M]. 北京：中国统计出版社，1999：51-57.

[3] 肖元等.当代中国的天津（上）[M].北京：中国社会科学出版社，1984：312-315、351-355、365-372.

[4] 天津市地方志办公室，天津一商集团有限公司.天津通志•一商志[M].天津：内部资料，2007：39-40、82-87、121-123、156-157、178-187、247-254、285-288、306-310、320-343、348-362、405-410、673-687.

[5] 天津市地方志办公室，天津二商集团有限公司.天津通志•二商志[M].天津：天津社会科学院出版社，2005：72-77、94-104、117-120、125-133、202-208、451-485、502-507、533-534、550-551、602-669.

[6] 天津市地方志编修委员会.天津通志•商业志•粮食卷[M].天津：天津社会科学院出版社，1994：109-126、129-144、229-241.

[7] 天津市地方志编修委员会.天津通志•外贸志[M].天津：天津社会科学院出版社，2001：149-151、186-206、233-239、243-255、261-263、281-288、291-293、300-303、365-368.

[8] 高尚全等.当代中国的经济体制改革[M]. 北京：中国社会科学出版社，1984：117-118、479-484、505-510.

[9] 谷书堂.天津经济概况[M].天津：天津人民出版社，1984：215-216、244-246、255-256.

[10] 天津市地方志编修委员会.天津简志[M].天津：天津人民出版社，1991：525-580.

[11] 朱其华.天津全书 [M]. 天津：天津人民出版社，1991：249-302.

[12] 天津市地方志编修委员会办公室.天津通鉴（上）[M].北京：
中国青年出版社，2005：302-433.

[13] 天津市地方志编修委员会办公室.天津通鉴（下）[M].北京：
中国青年出版社，2005：601-645.

[14] 秦克江，马少元，庄健. 天津市供销合作社六十年变迁[EB/OL].
2009. http://www.tjcoop.com/article/d1/2511.html.

[15] 郭今吾.当代中国商业（上）[M].北京：中国社会科学出版社，
1987：62-123.

[16] 万典武.当代中国商业简史[M].北京：中国商业出版社，1998：
112-156.

第三章

经济体制改革初期的天津商贸业（1978—1984）

第一节　经济体制改革初期的商贸业管理体制

一、国家的商业管理体制

党的十一届三中全会以来，商业部门贯彻"调整、改革、整顿、提高"的方针，解放思想，放宽政策，在对外开放、对内搞活经济的方针指引下，商业部门对商业体制开始进行了一系列新的调整和改革。

（一）社会商业结构调整

社会商业结构开始逐步调整，多种经济形式、多种经营方式、多条流通渠道和少环节的流通体制开始形成。1979 年以来，集体和个体商业有了很大发展。到 1982 年，集体商业网点已达 104 万个，人员 522 万人，分别比 1978 年增加 65%和 131.5%；个体商业网点 176 万个，人员 198 万人，分别比 1978 年增加 38 倍和 37 倍。同时，生产自销、贸易货栈、各种联营商店、小商品批发市场、农工商联合企业等多种经营形式相继出现，城乡农贸市场也有很大发展。截至 1982 年底，工矿、林区、铁路、农场办商业和农工商联合企业、军人服务社等部门共有商业网点 5 万个，商业服务人员 57 万人；城市机关、团体、企业、事业单位、街道以及社队办集体商业，共有网点 22.3 万个，208 万人；工业自销网点 2.2 万个，18 万人。城市非商业部门办的国营和集体商业网点总计近 30 万个，283 万人，分别占城市社会零售网点、人数的 20% 和 35.7%。

城乡集市 4 万多个，1982 年成交额相当于社会零售总额的 12.76%。粮食市场也普遍开放，在完成征购任务后，粮食可以自由上市，自由运销，粮食部门也开展议购议销。随着社会商业的调整，网点大量增加。1982 年商业部系统及其对口的社会零售（饮食、服务）网点 342 万个，商业服务人员 1260 万人，分别比 1978 年增加 199.56% 和 101.27%。买东西、吃饭、住店、理发、做衣、修理难的状况有了一定程度的缓和。

（二）工业品和农产品购销形式改革

从 1980 年开始，工业品购销形式由主要是统购包销改变为统购统销（统配）、计划收购、订购、选购四种形式，计划品种也有所减少。1982 年，在收购总额中，11 种统购统销商品占 24.9%，27 种计划收购商品占 37.2%，28 种订购商品占 9.6%，选购商品占 38.3%。同时又出现了代批代销和工商联批联销的形式。农产品的购销政策也进一步放宽，三类农副产品和完成征购、派购、计划收购任务以后的一、二类农副产品（除棉花外）都可以自由运销，基层社可以出县、出省，集体商业、个体商贩和农民也可以长途贩运。一部分三类工业品实行工商协商定价。这就为多渠道流通提供了有利条件。

（三）城乡之间的商品流通体制革新

1982 年 6 月，国务院做出了《关于疏通城乡商品流通渠道，扩大工业品下乡的决定》，改变了长期以来工业品实际上按城乡分工的体制（即城市由国营商业经营，农村由供销社经营），实行按商品分工、城乡通开的新体制，国营商业可以下乡，供销社也可以进城。一些城市还做出决定，基层社可以到城市开设网点，城市网点也可以租给或卖给供销社经营。国营商业可以在农村下伸批发机构，可以单独下伸，也可以与基层社联营，或者由供销社代批。许多地方通过行商队伍，出动大篷车下乡赶集，流动推销，或者通过基层社实行移库代销等形式，扩大工业品下乡，城乡分割的状况有所改善。此外，各地还根据中共中央 1982 年一号文件和胡耀邦同志对大竹县的批示精神，以及国务院于 1983 年 2 月发布的《关于改革农村商品流通体制若干问题的试行规定》，对供销社改革进行试点，从组织上、管理上、经营上恢复和发展供销社固有的群众性、民主性、灵活性的特点，真正把供销社办成同农业生产和农民生活结合起来的合作商业，发挥其在农村商品流通中的主渠道作用。到 1983 年底，各地供销社已对原有的 3.6 亿元社员股金进行了全面清理，90%的股金落实了股权，偿还了历年积欠的红利 9500 万元。全国发展新社员 3000 万户，增扩股金 2.5 亿元，全国入股社员户已达到农户总数的 80%。各地为了促进城乡商品交流而开辟的农副产品和工业品批发市场日益蓬勃发展，全国农副产品批发市场到 1983 年底已有 100 多个。集市贸易购销两旺，城乡农民集市贸易市场到 1983 年底已有 46000 个，其营业额比 1982 年增长了 15%，达到 377 亿元，约占全国商品零售总额的 10%。

（四）开始取消基层单位进货限制

自 1981 年以来，供销渠道开始放活，基层商业单位可以自由选择进货地点和进货单位，不受原来供应区划和供应范围的限制，二级站也可以开门市部直接供应零售单位。只要经济合理，批发与批发、批发与零售企业之间都可以直接建立供销关系。批发商业原来实行的固定行政供应区域、固定供应对象、固定倒扣作价率的办法，在不少地方已基本上被否定了。在商业系统内部开始出现了多渠道流通的局面，活跃了市场。

（五）改革商业企业管理体制，推行经营责任制

从 1979 年开始，商业企业实行全面利润留成制度和奖励制度，各企业有了一定的财力，初步改变了多年来国家对企业实行统收统支的局面。自 1981 年以来，在扩大企业自主权的基础上，有相当数量的企业搞了经营责任制。商业部门通过实行多种形式的经营责任制，把责权利结合起来，正确处理国家、企业、职工和消费者四方面的关系，调动职工的积极性，改善经营管理，为提高服务质量和经济效益开创了一条新的途径。与此同时，我国商业部门也进行了一些调整。从 1975 年到 1979 年，供销合作总社、国家工商行政管理局、粮食部先后从商业部分出来，恢复和建立了单独的组织系统。1982 年，国家机关进行机构改革时，商业部、粮食部、全国供销合作总社又再次合并为商业部。

党的十一届三中全会以来的这些改革是在总结历史经验的基础上进行的，方向是正确的，已经取得了明显的效果，也为以后商业体制的全面改革准备了必要的条件，提供了有益的经验。但这些改革还仅仅是初步的、部分的，还有大量的工作没有跟上，需要在巩固已有改革成果的基础上，进一步总结经验，推进商业体制的全面改革。

二、天津市商业领导机构变动情况

1979 年，市革命委员会改为市人民政府后，财贸组改称财委工业品经营由市经委管理，水产品经营由农委管理；1983 年 5 月，撤销财委，成立市场管理委员会，归口领导二商、粮食、工商等局和供销合作社；一商局划归市经委领导。针棉、纺织品站和公司划归市纺织局领导；医药站、公司及药材公司划归市医药局领导；1985 年 12 月，市场管理委员会改称商业委员会，统管全市商业活动。

三、天津市商业管理体制改革的探索

（一）对商业企业实行简政放权

党的十一届三中全会以来，天津商业围绕购销政策、商业结构和流通模式、商业企业内部机制以及商业行政管理体制进行了一系列的改革。从 1978 年开始，冲破了统购包销的束缚，改革商品购销政策，缩小计划商品范围，扩大市场调节，拓宽流通渠道，冲破国营商业分配型的垄断机制，大力发展集体和个体商业，兴建农贸市场。

1979 年起实行计划调节与市场调节相结合的方针，并开始商业体制改革。1979 年以后，天津的商业体制随全国统一部署进行改革。工业企业产品自销，集体和个体商业大力发展，国营商业落实不同形式的承包经营责任制，三个方面的改革自然配套，管理体制、经营格局和市场运行等发生了诸多变化，使全社会商业获得了实质性发展。由于"国家、集体、个体一齐上"和"社会各方面力量一齐上"两个方针的贯彻，国营商业独家经营的僵局已被打破。

1983 年和 1984 年，市人民政府每年拨款扶植兴建集体商业网点 1000 个，全市街道、劳动服务公司、青年实业联合公司等系统成批地发展了商业网点。工商、农商、商商联合经营，代购代销、批零兼营等多种形式同时发展，以农副产品为先导，各类集中经营的商业群体不断涌现，小商品、服装及旧物等专业商品交易市场逐渐增多。

天津市商业企业的改革起步较早，从 1978 年以来，围绕着搞活企业特别是大中型国营商业企业这个中心环节，从 1978 年 11 月实行企业基金制开始，1979 年实行利润留成制，1981 年和 1982 年实行了包干，后发展到 1983 年实行第一步利改税，1984 年 11 月实行第二步利改税。

（二）改革批发商业体制

通过改革，天津市打破了过去的"三固定"（固定供应区划、固定供应对象、固定倒扣作价办法），"三分割"（地区分割、部门分割、城乡分割）的封闭垄断批发模式，出现了多元化、多层次的批发商业格局。1984 年 5 月，中央提出：所有城市以及农副产品集散地都应当建立各种类型的贸易中心和批发市场，天津市随之大量兴建了贸易中心和批发交易市场。1984 年，中央设在天津的 9 个一级站下放地方。天津专营和兼营批发的企业由 1983 年的 600 户发展到 1986 年的 3500 户，批零结构比例由 1983 年的 1∶76 发展到 1986 年的 1∶26。

从工业品批发体制看，在这一时期，实行了政策性调整，主要是调整了批发行业的组织结构，允许国营商业以外的经营者进入批发领域，放宽了购销政策，改进了购销方式，取消了统购、包销，代之以统购统销、计划收购、订购、选购及代批代销、联营联销等多种购销形式；在工业品批发业务中改变了过去"三固定"（固定进货渠道、固定销售对象、固定倒扣作价办法）模式，普遍实行商品直供、经销代销、联营联销、供料收购、建立生产基地等多种经营方式，使批发企业由单纯经营型向综合服务型发展。

（三）小型零售企业实行多种经营形式

为不断完善商业经营机制，增强企业活力，搞活商品流通，天津市在商业企业内部进行了一系列改革。对小型零售商业企业，从1983年起，实行以"改"（改为国家所有、集体所有）、"转"（转为集体所有）、"租"（租赁经营），以"租"为主的改革。小型零售商业企业通过改革，实现企业所有权和经营权的分离；做到所有制性质不变，职工身份不变；促使经营者积极性提高，社会效益提高和企业经济效益提高；收到了国家满意、企业满意、消费者满意、职工满意的效果。

1978年中共十一届三中全会以来，天津市区百货公司在改革、开放方针指导下，在全国深化企业改革的基础上，不断探索零售企业改革的新路子，逐步确立以搞活企业、转换企业经营机制为中心环节，以两权分离为基本方向，放宽政策、下放权力，使企业在经济上成为相对独立的经营者。以充分调动职工的积极性为指导思想，采取先易后难、搞好试点、总结经验、逐步推广的方法，使改革逐步走向深入。1983年以前，天津市国营小型零售企业普遍实行"统一核算、报账制"。门市部没有自主权，职工群众的经营积极性得不到充分发挥。1983年在国家实行第一步利改税的政策推动下，天津市和平区百货公司对国营小型企业改变了"统一核算、报账制"的旧模式，实行以店为单位"分记盈亏、独立核算制"，下放经营自主权、资金使用权、人事调动权、财务管理权，不仅使商店的经营成果得到认真考虑，而且在业务经营上有了活力。

（四）改革粮食管理体制和供销合作体制

中共十一届三中全会以后，对粮食购销政策和流通体制进行了调整改革。1979年提高粮食收购价格，全市6种主要粮食按收购量加权平均统购价格提高19.35%；超购加价由30%提高到50%。但粮食销价未动，购销价格倒挂，增大了国家财政补贴。还调减了征购基数，1981

年全市各郊、县粮食征购基数比"一定五年"原基数共减少 26.35%，减轻了农民负担。同时开放集市贸易，开展议购议销。1982 年起，实行粮食征购、销售、调拨包干一定三年的办法。1983 年开始，实行粮食多渠道经营，国家完成征购以后的粮食，国营、集体、个体商业以及农民个人都可以经营。1984 年减少粮食统购品种。

1980 年，经国务院批准，天津市粮食征购基数由 11500 万公斤（含 5 县）下调到 9515 万公斤，进一步减轻了农民负担，调动了农民生产和交售粮食的积极性。从 1982 年粮食年度至 1984 年粮食年度，天津市对农村粮食实行征购包干，每年计划征购 15000 万公斤，年年超额完成任务。1984 年，天津市农村普遍实行了农业生产联产承包责任制，并且天津市开始取消粮食统购，改为合同订购。不难看出，进入 20 世纪 80 年代以后，由于农业政策的调整，有力地促进了农业生产的发展。

随着改革、开放、搞活，粮食的流通体制也发生了变革。从 1982 年起，中央对各省、直辖市、自治区实行粮食购、销、调"三包干"，确定每年给天津调拨 130500 万公斤。由于各地连年粮食丰收，1982 至 1984 年天津市每年都超额完成调拨计划。实行粮食统购统销后，国家返销给农村的粮食逐年增加，1984 年比 1955 增加 139.5%，促进了粮食和副食品生产的发展。农村人均占有粮食的数量明显增加，1955 年为 225 公斤，1979 年为 391 公斤，1984 年达到 420 公斤。

供销社的改革主要是恢复了"三性"（群众性、民主性、灵活性），实行"五个突破"（农民入股、扩大经营、价格管理、分配制度、劳动工资制度），加速了全民改集体，变官办为民办，使企业逐步向综合服务型发展。为了充分发挥供销社在发展农村商品经济中的主导作用，改革的重点是恢复集体所有制性质，办成农民群众的合作商业组织。1983 年将供销社由全民所有制改为集体所有制，恢复其组织上的群众性、管理上的民主性、经营上的灵活性，在农民入股、经营服务范围、价格管理、劳动和分配制度五个方面实行突破，扩大了企业自主权，企业经营逐步向综合服务型发展。

四、天津外贸业领导机构的变动情况

为了加强对外贸工作的领导，天津市革命委员会于 1978 年 11 月 13 日设立了外贸办公室，外贸办公室暂在市计委办公。天津市委根据国务院关于三市（北京、天津、上海）对外贸易实行双重领导，以地方为主的精神，于 1979 年 11 月 29 日决定撤销天津市革命委员会进出口领导小组及其办公室，同时建立天津市进出口管理委员会和外贸管理委员会；两个管委会是一个机构两个名称，是市委、市革委主管全市进出口贸易、技术引进和利用国外资金的职能部门；把外贸局、外经局、旅游局、外汇管理局（中国银行天津分行）、天津信托投资公司、香港津联贸易有限公司以及商品检验局、海关归口进出口管理委员会领导。

1978 年 7 月，天津对外贸易局恢复原称。1978 年中共十一届三中全会以后，随着改革开放步伐加快，天津对外贸易的管理发生了巨大变化。这一变化的核心是逐步下放对外贸易的经营权和政企分开。但原有体制影响较深，对外贸易的机构改革也经历了一段反复过程。1979 年国务院批转了国家进出口管理委员会关于京、津、沪三市工作座谈会纪要。据此，组成天津对外贸易总公司，在组织上和外贸局是一套机构两块牌子。

1983 年 3 月，国务院将原国家进出口管理委员会、对外贸易部、对外经济联络部和国家外资管理委员会撤销，成立对外经济贸易部，统一领导全国对外经济和对外贸易工作。天津市于 1983 年 6 月 10 日将天津市进出口管理委员会和外资管理委员会撤销，成立天津市对外经济贸易委员会，同时保留对外贸易局设置，归口对外经济贸易委员会领导。

第二节　农副产品购销政策与形式的改革

一、扩大和改进加价收购与奖售

　　1978 年至 1981 年底为天津市农副产品购销政策调整改革的起步阶段。这一阶段主要是价格调整和流通组织调整的小步和局部改进，对肉、蛋、菜实行比例加价和奖售政策，并给予农民一定的自销权。在蔬菜购销方面，对 13 个主要品种国家统购包销，其他品种一律放开经营。由于城乡集贸市场得到恢复，加上灵活的经营方式，缩短了副食品的流通渠道，市场开始活跃起来。

　　1979 年 11 月 8 日，市二商局发出《关于调整八种主要副食品及有关联产品销售价格通知》。根据市委、市革委会批转市物价局、劳动局《关于提高主要副食品销售价格》和《发给职工副食品价格补贴》两个文件的通知，调整有关联产品的销售价格，从 1979 年 11 月 1 日起执行。8 种主要副食品是猪肉、羊肉、牛肉、鲜蛋、家禽、水产品、蔬菜、牛奶。提高幅度，最高是家禽，为 34.2%，最低是蔬菜，为 10.4%。这里仅对蔬菜、生猪和牛羊肉价格调整政策做出介绍。

　　（一）蔬菜

　　1983 年 8 月 30 日，市二商局贯彻市物价局《关于提高郊区大白菜收购价格的通知》精神。1983 年 10 月至 1984 年 3 月底，青麻叶白菜比上年同期平均每公斤上调 7.14 厘。10 月，上市的白麻叶白菜比上年同期每公斤上调 4.4 厘，青麻叶白菜每公斤上调 5 厘。批发、零售价格不动。1983 年 8 月，市二商局贯彻《关于对外地购销蔬菜提取奖励金的办法》。根据市商委决定，市蔬菜公司对外地调进、调出的蔬菜，每 500 克提取奖金 8 厘。

　　天津市对蔬菜的奖售补贴政策体现在以下方面：

　　一是生活资料补贴。1979 年，市养猪、副食品工作领导小组决定，从当年 7 月份起郊区菜田基地菜农人均口粮标准调到 220 公斤，并实行基本定量加上市奖售的办法。规定基本口粮每人每年 192 公斤，再按交售蔬菜数量每万公斤补助 72 公斤，按卖菜金额每百元补助 12.5 公斤，增产多吃，不做限制。如果按市下达的面积和品种种植，在一般年景交售口粮标准达不到 220 公斤的，仍按 220 公斤补齐。

二是生产资料补贴。1978 年，规定超额完成上市计划每万公斤蔬菜奖售 200 公斤化肥。1981 年，实行每交售 1 万公斤菜，供 100 公斤化肥，再按卖菜额，每百元供 20 公斤化肥。供应蔬菜生产资料平议差价的补贴，在 20 世纪 80 年代每年大约 1850 万元。

三是工副业收入补贴。1981 年 10 月，国务院在批转商业部 9 个城市蔬菜座谈会纪要中提出，社队工副业收入，每年要拿出相当一部分用于菜田建设，并采取适当办法务必使种菜的与务工的同等劳力收入相等，以稳定种菜劳动力，保证把菜种足种好。1985 年 11 月份起，天津市从征收的菜田乡、村工副业所得税中提取 800 万元，用于扶持种菜。凡通过蔬菜公司和供销社成交供应市区的蔬菜，每公斤补贴 2 分钱。

四是价外补贴。1981 年 10 月份开始，基地产区距对口批发部 20 公里以外的，每公斤补助运费 4 厘钱。运费补贴由国营蔬菜公司在收购时一并结算付给，增加的政策性亏损，由市财政拨付。

（二）生猪收购

1980 年 5 月，根据市人民政府关于改良猪种，控制肥肉型生猪，多生产瘦肉型生猪，以适应需要的精神，对现行畜牧和饲料政策做出了调整。根据规定，凡国营、公社及企事业单位交售生猪每头毛重 100 公斤以内的每 0.5 公斤换饲料 1.25 公斤，超过 100 公斤的每 0.5 千克换料 1 公斤。对生产队专业户和一般户交售生猪的，每头毛重 65 公斤，奖售饲料 50 公斤，超过 65 公斤，毛重 100 公斤以内每增重 0.5 公斤奖售粮 1 公斤。1981 年，天津市财委、农委对天津市生猪收购奖售饲料标准做了调整：国营、公社及其他企事业单位交售生猪，每头毛重在 100 公斤以内的，每 0.5 公斤换料 1.25 公斤。超过 100 公斤的，从 100.25 公斤算起，每 0.5 公斤换料 0.5 公斤。生产大队、生产队、养猪专业户和一般养猪户交售生猪，每头毛重 65 公斤，奖售饲料粮 50 公斤；每头毛重在 100 公斤以内的从 65.5 公斤算起，每增重 0.5 公斤，奖售饲料粮 1 公斤；100 公斤以上的，从 100.5 公斤算起，每增重 0.5 公斤，奖售饲料粮 0.5 公斤。专项饲料粮补助：收购国营、公社、生产大队、生产队 65 公斤以上的生猪，每头毛重在 100 公斤以内的，从 65.5 公斤算起，每增重 0.5 公斤，补助专项饲料粮 1.25 公斤；超过 100 公斤以上的部分，不再补助专项饲料粮。1982 年 6 月，市财委、农委下达生猪奖售化肥和自行车的具体方法，规定每交售一头肥猪奖售化肥 15 公斤，每交售 30 头肥猪奖售自行车一辆。

（三）牛羊肉

为保证牛羊肉供应，20 世纪 60 年代初，根据中共中央在《关于目前农产品收购工作中几个政策问题的规定》，对牛羊肉实行派购，并实行派购加奖励政策。凡交售一头活牛或一只活羊分别以饲料粮、化肥、工业品购买证等作为奖售物资。当时由于天津市四郊农牧业基础较差，实行派购存在一定困难，奖售标准逐步缩小。1985 年基本上实行议购议销，取消了奖售办法。

1979 年后，菜牛、菜羊收购价格和牛肉、羊肉的销售价格都做了较大幅度的提高。牛、羊肉由每公斤 1.4~1.5 元调为每公斤 2 元，但长期存在的牛羊肉购、销价格严重倒挂的情况并未解决。

二、改革统购、派购制度

1982 年开始，天津市以"放"为主，理顺价格，扩大市场调节的范围。在农业连年丰收的基础上，国家在调高 18 种主要农副产品、部分土特产品价格的同时，从小商品到大商品价格逐步放开．并对农副产品统购、派购制度进行了根本性的改革。1983 年，国家统一派购的农副产品由原来的 128 种减为 60 多种，1984 年又减到 40 多种。

三、减少指令性计划收购的商品

1981 年 9 月 29 日，市二商局贯彻市政府 8 月 23 日至 29 日召开的蔬菜工作会议精神，决定从 1982 年 1 月起，蔬菜购销由统购包销改为"大管小活"，对占上市量 80%左右的大路蔬菜继续实行统购包销，对 20%左右的细小品种和旺季主要月份统购包销以外的蔬菜，实行议价购销。1982 年，市政府从放开尖辣椒等 4 个小品种起始，逐步减少统管品种和统管数量。1984 年 3 月 17 日，市二商局贯彻市人民政府对蔬菜实行"大管小放"的购销形式。90%的蔬菜品种仍实行统购包销，10%的小品种全部放开搞活。

四、农副产品购销初显繁荣

由于天津市的特点是大城市、小郊区，农副产品不可能完全由自己解决，在很大程度上要依靠外省区的支援，所以，天津市农副产品由外省区调入的比重较大，而从本市郊、县收购的比重较小。随着党的各项经济政策的落实，天津市农副业生产迅速发展，农副产品流通领域开始出现繁荣景象。详见表 3-1 和表 3-2。

表 3-1　1980—1982 年天津市国内商业部门农副产品收购、调入总值

项目 ＼ 年份	1980	1981	1982
合计（万元）	154455	167036	183034
收购	41466	42600	44383
市外调入	112989	124436	138651
比重（合计为 100）			
收购	26.8	25.5	24.2
市外调入	73.2	74.5	75.8

资料来源：谷书堂.天津经济概况[M].天津：天津人民出版社，1984：232.

表 3-2　1983—1984 年天津市主要农副产品收购、调入量

品　名	单位	1983 年			1984 年		
		合计	收购量	市外调入量	合计	收购量	市外调入量
粮食（贸易粮）	亿斤	35.24	4.10	31.14	33.73	4.7	29.03
食用植物油	万斤	18487	922	17565	16500	1073	15427
猪及猪肉	吨	119769	47544	72225	128927	37786	91141
牛羊及牛羊肉	吨	22366	3309	19057	17852	2533	15319
家　禽	万只	748	477	271	759	350	409
鲜　蛋	万斤	11112	5970	5142	15270	10209	5061
水产品	吨	45918	21405	245013	34419	19617	14802
鲜　菜	万斤	177143	168302	8841	174073	163288	10785
苹　果	吨	47916	15424	32492	31490	12140	19350
干　果	吨	7744	3411	4333	6165	3092	3073

资料来源：天津市统计局.天津统计年鉴 1985 [M]. 北京：中国统计出版社，1985：164.

注：包括外贸部门。

第三节　"三多一少"流通体制建设和国内市场初步繁荣

一、"三多一少"流通体制建设

（一）巩固商品流通的主渠道

天津市的商品流通有多条渠道。全民所有制商业是商品流通的主渠道，它对沟通产销、保证供应、平抑物价、稳定市场起着重要的作用。天津的国营商业渠道与全国各地的流通渠道接连，在整个商品流通中，具有举足轻重的作用。天津郊县的商品流通主要由供销社承担，这是农村商品流通的主渠道，既负责农村生产资料、生活用品的供应，又负责农副产品的收购和销售。

城乡流通主渠道商品零售额在全市社会商品零售总额中占有较大比重，以 1984 年为例，全市社会商品零售额为 566183 万元，其中全民所有制商业的零售额达 365178 万元，占社会商品零售额的 64.5%；

供销合作社零售额为 74112 万元，占全市社会商品零售额的 13.09%。

（二）发展集体商业

集体商业是商品流通的又一渠道。天津的集体商业大部分直接隶属于有关的商业部门，但也有一部分是由街道、生产单位、事业单位办的或一些单位合资办的，形式多种多样。集体商业单位，有的从国营批发企业进货，有的直接从生产单位进货，有的组织力量到各地采购，或与有关单位联营灵活。经济体制改革初期，集体商业发展较快。据统计数据显示，1980 年集体商业的社会商品零售额为 33626 万元，1981 年增加到 48341 万元，1982 年为 64255 万元，1983 年和 1984 年分别达到 75239 万元和 94541 万元，1984 年集体所有制商业的商品零售额已占全市社会商品零售总额的 12.5%。

（三）发展个体商业

个体商业是社会主义商品流通的补充渠道。个体商业点小、分散、遍及城乡、机动、灵活、方便群众，经营特点是拾遗补缺。经济体制改革初期，个体商户有了迅速发展，1982 年从业人员 8000 多人，占全市商业零售业从业人员的 5.73%；设零售网点 7000 多个，占市网点数的 43.94%。个体商业的经营规模也在不断扩大。据统计，个体商业1980 年的零售额只有 266 万元，1981 年增加到 1622 万元，1982 年增加到 4191 万元，1983 年和 1984 年分别达到 11439 万元和 16320 万元。

（四）恢复和发展城乡集市贸易

农村集市贸易和城市农贸市场是经济体制改革初期恢复起来的一条商品流通渠道。截止到 1982 年底，天津市共开放城乡农副产品市场114 个，比 1979 年的 67 个增加了 47 个；1982 年成交额达 1.76 亿，比 1979 年增长 2.8 倍。在 114 个城乡农副产品市场中，郊县设有 81个，年成交额 1.06 亿多元；市区设农副产品市场 33 个，年成交额近7000 万元。

（五）发展工业自销和其他部门举办的商业

除上述各条渠道外，经济体制改革初期，工业产品自销和农工商联合企业的出现及产、供、销一条龙的组成以及各种形式的工商联营、商商联营、农商联营，都在商品流通中发挥着积极作用。工业产品自销包括批发和自设零售门市部两种形式，批发渠道一般与商业现有的流通渠道衔接，即直接向商业二、三级批发部门和部分零售商店销货。从天津市几个工业局来看，二轻局系统自销量较大，1982 年占本系统年销售额的 45%。适应工业产品自销的需要，近年来工业部门一些单位组建了相应的批发和销售机构。工业零售门市部是直接向消费者销售商品的机构。

农工商联合企业是经济体制改革初期新出现的组织形式，它具有较强的商业经营能力。全市现有按系统建的、乡建的、村建的、跨行业合建的等几种形式的农工商联合企业。它的特点是把农副产品的生产、加工、销售连接起来，利用当地人、财，物力资源扩大农副产品的生产和推销。

至此，天津市商业多种经济形式、多种经营方式、多种流通渠道、少环节即"三多一少"的流通体制逐步形成。

二、一级采购供应站的业务经营

（一）天津百货采购供应站的业务经营

1978 年 1 月 1 日，天津百货站由商业部收回，实行中央与地方双重领导，业务上以商业部为主，商品流转、财务、基建和劳资计划由商业部专业总公司管理，盈亏纳入中央财政预算。1980 年，商业部为了减少中间流通环节，放开各县和县以下商业企业向外省采购的权利，同城之间只设一道环节对小商品进行专业化经营。天津百货站根据市商委，一商局原一、二级批发机构分工的指示，供应对象由原挂钩二级站逐步扩大到县级批发企业、基层供销社、集体商店、个体商贩和使用单位，批零兼营。

1981 年，为配合企业整顿，组成专门小组对以前的各项规章制度重新修订，新建的有党委领导下的经理负责制、职能部门的岗位责任制及业务部门经营责任制，重新修订了进货、供应、检验、物价、计划费用、财务资金、运输、保管、财产、人事考勤政绩等专业制度，建立正常的工作秩序。

1982 年，天津百货站与天津市日化公司进行工商联营联销，以日化科为联销经营部，日化公司各厂派员参加销售工作，工商双方组成领导机构，对产品、产量、品种、规格、花色和销价共同协商确定日常销售由商业负责。1982 年 9 月，根据商业部同轻工业部联合发出《关于国营商业对部分日用工业品大力开展代理批发和销售业务的通知》要求，天津百货站开展对放开的小商品代批销售。天津百货站为巩固天津的产品销售阵地，在原有 200 多个挂钩二级站司中，选择经销天津产品数量较大、关系较密切的 55 户为商业联销单位，实行以上年成交为基数，以后逐年保上年基数的成交优惠让利办法，同时与挂钩大型零售商场进行展销供销，在供应价上优惠。同时，天津百货站还对逐步放开的三类工业品中的小商品由工商企业协商订价，根据市场供求变化灵活掌握，使生产者经营者利润率比大商品高一些；对特殊销售面窄的商品，其工业利润、商业差价可大一些，地区、城乡批零差价可宽一些，灵活一些，公布第一批开放目录共 160 种，其中百货类 56 种。

1983 年，根据上级指示，商业批发企业之间的供应价，改倒扣为批量作价，对原二级站改为大批量、对原三级站改为中批量、对零售改为小批量批发售价。同时，在商业部百货局及天津市一商局的指导下，进行企业整顿工作，在各业务科实行"两级核算，三级管理"。各业务科成立经营管理组，会统下放，充实人员，建立待运统计，分大类核算编制经营效果表。1984 年，城市经济体制改革实施后，商业流通体制开始突破"三固定"传统模式，逐步实现"三多一少"的开放体制。

（二）天津纺织品采购供应站的业务经营

20 世纪 80 年代以后，纺织品货源充沛，新品种日益增多，涤棉混纺织物迅速发展，造成棉纺织品供过于求，许多地区原签调拨合同不能落实。为减少库存积压，开辟销路，天津纺织站逐步打破供应区划和对象，"地区不分东南西北，对象不分国营集体"，积极召开商品展销会、供货会、定产会、新产品展示会，与工业联手联销，实行工商联合、商商联合，并采取经销、代销、联销多种形式，开辟销路。

1980年棉布暂时停止统购统销，纺织商品已从封闭式经营向开放式经营转化，各级批发站、供销社零售商店均可到任意生产厂家或商业批发单位进货，中央不再下达商品分配调拨计划，统购调拨的购销形式已被自由选购的形式所取代，到1985年以后调拨工作已逐步减少。

（三）天津针织品采购供应站的业务经营

从1978年开始，天津针织站的业务进入了大发展时期，到1981年达到经营的顶峰，进供年增长速度都在百分之十几以上，其中化纤织品的增加是重要因素；另外，1979年毛织品收购3612万元，比1978年的2192.2万元增加64.7%，也是一个重要因素。

在争创名牌活动的推动下，这一期间袜子、运动衣、毛线、毛毯等商品都产生了一批名牌产品。1979年、1980两年天津袜子的产量不及上海的1/3，由于采取小批量、多变化的措施，花色品种数与上海持平，在全国优质产品评比中夺得第一，丹顶鹤牌弹力袜、远航牌锦丝网眼袜被评为名牌产品。1981年针织站的购进、销售、利润等指标都达到了历史的顶峰。但是，随着由计划经济向市场经济转化，1982年针织品市场急转直下，针织品首次出现买方市场，许多品种供过于求，天津针织站库存比上一年增加25.3%，高达12208万元，这是针织站库存首次突破1亿元大关。为此被迫压缩化纤品种的收购，化纤品收购值比重由1981年占总值的57%，降到1982年的41.8%，纯棉织品比重上升21.1%。涤纶外衣、腈纶毛衣分别比1981年减少收购74.8%和84.3%。

为适应变化了的市场，天津针织站采取了深购远销的策略，即把收购范围扩大到外地、把销售对象延伸向基层，如县公司、劳保商店、民贸公司等。1982年站进货厂户数：本市125家，外地两家；销货单位702家，其中432家为非商业部指定的挂钩单位。1983年进一步放开，除所有三级站开放外，还与700多个非挂钩单位发展业务关系。为稳定销货对象站与冀百津站、包头百货站、哈市纺、通辽纺织站、宁夏省纺6单位建立联营关系，商定进货定额，超进优惠。

1983年市场竞争更为激烈，各地纷纷用让利、延付货款、销后付款、卖方负担运费等条件促销。针织站成立了综合经营部，专门接待有照个体户，全年销售 52.25 万元。这一年购销都比上年略有下降，但利润比上年增加了 122.1 万元，升幅为 122.06%。

1983 年天津针织用纱量占全国的 5.59%，天津针织站经营的 8 个主要品种占全国总产量的比重依次如下：汗衫背心第 6 位，棉毛衫袄第 3 位，绒衣裤第 4 位，涤纶袜第 3 位，毛线第 7 位，木纱团第 13 位，毛巾第 16 位，床单第 6 位。

1983 年 10 月根据市人民政府 103 号文件试行产销合一，针织站由一商局划归纺织工业局领导。1984 年 8 月 1 日市针棉批发部划归针织站领导。1985 年 1 月 1 日针织站所有商品都退出计划管理目录，将执行几十年的按计划分配商品改为开放式协商成交。价格也由商业部系统内调拨作价改为批量作价。

（四）天津五金采购供应站的业务经营

1978 年 12 月商业部按照中共中央、国务院的统一部署，对流通体制、购销政策、管理制度等相继进行了一系列重大调整和改革，涉及五金站的有以下四项：

（1）改革五金商品调拨制度：1979 年，商业部下发〔1979〕商五办字 49 号文件规定：五金商品由二级站（市公司）直接向一级站、产地公司进货，自行衔接品种、规格、数量，改革由省（市）公司统一进货、统一分配、统一签订合同。

（2）改革工业品购销形式：1981 年 5 月，国家经委、国务院体改办、国家计委、财政部、商业部等 10 个部（委、办）联合提出了《贯彻落实国务院有关扩权文件、巩固提高扩权工作的具体实施暂行办法》。其中规定工业品的商业购销有四种形式：第一，统购、统销（统配）商品；第二，计划收购商品，其中有五金商品圆钉、镀锌铁丝，工业按计划交货，商业按计划收购；第三，订购商品，工商双方进行产销衔接，协商签订订购合同，生产多余部分，工业可自销；第四，选购商品，这类商品工业可以自销，商业可以选购。

（3）改革批发体制：1980 年 7 月国务院批准商业部《关于当前城市商业体制改革若干问题的报告》，其中规定，改革固定供应区域、固定供应对象、固定倒扣作价率的"三固定"的批发办法。

（4）改革商业管理体制、扩大企业自主权：1985 年 1 月 1 日，商业部将该站下放地方，由天津市第一商业局领导。这次下放与以往根本不同，不是由天津市第一商业局直接领导经营管理，而是把该站作为企业应有的权限交还该站，这些权力包括计划权、业务经营权、财务支配权、价格管理权、劳动人事权等。

此后，天津五金站实施了一系列政策以在新的形势下做好业务经营工作。1982 年实行利润基数包干、超额分成的经营承包责任制，明确了企业的责、权、利，企业的经营成果同职工的切身利益挂钩，增强了干部、职工对企业经营的责任感，调动了积极性，提高了经营管理水平。1983 年进行企业整顿，在企业整顿验收合格后，继续探索深化企业改革，转换企业经营机制。

（五）天津交电采购供应站的业务经营

党的十一届三中全会以后，商业部发布 1980 年 8 月 6 日以〔1980〕商计字第 23 号文件通知，将商业部管理的交电类平衡商品减少到 16 种，其中自行车、普通灯泡、半导体收音机、电视机 4 种计划商品的年度计划经企业所在省市区人民政府部门审查同意后报商业部，在全国商业计划会议平衡、提交国家计委审查报请国务院审定后下达。另 12 种商品提交商业部变电专业会议平衡由五交化局（总公司）下达，此类商品的收购调拨指标是参考性的，实际执行可高于下达指标，但不低于指标的 80%，开始给了企业经营较大的灵活性。

1981 年根据商业部与几个有关部委下发的经企〔1981〕181 号文件联合通知，对商业部经营的工业品实行四种购销形式即统购统销、计划收购、订购、选购，按天津交电采购供应站的经营品种属于计划收购的商品为自行车、普通灯泡两种，属于订购的专业会议平衡商品为日光灯管、电视机、半导体收音机、花线、胶质线、电度表、自行车零件、自行车外胎、自行车内胎、补胎胶水、打气筒、胶木电料、镇流器等 13 种，除此之外，其余商品为选购商品。计划商品仍由商业部计划局根据国家计委的安排下达年度工业生产和商业收购计划，据此与工业部门进行衔接年度和分季收购数量，属于订购专业会议平衡商品前十种商品由商业部与有关工业部联合下达工业生产和商业收购计划或参加有关工业部订货会议安排商业订货数量，并由天津交电采购供应站与天津工业部门进行衔接年度分季收购品种规格的具体数量。商业部分配调拨主要原料的订购商品有打气筒、镇流器、胶木电料 3 种，以及选购商品排气扇、吹风机、保险丝等，每年三季度以后由产地站、司包括天津交电采购供应站提出要货计划，并报送商业部申请主要原材料，经商业部同意后与工业部门进行衔接年度收购数量。基本上商业部在计划和订购商品的管理上逐步缩小了品种数，虽计划和订购的商品仍占企业收购值的 80% 以上，但给企业一定条件深入开展对工业企业的支帮促工作，按照市场需求情况和工业企业升级转产规划促进工业取长补短，增加适销商品的生产和收购，发展乡镇企业交电商品的生产安排，开辟货源基地，并配合天津市二轻局生产调整规划，该站通过商业部引进了日本、中国香港等国家和先进地区的交电商品的样品，促进了天津产业结构的调整和生产的发展。同时充分利用企业的人才、经营设施、检测手段和天津港口条件，扩大承担商业部统一安排的和国家 "112" 专项进口摩托车、彩电、电冰箱、洗衣机、收录机等接收进口任务。

在商品销售供应上，1981 年 11 月根据商业部〔1980〕商计字第 42 号文件 "关于商业部商品计划管理暂行办法" 的通知，将过去的分类调拨分配办法改为按计划商品、专业会议平衡商品和三类商品，前两种商品要货和调出计划由各省市区站、司上报商业部五交化专业局进行综合平衡，然后在全国供应会上分配三类产地站，并联合分配商品，由销地站、司提报要货计划，产地站司提报调出计划，分送上海、天津两个一级站汇总平衡，在全国五交化商品专业供应会上分配签约。该站并根据天津市一商局 "津商业一字 16 号文件"《关于加强商品分配分级管理的规定》，在商业部召开的全国供应会后继续执行和扩大企业组织的一年两次邀请二级站司参加的补货会议，按商业部的规定，执行地方代补分的余量商品和根据市场需要增产增收的商品销售，支持地方工业生产的发展，增强国营商业企业的集散功能，扩大企业的经营规模，提高企业的经济效益，并开始与部分三级站司发生业务往来，并不定期地召开三级站司参加的或三级及以下单位的专业交流会议，组织登门走户，送货上门，深入基层，变坐商为行商，扩大商品销售。

（六）天津化工采购供应站的业务经营

1980 年商业厅局长会议建议取消工业品包销，采取统购统销（统配）、计划收购、订购、选购四种形式。1981 年 5 月，国家对四种购销形式联合做出具体规定。其中，对化工商品的规定是：第一，统购统销（统配）商品，共 11 种，不含化工原料；第二，计划收购商品共 24 种，化工原料中仅硫黄一种；第三，订购商品，共 58 种，化工商品中仅油漆一种，仍由工商双方进行产销衔接，协商签订订购合同；第四，选购商品，即以上三类以外的商品都属选购范围，工业部门可以自销，商业部门可以选购。天津化工采购供应站经营的品种除油漆属订购商品范围，其他所有商品都属选购范围。

（七）天津文化用品采购供应站的业务经营

1982 年以后随着改革开放政策的不断贯彻实施，天津文化用品市场发生了前所未有的变化，国营一、二、三级批发企业和零售商店的营销格局被打破，出现了国有、集体、私营经济一起上的局面。经营批发或零售业务的单位也并非一成不变，在市场经济体制下，一些生产厂家做起批发业务，实行自销；一些大型商场随着零售业务的发展也干起批发；文化用品专业商店为拓展业务干起百货或其他业务，而其他行业的批零单位有的也经营文化用品。新的经营文化用品的单位不断崛起，天津文化用品市场呈现出工商、内外贸企业及各批发、零售单位互相竞争、各显其能的繁荣局面。

经济体制改革初期，在工业品批发业务中改变了过去"三固定"（固定进货渠道、固定销售对象、固定倒扣作价办法）模式，普遍实行商品直供、经销代销、联营联销、供料收购、建立生产基地等多种经营方式，使批发企业由单纯经营型向综合服务型发展。天津一级采购供应站积极改革，适应形势发展变化的需要，使购销总值进一步提高，详见表 3-3、表 3-4 和表 3-5。

第三章 经济体制改革初期的天津商贸业（1978—1984）

表3-3 1978—1984年九大一级站调给市内外工业品总值

单位：万元

年份	1978	1979	1980	1981	1982	1983	1984
石油站	177229	191287	191684	174167	178259	246344	271107
五金站	25835	24682	24177	19466	21149	22138	22097
交电站	47076	63313	73647	73208	70473	75942	113845
化工站	42894	45286	41161	40193	46448	43519	43033
纺织站	69999	75897	78043	83932	59989	62772	37150
针织站	35040	39926	45993	54000	49468	48111	46777
百货站	52815	58557	65113	71199	69485	66226	63147
文化站	22204	28289	31984	30159	29064	30169	35560
医药站	22866	18482	16917	14864	15655	14049	13647
调出总值	495958	545719	568719	561188	539990	609270	646363

资料来源：天津市统计局.天津四十年（1949—1989）[M]. 北京：中国统计出版社，1989：869-870.

表3-4 1978—1984年九大一级站调给市外工业品总值

单位：万元

年份	1978	1979	1980	1981	1982	1983	1984
石油站	157753	170792	171614	155443	158946	220515	242748
五金站	20738	19874	19523	15620	16686	18051	18802
交电站	39625	51596	60986	63407	60344	63053	94412
化工站	32515	34636	30576	29799	34353	32371	32684
纺织站	44510	48842	48205	53577	36683	41470	30134
针织站	24363	28922	32220	39120	35475	36698	40482
百货站	42384	47387	53614	59790	59399	55314	52878
文化站	14322	18602	24191	23582	22532	23170	27803
医药站	19210	14492	13769	14038	14690	13250	12767
调出总值	395420	435143	454698	454376	439108	503892	552710

资料来源：天津市统计局.天津四十年（1949—1989）[M]. 北京：中国统计出版社，1989：873-874.

表 3-5　1978—1984 年九大一级站调给市外工业品占调给市内外
工业品总值的比重

单位：%

年份	1978	1979	1980	1981	1982	1983	1984
石油站	89.01	89.29	89.53	89.25	89.17	89.52	89.54
五金站	80.27	80.52	80.75	15620	78.90	81.54	85.09
交电站	84.17	81.49	82.81	86.61	85.63	83.03	82.93
化工站	75.80	76.48	74.28	74.14	74.35	74.38	75.95
纺织站	63.59	64.35	61.77	63.83	61.15	66.06	81.11
针织站	69.53	72.44	70.05	72.44	71.71	76.28	86.54
百货站	80.25	80.92	82.34	83.98	85.48	83.52	83.74
文化站	64.50	65.76	75.63	78.19	77.53	76.80	78.19
医药站	84.01	78.41	81.39	94.44	93.84	94.31	93.55
调出总值	79.73	79.74	79.75	80.97	81.32	82.70	85.51

资料来源：根据表 3-3 和表 3-4 数据整理。

三、市级工业品批发公司（二级采购供应站）的业务经营

（一）天津市百货公司的业务经营

为了适应经济体改革的需求，市百货公司在这一时期分别从购进和销售两个方面进行了调整。在购进上，一是加强进货力量，及时将有业务专长的老业务员归队充实到进货部门。二是改变商品组过去一大二粗的状况，分专划细。三是明确各商品组进货任务，配备专、兼职进货人员。在此基础上，重新修订进货原则，贯彻多品种、高质量、进销对路。对缺口货源，及时到各兄弟省、市的站司拜访求援、补充购进，并且争取一些外贸出口多余物资，保证商品的充裕，扩大市场投放量。在销售上，批发部门加强了商品全面核对，增加花色品种，开展商品展销，大摆大卖。增添服务项目，提高服务质量。延长营业时间，摆摊设点，送货上门。帮助零售选择花色品种，调剂有无，换残补短，通过大搞商品陈列，使商品琳琅满目，扭转了百货市场商品单一的局面。在经营过程中，批发部门既重视大批量成交，也不放过

小宗买卖。通过采取一些措施，1979 年总销售额 56722 万元，是 1977 年和 1978 年两年平均销售金额的 1.18 倍，比前期年平均销售额增长 8710 万元，实现了公司提出的增加盈利、实现本企业历史最好水平这一目标。

1980 年，市百货公司以提高经济效益为中心，从搞活经营入手，果断地提出六个突破、六个坚持的经营主导思想。即：

（1）突破一级站给什么、卖什么的旧框框，坚持按市场需求组织进货。

（2）突破不能向工业直接进货的禁区，坚持选优进货。

（3）突破画地为牢、坚持广开货源渠道。

（4）突破零售不能自采的禁令，坚持择优进货，促进商业竞争。

（5）突破地区封锁，坚持扩大推销，积极占领百货市场。

（6）突破官商作风，坚持服务生产方便零售。

由于贯彻了这一正确的经营指导方针，广开流通渠道，搞活业务经营，改变原来的经营状况，市百公司出现购销两旺的好势头。1980 年批发合同外进货占总进货的 41%，毛利率由上年的 5.57%上升为 6.12%，零售自采占总进货的 33.3%，毛利率也由上年的 11.99%上升为 12.18%。1982 年市场变化更快，买方市场开始向卖方市场转变。严把进货关和占领市场已迫在眉睫，市百货公司干部职工及时转变经营思想，严格进货质量管理，加强天津产品的经营，把重点放在小商品经营、工业品下乡和拓宽扩大销售上，并创造批零移库联营、工商联营、商商联营、代批代销联营四种新形式。加之采取搞活作价、让利、延期结算等灵活办法，以变应变，迎难而上，掌握了经营主动权，很快打开销售局面。1982 和 1983 年两年中批发总销售达到 117682 万元，利润总额达 3734 万元，其中以玻璃器皿、儿童玩具、日用小五金、化妆用品为代表的三类小商品销货额达到 3704 万元，两年小商品年平均销货额比 1980 年增加了 749 万元。

（二）天津市纺织品公司的业务经营

1978 年，为贯彻党中央"调整、改革、整顿、提高"的方针，对纺织品行业管理体制进行了一系列探索、试验和改革。1978 年初开始试行"批零结合""进销合一"，天津市纺织品公司接管原各区百货零售商店共计 32 户，其中纺织品零售专业户 24 户，服装零售户 8 户，统由天津市纺织品公司领导和管理。

1981 年 8 月，天津市决定组建商业服装公司，对服装加工业和服装经营业进行"产销结合"的试验。全市各区修配公司所属服装厂和服装加工门市部以及天津市纺织品公司接管的服装零售商店，全部划归天津市商业服装公司领导和管理，并相继成立服装原料批发部、服装批发部、服装研究所。

1982 年 11 月 1 日，商业部通知：各种化棉混纺交织的针棉织品和 15 种针织小商品、9 种布制成品免收票敞开供应；各种涤棉、粘棉、丙棉的色布、花布、色织布临时免收布票。天津市对维棉布、人造棉一律免票敞开供应。

1983 年 9 月，中央商业部、纺织工业部联合发出通知，决定在天津进行"产销结合"的试点。天津纺织品采购供应站、天津市纺织品公司及其所属批发部从天津市第一商业局划归天津市纺织工业局领导。原下属的纺织品零售商店仍留在天津市第一商业局，并组建成立商业纺织品公司，负责对纺织品零售商店的领导和管理，并增设批发机构。

1984 年棉布停止统购统销后，天津市决定成立"工贸合一"的丝绸公司，由天津纺织品采购供应站、天津市纺织品公司，结合工业部门，共同抽出人员，组建天津市丝绸公司，全市生产丝绸的厂家及其产品，统由天津市丝绸公司领导和经营，实行"自产自销"。

（三）天津市五金交电公司的业务经营

1976 年 10 月粉碎"四人帮"后，市五金交电公司在整顿企业中，全面调整了各级领导班子，重新建立和健全了各项规章制度，克服了有章不循和无章可循的混乱状况，纠正了"文化大革命"中各项工作中的失误，制定了各部门和不同工种的责任制度，使得岗清责明，事事有人管，修订奖励办法，拉开了部门、职工之间的收入差距，初步打破"大锅饭"的弊端。党的十一届三中全会以后，在改革开放方针指引下，市五金交电公司通过推行经理负责制，实行经济承包责任制，转换经营观念，积极开拓经营，逐步打破统购包销的经营管理模式，初步实行了多渠道、少环节、开放式的经营模式，扩大了经营规模，强化了企业管理，使企业效益普遍得到提高。在企业整顿验收的1984年，全公司销货额6.9亿元，较1983年的6.17亿元，增长了11.8%。公司的服务领域也逐步扩大，各下属单位普遍实行了下厂服务、送货上门、突出专业商店的经营特色，并缩小批发起点，拆零销售，组织社会挖潜，调剂余缺，开展代销、联销业务，使公司的经营成果不断提高。

（四）天津市化工原料公司的业务经营

从1981年开始，化工商业的分级管理和商品购销形式都发生了巨大的变化。首先是商业部把原来的12个品类的部管商品（计划商品）压缩为硫黄块一种，会议平衡商品（45种）也调整为石蜡、明矾、硫酸铝、红矾钠、四氯化碳、保险粉、染料、油漆等8个品类。随着化工市场竞争局面的出现和不断加剧，化工商品的经营部门和生产部门为了对错综复杂而又瞬息万变的市场自主地做出灵敏准确而又有效的反应，会议平衡的8个品类商品也就无形中被市场调节所取代。

1982年7月，天津市化工原料公司成立香精香料商店，是全国第一家专营商店。1982年8月成立胶粘剂批发部，1982年6月成立第二化工零售总店，统管集体门市部。

四、零售商业的市场供应

（一）日用百货商品供应

随着改革开放形势的深入发展，国家控制统购统销、统一物价的格局被冲破，企业获得越来越多的自主权，企业之间的竞争也越来越激烈。1983年市百货公司下发第一批放开小商品六大类157个品类和集团购买的小商品三大类67个品类商品的价格。1984年4月放开第二批六大类290个品类的价格。经过两次放开小商品价格，除个别商品如录像机、金饰品等实行定点专卖，限定最高售价等办法外，其余百货经营的大部分商品均采用市场调节、自行定价的办法。但物价管理的组织系统、定价的手续环节、民主监督程序等仍延续至今。天津市八个区百货公司 1974 至 1983 年 10 年日用工业品累计零售额 130959 万元，占零售额合计 341608 万元的 38.3%，其中百货类 10 年销售 53700 万元，占零售额 15.7%。

（二）居民粮油供应

1978 年以后，副食品供应日益充裕，城镇居民对主食的需求量趋于减少，粮食定量水平已经大大高于居民对粮食的实际需要。居民购粮证上余粮增多，社会上沉淀的粮票也越来越多，粮食外流和倒买倒卖粮票问题日益严重。市粮食局与有关部门采取了相应的措施，收到了一定效果，但为防止诱发抢购风潮，一直没有核减城镇居民的粮食定量。

粮油商品的购、运、调、销、存全由市和区（县）两级粮食局分工管理经营。天津市粮食、油脂品的自给率较低，年销售量的 9% 左右由国家按计划从 22 个省份调入。市内粮油调拨由市粮食局和下属的储运、油脂两个专业公司负责安排。郊、县粮油商品的收购由郊、县粮食局负责。粮、油商品的流通，一般经过收购（或调入）、库存、加工、运输、零售几道环节。粮、油商品的加工由市粮食局的面粉，油脂、机米加工厂和 5 个县的面粉厂承担。粮食的零售均由各区、郊、县粮食局下设的国营粮店经营。1982 年，全市城乡共有粮店 874 个，职工近 1 万人，年销售粮食 20 多亿斤。食用植物油的零售由市油脂公司统一批发到各副食商店代销，年销售 8500 多万斤。

（三）民用布供应

1977 年 12 月至 1978 年 8 月，天津市将涤棉混纺布和涤纶短纤维与棉花混纺布分别纳入凭票供应范围。1980 年以后，随着化纤织品生产大幅度增长，棉布供不应求的矛盾日趋缓解。从 1980 年 12 月 15 日起，涤棉混纺布临时免收布票。从 1982 年 11 月 1 日起，各种化棉混纺交织的针棉织品和 15 种针织小商品、9 种布制成品免收布票，敞开供应；各种维棉、粘棉、丙棉的色布、花布、色织布临时免收布票。1983 年 3 月，又对线卡其、线华达呢等 6 种纯棉布及各种含棉混纺布实行临时免收布票的办法。1983 年 5 月 1 日起，全部针棉织品临时免收布票，敞开供应。至此，布票的作用已经缩小，凭布票限量供应已失去意义，因此，国务院决定，从 1983 年 12 月 1 日起，所有针织品在全国范围内临时免收布票，并停发 1984 年度布票。

（四）居民肉、蛋、禽类产品供应

此类产品由市外调入量占经营总量的比重较大，20 世纪 60 年代为 93%，70 年代为 85.5%，20 世纪 80 年代以后情况有所改变，约占 62.1%；其中肉（猪、牛、羊肉）曾长期从十几个省区调进，鲜蛋也曾长期从六七个省区调进。此类商品季节性较强，集中调运、加工、储存的任务十分繁重，组织流通的工作相当艰巨。此类商品的收购和批发任务分别由市二商局所属的食品、禽卵两个公司及其下属的 4 个加工厂承担，实行收购（含外地调入的接收）、加工（屠宰、熟制、打蛋、动物的短期饲养）、批发几项职能一体化。天津市 5 个县的收购由各县供销社代理。肉蛋禽类商品的零售主要由各副食商店经营。

1979 年以后天津市鲜蛋供应进入历史最好时期，1981 年开始按人口供应市民鲜蛋，市内销售达到 2651 万公斤，市民人均食蛋水平为 8.8 公斤。1984 年市政府要求全年敞开供应，由于 10 月份市场供应偏紧，群众排队购买，从 11 月开始按定量供应，每户每月 2.5 公斤。市民年人均食蛋 14.5 公斤。

1980 年，禽类经营由第一食品加工厂转归第四食品加工厂负责。同年 9 月，市食品公司先后成立蛋品、家禽野味两个贸易货栈。1983 年，天津市禽蛋公司成立。1984 年经市二商局批准，蛋品、禽畜两个贸易货栈从所在加工厂划出，归市公司直接领导。当年，市禽蛋公司根据市二商局要把公司逐步建成经济实体单位的指示精神，决定将鲜蛋进货业务划到公司管理。1984 年底，市禽蛋公司经市二商局批准实行工商划分，商业由市公司直接经营与核算，禽畜加工厂将家禽经营划归禽畜贸易货栈代管，作为公司经营的一部分。

（五）蔬菜副食品供应

1976 年，市二商局为了弥补国营商业网点的不足，依靠街道兴办起商业代销、代营点。这些代销、代营点多数坐落在居民区内，对支持生产、满足消费起到良好作用。1981 年，根据市财委指示，河西区蔬菜副食品公司将小海地副食商场一处 1629 平方米、副食门市部一处 542 平方米移交给青年联合实业公司，为集体所有制企业。1982 年，河东区蔬菜副食品公司将万辛庄 8 个国营副食门市部让给职工待业子女集体经营。1982 年，据市二商局统计，蔬菜副食零售网点 600 余个，不能满足居民购买需要，市二商局决定在此基础上增加网点。1982 至 1983 年共增加 272 个网点，其中和平区 52 个、河西区 34 个、河东区 72 个、河北区 38 个、南开区 44 个、红桥区 32 个。塘沽、汉沽、大港三区根据具体情况自行决定增加的数量。1984 年，城市经济体制改革开始，天津市各区蔬菜副食品公司网点达 828 个，城市集贸市场数量增加、规模扩大，加之先后在新辟居民住宅区如日环里、月环里、天环里、地环里、小海地、珠江道、天拖南、天拖北、体院南、体院北、体院东、王顶堤、黑牛城、水上村、鞍山西道、川府新村、本溪路、靖江里、万新村、白堤路、真理道、西青道等地区同步建起商业网点 300 余处，大部分主营或兼营蔬菜副食业务，使蔬菜副食网点的布局逐渐趋向合理。市人民政府对新辟住宅区商业网点给予优惠政策。规定蔬菜副食零售业用房由房管站按民用公房经营收租。凡属集体所有制单位使用房屋，免交租金三年，全民所有制企业使用房屋，免交租金一年。

1978 年中共十一届三中全会后，为缓解蔬菜淡季供应紧张的局面，各区蔬菜副食品公司从 1979 年至 1984 年间购置豆菜机 108 台，每台日产豆菜 50 公斤，做到随产随销。市二商局贯彻市人民政府关于《1984 年改善城市人民生活十项工作决定》中第八项改善蔬菜副食品供应的部署，对长春道、大沽路、佟楼、解放南路 4 个大、中型蔬菜副食品综合商场进行装修改造，改善了购物环境。同时组织 27 个蔬菜副食商店营业时间延长到 14～16 个小时，为群众购买蔬菜副食品提供了方便。

（六）糖果糕点供应

随着改革开放的深入发展和私营糖果糕点企业的蓬勃兴起，市场竞争日益激烈。在此形势下，糖果糕点行业零售企业积极参与竞争，扩大经营范围，优化购物环境，提高服务质量，使营业收入迅速上升，经济效益逐年增加。中共十一届三中全会后，随着企业改革的深入发展，国营零售网点不断调整，人员基本稳定。1981 年网点为 301 个，职工 7884 人；1983 年网点为 308 个，职工 7939 人。

1. 糕点销售

平价凭票糕点的销售时间较长，直到 20 世纪 80 年代末，随着农业生产的发展和粮食丰收，用粮票买糕点的办法逐步取消。糕点敞开销售，给群众带来了方便。由于消费者对糕点需求的变化，其销量也逐年下降。

2. 食糖、糖果销售

1983 年根据市二商局决定，食糖取消凭本定量，实行敞开供应。从天津解放后到 1983 年，食糖零售都是门市部现卖现包，售货员劳动强度大。20 世纪 80 年代初期，食糖小包装化逐渐发展起来。1983 年市糖业公司责成所属综合加工厂搞塑料袋装的绵白糖供应门市部零售，每袋 500 克，比散装价贵 3 分钱，但整洁保质，受到群众的欢迎。之后，又对红糖进行塑袋包装，彻底解决了冬季卖糖斧砍锤砸的问题。商业部向全国介绍了天津该项改革的经验。

（七）饮食业、服务业、修配业营业概况

1. 饮食业营业概况

1978 年 12 月中共十一届三中全会以后，商业部多次提出：要解决群众的就餐问题，向家务劳动社会化方向迈进。但因各种条件限制，国营、集体的饮食业很难增加新网点。直到 1984 年，随着改革开放的深入发展，饮食业才重新崛起，国营的、集体的、工矿企业的、个体的、外资的、合资的饮食企业相继开业，打破了市饮食系统一统天下的局面。特别是个体经营的小店和摊点，如雨后春笋，到处皆是，饮食市场出现空前繁荣的景象。

（1）新店、大店增多。除市政府直属饭店和旅游局系统新建的饭店有凯悦饭店、皇宫饭店、利顺德饭店、水晶宫饭店、喜来登饭店等大型高级饭店外，市饮食公司系统新建的饭店有美膳酒楼、富利华大酒店、金城大酒楼、桃李园饭庄、天一坊饭庄、华夏酒楼、随园酒家、御膳楼饭庄、会宾楼饭庄等 10 余家。同时经过扩建装修的还有登瀛楼饭庄、狗不理包子总店、玉华台大酒楼、起士林大饭店、川鲁饭店、红桥饭店、红旗饭庄、宴宾楼、鸿起顺等 10 余处。

（2）新建多处食品街、美食街。1985 年建成的南市食品街，建筑面积 4 万平方米，规模宏伟，造型古雅瑰丽，宛如一座方城。游览这座把烹饪艺术、建筑艺术融为一体的食品街，可以品尝到百味珍馐的佳肴美馔。

（3）餐饮带旅店的经营场所增多。传统的饮食店只卖饭不带店，改革开放以来旅游系统均为宾馆式饭店，以住为主兼营餐饮，而传统的饮食店通过扩建装修，有些已变为以餐饮为主兼营旅店业的饭店。最早的是 1976 年的红桥饭店，而后川鲁饭店和新建的富利华大酒楼等均属此种类型。

（4）装修格局、多种设备大改观。从 20 世纪 80 年代后期，先是大饭店，而后中小型饭馆，最后个体小店都相继装修、改善设备，使餐饮业的面貌大为改观。中型以上餐饮店基本都装有空调器、设有卡拉 OK 歌舞厅。有些大型饭店已成为集餐饮和各种娱乐为一体的多种功能的娱乐场所。

2. 服务业营业概况

这一时期中，服务业中的个体户和街道集体户有了较大发展。1982年，个体户和集体户的情况是：照相业 279 户，其中市区 112 户，138人；理发业 609 户，其中市区 114 户，153 人；洗染业（主要为拆洗）207 户，其中市区 181 户，212 人。天津市服务公司所属的服务业发展也较快。1979 至 1982 年，营业收入年均递增 9.38%，利润额年均递增 11.47%。陈旧门点的翻修整新已基本完成，更换和增加了店堂内设施。1982 年，天津市服务公司所属旅店业有床位近 13000 张，营业收入 1401 万元，利润 376 万元。浴池业营业收入 759 万元，利润 78 万元。营业收入中，主营收入占 25%，简易旅店经营收入占 40%，销售蒸馏水收入占 20%，其余的为冷食等营业收入。照相业营业收入 591万元，利润 65 万元。洗染业营业收入 332 万元，利润 60 万元。理发业营业收入 421 万元，利润 46 万元。5 个行业的总收入为 3504 万元，利润 615 万元。

除天津市服务公司以外，郊区、县的商业部门，城镇街道、机关事业单位及学校也办有服务业，共有服务性商业企业 700 户左右，其中全民所有制性质的约 150 户，集体所有制性质的约 550 户，从业人员约 18800 人。将这些服务企业计算进去，全天津市服务业共有网点 1512 个，其中国营企业网点 744 个，集体企业网点 768 个，从业人员 30892 人。整个服务行业拥有固定资产现值 10656 万元，流动资金 2637 万元。年营业额为 16182 万元，总利润额为 3249 万元。

3. 修配业营业概况

这一时期中，修配业在改革开放中加快了发展步伐，市、区政府对修配业政策的不断放宽。市、区公司不断转变观念，转换经营机制，扩大经营范围，修售结合，工商结合，修配行业发生了巨大变化：修配项目更新换代，修理品位不断提高，网店面貌日益改观，经济效益大幅度提高。1980 年营业收入突破 1 亿大关（20 世纪 70 年代始终徘徊在 5000 万～7000 万元）。十年改革使修配业从传统的修车、鞋、铁、缝为主发展到与高档生活用品和电子、机械、工程等现代建设的需要接轨。到 1982 年底，修配服务业个体户有 2183 户，从业人数 2910 人。城镇街道、机关团体办修配服务点 427 个，从业人数约 7000 人。两项总计有服务点 2610 个，从业人员近万人。为扩大营业、方便居民、有利客户、增加修配服务收入，天津市修配业进一步加强了修与销结合、修与造结合及以修代卖业务，扩大了经销代销业务，并同外地有关工业部门开展联营业务，为有关工厂专设了代销包修门市部。修配服务业务开始搞活，服务质量有所提高。

五、天津产手表、缝纫机、自行车、电视机的购销业务

（一）天津产手表的购销业务

中华人民共和国成立以前，天津市表业的生产十分落后，人们使用的一般是怀表，手表也全是洋货，只为少数富人所享用。1954 年由公私合营钟表厂五人小组试制成功的第一只"五一牌"手表在天津诞生，这是第一只由中国人自己制造的手表。从此手表的生产在天津、

上海、广州乃至全国各地迅猛发展起来。国产手表在 1980 年以前生产水平很低，在相当长的时间里供不应求，名牌手表要凭有限的购买证购买。在高度集中的计划管理体制下，手表的生产和购销在严格的计划控制下进行，在 1985 年以前，津产手表一直是属于国家计划管理的品种。自"五一牌"表问世之后，从 20 世纪 60 年代末至 70 年代末，"东风""海鸥""珠峰"手表相继问世，到 20 世纪 80 年代中期"东风"停产，由海鸥表代替。同时女式、中型、镀钛、日历自动等花色品种增多，天津手表厂也成为全国为数不多的专业生产厂，能自行设计、自行制造系列、规格、花色品种齐全的厂家，海鸥手表名扬中外。

天津百货站收购天津产手表，1965 年只有 10 万只左右，到 1975 年已达 100 万只左右，最高水平为 1983 年，达 199 万只，同年销售 150 万只。天津产品主销的"三北"地区，以津产手表占该地区总销量的比重为例，1983 年华北（含北京）占 13.2%，东北区占 8.9%，西北区占 12.3%。由此可见，津产手表可与上海、广州国产手表争雄。

20 世纪 90 年代在市场经济体制下，商品日趋丰富。各种进口表、合资企业生产的表以及国内多种类型企业生产的组装表已是手表市场的主体，款式、档次、价位均可满足各阶层消费需求，手表已从以前的卖方市场过渡到买方市场。

（二）天津产缝纫机的购销业务

天津家用缝纫机的生产基本是解放以后建立起来的。1949 年以前天津存在的几家缝纫机行主要从事缝纫机的修理和装配。1953 年天津市投资公司将 5 家缝纫机行合并组建天津华北缝纫机厂，1955 年生产出"国华"牌五斗家用缝纫机。天津缝纫机生产是从经销、修配、仿造这一途经发展起来的，机械化程度很低，生产规模扩大速度很慢。由于产品供不应求，1962 年家用缝纫机被国家列为计划调拨商品。

20 世纪 60 年代天津缝纫机年平均产量在 6 万~7 万架水平上徘徊，产品全部由天津百货站包销，除调拨到"三北"地区市场外，天津市场的供应由天津百货站通过天津市百货公司天百批发部完成，但市民购买需凭票证。

1965 年，天津生产出 FA2-1 新型小 44 缝纫机，同年 8 月份投放市场，产品更名为"牡丹"牌。由于新机型具有适合北方寒冷地区制作夹、棉衣物的特点，且价格低于其他地区产品，因此受到市场特别是西北风沙较大地区的欢迎。1966年，天津华北缝纫机厂更名为天津市缝纫机厂。进入20世纪70年代，天津缝纫机厂更新设备，扩充产能，生产量逐年增长。1979年生产缝纫机30万架，较1971年翻一番。1979年后，为满足城市人民需要，国家重点安排缝纫机生产，商品货源增加，天津市场取消票证供货形式，敞开出售，至1985年城镇缝纫机保有量极大提高，消费者开始选牌购货，除上海等生产的名牌机器外，其他品牌包括天津牡丹牌出现平销、滞销局面。

（三）天津产自行车的购销业务

自行车是交电行业的主营重点商品，自1965年至20世纪80年代初期一直是国家计委下达工业生产商业收购计划商品，并由商业部统一安排分配供应。20世纪80年代后随着国家经济体制改革逐步放开经营。

（1）天津自行车的生产起源于日本侵华后在津设立的康和工厂生产的"铁锚牌"26型自行车及前轮。抗日胜利后由国民党政府接收，改为"中字"牌自行车。1956年完成对私营工商业社会主义改造以后，由天津市第一轻工业局组织多家车具零配件生产厂组建了天津自行车二厂，试制生产"双喜"牌自行车，1960年已形成批量生产。"文化大革命"期间更名为"红旗"牌，并一度并行生产"麒麟"牌自行车。天津自行车二厂从1986年以来将一部分品种型号的红旗牌自行车逐步转改为飞鸽牌自行车。20世纪80年代末又成立了天津自行车三厂，生产"斯塔特"牌自行车。1990年工业又进行生产行业调整，将第二自行车厂的一部分并入天津自行车厂。

1952年自行车由中国百货公司天津采购供应站经营，1956年下半年由中国百货公司天津采购供应站移交给中国交通电工器材公司天津采购供应站经营。商业在20世纪50年代经营中除对天津地产自行车统购包销外，还根据国家统一安排接收一定数量的苏联和东欧社会主义国家进口自行车。随着国民经济的发展，人民生活水平的提高，自行车成为广大人民需要的代步工具，全国市场呈现供不应求。在工商相互支持、协作和促进下，工业生产技术不断改善，质量逐步提高，工业生产和商业购销迅速增长，到 1960 年购进总量增加到 52.13 万辆（均为当地工业产品收购），销售 53.84 万辆，分别比 1956 年增长 31.06 倍和 1.15 倍，收购量占当地工业产量 53.86 万辆的 96.8%。

进入 20 世纪 70 年代，在制订第三个五年计划（1966 至 1970 年）中，天津交电采购供应站根据全国市场的需求的调查，提出商业购销突破百万辆的发展计划，并与工业部门进行了充分协商，使 1970 年购进达到 111.24 万辆，占工业产量 112.43 万辆的 99.1%，比 1960 年又增加了 1.13 倍，销售总量 113.59 万辆，比 1960 年增加了 1.11 倍。

进入 20 世纪 80 年代，随着流通体制的改革，工业开始逐步增加自销比例，但天津交电采购供应站在 1986 年以前购销仍占较大比重。1984 年购进 448 万辆，占工业生产量 523.93 万辆的 85%，较 1970 年增长了 3.03 倍，销售总量 440.86 万辆，比 1970 年增长 2.88 倍。1985年购进 449.93 万辆，其中当地购进 437.96 万辆，占工业产量的 563.17 万辆的 77.8%，比 1984 年购进量有所减少，但开始着手外埠自行车的货源，组织购进 12.1 万辆，使全年购进总量和销售总量较 1984 年略有增长。

自 1986 年以来，工业自销比重进一步扩大，到 1989 年购进总量 183.56 万辆，其中当地工业购进 165.98 万辆，占当地工业产量的 662.61 万辆的 25%，较 1985 年减少 2.78 倍，而且 1989 年以后红旗牌改用飞鸽牌以后，天津自行车在市场销售信誉受到了影响。1986年 8 月价格管理权限下放地方以后，工业在正常价格以外附加原材料差价也较高，直至 1990 年执行市人民政府 31 号文件天津交电采购供应站经营陷入困境，而工业则不断强化自身推销机制，使自行车的商业经营逐年下降。

（2）天津交电采购供应站在长期经营中密切与工业协作，促进天津自行车的品种不断增长，质量逐步提高，生产和收购量大幅度增长，并通过合理组织商品销售扩大市场覆盖率，使天津飞鸽牌自行车与上海永久、凤凰牌自行车长期被誉为全国三大名牌，红旗牌也成为地区性名牌，排列在白山、金狮、五羊、飞鹰等牌之首。在商业部组织的全国交电专业会议和商业企业召开的大型补货交流会议不断邀请工业厂家参加，直接听取各地对天津产品的反映，促进天津产品的质量和品种的提高改进，协助工业在各地建立专业维修站点，通过商商地区之间的联系，为工业建立紧缺原料如镍钢等固定供应关系。对红旗牌自行车，自 20 世纪 50 年代经营以来，直至 1973 年，天津交电采购供应站一直亏损经营，负毛利均在 1.11% 至 1.66% 之间，到 1974 年才开始步入保本经营，以扶植红旗牌自行车的生产发展。

（3）天津交电采购供应站在自行车销售上充分发挥企业的经营优势，发挥国营商业的主导作用和集散功能，在全国占有重要地位，仅次于上海，名列第二。1956 年销售量为 25.09 万辆，比 1953 年百货站经营时销售量 16.17 万辆增加了 55.2%；到 1958 年销售达到 46.64 万辆，占全国销售量 92.15 万辆的 50.6%；1969 年销售 94.79 万辆比 1958 年增长了 1.03 倍，占全国销售总量 248.61 万辆的 38.1%，仅低于上海交电采购供应站销售 108.84 万辆的 13%；至 1979 年销售 225.33 万辆，比 1969 年增长 1.38 倍，占全国销售总量 874.54 万辆的 25.8%，低于上海交电采购供应站销售 287.70 万辆的 21.7%；1985 年销售 457.55 万辆，比 1979 年又增长了 1.03 倍，占全国销售总量 1931.49 万辆的 23.7%，仅低于上海商业销售 459.02 万辆的 1.4%。以后随着工业企业自销比例的增大，尤其是执行市人民政府 1990 年 31 号文件以后，天津交电采购供应站的经营步入困境，工业开始建立自身的销售体系，天津交电采购供应站的销售量逐年下降，1991 年销售为 70.7 万辆。

（四）天津产电视机的购销业务

（1）中国第一台电视机——中华第一屏北京牌电子管黑白电视机 1958 年在天津无线电厂（712 厂）诞生。1964 年商业部、广播事业管理局、四机部联合通知，电视机自 1964 年 1 月 1 日起由广播事业管理局划交商业部统一经销。当年国家计划安排 2000 台生产计划，只有天津、上海两地生产，其中上海 500 台，天津 1500 台。通知规定，为有利于销售、尽可能减少环节，天津、上海两个交电采购供应站从生产厂直接进货，并按厂价直接调给指定的零售商店。此间天津电视机的生产发展到三个生产厂。从 1964 年至 20 世纪 80 年代初，电视机的生产计划和商业收购计划由商业部、四机部、广播电视工业总局统一安排下达，价格由商业部、有关工业部、国家物价总局管理，实行国家统一定价。

随着经济体制改革的深化以及市场需求层次的不断提高，自 1980 年以来国家对电视机的经营管理和价格做过多次的调整，逐步取消了商业统一经销和分配供应的模式。1986 年将黑白电视机价格管理权限放开。1988 年天津对彩色电视机实行价外收取外汇差价，此后又实行了浮动价。1989 年 2 月 1 日对彩电实行了专营管理，并实行了征收特别消费税和国产化发展基金。1993 年取消了国产化发展基金并适当调高基价，调减了特销税，1992 年 3 月 15 日将彩电价格也放开并取消特销税，实行企业定价。

（2）天津交电采购供应站于 1964 年开始经营电视机，当年购进总量为 0.32 万台（包括接收天津广播部门移交的库存），其中当地工业购进 0.16 万台（即天津工业产量），销售 0.23 万台。到 1966 年购进 0.38 万台，占产量 0.38 万台的 100%，占全国商业购进 0.51 万台的 74.5%，即全国仍为天津上海两地有电视机的生产，销售为 0.38 万台，比 1964 年增长 44.7%。

进入 20 世纪 70 年代以后，全国各地的电视机的生产才有所发展，并由电子管机向晶体管机逐步升级换代。到 1975 年该站在天津收购 1.19 万台，占产量 1.62 万台的 73.5%，比 1966 年增长 2.1 倍，占全国商业购进 9.39 万台的 12.7%，销售 1.15 万台，比 1966 年增长 2 倍，占全国销售 7.55 万台的 15.2%。自 1976 年以来，随着市场需求的增长，国家开始进口匈牙利、波兰、罗马尼亚以及日本等国家的电视机：1978 年购进总量为 3.38 万台，其中进口 1.68 万台（包括进口匈牙利 9 寸～24 寸黑白电视机和日本 12 寸黑白电视机及 14 寸、20 寸彩色电视机）。当地工业购进也增加到 1.7 万台，占产量 2.54 万台的 66.9%，比 1975 年增长 42.9%，销售 3.36 万台，比 1975 年增长 1.9 倍。至 1985 年购进总量达 97.24 万台（包括黑白机 21.21 万台，彩电 76.03 万台），比 1978 年增长 27.8 倍，占全国商业购进总量 1051.29 万台的 9.3%，其中进口 77.61 万台，比 1978 年增长 45.2 倍，占全国商业接收进口 282.97 万台的 27.4%，本地工业购进 19.63 万台，比 1978 年增长 10.5 倍，销售总量为 96.73 万台（包括黑白电视机 19.30 万台，彩电 77.43

万台），比 1978 年增长 21.8 倍，占全国商业销售总量 908.1 万台的 10.64%，其中调给外省市 87.83 万台，占主要进口口岸和产地的调出总量 403.42 万台的 21.8%，仅低于上海，占全国第二位。

由于国外生产技术的引进，国内电视工业生产在 20 世纪 80 年代以来有了巨大发展。1985 年全国电视机产量已达 1459 万台，其中彩电 378 万台，进口电视机自 1986 年已大量减少。1987 年国家安排进口基本停止，但技术引进宏观失控，各地一哄而上，多头审批，重复引进整机装配线，综合生产能力甚弱，仍需依靠外汇支撑彩电生产，而质量水平到 1989 年仍不如进口产品。各地利用地方外汇，特别是广东省也仍有一定数量的彩电整机的进口，而国产机在市场上出现销售疲滞、工业产成品积压的状况。

自 1980 年以来，天津工业就以自销为主，到 1989 年天津电视机行业产量为 137.85 万台，天津交电采购供应站收购 7.05 万台。该站为执行市人民政府 31 号文件，1990 年收购 14.98 万台，比 1989 年增加了一倍。此后工业采取了多种推销手段，商业对天津产品采取选购方式，并实施了进全国货卖全国货的经营模式。

六、天津商业在改革初期的发展

粉碎"四人帮"以后，特别是 1978 年党的十一届三中全会以后，天津商业开始进入一个崭新的历史发展时期，由计划经济转向市场经济的格局初露端倪。

改革开放给天津商业带来加快发展的契机。随着经济体制改革的日益深化和社会购买力的大幅度上升，居民的消费由温饱型向小康型转化，愈来愈多的商品包括一些过去紧缺的商品和属于非商品范畴的生产资料，开始大量涌进市场，国合（国营商业和合作社商业）国合商业不再一统天下，而是担负着应有的稳定市场的主渠道和蓄水池功能，积极调整经营结构、改进购销方式、开拓经营领域、建立新的销售渠道。粮食、食用植物油等主要农副产品在价格放开后也开始实行合同订购、加价收购、议购议销等多种经营形式；零售商业、饮食业可以直接向工农业部门自行采购三类农副产品，以及完成国家计划后可以上市的一、二类农副产品，市场商品的供求关系基本上是通过市场机制去调节，商品流通规模不断扩大，商业连接生产与消费的桥梁纽带作用更加显现。详见表3-6、表3-7和表3-8。

表3-6　1978—1984年社会消费商品零售总额

单位：万元

年份	合计	售给居民	售给集团
1978	252049	219545	32504
1979	290837	254362	36475
1980	346414	302558	43856
1981	380427	332768	47659
1982	397624	336432	61192
1983	446277	376161	70116
1984	521738	436742	84996

资料来源：天津市统计局.天津四十年（1949—1989）[M]. 北京：中国统计出版社，1989：826.

表3-7　1978—1984年社会消费品零售总额及其分类

单位：万元

年份	社会消费品零售总额	吃	穿	用	烧
1978	252049	121373	50620	71045	9011
1979	290837	134289	60715	86718	9115
1980	346414	151791	76209	108894	9520
1981	380427	162955	82161	125225	10086
1982	397624	172521	76785	137668	10650
1983	446277	189395	86021	159640	11221
1984	521738	223179	86396	199238	12925

资料来源：天津市统计局.天津四十年（1949—1989）[M]. 北京：中国统计出版社，1989：831.

表 3-8　1978—1984 年社会消费品零售额分类构成

单位：%

年份	总计	吃	穿	用	烧
1978	100.00	48.15	20.08	28.19	3.58
1979	100.00	46.17	20.88	29.82	3.13
1980	100.00	43.82	22.00	31.43	2.75
1981	100.00	42.83	21.60	32.92	2.65
1982	100.00	43.39	19.31	34.62	2.68
1983	100.00	42.44	19.28	35.77	2.51
1984	100.00	42.78	16.56	38.19	2.48

资料来源：天津市统计局.天津四十年（1949—1989）[M]. 北京：中国统计出版社，1989：832.

第四节　物资流通体制改革起步

一、减少计划分配物资的品种和范围

中共十一届三中全会后，经济工作中长期存在的"左"倾错误逐步得到纠正。在改革、开放、搞活的新形势下，物资流通打破了生产资料不是商品的束缚，开始重新探索计划与市场相结合的流通方式，一部分原属计划分配的物资逐步作为商品进入市场，各类物资企业越来越多地采用商业的办法组织经营。在这一过程中，物资流通中的指令性计划分配部分逐步缩小，指导性计划和市场调节部分不断扩大，物资市场初步开放。天津纳入市级指令性计划分配的物资由 1978 年前的 265 种减少到 1985 年的 22 种，以计划供应为主体、市场调节为补充的新的供应体系初步形成，埠内外引缺泄余、中转调剂业务逐年增加。作为中国北方的物资流通中心，天津相应的职能作用开始恢复和发展，同时，由于利用市场吸引货源，对当地生产建设所需物资的供给能力也明显提高。

二、改进物资供应办法

在经济开放搞活的过程中，物资流通遇到一种挑战，即一方面，不同经济成分的企业数量增加，对物资供应的增加不断提出新的需求；另一方面，计划分配的范围缩小，从市场渠道获得的物资增多。在这种情况下，天津按照保证重点、兼顾一般的原则，对国家分配物资和地方筹措物资进行统一安排，合理配置使用，首先保证了国家指令性生产任务的完成。

从 1979 年开始，天津物资部门对轻纺产业生产用料和重点技术改造用料实行分配物资不留缺，优先安排、优先供应的办法。市计划委员会、市经济委员会确定了 100 个重点产品用料，采取了一套创新的做法，保证了"天津引滦入津工程"中的物资供应。引滦工程指挥部只掌握物资的计划指标，负责分配、调度，不设仓库，实物由有关物资经营部门负责供应。施工期间，物资管理局和建材局及时供应木材 5.5 万立方米，钢材 11.4 万立方米，水泥 36.5 万吨，砂石 370 万吨，煤炭 6.8 万吨，化工产品 2200 多吨，以及施工机械、通水设备等物资，保证了工程的需要。中环线、外环线、民用煤制气、南市食品街、古文化街、南市旅店街、商业贸易交易大楼、市服装展销中心等多项重点工程，以及中共天津市委、市人民政府自 1984 年后每年规划为城乡人民兴办的 20 件好事所需要的物资，也都予以保证供应。

在保证重点供应的前提下，天津物资部门对一般生产、建设和其他方面需要的物资，采取了按需设点供应、合同供应、协议供应以及敞开供应、市场供应、加工改制供应、经销代销、物资调剂、设备工具租赁等一些较为灵活的方式。市物资管理局各专业公司组织供应服务队，在总结二十多年服务经验的基础上，不断进行新的探索，同时结合物资企业经济责任制的推行，实行定人、定厂、定任务，广泛开展上门服务，灵活利用计划调拨和市场自由购销两个渠道，解决生产、建设单位所需物资在计划协调和服务供应上出现的问题。为对生产、建设和其他方面所需要的物资实行就地就近合理调运，天津在钢材、木材、水泥等主要基建材料及部分生产用料的供应上，试行"分配指标到局、实物供应到厂（工地）"，探索改变过去实物也由企业主管、局中间再作分配的办法。

随着物资流通体制及与其密切关联的计划体制、物价体制的改革，生产企业的物资自销得以迅速发展，不仅可以自销供过于求的长线物资，而且在完成国家分配调拨计划的前提下，也可以按规定自销某些重要短缺物资，从而在计划调拨价格以外又产生了比较灵活的市场价格，扩展了产需各方的自由购销，使物资市场的机制逐步恢复。煤炭、木材、水泥、灰砂石、砖瓦等物资，打破原来只由专业物资公司独家经营的局面，市供销合作社、外贸局、一些工业局及各郊县根据自身需要直接开展了购销业务。各种仍被列为统配、部管的物资，在经营上也实行计划流通和市场自由流通两条渠道并存。由于这些变化，物资部门自 20 世纪 60 年代开始实行的集中代购、集中加工的一套做法已经完全不适用，逐步代之以多买方、多卖方自主经营和相应的市场服务。

1979 年 9 月，市生产资料服务公司组织天津各工业局所属的几百家企业参加首次举办的物资调剂展销会。会上，生产企业可以处理积压物资，出售自销产品，也可以选购所需物资，开展物资的调剂串换。随后，继续扩大服务范围，接连召开几次全国性的物资调剂会。天津生产资料服务公司的做法得到国家物资管理总局的肯定和表扬，并被推广到埠外。

1980 年，在举办物资展销会、调剂会的基础上，天津市物资管理局组建了天津市生产资料交易市场（后改称天津市生产资料交易服务中心），既为物资市场提供了固定的交易场所，又把相当一部分以会议形式开展的定期交易活动转变为日常交易活动，从而推进了物资市场的发展。

1984 年下半年，地方掌握和企业自销的物资进一步增多，迫切要求扩大物资市场。适应这一需要，天津化学工业局、国家机械工业部驻津物资购销公司等单位，先后兴办了贸易中心。由于当时设施条件、现代化服务手段以及经济体制的限制，各家贸易中心未能按预先设计的模式，做到人不分公私、地不分南北，实行多买方、多卖方灵活交易，成为食宿行设施齐备，商流、物流、资金流、信息流融为一体，各项服务周全的购销场所。但在组织本系统产品推销、扩大经营服务范围方面，仍不失为一种新的手段、一条新的渠道。

根据对外开放工作和为外商在津投资企业开工生产提供必要市场环境的需要，1980 年，天津责成市物资管理局成立天津市国际贸易信托服务公司，在工矿产品范围内，主要从事组织承接外商委托加工装配、补偿贸易、小额商品进出口以及为外贸组织出口货源和协助推销商品等项业务。

三、启动物资流通渠道改革

1979 年以后，天津的各类物资企业，适应流通方式改革所提出的要求，以由分配管理型向经营服务型转换为中心，进行了多方面的配套改革。

物资经营的作价，打破长期坚持的"以收抵支、收支平衡"的规定，实行"合理计费，合理盈余"。物资企业由过去收取固定的管理费变成有利润可图，使经营好坏能够明确地体现于自身的经济利益，从而启发了搞活经营和服务的内在驱动力，逐步增强了经营观念、市场观念、经济核算观念、用户第一观念。

物资流通中的进货、销货、运输、储存各道环节，逐步落实和完善不同形式的经济责任制。在建立健全各项经营管理制度的基础上，过去不讲经济核算的物资经销站、仓库等，一律实行独立核算或单独核算，推动了经营管理的不断改进。

例如，生产资料服务公司把原公司的几个业务科室改为代办部、托运部等独立核算的经济主体，使各方面的潜力得以挖掘，增强了企业自我发展、自我改造的能力。几个企业同时发展，由原公司的 100 余人增加到 1985 年的 370 余人，经营规模和经济效益均成倍增长。

各类物资企业陆续推行了厂长负责制。部分物资企业采用了经营目标管理、成本费用目标管理、全面质量管理等先进管理方法，在努力转变内部经营机制和增强外部竞争能力的过程中，各类物资企业先后跳出机械执行计划指令的被动局面，提高了按经济规律组织物资购销的自觉性，广泛推行了以销定进、以需定进、择优进货等做法。金属材料、木材、煤建、化工轻工原料、机电设备5个专业物资公司和区、县物资局，相继增设开发经营的机构，利用市场争取计划外物资资源，不断扩大了经销范围和数量。

在物资流通逐步搞活的形势下，天津市物资管理局从1982年开始对企业经营管理人员组织培训，多次为业务人员、经理（厂长）分别举办了培训班，并在结业时进行了严格的考核。经过培训后，这些人员的经营管理素质均有不同程度的提高，并且增强了不断采用现代化经营管理手段的意识。

为不断扩大物资流通渠道，争取稳定、丰富的资源，天津市于1980年开始，冲破过去日用消费品、技术等不能同生产资料横向调剂串换的束缚，瞄准内地有资源的优势，利用天津所具备的资金、技术、人才和轻纺工业品，在平等互利的基础上，从更大的范围开展了地区间的物资协作。1980年10月，中共天津市委、市人民政府派出3个代表团出访东北、华北、西北、西南的14个省区，在探索地区间发展横向经济联系中，对开展物资协作进行了重点研究，并以互相支援为内容确定了一些合作项目。从此，地区间的物资协作有了一个新的起点。"六五"期间，天津利用自己举办和国家在天津召开的各类横向经济联合会议，不断推动物资与日用消费品、人才、技术、资金相结合的跨领域的横向协作，其中既有一次性的串换协作，又有以合资建厂、开矿和提供技术改造老企业等形式的中长期协作。这种跨领域的横向物资协作，开拓了新的物资渠道，为天津提供钢材、生铁、钢坯料、煤炭、木材、电石、金属硅、铝锭、化工原料等一批批物资，五年累计总价值达14.2亿元。在力争更多地开发计划外货源的过程中，专业物资部门还通过开展地区间横向经济联合，建立和发展了一批新的物资供应基地。

第五节 经济体制改革初期的天津外贸业

一、出口货源结构

（一）天津市货源

这一时期，天津市工业加工能力较强而国内原料不足的矛盾更加突出，为了缓解这一矛盾，外贸部门大搞以进养出，增加生产、收购及出口，解决工厂开工不足及工人就业问题。据统计，1978 至 1980 年，地方以进养出用汇 12348 万美元，进口钢材、有色金属、化工原料、纸浆等约 16 万吨，加上中央安排的项目共计收购出口产品总值 18 亿元，约换汇 6 亿美元，按当时天津平均工业利润 15.3% 和工商税率 7.86% 计算，增加财政收入近 4 亿元，另外，通过以进养出途径扩大出口，还减少了内外贸矛盾，减轻了国内市场的压力。1980 年出口纺织品收购中有 78% 是进口原料加工复出口的产品，轻工业品中以进养出部分占 53.8%，五金矿产占 65.4%。

1982 至 1984 年国际市场不景气，天津受经济危机影响，国际市场竞争激烈，在出口贸易上，产品质量、商品对市场要求的适应性、售前售后服务、商品包装装潢以及广告宣传都成为在商战中取胜的重要条件，更主要的则是商品的质量和对国际市场需求的适应性。天津产品特别是一些轻纺产品花色品种改进缓慢，不能适应资本主义市场多变的要求，在竞争上处于不利的地位。如对于玻璃器皿国外市场需要量很大，国外产品体轻、透明度强，中国货竞争不过。而中国人工吹制品对外适销，售价较高，但生产能力不足。国外要英制自行车，中国货是公制车，外观粗糙，每年收购计划列 45 万辆，只能推销 15 万辆左右。闹钟机芯质量不错，但外观陈旧、花色少、变化慢，影响扩大销售。纸张生产按"吨"计算产值，大多生产厚克纸，而国外薄克纸适销。天津市不生产电动的缝纫机，没有台板，只能卖机头。由于产品不能适销，进货造成积压。20 世纪 80 年代外贸部门积极按国际标准，加强新产品设计，落实鼓励出口政策，使生产出口产品的工厂得到相应发展，改进出口包装装潢，适应国际市场流行的易拉罐包装、吸缩包装、真空包装以及适应超级市场销售的小包装等；共使用外汇贷款 1228 万美元，人民币 18864 万元，增加适销货源 85066 万元，创外汇 19103 万美元。天津市设备能力有限，原材料短缺，开工不足，有些产品关键部件不过关，影响整机或配套出口，如手表外观、电梯自动开关等。通过进口原料或配件加工装配后，及时收购出口。1984 年，使用外汇 4200 万美元，为 1985 年准备了充足的原材料及单机部件，是开展以进养出业务最好的一年。

（二）外省市货源

外贸改革开放后，取消调拨计划，各地区开展了横向联合，不少省市直接向天津供货，如重庆、海南、深圳、广州、汕头、珠海、厦门、大连、哈尔滨、西安、沈阳、石家庄、武汉等地。1980 年天津口岸调入商品总值为 24.4 亿元。此后各地在外贸体制改革中，先后开设口岸，自营出口业务，调入天津的出口商品逐年减少。1981 年为 20 亿元，1982 年为 18 亿元，至 1985 年降至 7.24 亿元。

（三）进料加工

进料加工始于 20 世纪 60 年代，当时中国正处在经济建设时期，需要一定的外汇进口建设物资。中央提出"沿海地区经济发展战略实行两头在外"的方针，在出口货源不足的情况下，国家拨给各地部分周转外汇，进口短缺的原料、辅料或零部件加工适销产品出口，创汇一般掌握在 50% 以上，也称以进养出。多年来以进养出已成为发展出口商品生产、扩大对外贸易、增加外汇收入的一项行之有效的办法。20 世纪 80 年代由于外贸体制改革不断深化，国家要求外贸要有一个较大的发展，天津更感货源不足，因此国家拨给的周转外汇额有所增加。根据国务院〔1979〕81 号文件通知，天津外贸局结合天津市的具体情况，于 1980 年 9 月制定了以进养出试行办法，提出以进养出的 8 条原则和 6 条范围。

20 世纪 70 年代初，天津市的外汇额度已达到 600 万美元，国家外贸部明确这 600 万美元作为天津市周转外汇使用增值上缴。1978 年使用效果较好，用汇 1905 万美元，进口各种原料生产出口产品，外贸收购占收购总值 21%。1979 年、1980 年包括专业总公司拨给的外汇两年使用 10443 万美元，比 1978 年又有增加。进口钢材、有色金属、化工原料、纸浆等物资 11.7 万吨，共收购出口商品总值 16 亿元，产品按天津市当年平均工业利润率 15.3% 和工商税率 7.86% 计算，两年以进养出增加财政收入 3.7 亿元。

20 世纪 80 年代，中央拨给天津市周转外汇额度增至 1500 万美元。1981 年安排进口材料和零部件 8700 万美元，加工出口商品与总公司拨给外汇安排加工的商品共收购 12.5 亿元，占收购值 49.7%，外汇增值 7.2%。已有 300 多个工厂、企业基本上成为以进养出商品生产专厂。当年中央为鼓励以进养出工作，在政策上明确"凡属于进料加工，成品出口需进口原料、辅料、零配件和包装物料免征关税和进口工商税。加工过程中产生的副品和由于其他原因不能出口，转作内销的部分仍应照常纳税"，但棉涤纶等由于生产环节较多，道道收税留利，免征关税和进口工商税后，仍有亏损，按国务院〔1981〕84 号文件规定，制定综合退税比例在出口时退税。1983 年安排使用周转外汇 8500 万美元，进口物资 20 万吨，实际到货 14 万吨。1984 年安排 198 个项目，用汇 5564 万美元，换汇 17622 万美元，创汇达 80%。

二、出口商品结构和出口市场

（一）出口商品结构

改革开放以后，天津口岸出口贸易的商品结构发生了显著的变化。其中，最突出的是工业品的出口比重日益增大，至 20 世纪 80 年代中期，工业品的出口占据了主导地位，从而改变了旧中国以及中华人民共和国成立初期以农副土特产品为主要出口商品的局面。1953 年，工业品在出口总值中仅占 6.37%，1957 年发展到 30.62%，20 世纪 80 年代中期发展到 70% 以上。

（二）出口市场

改革开放以后，天津口岸的出口市场得以稳定的发展。几个主要的市场是：对香港地区的出口贸易，从 1978 到 1984 年占天津出口总额的比重各年都在 17%~20%之间，居第一位。日本各年均列第二位。英国 1978 至 1979 年居第三位，1980 至 1984 年为第四位。联邦德国各年都徘徊于第四、五位之间。对美国的出口贸易，自 1972 年中美恢复贸易关系后，天津口岸对美国的出口逐年增加，至 1979 年排到第五位，自 1980 至 1984 年跃居第三位。此外，对苏联的出口贸易 1984 年开始回升。详见表 3-9。

表 3-9 1978—1984 年天津口岸主要出口市场的变化情况表

单位：万美元

年份	合计	香港	澳门	日本	马来西亚	新加坡	伊朗
1978	86474	16449	870	13352	1640	2803	1105
1979	122081	24155	1679	19883	1869	3072	585
1980	154222	28151	1538	22951	2381	4617	2726
1981	153670	29625	1440	21576	1932	4968	3935
1982	142411	24923	1513	20994	1720	4390	1797
1983	142734	25519	1165	20157	1689	3764	5343
1984	123365	21987	769	19299	1473	3013	1619

续表 1

年份	伊拉克	科威特	苏联	波兰	捷克	罗马尼亚	民主德国	联邦德国
1978	874	1037	1116	879	302	2689	488	3224
1979	293	1514	568	1436	355	3900	525	5680
1980	3479	2140	734	1713	429	3725	1066	7956
1981	2468	1637	665	680	167	1300	537	6279
1982	1357	1490	549	685	339	1569	205	5147
1983	655	979	1483	1546	362	963	162	6096
1984	776	785	2338	536	559	1412	360	5245

续表 2

年份	法国	意大利	荷兰	英国	加拿大	美国	澳大利亚	其他
1978	2220	1727	1205	8582	1812	2006	1207	20887
1979	3252	2598	1600	10372	2636	5284	1603	29222
1980	3932	3418	1620	9601	1929	10587	1977	37552
1981	3663	2377	2744	11003	2392	14531	2205	37546
1982	4051	1887	2177	8991	2659	13409	2222	40337
1983	3039	1791	2416	8033	3421	14021	1589	38451
1984	2600	1606	2614	6648	3234	15807	1424	29267

资料来源：天津市地方志编修委员会.天津通志·外贸志[M].天津：天津社会科学院出版社，2001：254-255.

三、出口贸易的经济地位

1978 年以后，随着改革开放的深化和发展，天津出口贸易的地位逐步提高，出口贸易在对外贸易总额中的比重 1982 年最高，达到92.64%，最低是 1988 年，为 73.85%。出口额上升，但比重有所下降，仍比进口高 50 多个百分点。这一时期天津口岸对外贸易的特点是以出口为主。天津口岸出口贸易在国民生产总值中所占比重也由 1978 年的14.3%上升到 1984 年的 15.94%，其中最高年份是 1982 年的 26.6%。在改革开放的深化过程中，与全国比较，天津口岸的排列顺序逐步降低，这是由于向天津口岸提供出口货源的地区陆续自开门岸，自营出口，如北京、河北、西北等地区。广州、福建等地区发展速度快于天津，山东、辽宁的出口贸易比重也不断加大，致使天津相对下降。详见表 3-10、表 3-11 和表 3-12。

表3-10 1978—1984年天津口岸出口贸易额与占贸易总额的比例表

单位：万美元

年份	贸易总额	出口贸易额	出口占贸易总额%
1978	98838	86474	87.49
1979	138821	122081	87.94
1980	182696	154222	84.41
1981	168330	153670	91.29
1982	153729	142411	92.64
1983	157817	142734	90.44
1984	146749	123365	84.07

资料来源：天津市地方志编修委员会.天津通志·外贸志[M].天津：天津社会科学院出版社，2001：264-265.

表3-11 1978—1984年天津口岸出口贸易额在国民生产总值中的比重表

单位：亿元

年份	国民生产总值	出口贸易额	出口占国民生产总值%
1978	82.65	11.83	14.31
1979	93	16.55	17.8
1980	103.52	23.5	22.7
1981	107.96	26.14	24.21
1982	104.1	30.35	26.6
1983	123.4	30.06	24.36
1984	147.47	23.5	15.94

资料来源：天津市地方志编修委员会.天津通志·外贸志[M].天津：天津社会科学院出版社，2001：265.

表 3-12　1978—1984 年天津口岸出口贸易在主要省市中排位表

金额单位：亿美元

省市名称	1978		1979		1980		1981		1982		1983		1984	
	位次	金额	位次	金额	位次	金额	位次	金额	位次	金额	位次	金额	位次	金额
上海	1	28.93	1	36.7	1	42.4	2	37.89	2	35.34	2	35.67	2	37.24
广东	3	13.98	3	17.18	3	21.2	3	22	3	20.99	3	22.01	3	24.5
辽宁	2	15.18	2	25.96	2	39.69	1	43.32	1	42.66	1	39.02	1	50.61
山东	5	8.3	4	13.05	4	17.4	4	18.79	4	16.46	4	17.81	4	22.67
天津	4	8.66	5	12.17	5	15.21	5	15.21	5	13.89	5	13.96	6	11.95
河北	8	2.76	7	4.18	7	6.04	7	7.65	7	8.06	7	8.1	7	7.83
北京	7	2.85	7	4.15	7	5.87	7	6.28	8	6.06	9	5.78	9	6.27
江苏	6	4.18	6	6.21	6	8.33	6	10.76	6	11.68	6	13.47	5	14.85
福建	10	1.96	10	2.47	10	3.61	10	3.76	10	3.63	—	—	—	—
浙江	—	—	—	—	—	—	9	4.3	9	5.46	8	6.37	8	7.35
湖北	—	—	—	—	—	—	—	—	—	—	10	4.03	10	4.48
广西	9	2.49	9	2.87	9	3.64	—	—	—	—	—	—	—	—

资料来源：天津市地方志编修委员会.天津通志·外贸志[M].天津：天津社会科学院出版社，2001：266-267.

四、进口商品结构和进口市场

（一）进口商品结构

1978 年，天津口岸进口总值为 12364 万美元，五金矿产公司进口额为 5883 万美元，占天津进口总额的 47.58%，仍居第一位，钢材进口额为 560.4 万美元，机械公司进口额为 3294 万美元。化工进口比上年虽有增长，但增长速度慢于上述两公司，增长额主要是进口的化工原料，化工原料进口额 1977 年为 862 万美元，1978 年为 1027 万美元。轻工进出口公司的进口额也有所增长，比重仅为 1.95%。

1981 年进口商品的结构发生了明显的变化，进口总额上升到 14660 万美元。这一年机械进出口公司的进口额一跃上升到 5005 万美

元，跃居天津口岸第一位，其中进口额占天津进口额的34.14%。轻工
机械的进口额达2456万美元，其中仅纺织机械就达2178万美元，占
该公司进口额的43.52%；五金矿产进出口公司进口总值下降到2237
万美元，退居第二位。轻工业进出口公司进口值为2049万美元，跃居
第四位。地毯进出口公司升为第五位。该年度的进口商品中，轻工和
地毯等公司进口的品类有所好转。其中，轻工业品进出口公司进口的
自行车、电冰箱、洗衣机、电视机、音响、摩托、钟表等，达到1415
万美元，在天津进口生活资料总值中占41.62%；地毯进出口公司进口
的羊毛及毛纱共计1076万美元。这些商品的进口，直接反映了人民生
活的变化。

在1980年以前，生活资料的进口一般都在10%左右。而1981年
生活资料的进口所占比重达到18.33%。详见表3-13。

表3-13 1976—1981年部分年份天津口岸进口商品中生活资料比重表

单位：万美元

年份	类别	总值	生活资料	生产资料
1976	金额	11252	1335	997
	比重	100	11.86	88.14
1977	金额	9226	997	8229
	比重	100	10.81	89.19
1978	金额	12364	1151	11213
	比重	100	9.31	90.69
1981	金额	15660	3400	12260
	比重	100	18.33	81.67

资料来源：天津市地方志编修委员会.天津通志·外贸志[M].天津：天津社会
科学院出版社，2001：288.

1976年，生活资料的进口主要是医疗器械，进口额为1186万美
元，占全年生活资料进口总额的88.84%。1981年进口中药951万美
元，是历年的最高水平。自行车13万美元，历年无进口。电冰箱35
万美元，洗衣机42万美元，历年进口中只有样品，该年系属奖售物资

性质。电视机及音响也由小量而变成了大宗商品（与上述性质同），摩托车 12 万美元、西药 142 万美元、医疗器械 551 万美元、钟表 714 万美元（属于零件组装）。

（二）进口市场

1978 年，天津进口商品输入国别和地区为 22 个。其中，前五名进口国别的顺序为：日本、联邦德国、澳大利亚、瑞士、意大利；1981 年，前五名进口国别和地区的顺序为：日本、中国香港、联邦德国、美国、加拿大。

五、进口贸易的经济地位

这一时期，天津口岸的进口值在全国进出口贸易总值中所占的比重有大幅度上升。详见表 3-14。

表 3-14　1978—1984 年天津口岸进口贸易值在天津进出口总值中所占比重表

单位：万美元

年份	进出口总额	进口总值	进口总值占进出口总额%
1978	98838	12364	12.51
1981	168330	14660	8.71
1982	153729	11318	7.36
1983	157817	15083	9.56
1984	146749	23384	15.93

资料来源：天津市地方志编修委员会.天津通志·外贸志[M].天津：天津社会科学院出版社，2001：304.

然而，这一时期，天津进口贸易值在全国进口贸易总值中的比重有所下降，详见表 3-15。

表3-15 1977—1981 年天津进口额在全国进口贸易中的比重表

单位：万美元

年份	全国进口总值	天津进口总值	天津占全国%
1977	721400	9226	1.28
1978	1089300	12364	1.14
1981	1948200	14660	0.75

资料来源：天津市地方志编修委员会.天津通志·外贸志[M].天津：天津社会科学院出版社，2001：305.

参考文献

[1] 天津市统计局.天津四十年（1949—1989）[M]. 北京：中国统计出版社，1989：826-832、869-874.

[2] 天津市统计局.天津五十年（1949—1999）[M]. 北京：中国统计出版社，1999：51-57.

[3] 肖元等.当代中国的天津（上）[M].北京：中国社会科学出版社，1984：319-355、373-381.

[4] 天津市地方志办公室，天津一商集团有限公司.天津通志·一商志[M].天津：内部资料，2007：36-53、82-92、123-124、131-138、157-158、178-203、247-259、285-294、311-317、320-343、348-362、405-411、673-687.

[5] 天津市地方志办公室，天津二商集团有限公司.天津通志·二商志[M].天津：天津社会科学院出版社，2005：67-77、94-104、117-121、125-133、202-208、451-485、502-517、533-535、550-552、602-669.

[6] 天津市地方志编修委员会.天津通志·商业志·粮食卷[M].天津：天津社会科学院出版社，1994：109-126、132-136、141-144、226-236.

[7] 天津市地方志编修委员会.天津通志·外贸志[M].天津：天津社会科学院出版社，2001：149-153、186-206、233-239、243-255、261-267、281-288、291-294、300-305.

[8] 高尚全等.当代中国的经济体制改革[M]. 北京：中国社会科

学出版社，1984：45-47、487-499、510-526.

[9] 谷书堂.天津经济概况[M].天津：天津人民出版社，1984：215-216、244-246、255-256.

[10] 天津市地方志编修委员会.天津简志[M].天津：天津人民出版社，1991：525-580.

[11] 朱其华.天津全书 [M]. 天津：天津人民出版社，1991：249-302.

[12] 天津市地方志编修委员会办公室.天津通鉴（上）[M].北京：中国青年出版社，2005：302-433.

[13] 天津市地方志编修委员会办公室.天津通鉴（下）[M].北京：中国青年出版社，2005：601-645.

[14] 秦克江，马少元，庄健.天津市供销合作社六十年变迁[EB/OL].2009.http://www.tjcoop.com/article/d1/2511.html.

[15] 郭今吾.当代中国商业（上）[M].北京：中国社会科学出版社，1987：124-180.

[16] 万典武.当代中国商业简史[M].北京：中国商业出版社，1998：180-279.

第四章

"有计划的商品经济"条件下的天津商贸业（1985-1991）

第一节　"有计划的商品经济"条件下商业企业和流通体制及物价的改革

一、市区商业管理体制的改革

（一）市级商业领导机构的调整

继 1983 年市级机构调整以后，从 1985 年 11 月开始，又由上而下进行了较大规模的改革。涉及商业工作的是，市委市场管理工作部改为市委商业工作部，市场管理委员会改为市商业委员会，并相应地调整了其归口单位，将市一商局和市政府食品工业办公室（市食品工业协会）的行政关系由市经委划归市商委，党的关系由市委工交部划归市委商工部管理。

（二）市区零售商业、饮食服务业管理体制的调整

1988 年，为调动市、区的积极性，加强零售商业管理，保障市场供应，增强零售企业活力，减轻天津市市场对大型批发商业的压力，

按照市区双重领导、以区为主、明确分工、各负其责的原则，调整了市区零售商业管理体制。从调整之后的市场运行效果看，由于较好地发挥了市、区的积极性，使平日市场稳定，节日市场丰富。

二、商业企业改革的发展

（一）小型商业企业改革的发展

从 1986 年开始，天津市商业系统围绕增强企业活力这个中心，在小型零售企业进行了以租赁经营为主，兼有其他形式的改革；在大中型企业试行了以承包经营责任制为主要内容的改革。

1986、1987 两年的小型商业企业改革大体经历了试点、发展和完善 3 个阶段。到 1987 年年末，有 1486 个国营零售商业、饮食业、服务业等小型企业实行了"改、转、租"，占这类企业总数的 70.13%，其中，实行租赁经营的有 1019 户；有 14 个集体小门点拍卖给个人经营。1988 年，商业系统进行了市、区零售体制改革，饮食、副食等 6 个行业和零售企业实行了市、区双重领导、以区为主的管理体制。随着这一改革的实施，小企业以租赁经营为主的改革进入了深化阶段，改变了原来"集体租赁"的单一形式，群体租赁、个人租赁、企业租赁的形式相继出现。到 1988 年年末，南开、河东等区的饮食、百货和副食行业都广泛推广了群体租赁经营，并收到了较好效果。竞争机制已经引入租赁企业，一些懂经营、善管理的优秀人才通过公开招聘脱颖而出，不少企业通过公开招聘承租者，使原来的亏损局面得到了扭转，有的提前三个月就完成了全年承包任务，在企业内部推行优化劳动组合，探索劳动制度改革的新路。塘沽区一些企业实行店经理聘任柜组长，柜组长聘用售货员，售货员与柜组长进行双向选择。这样对职工的震动很大，不少原来劳动态度较差的职工有了很大转变。河东区对基层店改革采取了以下办法：一是把原有的基层店进行合并，精简管理人员。二是撤销原有基层店，建立了精干的公司派出机构——管委会，企业由管委会进行划片管理，不再上缴管理费。三是通过群体租赁，使原有基层店消失，集体企业改革有了实质性进展。截止到

1988 年末，全市除有 400 多个小企业改为国家所有、集体经营，15 个企业转为集体所有制以外，租赁企业将近 2000 个，占小企业总数的 70%以上。

1991 年天津市小型商业企业的改革在完善改、转、租、卖的基础上，又取得突破性进展，探索出了新路子。

（1）国营饮食早点业放开经营。1991 年 11 月，市商委、市体改委、市财政局、市税务局、市国有资产局、市劳动局联合颁发了《关于我市国营饮食早点业深化改革的若干规定》，明确提出把"放开经营，改变国家保企业，企业抱国家"的状况，大店完善租赁制，小店租给或卖给个人经营，使企业增强在竞争中求生存求发展的能力，作为深化国营饮食早点业改革的基本思路。与其相关的改革措施包括：

①国营早点业实行经营、价格、用工、分配放开。经营方面，可根据自身设施、资金、人员素质等条件，增加适合市场需要的服务。在价格方面除个别品种外，把绝大部分商品的定价权交给企业，实行自主定价。在用工方面，推行全员合同制管理，实行择优上岗，逐步形成双向选择和竞相进取、各尽所能的机制。在分配方面，实行全额提成工资制，合理调整提成率。

②进一步完善租赁经营。具体包括：第一，对 10 人左右的国营早点店实行集体租赁。承租者按规定交纳离退休人员统筹金、租赁费和管理费；实行独立核算，自主经营，自负盈亏，照章纳税；对提成前利润先提 10%的发展基金，其中 50%作为风险保证金，租赁期满，国家财产完好，全部留给企业用于扩大经营，租赁期新增资产归集体所有；企业可以用发展基金偿还占用的国拨流动资金、企业流动资金、固定资产净值、更新改造资金、企业留利基金等 5 项资金。还可吸收职工入股，以股金偿还上述 5 项资金。已偿还的部分其产权归职工集体所有，并相应核减租赁费。全部偿还后，租赁企业即转为集体所有、共同劳动、合作经营、利益共享、风险共担的体制。全民所有制职工身份和档案工资予以保留。第二，对 5 人左右的国营早点店，有步骤地实行个人租赁。承租者在承租前按租用财产总额的 10%交纳保证金；允许承租者减少多余人员，但由承租者一次性承担被减人员的生活补

助费，补助费一般不超过基本工资的 60%，期限一般不超过 6 个月，个别的最长不超过一年；个人租赁企业留用的全民所有制职工保留原身份；租赁期间，承担者投资新增添的资产归承租者个人所有。第三，对 3 人以下的小早点店，在保证国有资产不流失的前提下，可以将小店折价卖给个人经营，按个体对待。

③减轻国营早点店的负担。国营早点店只按规定缴纳职工退休统筹金，离退休人员的其他费用支出由主管公司或基层店承担。主管公司或基层店对所属早点店的离退休人员实行集中管理。

1991 年底，市有关部门对 616 户国营早点门市部实行放开经营。为国营早点店平等竞争创造了条件。

（2）集体商业企业试行股份合作经营。1991 年 11 月市政府办公厅批转了市体改委等 7 个部门拟订的《天津市城市集体所有制企业试行股份合作经营若干问题的暂行规定》，并决定先在国营商业部门管理的集体商业、饮食、修配、服务等企业中选择一部分单位试行，再逐步扩大试行范围。实行股份合作经营的企业（以下简称集体企业）与过去相比，企业的管理体制发生了较大的变化，主要表现在：

①企业内部领导体制方面：集体企业股权持有者为企业股东，股东大会（股东代表大会）是实行股份合作经营的集体企业最高权力机构。董事会是股东大会的执行机构，是企业的最高决策部门，负责审定企业的发展规划、年度生产经营计划；聘任经理或解聘经理，并根据经理提名，任免副经理等高级管理人员；确定企业各项基金的分配比例；编制股利分配、弥补亏损、增加股本等方案。企业实行董事会领导下的经理负责制，经理必须贯彻执行董事会决议，负责企业的生产、经营管理工作。

②企业产权关系方面：集体企业股份有 3 种不同的构成形式，即国家股、本企业职工集体股、本企业职工个人股、外单位股；本企业职工集体股和本企业职工个人股；本企业职工集体股、本企业职工个人股、外单位股。企业的股权平等，同股同利，共担风险。国家投入的资产作为国家对集体企业的投资，按其占企业股金总额的比例参与企业的利润分配。本企业职工集体股股金是企业的公共积累，归本企

业劳动群众集体所有，不得量化到人。本企业职工个人股股金是本企业职工实行资金合作、以现金认购股份而投入的资金，这部分股金总额一般不得低于企业全部股金总额的15%。职工入股后在本企业工作期间一律不得退股。

③企业分配方面：企业遵循兼顾国家、集体和个人三者利益的原则，合理分配。实现利润按以下顺序分配：第一，按照国家有关法律、法规的规定缴纳税、费、基金；第二，提取公益金和风险基金，公益金一般不少于净利润的20%，风险基金按净利润的5%提取；第三，股金分红，按国家股、本企业职工集体股、外单位股、职工个人股各自股金所占份额分配。企业内部分配依据按劳分配的原则由企业自主确定。红利分配上不封顶，下不保底。集体企业连续亏损，资不抵债时，应依照《企业破产法》和国家有关规定，经原审批部门批准宣告终止、解体，清算企业财产。

试点企业的实践证明，集体企业实行股份合作经营改革有3个积极作用：第一，促进政企职责分开，加快了经营机制的转换，使企业面向市场，走进市场。第二，企业可以直接向社会筹借生产资金，增强了经营管理意识，强化了企业监督管理。第三，把企业的兴衰与职工的利益紧密地连在一起，形成了一个人人担风险、人人尽职尽责的局面，使企业充满生机和活力。截至1991年底，全市已确定200个集体商业企业作为首批试行单位，这些企业按照有关部署进行了资产评估、产权界定、章程制定、股份认购等项工作。

（3）国营零售商业企业实行"四放活"改革。从1991年8月开始，天津市小型国营零售商业企业实行经营放活、价格放活、用工放活、分配放活的"四放活"改革试点。到1991年底，全市"四放活"改革试点企业已发展到100家。"四放活"改革的主要内容有：

①经营放活。在搞好主营业务的同时，企业根据具备的条件，可以扩大经营范围，调整经营方式，实行一业为主，综合经营，除国家规定的专营、专卖和指定归口经营的商品外，其余商品都可以经营。在核准的经营范围外，经批准，还可以进行一次性商品经营。

②价格放活。除国家和市场物价部门管理的商品价格和劳务收费

外，其他商品价格和劳务收费由企业按照价值规律和供求规律自行定价。实行统一管理，分级负责。

③用工放活。企业可根据需要向社会招收工人，建立职工双向选择的机制。企业内部建立"三制"（全员合同制、干部聘任制、内部行业制）。实行"三岗一制"合理劳动组合后，职工考核合格后上岗，不合格先"试岗"（试岗期间只发基本工资），试岗不合格"待岗"（待岗期间只发生活费）。试行内部待业和放长假制度。

④分配放活。在完成承包任务的前提下，实行多种形式的工资总额与经济效益挂钩，逐步由单一指标挂钩向复合指标挂钩过渡。企业的工资总额增长不超过经济效益增长，职工收入不超过劳动生产率的增长。企业内部分配形式自主，办法自定。逐步推行岗位技能工资制，可实行百元利润销售额工资含量，全额提成工资制等。

实行"四放活"改革的时间不长，但进展较快，效果较好，国营商业的经营面貌发生了变化。首先，促进了经营结构的调整。大港区的大港百货商场、胜利副食商场、沙井子供销社 3 个试点企业，经营的商品种类与过去相比平均增加近千种，各种名、特、优、新商品齐全。由于合理定价，减少了中间环节，一度放弃经营的群众生活日常用品，又做到了不断档、不脱销。其次，企业经济效益明显增长。大港区 3 个试点的国营商业企业从 8 月份到 12 月底，销售收入达 1681 万元，比上年同期增长 568 万元，实现利润和上缴税金分别比上年同期增长 133.9% 和 50.9%。职工收入平均增长 20.92%，其他经济指标也都有大幅度增长。最后，形成了上岗靠竞争的用工机制。以全员合同管理和内部待业为重点的"三制""三岗"的实行，打破了企业内部沿袭多年的终身保险用工制度，优胜劣汰，择优上岗。红桥区粮食局将 14 名业绩平平的中层干部予以免职和免用，从一般干部中提拔了 35 名予以补充，同时将 65 名行政、后勤干部充实到第一线。

（二）大中型商业企业改革的发展

自 1987 年起，商业系统在大中型企业实行了承包经营责任制。办法是以企业主管局为单位实行了上缴税利基数包干和亏损总额包干，超缴、减亏分成。1988 年，对大中型企业的承包经营责任制进行了完善。第一，在承包方式上采取了内外双包，即企业对主管局承包，企业内部层层承包，把指标分解核定到基层。承包期也由原来的一年一定改为一定 3 年不变或几年不变。也有的按实现利润承包，并实行"三保一挂"或"两包一保"等措施。到年底，除个别亏损企业外，64 个市属商业企业和区属企业全部实行承包经营。一商系统 22 个站、公司全部改为三年承包，短期承包的弊端有所克服。第二，年内共有 50 多个企业实行"工效挂钩"办法。在经济效益指标的确定上，采取了区别行业情况不同和创收的难易程度，分别以实现利润、上缴税利、实现利税、销货额为挂钩基数的办法。第三，承包经营责任制同经理（厂长）负责制相结合，把包、保指标同经理（厂长）任期目标衔接起来，完善企业内部的经营责任目标体系。到 1989 年年末，大部分企业都已实行了经理（厂长）负责制。

1991 年，大中型批发商业企业的改革在一些实质性的工作上均取得进展：

（1）思想观念有明显转变。批发企业进一步解决了以市场为导向、以销售为中心的问题，彻底扭转过去在产品经济、统购包销的运行机制下形成的以生产为导向、生产什么收购什么、收购什么销售什么的逆向思维方式和经营观念，彻底摒弃生产—收购—推销旧模式，切实树立起围着市场转、跟着消费需求变的顺向思维方式和经营观念。逐步形成市场需求—组织经营—加工订货的新模式。走以需定产、以销定进，优选、定牌、订货、经销、代销和代理服务的新路子。

（2）在经营体制上，把现有批发站（司）划小核算单位，实行进销合一，商品分专划细。本着先分、后组合的原则，分两步走，先把业务科变成专业商品经营实体，然后建立新的批发企业，实行独立核算，自主经营、自负盈亏，增强活力，在经营机制上，彻底冲破独家经营的思想束缚，强化中介服务职能，变经营管理型为经营服务型。现有的 7 个一级站都打开大门，把部分楼层打通，改建为营业厅，敞开经营，全部商品既展又卖，既自营又代理，既批发又零售，吸引市内外客商进场交易，促进经营，增强集散，招商利市。

（3）组建一批不同形式的联销集团。以市场为导向，以生产为基础，以商业为龙头，以服务为根本，与大工业企业组织联销，与小工业企业组织产销集团，利益均沾，风险共担。实行价格、渠道、市场、销售手段统一，结成营销伙伴。联销形式：一是紧密型的联营联销集团。如油墨、胶鞋、洗衣粉。集团一头对外，工商分头销售，集团独立核算，利润分成；二是松散型的工商联销小组，开展经常性的联销活动，采取商业为工业代理，工商共同统筹安排，确定市场分工，分头销售，工商联销分利。

（4）建立一批多种类型的批发交易市场。为增强集散功能，把外地名优产品引进来，把天津市产品带出去，真正使天津成为荟萃全国商品的集散中心，立足天津、服务全国，年内建成了一批区域性的专业批发市场。如龙凤小百货批发市场、西货场果品批发市场、汾水道旧物批发市场、北郊宜白路蔬菜批发市场。并利用一商局各站、司在沿海河一线的现有仓库，建成百货、文化、针纺等 6 个具有展示、交易、储运、通讯和结算功能的，集经营、服务、代理为一体的有形市场。

三、商品流通体制改革的发展

（一）批发商业出现多元化的新格局

根据《国务院批转国家体改委、商业部等单位关于 1986 年商业体制改革几个问题的通知》的精神，进一步改革批发商业体制，积极发展多种经济形式，多条渠道经营批发，使批发商业的格局出现了突破性的变化。据有关部门调查统计，全市工业品批发企业已经由 1983 年的 600 家发展到 1986 年的 3600 多家。其中，各系统的国营批发企业约占 30%，集体所有制性质的批发企业约占 70%。批发企业与零售企业的比例已经由 1983 年的 1：76，发展为 1：26。在工业品流通领域，进一步打破了所谓"三固定"（即固定供应区域、固定对象、固定倒扣作价办法）的框框，初步形成了多元化的批发体系，其中包括国营商业专业批发企业、工业企业自营的销售批发部、大中型商场联合体和各种贸易中心、贸易货栈以及零售商业企业兼营批发等多条渠道。商业批发企业通过投资、提供信息和技术、带料加工、经销等途径，同市内外工业企业开展了工商产销联合；商业企业之间通过联销、设庄等形式发展和扩大了商商联合。其中市一商局系统5个批发站已和全国200多家商业企业建立了联销关系，保持了天津工业品大批发的优势。为了促进工业品下乡，1986年天津市在市郊县芦台、宝坻、杨柳青三个城镇，组织了国营商业与供销合作社联销工业品批发站，通过农村供销合作社的渠道，扩大了天津市商品辐射能力，开辟了天津工业品下乡的新途径。1986年10月，市供销社举办了有全国大部分县级供销社参加的面向农村的首届工业品订货交易会，成交额达两亿多元。

在农副产品流通领域，各类农副产品批发市场、农贸市场、小摊群市场以及农村田间地头的直接交易，加上产地与零售直接挂钩和零售部门自采商品，从而增加了农副产品特别是蔬菜、瓜果的流通渠道，经营更加灵活，全市初步形成了一个连接城乡、沟通埠际的农副产品集散网络。例如，西瓜经营实行了产零直挂，瓜农进城，商贩下村，直接成交，购销两旺，1986年，全市西瓜上市量1.2亿公斤，人均25.5公斤。又如，过去天津市从四川万县调运柑橘需经三道中间环节，一般要20天才能运抵市区，现在瓜果批发商与产地直接交易，只需5天便可把柑橘运到天津上市，而且损耗率大大下降。蔬菜经营实行了合同定购制，其中与天津市4个郊区完成合同定购量达39.6%。为了扩大蔬菜吞吐能力，1986年兴建了4个蔬菜批发交易市场，吸引郊县及毗邻地区菜农进场成交。与此同时，还与广东、福建、广西、云南、安徽、山西、河北等省区建立和发展横向联合，1986年11月先后从各省区调入各种蔬菜达9000多万斤。全市蔬菜上市比较均匀，品种增加，上市蔬菜总量比1985年增长了17%。全市农副产品批发市场成交量达2703万公斤，成交额2520万元，比1985年分别增长了10.7%和28.9%。

批发商业多元化的新格局促进了整个市场的新发展。1986年底，全市城乡集市贸易市场发展到247个，其中，城市农贸市场113个（包括批发市场9个）；小商品市场20个，旧货市场6个；农村集市134个。市内还有各种小摊群市场113处，全市商业网点已达到8万多个，社会商品零售总额达 76.66 亿元，比 1986 年增长 11.2%（扣除物价上涨因素，实际增长 3.7%）。其中，集贸市场成交额为 5.3 亿元，比 1935 年增长 38.38%，相当于社会商品零售额的 6.9%。

（二）改革商品流通体制，发挥"大流通"作用

1987 年天津市商品流通体制改革，紧紧围绕增强批发功能，开展埠际贸易，发挥"大流通"作用这一主题，着力抓了以下几点：

（1）确立新的流通观念，继续突破旧的流通格局。1987 年天津面临的市场状况是稳中趋紧，其主要特点一是商品生产持续发展，市场需求不断膨胀；二是进口商品大量减少；三是工业自销量不断扩大。在这种形势下，商业战线突破了只是"当地产品推销部、天津市市场供应部"的旧流通格局，立足天津，面向全国，开拓经营，组织"大流通"。商业和工业销往外地商品总值 185 亿元，比上年增长 15%。全市社会商品零售额突破百亿大关，达 102.53 亿元，比上年增长 17.6%，扣除物价因素，仍增长 9.7%。

（2）实行多元化经营，积极发展横向流通。在这方面，主要进行了如下的改革：

①横向经济联合有了新的突破。全市商业系统积极发展多层次、多类型和多方位的横向经济联合和联系，出现了商工、商农、商商、商工农等多种经济联合组织或联合体。有跨地区合资共建的商品基地；有工商、商商多种形式的联营联销或联购分销；有以组织产品扩散为主的产销联合等。批发企业还通过投资、提供信息和技术服务、供料加工、出商标、出样监制经销等途径，同外省市广泛开展产销联合。一商系统已与外省市 597 个工商企业建立了商商、工商联购联销机构，与全国 3000 余户大中型批发商业企业中的 2500 多户有业务往来。二商系统市外购进总值较上年增长 24.49%，外销总值较上年增长 6.94%。

②积极建立相对稳定的商品货源基地和销售网络。在积极组织天津市货源的基础上，市一商局系统各批发站、司已与 20 多个省、市的 150 多个地区、2240 家生产企业建立了稳固的购销关系。全年收购近万种外地商品，收购值达 8 亿多元，比上年增加 45%。二商和市供销社系统分别在山东、新疆、四川、广西、海南等地建立了牛羊肉、再

制蛋、瓜果等货源基地。德州地区为天津市提供的牛羊肉货源占国营批发企业经营量的70%左右。水果基地建立后，南果经营量创历史最好水平。

③实行招标订货，较好地促进了工贸结合。市一商系统在市场预测的基础上，组织了第三次招标订货会。通过展样招标、选样投标、定牌生产等方式，把生产、科研、技术咨询和商业经营的优势组合起来，开拓新的货源基地，开发新产品。应邀参加招标订货的有天津市及全国18个省、市、自治区的700多家国营、集体、乡镇、区街、军工生产企业和个体专业户，展出各类日用工业品3600多种，成交10.57亿元。其中外地企业产品成交4.15亿元，占总成交额的40%。开发新产品千余种，占总成交额的30%，实行招标订货不仅使天津市增加了外地商品货源，同时使工商企业在新的经济关系中重新组合起来，在竞争中自由选择贸易伙伴，向集约化经营迈出了可喜的一步。

④积极利用天津市及外地工商企业留成外汇组织小额进口贸易。市文化、五金、化工、外供等站、司和贸易中心，全年利用各地留成外汇增加天津市进口商品1亿元。

（3）恢复流通载体功能，扩展集散贸易。商业战线本着就地起跑的精神，以发展集散市场为重点，积极恢复天津的流通功能，建立了包括干鲜果品、茶叶、蔬菜、议价粮油、副食调料等成交方便，功能健全的专业集散市场和服装展销中心。这些新型的商业企业，以天津市为依托，逐步向埠外乃至全国广泛开展各种形式的购销活动。继金钟路蔬菜批发交易市场之后，又建立了小团、宁家房子、民权门3个国营蔬菜批发交易中心，恢复了天津历史上蔬菜批发"四个外围"的格局。1987年市蔬菜公司从埠外购进5500万公斤蔬菜，4个批发市场全年成交额2900万元，经营量8500万公斤，占整个蔬菜公司经营量的1/4，起到了丰富市场、调剂品种、扩大购销、平抑物价、淡旺均衡的作用。另外，还出现了服装市场、单街子小商品市场批、零兼营的专业集散市场。单街子工业品市场同全国11个省市、40多个地区建立了业务关系，仅沈阳的集贸市场就有200多个体商户从这里进货。到年底，全市有农副产品、日用小商品、回收物资等批兼零市场247

个，起到了方便消费、沟通城乡、集散四方的作用。

（三）流通体制改革迈出新步伐

1988 年，天津市继对奶、鱼、蛋实行产销一体化管理后，又调整了蔬菜产销管理体制，同时狠抓了农副产品生产基地建设。从市场状况看，价格平稳，品种增多，销量上升。1988 年，蔬菜产量比上年增长 6.4%，大量鲜嫩细菜不断上市。粮油食品贸易中心、小百货批发市场、供销社工业品批发市场、华北五省、市物资回收（集团）公司，以及华北、华东、西北地区糖酒副食品贸易促进会相继建立，进一步增强了天津市集散功能；以企业为基础的横向联合进一步扩展，有 1024 项联合经营项目，初步形成一个联合城乡、沟通埠际的商品集散网络，进一步完善了社会主义市场体系。

（四）平价粮油经营管理体制改革

1989 年，在市财政局的支持配合下，市粮食局经过深入细致的调查研究，反复论证和测算，将"平价粮油分散经营、亏损多头反映"的经营管理体制改革为"平价粮油集中经营、亏损一家反映"的经营管理体制。经市政府批准，于 1989 年 10 月 1 日正式出台。改革的主要内容是，建立市粮油购销公司和各郊县（含塘沽、汉沽、大港区）粮油购销分公司。由市粮油购销公司和所属分公司统一经营平价粮油，市粮油购销公司统一与市财政局结算经营平价粮油所发生的政策性亏损。同时，全市 216 个粮油库和农村粮食购销站成为代购销公司办理平价粮油接运、储存、收购、销售并收取一定费用的真正自负盈亏的经济实体。对不同企业确定了不同内容的考核奖惩办法，推行不同形式的经营承包责任制。新的平价粮油经营管理体制经过 3 个月的试运转，已取得了成效。

这项改革的成效主要表现在以下三个方面：（1）加强了平价粮油管理，建立了委托与代理、货主与货栈相互制约、相互促进的机制，控制了亏损补贴。（2）改革使 216 家仓储和农村购销企业摘掉了亏损帽子，焕发了生机和活力。（3）粮食商品经营思想开始确立。

（五）实行主要生产资料供应与调节菜、蛋、猪收购和调市挂钩

为加强对蔬菜、鸡蛋、生猪生产和调市的计划管理，切实保障城市供给、稳定市场、稳定物价，天津市人民政府决定，从 1989 年 3 月 1 日起，实行主要需用生产资料供应与蔬菜、鸡蛋、生猪的收购、调市挂钩。这是继鸡蛋、蔬菜实行产销一体化管理之后，对副食品流通体制的又一重大改革。实行挂钩政策的原则是，对生产资料供应部门与蔬菜、鸡蛋、生猪等生产管理部门，在宏观管理上责权一致，包保一致，各尽其职，各负其责。市政府决定，由市农委负责安排全市菜、蛋、猪的生产，并完成收购、调市任务；负责挂钩物资的分配和调剂；与承担副食品生产和调市任务的郊区、县及其他生产单位签订收购、调市任务承包书。市粮食局、供销社要按计划保证收购及调市副食品所需挂钩生产资料的供应。

（六）流通体制改革扎实推进，天津市首家企业股票发行

1991 年，天津市流通体制改革在转变企业经营机制和搞活大流通方面扎实推进。天津市首创的粮食企业政策性经营和正常经营分开的经验继续发展，全年可减亏 1 亿元。零售商业在大港区试行"四放开"（即经营、价格、劳动、分配放开）取得了较好效果。同时，还筹建了食糖、猪肉等全国性、地区性的批发市场和 24 个集贸市场，新建、改造、装修了 425 个商业网点和一批大型商业设施。

1991 年，经市人民政府和国家体改委批准，天津市第一家股份制试点企业——天津立达国际商场股份有限公司成立，并于 12 月 18 日正式发行股票。天津立达国际商场股份有限公司的前身——天津国际商场是天津市立达（集团）公司独资兴建的具有零售、批发、国际邮赠、寄售及展销等多功能的全民所有制商业企业。商场建筑面积 1.4 万平方米，营业面积 7800 平方米，有职工 1000 多人。1985 年开业后，营业额及利税逐年增长，1990 年营业额达 2.24 亿元，利税额 1200 多万元。3 月，市政府正式批准在国际商场进行股份制试点。

四、价格改革进一步深化

1985 年国家对农副产品价格全部放开，大部分农副产品产销直接见面，市场基本敞开。1985 年 5 月 10 日，天津市肉、蛋、菜等 7 种食品价格调整出台。这次价格改革中，猪、牛、羊、禽、蛋、菜 6 种主要副食品及以此为原料的相关产品，共调整 634 个品种、规格，上调幅度为 47.78%，其中 6 种主要副食品上调幅度为 48.95%；相关产品上调幅度为 40.53%。

1985 年，生猪取消派购，价格放开，从 5 月 10 日实行有指导的议购议销。取消生猪派购，改由市食品公司用经济手段通过合同向农民定购，每头合格猪供应一定数量的平价饲料，合同以外的生猪价格随行就市，不供应平价饲料，生猪购销价格不再统一规定，由市物价局部门会同商业部门提出一定时期的指导性价格，由市食品公司组织实施。为鼓励瘦肉型猪的生产，对瘦肉型猪比一般价每公斤另加 0.14 元，猪肉销售价格与收购价格同幅度调整，同时给予居民价格补贴，从五月份起汉民每人每月补贴 7.5 元。1985 年 5 月天津市鲜蛋购销量价格放开后，改变了过去单一渠道经营的局面，国营、集体、个体一起经营，市场货源充足。价格放开后的 7 个月，社会总销售量为 2529 万公斤，市禽蛋公司销售（包括批发上市、组织产销直挂上市）2090 万公斤，占社会销售量的 82%。1985 年副食品价格放调结合的改革起步顺利，促进了商品经济的发展，活跃了城乡市场，但部分商品价格上升幅度较大。农副产品收购价格总指数比上年上升 15.4%；城市市场零售物价总指数比上年上升 13.9%。其中：食品类上升 19.7%，穿着类上升 0.5%，日用品类上升 2.7%。分商品看，鲜菜上升 52.9%，肉禽蛋上升 23.2%，水产品上升 98.3%，水果上升 27.5%。书报杂志、医药等消费品零售价格也有上升。全年职工生活费用价格总指数比上年平均上升 13.1%。

1985 年至 1987 年，部分商品价格上升，特别是农副产品价格上升幅度更大一些。但是，零售物价指数上升幅度控制在国家计划之内。1987 年零售物价总指数比上年上升 6.9%，低于 1986 年上升 7.2% 的幅度，也低于全国城镇零售物价上升 9.1% 的水平。从各类商品看，食品价格上升幅度较大，为 8.3%（其中肉禽蛋上升 5.3%，蔬菜上升 18.0%，水产品上升 23.5%）；穿的商品上升 5.9%；用的商品上升 5.6%。

1988 年，按照全国统一部署，有控制地调整和放开了部分商品价格，拉开了质量差价。部分商品价格则受市场供求规律的影响有所上浮，全年零售物价水平比 1985 年上升 7.2%，在国家规定控制的指标之内。但有些单位和商贩存在变相涨价，以次充好，短斤缺两，多算货款的现象。全市城市职工生活费用价格总指数比 1985 年平均上升 6.8%，其中服务项目价格指数上升 1.6%。

1989 年，在稳定大局的前提下稳步推进价格改革和调整。①对直接关系到城市居民生活的农副产品供应，通过增加蔬菜合同定购品种和数量，提高国营、集体零售商店销售量比重，坚持定量供应以及对农贸市场大宗蔬菜实行最高限价等措施，来保持价格的基本稳定；②对涉及城乡人民生活必需的 19 种日用工业品的供应，严格控制价格，实行"物资保一点，财政补一点，工业控一点，商业让一点"的办法；③对前几年已经放开的小商品以及外埠购进的商品，通过建立价格的申报、备案等制度，并规定商品进销差率和批零差率的措施加以管理；④对少数供需矛盾突出的非生活必需品的价格实行了适当调整。

1991 年，天津市物价局紧紧围绕搞好国有大中型企业、发展第三产业和外向型经济，对价格管理体制进行了多方面的改革。主要内容包括：

（1）下放了一批价格管理权限。一是扩大了企业定价范围，原规定需要调价申报、备案的品种由 82 种减少到 28 种。二是对列为改革试验的 117 个国有大中型企业，放宽政策，赋予企业一定的价格自主权。对原市管 76 种产品价格，下放给试点企业管理的有 38 种；原实行调价申报、备案的 12 种产品取消申报备案制度，由企业自主决策。

（2）放开一批商品价格。为了促进有计划商品经济的发展，根据计划经济与市场调节相结合的原则，先后放开了皮鞋、卷烟、食糖、絮棉的零售价格，相继又放开了鸡饲料和鸡蛋价格。同时，进一步重申对已放开的小商品价格，不准层层截留，还权于企业，实行市场调节。

（3）完善涉外价格管理办法，合理确定进出口商品价格。1991 年对有关涉外价格问题，采取了几项搞活措施：一是调整出口商品作价原则，逐步推行出口代理制。二是合理制定外汇进口商品价格，支持外贸企业以盈补亏。三是简化出口商品转内销价格审批程序，支持外贸企业压缩商品库存。四是完善外商投资企业价格管理制度。五是在开发区实行更灵活的价格政策，扩大了外贸企业经营自主权。

（4）继续清理整顿收费，切实减轻企业负担。1991 年，天津市在清理整顿行政事业性收费的基础上，继续把治理乱收费的工作摆在重要议事日程。对全市各项行政事业性收费普遍进行了清理，重点解决超越权限、擅立项目、边整边犯、情节严重的乱收费问题。通过自查、重点检查和审核处理三个阶段的工作，经市治理"三乱"领导小组批准，取消 106 项不合理的收费项目，减轻企业和群众经济负担 3400 多万元。

（5）改进物价监督检查工作，完善查帮结合的服务措施。重新划定了各级物价检查机构的分工管理范围，认真贯彻了"在执法中服务，在服务中执法"的指导思想，落实了"防在查前，帮在查中，治在查后"的服务措施。

1991 年天津市除按国家统一安排，调高了粮、油统销价格外，还放开了鸡蛋价格。调高了缝纫机、广播报等工业品价格和一些服务收费项目价格，在推动价格改革的同时，市政府注重研究各方面的承受能力，加强了出台前的宣传工作，保证了价格调整的顺利进行，从而在理顺价格关系方面取得了较好的效果。1991 年物价改革具有以下三个特点：

一是粮油提价出台顺利，居民心理稳定。1991 年 5 月调高粮油统销价格是价格改革迈出的重要一步，粮油是居民生活的重要必需品，此次升幅较大，但由于市政府对价格调整工作十分重视，充分做好了调价前的准备和宣传解释工作以及调价后的补贴落实工作，社会心理稳定，此次调价十分顺利。群众对调价的目的、意义比较理解，市场上没有出现较大的抢购现象，也没有发现搭车涨价行为。

二是自发涨价因素较小，市场物价平稳。1991 年价格调整的步伐较大，但没有出现像过去往往会带动放开商品价格的自发上涨，以致市场发生较为明显的波动的现象。而是居民心理较为稳定，加之商品供应充足，放开商品的自发涨价因素很小，天津市城市集市贸易价格总水平比上年仅微升 0.6%，卷烟放开后，在畅销烟价格上升的同时，丙级烟价格下降。鸡蛋价格放开后，市场上鲜蛋价格也较平稳。

三是市场供求规律对价格的作用日益明显。近年来，商品价格变动，改变了过去只升不降的局面，而出现有升有降的新特点。市场供求对价格的作用日趋明显。在穿用商品中因库存积压、销售不畅而降价的商品较多，如电视机、电冰箱、洗衣机、收录机、录像机等耐用消费品 1991 年价格又有所下降。过季服装、鞋、毛衣、针棉织品和花色陈旧的面料等穿着商品因销售不好而降价的也较多，而且有些商品降价幅度较大，与此同时，一些名牌电冰箱、彩色电视机等质量好的畅销的商品，价格保持坚挺，花色新颖的时装、高档西服、鞋等穿着商品也因销售较好而价格上浮。鲜活食品的价格受市场供求的影响更为明显，上市量大价格下降，上市量小价格上涨。

第二节　国内商业的进一步发展与繁荣

一、原一级采购供应站的业务经营

（一）天津百货采购供应站的业务经营

天津百货采购供应站归天津市一商局管理后，与市内各专业批发部同为市级批发公司，对计划商品由站直拨分配指标，市百货公司可从生产厂直接进货，减少调拨层级。天津百货批发站主要做埠际间生意，除各地批发公司这一传统渠道外，还扩大到三级批发和中小型零售企业和供销社等，进行多渠道供应，打破固定供应的地区范围。经上级批准，该站八个业务科改组为经营部，单独核算，下放一些经营权、财权、人权，并与综合经营部（原百货一部）均改为批零兼营形式。1986 年，经一商局批准，在该站大楼下一层大厅建立新华商场，经营方式批零兼营，起到了天津百货地产品的窗口展销作用。

1987 年，根据商业部《关于改革、放开、搞活百货文化小商品价格的通知》和国务院〔1987〕55 号文件，废除产地牌价、供应价，一律按进货价加商业企业合理费用、税金、利润的办法（即顺加法）。天津百货站实行作价顺加办法后，把小商品定价权下放到各专业经营部。各经营部有权根据不同品种和市场供求情况，分别确定顺加率，其销进差、批零差、地区差等各种差价全部放开，不再受原作价办法的限制。

1988 年，社会上一度出现流通秩序混乱的局面，商品供应工作几次受到"抢购风"冲击，物价波动，货源量减少，经营实力减弱，资金周转紧张，且出现进货后不能及时付款、拖欠工业货款现象。天津百货站为了保证市场供应，在商品进货方面采取了以下三个主要措施：

一是把扩大商品收购作为经营之本，组织更多的适销货源，"立足当地，面向全国，广开门路"，妥善处理工商利益分配，缓和产销矛盾，确保货源来路，并积极开展外采。二是促导生产，增收市场敏感产品，落实天津市政府稳定市场的 19 种工业品货源，有力地支持了市场。三是加强对原材料的经营，1988 年 4 月份增加"连带性原材料"经营项目，充实人员力量，注重把原料和商品挂钩，向工业提供原料，并安排商品收购，解决 1500 万元原材料，并着手进口接运工作。

在商品供应方面，重点落实市政府和一商局的部署，对敏感商品多次采取应急供应措施，将货源全部调给天津市销售，并增加全站经营品种数量，为稳定市场、稳定物价、稳定情绪、稳定局面、遏止抢购风做了大量工作。

1989 年，天津百货站认真贯彻"治理整顿，深化改革"的方针，自觉发挥国营主渠道的作用。在商品收购工作中，树立经营品种适销对路、使用资金合理有效的观念，把主要力量放在骨干品、敏感品和有供应合同的品种上，紧紧依靠天津市工业，努力扩大当地产品收购，并主动分担工业困难，把调整货源结构也作为对工业的一种支持；并且严格把住质量关，促进和帮助工业提高产品质量。针对下半年市场疲软、停调缓调合同较多、结算资金占压过大的问题，在销售上"边销售、边清欠"。通过全国百货供应会，发展专业商品对口部门商工联销，利用多条渠道促进商品下伸以及提高服务质量、以服务促销售等措施，使全站销售任务超额完成。

1990 年，市场疲软，经营资金紧张，商品经营经历了前所未有的困难。为稳定工业生产、巩固天津产品在全国的市场，支持天津财政，按市政府统一部署，对属于 25 种骨干产品中的 7 类 11 种百货商品进行收购，加大了库存，全年净增 6200 万元，且"三角债"前清后欠居高不下；同时，工业自销比例加大，加重了全站经营难度。在困难面前，全站以市场需求为导向，不断改善经营结构，积极开发新门类商品和新的花色品种，积极配合工业调整产品结构，加强推销、清欠、调研和售后服务工作，并建立新的销售网点，向毗邻地区基层单位扩展和加强促销，采取各种措施搞好营销。

（二）天津纺织品采购供应站的业务经营

1988 年 1 月 1 日，经过 4 年多"产销结合"的试点，因不适应"改革开放、搞活经济"的要求，天津市丝绸公司终于宣布解体。天津纺织品采购供应站和天津市纺织品公司又从天津市纺织工业局划出，重新回到天津市第一商业局。天津纺织品采购供应站于 1987 年底成立了第一批发部，1988 年 4 月成立了第二批发部。1991 年，该站将海河沿岸的解放桥仓库进行改建，成立了规模较大、功能齐全、仓储批发合一的天津纺织品批发市场，于 12 月 20 日正式开业；在天津开发区建立了华纶公司，开展进出口业务。

这一时期该站实行了进销合一，从而做到了以销定进，勤进快销。实行敞开选货、就地成交、代办托运、送货上门及实行拆整付零等措施。外采货源单位发展到 94 个，其中 1987 年新建立的关系单位达 48 个。该站打破大站不向商业单位进货的常规，将货源渠道延伸到外贸、二级站、军工企业，甚至乡镇企业；突破经营品种的单一化，把经营范围扩展到棉纱、坯布、染化料及纺织品相关品种；注重货源基地的开辟；专业部门细分化，发挥"船小调头快"的优势；推行了承包经营责任制、经理负责制和工效挂钩三位一体的配套改革。该站坚持以销售为中心，以压缩资金占用为重点的经营管理目标，通过抓企业管理，转变经营观念，搞好优质服务等一系列措施，完成了经营工作任务。采取预收、预付、钱货随清、代购代销、联营联销、库存调剂等多种经营形式，进货注意小批量多品种，勤进快销，贯彻"谁有款、谁用款，谁卖货、谁收款"的资金管理原则，抓好销售和清欠。

1991 年建成的天津纺织品批发市场以印染布批发站、色织布批发站、呢绒批发站、丝绸装饰布批发站、进口纺织品批发站为主体，集商品展示、信息交流、质量检测、仓储运输、财务结算、综合服务于一体，吸引市内外 200 多家企业入场交易，开展整件和拆零批发业务，随时看样、签约、提货、简化手续、减少环节，同时还办理代购代销、总代理、总经销等业务。在当时，该批发市场成为有多种经济成分和工商企业共同参与面向全国的专业性批发市场。

（三）天津针织品采购供应站的业务经营

1985 年全站积极开拓经营，全面开展代销、监制、加工等形式，扩大厂户 82 个，收购值达 5380 万元，占全站收购值的 11.5%。其中市外 2986 万元，约计获利 280 万元。1986 至 1989 年是针织站业务经营日趋萎缩的四年。这期间工业自销日趋扩大，天津市货源日趋缩小，市场变化激烈，费用骤增，经营异常困难。年进销额从 20 世纪 80 年代上半叶的 4 亿至 5 亿元降至 3 亿多元。天津针织站为了维持经营，采取了以下四项措施：一是对天津市畅销品种价格上浮稳住货源；二是继续开拓收购纺织工业局系统外产品；三是继续扩大供应对象；四是批零兼营。从 1986 年起，开始经营外地产品，打破了原来一级站只经营当地产品的格局，面向全国，深购远销，初步展现出中心城市大型批发企业的集散功能。固定销售网点从 1978 年的 200 多个二级站发展到密布全国各省、市、区、县的 1200 多家。发展横向联合，组建了由全国 38 个大中型批发企业参加的全国针棉织品批发企业联营协作网。在销售上形成了大、中、小买卖一起做，国营、集体、个体都接待的新格局。在收购上，在原来仅与天津市的 180 家工厂有购销关系的基础上，发展为不仅与市内的 210 多厂家有密切的购销关系，还在全国 10 多个省、市，与 60 多家工厂建立了紧密的购销关系，形成了以冀鲁豫为依托的新货源基地。全站注册自有商标 18 个，形成了系列配套、门类齐全的商标体系，增强了企业的经营实力。在管理上，实行了以利润率为核心、分科核算的经营承包责任制，相应建立了有偿借贷的内部银行。实现了财会、统计及部分业务项目的电脑化。

1988 年，天津针织站面临较多困难。一是运输不畅。1988 年 5 月份运输占压资金高达 4900 万元，创近几年来最高水平。二是 8 月份发生的抢购风。天津针织品首当其冲，该站为了发挥主渠道作用，向天津市零售店投放 1533 万元的商品，比上年同期增加 12.6%，虽然对稳定市场起到了一定作用，但出现了销售款不能收回的情况。三是由于银行紧缩银根，单位之间拖欠货款日益严重，欠工业 2400 万元，各地欠该站 3700 万元。1989 年上半年市场依然紧张。同时，从 1986 至 1989 这 4 年的经营费用不断增加，费用率也逐年上升，而利润却呈下降趋势。针对这种情况，该站紧紧抓住强化销售和清欠货款这两项工作。在销售上，坚持以销带进，以销促进，开展多种销售活动。赶在全国交流会前单独邀请主销区，提前召开预签会，密切地区关系，进行新的探索，搞好商品下伸，开拓农村市场。同时，还采取了联销、延期付款、迟期结算等多种促销措施。在进货上，从支持当地工业生产这一大局出发，加强适销对路产品的收购。从多种途径筹措资金，帮助工业渡过难关。为提高产品的竞争能力，对产品进行了全面质量检查。在平时坚持抽查、跟踪检查、工商联检等多种检查措施，十月份组织了库存商品质量大检查，并举办了质量展览，对检查中发现的库存有问题商品采取返验、退换货等一系列措施，从而维护了天津产品的信誉。

1990 年，市场继续疲软，天津针织站经营更加艰难，连续出现了亏损的局面。为了扭转亏损局面，该站在销售上，采取大会与小会相结合、全站补货与各科专业补货相结合、接待好来站代表与外出推销相结合的三结合销售形式，全年共召开各种类型的签约会议 16 次，成交商品近 3 亿元。开展联营联销，在外地设置天津产品样品间、建立联销站，下伸销售渠道，开辟新的销售市场，与几个省供销社建立全面的联营业务。组织清欠货款、推销商品、市场调研、核对账项四结合的外出队伍推销商品、催回货款。改造、扩大样品间，供应人员均在样品室开放式办公，改变了过去封闭经营的状况，建立了看样、成交、开单、运输及售后全过程的"七员十岗一条龙服务规范"。开展多渠道运输，平均运输占压和单票运输占压都降到了历史最低水平，满足了客户对季节商品、急用商品的需要。从站到科，从组到人都制订了服务公约和服务措施，加强结算资金管理，逐步解决前清后欠。优化进货渠道，提高产品的竞争实力，支持名优产品的生产。加强了企业管理工作，保持了市级先进企业的称号。

（四）天津五金采购供应站的业务经营

20 世纪 80 年代中期，天津五金采购供应站实行以市场为导向的开放式经营，主要抓了扩大经营品种、发展横向经济联系和经济联合。随着改革开放从农村改革到城市改革，尤其是 1984—1988 年经济加速发展的飞跃时期，大量引进先进生产线和大规模兴建宾馆饭店等高档建筑，对各种电动工具、各种装潢五金需求迅速增加。天津电动工具生产薄弱，装潢五金虽引进了一些生产线，但品种少，质量竞争力不强。天津电动工具和装潢五金市场基本上由洋货和广东货独占。1985年该站取得天津市人民政府支持，拨付外汇从日本、中国香港等地进口电动工具和装潢五金 2249 万元，开始了较大规模经营电动工具和装潢五金商品，至 1988 年该站销售电动工具和装潢五金增至 4979 万元，占全站销售总额的 15.8%。同时，该站对一些与五金商品有连带关系的机电和建材产品恢复了经营。20 世纪 90 年代初期，经营品种又得到了进一步扩大。在销售方面，该站突破"三固定"批发模式。1984年 6 月，天津五金商品贸易中心成立（1987 年停业，与该站实行一套人马、两块牌子），在业务经营上实行不限地区、不限对象，对国营、集体、个体工商业一视同仁以及按批量作价、协商作价等自由购销政策。1986 年该站除继续与全国五金系统全部二级站 286 家保持相对稳定的购销关系外，还与各省 333 家三级批发商店建立了购销关系。建立以该站为龙头的商商联营企业集团，提高市场组织化程度，克服主渠道国营批发企业单枪匹马面对众多竞争对手、独立作战的被动局面。一个以天津为中心的四通八达的五金商品流通网络初步形成。同年，与深圳津深进出口贸易公司建立紧密型联营关系，成立津深进出口贸易公司五金经营部，作为天津五金产品在深圳的窗口。1986 年，为疏通城乡流通渠道，搞好工业品下乡，开拓农村市场，采取"国合联合经营"的办法，该站与天津杨村供销社联合成立五金商品联营公司，对之实行现货交易、经销、代销、赊销等多种购销形式。对探索促进工业品下乡，繁荣活跃农村市场，做了有益尝试。商品收购方面，突破只收购天津五金产品模式，1985 年在继续收购天津市 27 个工业公司 337 个工厂五金产品的基础上，收购 17 个省 98 家工厂的 126 种五金产品，共计 1896 万元。1989 年增至 20 个省 158 家工厂的 186 种五金产品，共计 3988 万元。20 世纪 90 年代初，继续保持着这一经营优势。

1990 年该站已与全国 634 个企业建立供货关系，并与其中 301 个二级站建立了相对稳定的购销关系。在此基础上又以该站为龙头，联合全国 47 个重点二级站组建了联营企业集团，依靠天津大城市的辐射力和吸引力，在收购当地产品的基础上，同时经营各地名优特产品，共与天津市及各地 232 家工厂建立了采购关系，对稳定和活跃五金市场起了积极的作用。1991 年，该站与 831 户开展了"移库联销"业务，移库投入金额 7165 万元，回收金额 8212 万元。同时，与毗邻地区、市县 154 个经营单位建立了新的业务关系，在郊县经济区销售额达 11379 万元。各批发零售单位还在华北、西北、东北建立起销售网络，成交额 2 亿元。另外，与生产单位建立了双向"交流"协议，既购进厂家的产品，又为厂家提供所需的各种生产资料。全年直供商品价值 23402 万元。为扩大销售，4 月成立了珠江商场，并在和平路筹建五交批发市场，坚持能批发就批发，能零售就零售。全年批发单位的零售额 1441 万元。这一时期，在改革开放方针指引下，该站抓住机遇，深化企业改革，不断提高企业经营管理水平，使该站经营规模不断扩大，经济效益不断提高。1990 年该站被评为全国 500 家最大服务企业之一。

（五）天津交电采购供应站的业务经营

天津交电采购供应站于 1985 年由商业部下放到地方天津市第一商业局领导和管理。为了更好地支持、服务生产，该站坚持把搞好工商关系作为经营工作的重要环节。对由于原材料涨价、工业内部不能全部消化的厂家，采取了价外补贴的办法，1985 年共补贴 722.7 万元。对由于国家抽紧银根、工厂购料资金不足的困难，采取了让利的办法为工厂调剂资金。1985 年天津市产品收购额达 9.4 亿元，比 1978 年增长 1.45 倍。该站在积极收购天津市产品的同时，还开辟新的进货渠道，扩大商品购进。

1986 年该站加强了货源基地、销售基地和储运基地建设，发展了横向经济联合，主要体现在以下四个方面：在开拓了货源基地方面，与 203 家工厂建立固定进货关系，其中，埠外工厂 30 家，涉及 19 个省市，收购品种共计 46 种；为促进工业调整产品结构，新开发 56 个品种（规格），恢复了 7 个老品种的生产经营；经营的交电、家电商品计有 4 大类，450 个品种，2831 个规格；收购工业积压产成品价值 3870 万元，计有 11 个品种，仅黑白电视机就达 8.69 万台，价值 3200 万元。在打破"三固定"经营模式方面，全面敞开对县、市站、公司和系统外的供应。在储运基地建设方面，为适应业务发展，与天津唐家口仓库联合筹建 7245 平方米整车发运库房；与物资局后台库协商，合作建立了站台库，储存面积达 17950 平方米，实现有货有库，保证需要，并解决了自行车商品露天存放，雨天不能进出库的"老大难"问题。在发展横向经济联合方面，与湖北省黄石自行车厂、黄石五金交电公司联合经营"双狮牌"自行车，在黄石市建立"天津交电站黄石分站修"；与河南新乡五金交电化工公司联合筹建了经营天津交电、家电商品为主的独立核算的经济实体——天津交电站新乡联营站。

1987 年该站业务经营有了新的发展，主要体现在以下五个方面：一是各项经济指标稳定提高；二是经营结构发生了变化，扩大了大路商品经营；三是开拓经营新品种，为业务经营增添了后劲；四是在稳固天津货源基地的同时，开拓外埠货源基地；五是工商、商商之间的横向经济联合效果明显。

1988 年该站在经营中积极巩固、扩大横向经济联合。在工商联合方面，在"大连星海电视机集团"投资 600 万元，当选为该集团副董事长单位，当年收购"星海牌"彩色电视机 890 台、黑白电视机 9478 台；为"天津飞鸽自行车集团"集资 3000 万元，扩大了"飞鸽牌"自行车的收购量。在商商联合方面，该站与外地省、区中心城市商业部门联建的"天津交电站联营分站"由 1987 年的新乡、洛阳两家扩展到太原、呼和浩特、哈尔滨、长春、兰州等7家。该站在这7个联营分站总投资为145.5万元，联营原则是"共同投资、按资分利、风险共担、利益均沾"。1988年这7个联营分站经销天津交电商品19243万元，该站分得利润147.47万元，为投资额的101.3%。1987年底，该站与全国132个交电商业批发企业组建了"天津交电商品联销企业集团"，并任董事长单位。1988年"集团"共召开过两届交易会，该站总成交额为58234万元，占全年销售总额的50%以上，成为商品销售的主要渠道。"联销集团"除了组织商品交易活动外，还开展集资、调剂原材料、搜集市场信息等活动。1988年该站在天津"龙门大厦"内投资600万元，购置3000平方米的营业场地，开设了"天翔商场"，从而使该站成为以批发业务为主、批发零售兼营的大型综合性商业企业。1988年底市企业管理领导小组正式授予该站市级"先进企业"称号。1989年，该站在抓好经营的同时，进一步加强企业管理，继1988年评为市级先进企业后，1989年7月又通过了国家二级企业评审验收。

1990年以后，该站执行1990年市人民政府31号文件，收购工业积压库存的自行车等六类九种产成品，加之社会经济大环境的变化、工业品市场销售疲软和银行对异地托收承付货款监督机制的改变，使该站库存积压、销售下滑，外欠货款急剧增加，从此背上亏损包袱，经营走向困境。1990年，该站商品购进70223万元，与上年95142万元相比，下降26.2%；费用水平8.94%，比上年上升4.52个百分点；资金周转1.14次，比上年慢0.95次；亏损8181万元，同上年盈利2077万元相比，盈亏相差10258万元。全年平均毛利率为－1.62%，比上年下降7.68个百分点。面对上述经营环境，该站将推销商品和催收货款作为全年工作的重点。全年共派出1026人次，走访818个单位，推销商品达5036万元。该站将催收欠款与清对账目、解决业务纠纷结合在一起，分期分批召开对账会，做到往来账目分户清、数字准、单证全，业务纠纷解决办法明确，清收欠款依据充足。全年清收欠款2409万元。同时，集中力量参加全国大清欠，从严重拖欠货款的1205笔，共15559万元中，清回货款5206万元，基本上收回了1989年以前的老欠款。此外，还派出催收欠款人员1003

人次，收回货款 5167 万元。由于采取以上措施，各地拖欠货款由最高月份的 26000 万元下降到 18092 万元。

1991 年，天津交电站采取了以下五项得力的措施：一是对当年进货当年销售的商品实行单独核算，确保新经营的商品有利润；二是有选择地经销外地名优商品；三是改变传统销售方式，进一步拓宽销售渠道，搞活经营；四是突出重点，狠抓"压缩商品库存、压缩外欠货款"；五是改革内部体制，转换企业经营机制。通过采取上述五项得力措施，使该站在减亏、压库、清欠三个方面取得了显著的效果。商品库存由年初的 2.39 亿元下降到 9104 万元，下降幅度为 61.9%；外欠货款由年初的 1.81 亿元下降到 8737 万元，下降幅度为 51.7%；经营效益由上年亏损 8181 万元下降到亏损 2995.86 万元，减亏幅度为 63.4%。

（六）天津化工采购供应站的业务经营

1985 年以来，天津化工采购供应站为适应多渠道、开放式流通体制的新形势，确立了立足开拓、积极经营、热诚服务的经营思想，在继续巩固扩大当地化工产品购销交流的前提下，进一步扩大了进口化工商品的业务。全年该站从 17 个国家进口化工商品 46 种 84556 吨，购销额达 27765 万元，比 1978 年增加 13 个品种，如纯碱、钛白粉、甘油、高压聚乙烯、低压聚乙烯等。该站还在国内加强了横向经济联系，扩大地区之间的物资交流。1985 年从 31 个地区、厂家调入了 54 个品种 6796 吨，共 3956 万元的化工产品，为发展天津化学工业做出了贡献。在经营中，该站对市场需求量少、花色多、变化快的染料品种，做到按照需求拼配成成品服务上门。1985 年共拼配加工了 55 个品种 1334 吨，供应全国 200 多个地区，使化工产品年购销量达 40 万吨，购销总额达 10 多亿元，创建站以来最高水平。

1986 年坚持立足开拓、积极经营、支持生产、服务用户的指导思想，使购、销、利三项经济指标均超过 1985 年实际水平。1986 年在大胆探索开放式经营的实践中取得新成绩。在支持生产方面，为 101 个生产厂组织原材料 128 个品种 2828 吨，解决了近百个品类生产原料不足的困难。本着为天津市工业配套服务、弥补缺门短线品种生产的精神,该站从外地择优组织了 184 个品种 6195 万元,比 1985 年增加了 20 个品种 368 万元。在发展横向经济联合方面,1986 年共实现工商、商商、商贸之间经济联合 13 项,联合的形式由松散到实体。在扩大进出口业务方面,全年用中央、地方外汇组织进口 40 余种化工商品,购销额达 2.9 亿元,并为外贸提供了 150 多万元的出口货源。在扶植乡镇企业方面,全年为 92 个乡镇企业组织了 112 个品种的生产、加工拼配。在开展多渠道销售方面,增强了向外辐射能力,初步建立起既有批发企业又有批零兼营企业的销售网点。建立批发商业企业销售户达 363 个单位,系统外供应户达 420 个单位。此外,还利用商品检验、储运设施为各地用户提供优质服务,并开辟了提供商品信息、咨询等多种服务项目。1987 年该站各项主要经济指标又好于 1985 年和 1986 年的经济指标,为建站 35 年来的最好水平。

1988 年购销均突破 8 亿元,比 1987 年增长 40.3%和 27.3%;实现利润 2991 万元,比 1987 年增长 28.4%。1988 年该站开拓经营的 4 个新发展是:

（1）双轨经营,滚动发展。采取既经营商品,又经营原料,通过经营原料,促进扩大经营商品,再以扩大了经营的实力,扩大原料经营发展。

（2）扩大自筹外汇,引外促内,增强实力。大力自筹地方留成外汇,利用外贸部门自营外汇和各地调剂外汇,通过多种途径组织,使 1988 年外汇使用总额度达 4800 万美元,比 1987 年增长 40%。对组织进口基础原料,出口创汇,促进国内化工生产,起了积极作用。

（3）探索立体化购销网络,组织多方位双向循环。在商品进货渠道上,扩大了市外工业购进,全年共从 24 个省、市的 234 个生产厂组织购进 201 种、13 亿元的商品,比 1987 年增长 82%。多种形式的加工生产有了进一步发展,由简单的小包装袋色加工发展到大包装混配加工,开创了使用该站商标的化、染、油各类品种,全年共加工 45 种 822 吨,比 1987 年增加 9 个品种。

（4）企业管理有新的提高。从购销、资金、价格、储运、质量、

255

安全等方面加强企业管理工作。经市工商银行评估，被评为"一级信用企业"；同时被天津市人民政府命名为市级先进企业；并在财会、统计、安全、储运等方面获得了光荣称号。

20 世纪 90 年代初，天津化工采购供应站经营的商品，主要有进口和国产化工、精细化工、染料、中间体、助剂、油漆、颜料、香精、香料等共 600 多个品类、2000 多个花色规格，经营方式有订购、选购、代购、经销、加工改制以及代接、代储、代运、代验和提供化工商品技术咨询服务。天津化工采购供应站经过探索、开拓，拥有雄厚的货源基地。天津化工采购供应在日本、美国、罗马尼亚、法国、朝鲜、俄罗斯、中国香港等国家和地区的一些厂商建立了贸易关系，在天津市与 100 多个生产厂，在全国其他省市与 240 家生产厂建立长期稳固的收购关系，已形成了一个内外结合的多渠道的货源基地。同时与 30 个省、市 700 个化工批发、零售、大中型使用厂建立了稳定的供货关系。该站在经营上的优势得到了进一步的发挥。

（七）天津文化用品采购供应站的业务经营

1985 年 6 月，天津文化用品采购供应站和归属天津市百货公司领导的三个批发部实行合并，合并后称天津文化用品批发公司。1986 年 8 月，天津文化用品采购供应站恢复原建制，三个批发部由天津市一商局调配有关人员恢复成立天津市文化用品公司。

1986 年，天津文化用品采购供应站进一步打破"三固定"的经营模式和封闭式的经营体系，初步形成开放式的批发网络。该站从密切工商关系入手，加强服务环节，取得了工业部门的信赖和支持，先后与天津市 315 家工业企业建立了比较稳定的购销关系，收购的文化用品品种有 570 多种。其中有市级优质产品 54 种，部级优质产品 16 种，获国家金银牌产品称号的产品 14 种。除经营天津产品外，该站还发挥大型批发企业综合经营的优势，先后与全国 21 个省、市、区的 130 多家工业厂家建立购销关系。为了搞活业务经营，该站在积极经营国内产品的同时，还探索了经营进口商品的新途径。1986 年在外贸及有关部门的支持、配合下，广泛与外商接触，掌握国际市场信息，灵活地利用地方闲散外汇，组织文化用品的进口。为了打破纵向分配型的封闭模式，该站积极发展横向经济联合，1986 年已与全国 29 个省、市的 1150 多家客户建立了业务往来关系，比上年增加 22.4%，并与全国文化用品经营单位及重点用户连成贯通城乡、四通八达的流通网络。

1987 年，该站业务经营有了较大发展，为了积极开拓货源，搞活经营，该站加强了国产商品的经营，在巩固发展当地工业进货的基础上，进一步加强了外地产品采购和新品种的开发。在购销渠道发生重大变化的情况下，该站积极发展工商联合，与 12 家工厂实行了联营。同时，千方百计组织进口商品货源。在主渠道商业部进口商品货源大量减少的情况下，充分利用各地地方外汇挖掘货源。在销售方面，进一步改善了过去层层调拨的传统方式，努力减少环节，增加效益。对某些大件、贵重、技术性较强以及属于原材料性质的商品，采取直接销售给生产单位和使用部门的做法。有的商品还直接向国营、集体零售商店及个体经营者供货。

1988 年，该站以压缩资金占用、压缩费用开支为重点，以扩大购销、提高经济效益为中心，加强了企业管理和思想政治工作，全面完成了各项计划。为了适应流通体制改革的新形势，逐步改变了传统的固定销售对象和封闭式的经营方式，对于重点销售地区实行了联营联销。并且减少环节，对纸张、油墨以及高档办公室用品、照相器材、乐器等商品，不分系统内外、批发或零售、生产单位和用户，直接供货。同时开设了门市部，面对广大消费者开展零售业务。1989 年，该站在经营上出现了滑坡。滑坡的主要原因：一是文化用品多属集团购买商品，不仅受到市场疲软的影响，而且也受到控制集团购买措施的影响；二是资金短缺，货款拖欠严重，年末结算资金占压高达 1.4 亿元，致使该站拖欠工业货款 4000 万元，并使不少厂户由于没钱购买原料不能继续生产；三是银行利率提高，运杂费、保管费上调等因素，使该站利润减少。针对这一状况，该站积极开拓经营，采取了一系列措施：首先加强了进货管理。采取了"有保有舍"的做法，即对全站影响较大的主要厂家和市场畅销、适销的品种优先保证进货。平销商品采取延期付款、调整生产等办法，使进货结构得到改善。其次根据不同商品的具体情况，利用多条渠道，采取多种形式，开展了推销活动。最后为了管好用好资金，该站一方面在企业内部实行了小银行制，使商品资金占压由年初 1.4 亿到年末压缩至 0.72 亿。另一方面狠抓了货款催收，并且广开门路，多方筹措资金，基本上保证了业务经营上的一些急需。

1990 年，该站强化了销售工作，组建了专门推销班子，充实销售一线。全年共派出 370 路、1100 余人次，分赴全国 20 余个省市、827 个单位，开展了推销、清欠、调研、业务查询"四位一体"的活动。与此同时，还利用各种会议的形式，扩大销售。全年共组织了 14 次补货会议，在沈阳、大连、昆明等地举办 10 多次展销会，参加了各地举办的边贸会、地区商品交易会和新兴城市联谊会。在加强销售的同时，也加强商品采购。国内购进 1990 年比上年增长 23.4%，本地工业进货比上年增长 24.6%。对于纸张、油墨两类由市里协调的品种，积极做好工商平衡和商品收购工作。此外，该站积极配合工业，提高商品竞争能力，向主销区 200 余家进货单位发出《征询商品质量意见书》。经过归纳整理，分别反映给有关工厂，引起工业重视，加强了产品检验，使不少商品的质量和包装有了明显的提高和改进。

1991 年，该站认真贯彻改革、开放、搞活的方针，取得了较好的经济效益。为了搞活经营，扩大销售，该站一方面与基本销售地区的业务关系单位签订联销协议，确定基数，超基数进货让利，以促进销售，联销单位已发展到 68 个。另一方面，大力开展商品销售下伸，对于生产资料性商品、大件高档商品、专业技术性商品，拓宽销售渠道，直接向使用部门、基层销售单位甚至个体经营者供货，向减少环节要效益。业务关系单位由 400 多个发展到 2600 多个，遍及全国各地。全年通过减少环节开展直供业务共销售 1.46 亿元，占销售总值的 26%。与重点商品的生产企业搞联合经营，工商携手开拓市场。如与天津油墨公司、天津加工纸厂、海河文教厂、保定化工部第一胶片厂进行铺底联营，地区总经销。与天津油墨公司联营后，过去只给 21 个油墨专业商店供货，1991 年发展到给 1000 个单位供货。尤其是南方没有销售过天津油墨的地区，由工商共同宣传推销也打开了销路，使天津油墨在全国市场的占有率由历史上的五分之一上升为四分之一。

这一时期，天津一级采购供应站主动适应改革开放形式的要求，充分利用自身的优势，努力克服自身的劣势，积极开发国内外两个市场的资源，使自己逐步适应了新的环境。在市场和物价出现波动时，供应站勇于承担起国有商业应负的责任，为商品流通体制和物价改革的深化发挥了重要的作用；克服经营上的各种困难，积极调整经营结构，改进购销方式，开拓经营领域，建立新的销售渠道，为国民经济的稳定发展和改革开放的深化做出了积极的努力和贡献。详见表 4-1 至 4-3。

表 4-1 1985—1991 年天津市九大一级站调给市内外工业品总值

单位：万元

年份	1985	1986	1987	1988	1989	1990	1991
石油站	301725	315279	314310	285371	285054	289275	273753
五金站	34529	41704	42230	32755	37605	29704	29102
交电站	256165	143067	105403	110867	98696	68878	44475
化工站	46201	48134	56678	68767	58503	45458	33985
纺织站	36168	28329	27400	34150	33115	21492	13761
针织站	44260	39360	37023	37067	35916	25791	18474
百货站	63269	62220	65972	65324	74204	59765	39649
文化站	52493	48481	56684	59292	46665	43219	48141
医药站	15703	17425	20494	21744	21627	17340	19261
调出总量	850513	743999	726194	715337	691385	600922	520601

资料来源：天津市统计局.天津四十年（1949—1989）[M]. 北京：中国统计出版社，1989：869-870.

天津市统计局.天津统计年鉴 1992 [M]. 北京：中国统计出版社，1992：539.

表 4-2 1985-1991 年天津市九大一级站调给市外工业品总值

单位：万元

年份	1985	1986	1987	1988	1989	1990	1991
石油站	270928	281294	280360	252426	252498	254589	241177
五金站	31629	38007	37640	28283	33898	26426	26117
交电站	225334	122705	95280	95633	90290	59410	36632
化工站	37329	40317	47759	58090	51809	37719	30347
纺织站	33334	25999	22400	28107	27979	17370	10574
针织站	39436	33141	32046	32613	33852	24105	17704
百货站	53861	53421	55567	53838	63603	51757	35808
文化站	44002	41930	47089	49897	40290	37830	42426
医药站	14595	16053	18499	19295	19470	16879	16894
总值合计	750448	652867	636640	618182	613689	526085	457679

资料来源：天津市统计局.天津四十年（1949—1989）[M]. 北京：中国统计出版社，1989：873-874；天津市统计局.天津统计年鉴 1992 [M]. 北京：中国统计出版社，1992：539.

表 4-3 1985—1991 年天津市九大一级站调给市外工业品
占调给市内外工业品总值的比重

单位：%

年份	1985	1986	1987	1988	1989	1990	1991
石油站	89.79	89.22	89.20	88.46	88.58	88.01	88.10
五金站	91.60	91.14	89.13	86.35	90.14	88.96	89.74
交电站	87.96	85.77	90.40	86.26	91.48	86.25	82.37
化工站	80.80	83.76	84.26	84.47	88.56	82.98	89.30
纺织站	92.16	91.77	81.75	82.30	84.49	80.82	76.84
针织站	89.10	84.20	86.56	87.98	94.25	93.46	95.83
百货站	85.13	85.86	84.23	82.42	85.71	86.60	90.31
文化站	83.82	86.49	83.07	84.15	86.34	87.53	88.13
医药站	92.94	92.13	90.27	88.74	90.03	97.34	87.71
调出总量	88.23	87.75	87.67	86.42	88.76	87.55	87.91

资料来源：根据表 4-1 和表 4-2 数据整理。

二、市级工业品批发公司的业务经营

这一时期,天津市新建立或重新组合了一些市级工业品批发公司和贸易中心。这些公司和贸易中心主要有:天津市百货公司、天津市纺织品公司、天津市五金交电公司、天津市化工原料公司、天津市文化用品公司、天津市针棉织品公司、天津市商业纺织品公司、天津市商业服装公司、天津工业品综合贸易中心、天津市医药公司、天津市信托贸易公司等,它们对组织工业品购销、满足消费者需要和繁荣城乡市场都发挥了主要作用。由于篇幅所限,这里仅对天津市百货公司等八个公司的业务经营情况做一简要介绍。

(一)天津市百货公司的业务经营

这一时期,天津市百货公司主动适应改革开放新形势的需求,既从事批发,又从事零售,还从事商办工业。1985年,该公司下属有6个专业批发部,4家商办工厂,403户零售综合商场及门市部,共有职工18874人,主要经营日用百货、鞋帽、钟表、塑料制品、劳动保护用品,兼营针棉织品、文教用品、家用电器、木器家具、服装纺织等近3万种商品。1985年购进总值为69534万元,比1984年增长16.5%,比1978年增长77.7%;销售总值为78050万元,比1984年增长13.8%,比1978年增长71%。该公司在进货业务上打破了按固定层次的模式,开展直接从工业进货。到1985年已与1400多个市内、外工厂和乡镇企业建立了进货关系,共进货42266万元,比1978年增长5倍。在销售业务上改变了按行政区域和一、二、三级销售的固定层次,纵横开拓销售市场。1985年批发企业与全国27个省、市,1350个单位建立了供货关系,销售商品9545万元。零售企业扩大了家用电器、高档化妆品、金银饰品、西装、旅游用品等新的经营门类,丰富了市场,满足多层次的消费需要。同时,该公司有各类专业零售商店110户,还有经营小商品的门市部、柜、组167个。多年来一直坚持"小、专、全"的经营特点,经营额逐年增长。该公司所属商办厂生产的皮鞋、布鞋保持了传统特点,有9种被评为商业部优质产品,有5种被评为市优质产品。

1986 年该公司坚持改革、开放、搞活的方针，积极探索企业生存和发展的途径，制定了搞活业务的 10 条措施。在转变经营思想、改革经营方式、强化批发职能、深购远销、开拓经营等方面有了新的突破。为强化批发职能，扩大了从工业进货，公司所属各零售商店采取工商联营、引厂入店、代销经销等多种形式，加强横向经济联系，提高了企业的竞争能力。

1987 年，该公司为了搞活经营，采取了以下五条主要措施：

（1）坚持"内外并重"的经营策略，拓宽了购销渠道。批发商品的流通发展为四条渠道，即"内进内销、内进外销、外进内销和外进外销"。在立足当地、搞好内进内销的同时，拓宽了后三条渠道，扩大了外地购销业务。

（2）坚持"大小并举"的经营措施，使小商品经营有了新的发展。重视小商品大市场、小商品大利润、小商品大影响、小商品大有可为的四大特点，把小商品经营提到战略的地位，努力扩大经营品种，扩大购销渠道，搞活经营形式。

（3）狠抓库存调整，改善库存商品结构，增强了经营活动。各批发部采取下户推销、摆样展销、委托代销等办法，积极推销有问题的库存商品，使库存结构有了较大改善。

（4）各零售企业积极发展横向经济联合，以投资联营、工商联销等形式提高了企业竞争实力。

（5）商办工厂转变经营思想，树立市场观念，坚持"质量第一，信誉至上"，扩大了企业声誉。

全年进货完成 8.6 亿元，比 1986 年增长 10.6%，销货完成 9.4 亿元，比 1986 年增长 8%。

1988 和 1989 年该公司业务经营发展快，增长多。在经过 1988 和 1989 两年的业务大增长后，1990 年，该公司商品总购进额 39713 万元，比上年下降 2.9%；总销售额 42213 万元，比上年下降 7.5%；实现利税 1171.39 万元；商品流通费用比上年下降 11%。公司所属 10 个批发部和 4 个商办鞋厂，均无亏损。该公司主动探讨提高零售企业经营改善的措施和处理好批零关系的方法，根据只有零售活了批发才能真活起来的指导思想，提出批零出现矛盾，从批发找原因；对技术性强的商品，成立维修组包修，对易损商品实行批发包残，解决零售单位的后顾之忧，为方便零售单位进货，各批发部实行中午不关门，节假日不停业，仓库 24 小时收付货制度。

1991 年，该公司大力经营优质优价商品和新型换代商品。加快经营商品结构的调整，对 138 类小商品进行了对比分析，从 2200 个品种中筛选出 1300 个品种，继续扩大经营，900 多个品种压缩经营或逐步淘汰，同时引进经营 30 多个品种的新商品，在购销上还发展经销、代销、代理、联营、联销等新的经营形式，以压缩库存，加速周转。与合肥舒尔曼公司合作，全年销售舒尔曼香皂、洗发香波及各种护肤用品 442 万元，比上年增销近一倍，年初库存 9029 万元，年末压到 8064万元，下降 10.7%。费用额比上年下降 1.4%。银行贷款年末比年初下降 2200 万元，利息比上年节约 196 万元。

（二）天津市纺织品公司的业务经营

这一时期，天津市纺织品公司在进货上，由过去封闭式的垂直进货、货源只靠当地一级站调拨改为直接从各印染厂进货，并到其他产地开辟新的货源，发挥深购远销的优势。与市内 73 户纺织印染厂、外地 17 个省、市的 352 户企业建立了稳定的进货关系。在销货上，变坐地经营为开放式经营，由过去按行政区划，只对天津市区、郊、县按计划分配供应，改变为立足天津市、着眼"三北"、面向全国，参与市场竞争，起到了组织华北经济区内纺织品流通的作用。实行仓批合一，对各种商品在营业场内做到有货有样，明码标价，任其自由挑选。每年还多次举办纺织品交易会、展销会、补货会、送货下乡等进行巡回展销。1985 年，该公司各类纺织品进货总额达 23088 万元，比上年增长 12.18%，销货总额为 22667 万元，与上年基本持平。百元销货额支出的商品流通费 2.61 元，比上年下降 3.33%。全部流动资金周转 1 次需 94 天，比上年快了 16 天。全年实现利润 679 万元，比上年增长45.87%，取得了较好的经济效益。

1987 年，该公司在进货上加强与外地工业的横向经济联合，广采博购，与全国 28 个省、市、县的 147 个厂家建立了购销关系，并采取预付货款、定织定染和组织原材料加工的方法形成了新的货源基地，弥补了天津市工业货源不足的状况。在销货上，进一步突破了天津市和原经济区的流通渠道，在做好天津市市场供应的前提下，与全国 28 个省、市、自治区的 438 个客户建立了购销关系。

1990 年，该公司业务在经营上遇到困难，出现经营亏损的情况。该公司为扩大销售、减少亏损，着重抓了为零售、为农村服务的工作。1991 年，纺织品销售仍呈下降趋势，该公司销售实现 1.77 亿元，比上年下降 20%；亏损 150.2 万元，比上年少亏损 152.3 万元。导致这一状况的主要原因是工业自销商品继续增加。为适应市场变化，该公司采取了压库存、压信贷、压结算资金占用等措施，扩大与工业的代理、代销、联营、联销业务，并在部分业务中实行"以销定进、先销后进、无销不进、不留库存"等办法，以扩大销售，减少亏损。先销后进商品额 860 万元。当年进、当年销商品额 1.05 亿元，占年销售总额的 60%。为压缩不合理库存，削价处理积压商品 498.5 万元，削价幅度 26.8%，削价损失 133.5 万元，其中损失挂账 99.8 万元。年初库存 8496 万元，年末减少了 3322 万元。全年压缩了贷款 934.5 万元，清理回收了 1991 年以前形成的结算资金 1300 万元。此外，原公司机关的 21 个科室部门精简合并为 9 个，将富余人员充实到业务一线，并成立综合批发部，使经营实力得到加强。

（三）天津市五金交电公司的业务经营

这一时期，天津市五金交电公司的业务经营发展较快。1985 年公司系统（包括国营、集体）进货总额为 85972 万元，销售总额为 91459 万元，利润达 5097 万元，分别比上年增长 42.19%、34.34% 和 22.89%，创历史最好水平。

1986 年，在扩大天津商品的销售方面，召开各种大、中、小，短、联、专展销会 16 次，派出外勤推销 500 多人次，与全国 28 个省市、290 多个单位建立了业务关系，共调出商品值 12304 万元，比 1985 年增长 7.3%。在开拓经营、扩大购销和开展商商横向联合方面，也取得了新的进展。

1988 年，该公司针对市场变化，采取一业为主、多种经营的方针，充分发挥综合经营优势，增加新品种 150 个；充分发挥国营商业的主渠道作用，落实了拳头商品和高档耐用消费品货源，在市场发生"抢购风"时，为稳定市场稳定大局做出了贡献。多次组织召开郊县经济区和三北地区五金商品交流会，举办各类小型展销会和订货会 142 次。经过公司全体员工的共同努力，1988 年总购进完成 96653 万元，较上年增长 25.3%；总销售完成 107086 万元，较上年增长 28.5%；实现利润 42856 万元，较上年增长 17.78%。1989 年该公司的业务经营仍然保持良好的势头，同时，该公司被批准为天津市市级先进企业。

1990 年，该公司面临着家电、交电类商品市场价格紊乱，结算资金居高不下，三角债越垒越高的外部环境，公司经营中的商品结构不合理，库存加大，贷款增加，利息猛增，费用开支过大等问题暴露出来，该公司主要抓了四个方面的工作：

（1）在进货中严格把住了质量关，坚决杜绝了假、冒、伪、劣商品。

（2）把强化销售作为公司经营的主攻方向。以工业为后盾，发挥工商、批零、城乡三位一体的优势，合理使用资金，与系统内外 207 个单位建立了移库联销关系。对农村市场采取倾斜政策，组建了农村供应服务部，进一步改进了开单、交款、结算、理赔等办法，并建立了综合库和集散库，切实解决了郊县商业部门进货难、提货难、理赔难的问题。

（3）以优质服务促经营、增效益。公司所属各批零单位普遍改善了购销环境，增加了专业样品展柜，使顾客和用户能看样选购，以便利、简化、快速、严谨为标准，改进了内部运行机制和进、销、调、存手续环节及有关制度；做好售前、售中、售后服务，落实保修、保换、保退措施，解除顾客后顾之忧。

（4）强化企业管理，向管理要效益。公司实施了计划、统计、进货、销货，财务、审计、物价、档案等十二项专业管理，所属各单位将经营中的资金投入、商品进销、费用支出实现动态管理，指标任务落实到班组直至个人。上级复查，该公司经仍被评为 1990 年度市级先进单位。经过努力，各项工作都取得了较好的成绩。

（四）天津市化工原料公司的业务经营

1985 年，该公司销售额为 25462 万元，利润为 861 万元，分别比 1980 年增长 9.5% 和 42%，取得了较好的经济效益。在此基础上，1986 年，该公司以提高经济效益为目标，致力于开拓、搞活、促进与指导生产的工作。购、销及利润指标均创本公司历史最好水平。销售额 3 亿多元，上缴利税突破 1000 万元。纯购进和纯销售，历史上第一次大于全市工业总产值的增长幅度，被评为 1986 年度天津市商业系统先进单位。1987 年，该公司围绕搞活经营，提高经济效益的中心，实施了"巩固开拓并重的经营方针，实现了四个多样化"，即货源多渠道，购销多形式，品种多层次、服务多功能，在市场竞争中取得了经营主动权。

1988 年，该公司改变过去依赖纵向货源的被动局面，积极开辟横向货源，调整货源结构。与全国 15 个省、市的 148 个厂家建立了横向货源关系，横向货源进货额比 1982 年增长 155%，横向货源比重已占 82.14%，增强了货源的自主能力。在供应区域和范围上，由以天津市供应为主转变为内外并重，立足天津市，面向全国，发挥中心城市的集散功能。1988 年对外地调出和对外地用户直供分别比上年增长 15% 和 16%。被天津市人民政府批准为"天津市市级先进企业"，经理杜则瑞被商业部授予"中国商业优秀企业家"的光荣称号。

1990 年，该公司对市场与企业环境、经营对策进行科学分析，提出并实施了"巩固老的、恢复丢的、开拓新的"工作方针。从抓用户入手，提高市场占有率，仅一年就开拓新用户 108 个，增加新品种经营达 200 多个。开展双购双销业务，对生产部门供应原料，再收购其产品，以货易货，实现多层次购销。本着拾遗补缺、短平快的原则发展进出口业务，全年组织进口商品 22 个品种。根据市场变化，随行就市，灵活作价，以出厂价、批次价、批量价、结算价等多种作价办法开展经营，促进了销售。为方便客户，扩大销售，采取移库销售、滚动结算、延期结算、定期结算等多种结算方式。与经营单位开展以货易货业务，扩大商品交流，增加商品调出，稳定用户。同时，该公司发挥批零兼备的整体经营优势，批发支持零售，在品种供应、价格、结算方式、储运等方面予以优惠。零售增加从批发进货，批零部门努力发展特色经营。十几个各具特色的商店向规模型和专业化、系列化经营发展，企业知名度和竞争力显著提高。1990年公司保持了市级先进企业称号。

1991年，该公司在经营上坚持巩固与开拓并重。由于工业自销自采增多，就把经营重心转向中小用户，并扩大直接购销。此外，新增网点4个，开办了分区综合供应站。还开展代理、经销业务，引进各地名、优、新产品。为增强辐射功能，采取全品种调出、易货串换、工贸结合和向外地工业直接供货四种方式，加强向外埠调出业务。在经营方式上，利用专业特长和技术优势，发展批零兼营、系列经营和特色经营。已发展和建立了食品添加剂、电镀材料、制冷剂、印染助剂、皮革化工、烟火化工、胶粘剂、橡塑稀料等14个系列商品和8个特色零售商店。

（五）天津市文化用品批发公司的业务经营

1985年，天津市文化用品批发公司为了促进天津工业的发展，在进货中坚持了"四个为主"：以国产商品为主；以当地产品为主；以主营商品为主；坚持在搞好小商品经营的前提下，以大宗商品为主。同时还扩大了新门类、新品种的经营。在商品供应上，认真贯彻了打破层次、减少环节、搞活经营的精神，扩大了对各级批发、零售以及使用部门的商品供应工作。直接供货单位已扩大到1100余个，较过去增加1倍以上。该公司通过采取有效措施，如与主销区联营、联销，举办补货会、展销会，组织地区间商品余缺调剂，对市内零售单位扩大拆整付零、实行送货上门等，使销售市场不断巩固和发展，取得较好效果。

1987年，该站业务经营有了较大发展，进货总值比1986年增长25.5%，销售总值比1986年增长14.6%，利润比1986年增长11.3%。为了积极开拓货源，搞活经营，该公司加强了国产商品的经营，在巩固发展当地工业进货的基础上，进一步加强了外地产品采购和新品种的开发。在购销渠道发生重大变化的情况下，该公司积极发展工商联合，与 12 家工厂实行了联营。全年从这 12 家工厂购进的商品额，比 1986 年增长 41%。同时，千方百计组织进口商品货源。在主渠道商业部进口商品货源大量减少的情况下，充分利用各地地方外汇挖掘货源。在销售方面，进一步改善了过去层层调拨的传统方式，努力减少环节，增加效益。对某些大件、贵重、技术性较强以及属于原材料性质的商品，如体育器械、扩印设备、复印机及部分纸张等，采取直接销售给生产单位和使用部门的做法。有的商品还直接向国营、集体零售商店及个体经营者供货。全年销售以上范围的商品占总销售额的 22.3%，多获利润 500 万元。

1988 年，该公司从扩大货源、增加有效供给着手，大力组织紧俏商品，丰富了市场。在进货渠道上贯彻了货尽源头的思想，突破了商品之间的层次界限、工商之间的分管界限、地区之间的区域界限。在供应渠道上，突破了"地区、对象、作价"三固定的模式，确立了"立足本市，面向三北、辐射全国"的经营策略。1988 年与全国 29 个省、市、自治区 113 户二级站建立了稳定的供应关系，市外销售比重达到销售总值的 32.14%。在经营方式上，发展了横向经济联合，与生产厂家和批零单位广泛建立了联营联销关系， 1988 年，该公司被评为市级先进企业。

1989 年，该公司针对市场变化，采取"扩大销售、搞全商品、节约挖潜、优质服务、严格管理"的有效措施，增强对主供市场的占有率。全年供市区销售由上年占总销售的 60.7% 提高到 62.6%；供郊区、郊县、经济开发区的销售由上年占总销售的 7.13% 上升到 8.8%。增加新门类、新品种 52 种，扩大了营业用房 1000 平方米，突出了经营主体，把小商品经营摆上了位。落实了服务措施，解决了下属批发部开单分散、成交分散、提货分散的问题，在仓库成立了配货区，使进津采购的客户只要就近去一处，就可将所购货物提齐，方便了客户。1989 年，该公司保持了市级先进企业的称号。

1990 年，为了适应市场竞争的需要，该公司采取了一系列措施。一是改变购物环境，形成商品齐全、购物集中、方便挑选的特点。二是完善服务功能，成立了商品配货区，集中配货，代配商品，送货上门，优惠收费。商品实行拆整付零，降低批发起点。三是增加经营门类，组建了笔类经营部，集全国名、优、新笔类大全，集中组织各地名、优、新、特产品供应市场。四是加强企业管理，改革了公司内部的商品流转和结算手续，实行灵活的结算方式，商品可移库垫底，定期结算等。1990 年，该公司继续保持了市级先进企业的称号。1991年该公司面临着激烈的市场竞争。为了应对市场竞争，该公司实行了"扩销增效、节约挖潜"的经营方针。大胆创新，开拓经营，采取了以下有力措施：①扩大名、优、新、特产品的进货，增加了销售。②分专划细，开展特色经营。③扩大从生产企业直接进货比重，降低进货成本，增强竞争力。④扩大经销代销业务，积极清理结算资金。通过采取以上措施，该公司全年经济效益有较大的提高。

（六）天津市针棉织品公司的业务经营

天津市针棉织品公司组建于 1987 年 9 月，其前身是针织品批发部。1987 年该公司经营品种由 1986 年的 5426 种增至 6258 种，主营毛线、毛毯、毛衣、毛巾被、床褥单、汗衫背心、棉毛衫裤、卫生衫裤及各种边、带、线、绳等商品。

在国内市场原毛和棉纱涨价、原料短缺、适销对路的针棉织品货源不足的情况下，该公司制订了有效的经营决策。在进货工作中，变原来的单一渠道进货为多渠道进货，变过去由商业调入为主为从工厂直接进货为主。在销货工作中，采取巩固市内与开拓市外并举，"走出去"与"请进来"并重，收到明显效果。全年从工业直接购进的比 1986年增长 37.6%，占进货总额的比重由 1986 年的 44.7%提高 64.5%。年销货额比计划提高 6.3%，市外销售占总销售额的比重由 1986 年的 16%提高到 21.1%。全年实现利润比原定计划提高 1.3%。

1988 年该公司充分发挥国营批发企业信息灵、渠道畅、资金雄厚、库存丰实的特点和综合经营优势，为平息抢购、稳定和繁荣天津针绵织品市场做出了积极贡献。在 8 月下旬抢购风刚刮起时，立即研究制定了 3 项措施，即抓市场信息，密切注视市场动态；抓进货工作，组织适销货源；抓商品投放，做到敏感商品合理摆布。上述措施在平息"抢购风"中取得了显著效果，为稳定市场、稳定物价、稳定情绪、稳定大局做出了贡献。

1989 年公司承担了毛巾、袜子、汗衫背心、棉毛衫裤、床单、民用把线 6 种敏感商品的收购、供应、储备任务，在收购价格上为工业让利 5%，并增大了库存和费用开支，加上银行利息率提高等因素，该公司出现了历史上第一次亏损。

1990 年，该公司在经营中采取了以下措施：（1）调整经营方针，实行"立足当地、面向全国、市内市外并重"，大力发展市外销售，到全国各地开拓销售市场。到 1990 年底，外地客户比上年同期增加 30%。全年外销总额比上年增长 37.8%，外销额占总销售额的比重由上年的 30.9%增到 38.1%。（2）让利销售，不让市场。在激烈的竞争条件下，为占领销售市场，根据不同销售对象、不同季节、不同商品等情况，采取不同的经营结算方式，如"提前供货延期结算""联营联销定期结算""移库销售售后结算"等，给顾客让利，以扩大销售，占领市场。（3）举办各种类型的供货会、展销会、工商联谊会，密切公司与客户的关系，促进了业务的增加。（4）开展文明服务，优质服务。采取了两大措施，一是换残补短，先给顾客解决问题，然后内部清查处理；二是 400 公里以内免费送货。（5）加强企业管理，建立健全规章制度，共建立健全购、销、存、资金等方面的 7 项管理制度。经过公司上下的共同努力，1990 年该公司销售额比上年增长 12%，比上年减亏增盈共 99 万元。

（七）天津市商业纺织品公司的成立及其业务经营

天津市商业纺织品公司是 1986 年 2 月在天津市商业纺织品总店的基础上建立起来的。该公司是批零兼营的企业，下设 2 个批发部、25 个纺织品零售商店，经营的商品有棉布、化纤、呢绒、丝绸 4 个大类。成立时有职工 21218 人。成立之初，该公司积极发展经济联合，广泛开展联销，除与天津市郊、县建立了联销业务外，还与全国 23 个省市 1200 多家工厂和商户建立起全国性的购销联络网。

1988 年，市场形势严峻，尤其在全年出现的大小 4 次抢购风中，纺织品都是重点。该公司所属的瑞蚨祥、元隆、大沽路等 11 家国营专营纺织品商店，针对市场情况，从多方面组织进货，保证了市场供应。

1989 年，该公司在经营上遇到了前所未有的困难。针对这一局面，该公司开展了双向经营，与上海、山东、广东等地工商部门进行易货贸易。集中资金优势、实行联购分销，把所属批发部门小额度暂时不好使用的钱，集中起来购销市场上畅销的商品。组织专人清理结算资金。积极组织适销对路的商品，根据市场变化，在浙江、广州等地组织商品货源。这些商品投放天津市场后，十分畅销。一年来，先后召开全国性供货会、补货会 7 次，成交 1800 万元。组织工业品下乡、与郊县外省市开展联销，先后与南京、大庆、青岛、保定等地联合举办小型供货会，推销纯涤花呢、坚固呢、麦尔登以及服装等库存商品价值 253 万元。开展送货上门，批发为零售进货达 446 车次，销货 401 万元。零售为扩大销售，采用了带货下厂、赶郊县庙会 1443 人次，铺货 20.3 万元。经过努力，虽然利润下降幅度较大，但终于没有出现亏损的情况。

1990 年，该公司出现亏损，但该公司还是采取了许多积极措施。首先，在经营中加强了信息分析，研究客观形势变化趋势，转变观念，制定决策。其次，从年初开始就把提高服务质量作为经营大事来抓，千方百计方便顾客。再次，调整了库存结构，压缩不合理资金占压。最后，为了疏通流通渠道，多次参加全国性商品交易会，组织纺织品行业供货会、订货会，有效地促进了购销额的提高。1991 年，纺织品市场销售平稳，该公司经过狠抓销货促效益，狠抓品种促经营和开展品种、质量、效益年活动，拓展经营，终于实现扭亏为盈。

（八）天津工业品综合贸易中心的成立与业务经营

天津工业品综合贸易中心是为商品批发提供多功能服务的交易场所，于 1984 年开业，它实行开放式经营，市内、外生产者和经营者均可在此进行交易。其基本任务是：出租营业场地，常年展销天津和各地的日用工业品；开展代购、代销、代储、代运、联营、联销等业务；承办各种展销会、订货会、补货会、交流会等；在国家政策范围内，经营一定的进口业务；经营各地名牌、优质和有特色的产品。还发展信息网络，提供市场信息，增加产品的吸引力和辐射力。场内设有日用百货、文化用品、针织品、纺织品、服装、五金交电、化工、信托贸易等 14 个商品交易厅，经营国产和进口商品达两万余种。为了增强经营能力，逐步完善服务设施，1985 年建立了"经营部"开展自营业务。

1986 年，该中心总成交额比 1985 年增长 27.89%。从销售对象看，国营占 79.32%、集体占 18.47%、个体占 2.21%。从供应的地区看，供应市外 27 个省市，占 55.1%。1986 年开展自营业务总进货额比上年增长 1.5 倍，总销售额比上年增长 1.74 倍，实现纯利润比上年增长 1.37 倍。

1988 年，该中心采取了以下 6 项新措施以进一步开拓经营：

（1）通过投资入股、承兑贴现、预付货款等方式，同十几个工商企业建立了牢固的经贸关系，扩大了电视机、冰箱、收录机等紧俏商品货源。

（2）千方百计协助工业"找米下锅"，扩大货源，为市铝品厂解决铝锭 14 吨，扩大铝制品进货 150 万元。

（3）增加经营品种，扩大经营范围。一年来该中心把针纺织品类品种扩大到 370 种，百货类扩大到 290 种，并新成立了化工组，增加化工原料销售 200 余万元。

（4）积极探索易货贸易，扩大进出口业务。赴云南、黑龙江考察，并与有关部门签署了共同开发中缅、中苏边境易货贸易协议。

（5）大力推销进口商品，压缩库存，减少资金占用。1988 年进口商品库存由一季度的 3500 多万元下降到年底的 457 万元。

（6）深化企业内部改革，使承包经营规范化、制度化，提高了工作效率，增强了企业活力。1988 年实现纯利润 324.4 万元，超计划 11.59%。

1988 年底，该中心划归天津交易大厦。

1991 年，该中心面临着激烈的市场竞争和较为严重拖欠贷款的局面。该中心采取以销定进、先销后进、边销边进、以销促进的经营策略，变蓄水池为流水渠。在经营方式上，采取经销、代理、联营、联销、代购、代销、联合展销等灵活多样的方式，保证了经营业务的不断增长。在经营服务上，采取降低批发起点、批零兼营、送样看货、代客提货、送货上门，以及接送站、代办食宿、代购车（船、机）票等办法，为顾客提供多种服务。为增强商品集散功能，扩大服务范围，在中心领导下，成立了"天津市会议服务公司"，组织承办了天津市"春交会"和"秋交会"，以及二轻局商品、外贸商品、广东新产品、应季商品等 10 个展销会。

三、市级副食品批发商业机构及业务经营

这一时期天津市国营副食品批发商业机构，自解放初期建立以来，经过多次调整，到 1985 年，市第二商业局下属副食品批发企业有食品公司、蔬菜公司、禽蛋公司、副食调料公司、茶叶公司、综合食品贸易中心、工业食品贸易中心等。另有所属大港商业公司、大港副食品公司也兼营批发业务。这些批发商业企业下设 12 个批发部，33 个加工厂企业，7 个贸易货栈。1985 年，购进总值比 1984 年增长 29.15%。随着主要副食品购销价格的放开，经营量的变化，经营管理的改进，猪肉、牛肉、羊肉、家禽、鲜蛋、蔬菜 6 种政策性亏损商品，全年亏损额较 1984 年降低 15.82%。

副食批发商业在全面搞好副食品经营工作中，一直把做好肉、蛋、菜的购销作为重点任务。多年来，猪、牛、羊肉需要从 10 多个省、市调入，鲜蛋也需从六七个省调进。这几种商品从市外调入量占总经营量的比重，在 20 世纪 60 年代约占 90% 左右，70 年代下降为 80% 左右。20 世纪 80 年代，由于大力支持了天津市郊、县畜禽、蔬菜等生产的发展，使肉、禽、蛋的自给水平不断提高。1984 年郊县调市生猪 33.5 万头，自给水平达 20.29%；鲜蛋 4336.5 万公斤，自给水平达 57.88%。1985 年鲜蛋基本上达到自给。

改革开放以后，食品批发商业逐步从原来的封闭式、分配型、多环节、少渠道的流通体制中解脱出来，积极参与市场调节，先后建立了贸易货栈、贸易中心。并通过技术承包、技术转让、技术培训、合资经营等形式，加强了城乡之间的横向经济联系，在产区建立了牛、羊、家禽、蔬菜等生产基地，既促进了城乡经济的发展，又扩大了经

营。1985 年 5 月，放开了 7 种主要副食品购销价格后，为了保障市场供应，天津食品批发商业参与市场调节，适时搞好吞吐，平抑市场市价，做到了货源充裕，供应丰富，人心安定。1985 年，国营批发商业销售猪肉 94255 吨，比 1984 年降低 11.44%；销售鲜蛋 5360.5 万公斤，比 1984 年降低 18.02%；销售蔬菜 35320 万公斤，比 1984 年降低 52.64%。虽然经营数量有所下降，但占市场总销售量的比重仍达 60%～80%，较好地发挥了国营商业的主渠道作用。由于篇幅所限，这里仅对天津市食品公司等五家副食品批发企业的业务经营情况进行简要介绍。

（一）天津市食品公司的业务经营

20 世纪 80 年代中期，天津市食品公司下属 7 个主要企业：天津肉类联合加工厂、天津牛羊肉类加工厂、天津市食品公司牛羊经营部、天津市食品公司冷冻厂、天津市冷藏食品贸易服务中心、天津市食品公司经营部，并在 4 个郊区和塘沽、汉沽区设有区食品公司。

1986 年在主要副食品购销价格放开、实行多渠道经营的新形势下，该公司在经营中改革了生猪收购作价办法，把"出肉率定等、毛斤结算"改为"毛斤定等、出肉率计价、毛斤结算"，鼓励农民养最佳毛重猪，限制了养大猪、肥猪。自从执行新的收购作价办法以后，郊县活猪由上半年每头平均毛重 114 公斤下降到下半年的每头平均毛重 92.3 公斤，调整了生猪生产结构，改善了天津市猪肉供应状况。公司所属企业也由生产型向生产经营型转轨，积极发展横向经济联合。建立了 6 个以购销联合、生产联合为内容的经济联合体，发展了 9 个瘦型猪生产基地；公司所属企业根据一业为主、多种经营的原则，扩大经营服务，到 1986 年底，共开设商业网点 38 个。在加工和冷藏企业实行了自采原料、自销产品的做法，减少了经营环节，降低了生产成本。各郊区食品公司所属 40 个国营小型零售企业先后有 32 个改为全民所有、集体经营或实行租赁制。

1988 年，为了保证市场供应，一方面采取凭票供应政策，以保证市民正常用肉和行业用肉，使国家的贴补政策能让市民得到实惠，从而稳定了市场，稳定了物价，安定了人心；另一方面积极组织货源，及时衔接计划，密切与产地的关系，超额完成了市政府下达的年末保证库存 6 万吨的任务，使 7 月 1 日肉食品调价顺利出台，市场供应安排井然有序，并为 1989 年的供应奠定了良好的基础。

1989 年年初，猪肉库存高达 7.5 万吨，加工经营难度增大，公司及时采取了控制冻肉压缩库存、多进活猪、扩大销售，以及降低费用等措施。一方面有力地支持了郊县生猪生产，另一方面也搞活了市场经营。在销售方面，一是积极倒库，调整库存结构，二是积极组织鲜肉上市，扩大屠宰能力，另外，针对上半年猪肉销售疲软情况，从 4 月 21 日至 9 月 31 日采取降低肉票回收率及增供行业用肉等措施，扩大销售。牛羊肉经营上一面控制进货，一面敞开供应。牛肉从 8 月份起至 10 月底敞开供应，下半年销售量比上半年增加近 1 倍；羊肉从 4 月 21 日起敞开供应，执行原价。8 月 13 日，市政府批准羊肉价格临时下浮，从每公斤 5.96 元降到 5.20 元，扭转了羊肉销售疲软的局面。到年末，猪、牛、羊肉库存都趋于合理，肉类食品批发经营逐步好转。

1990 年，生猪调入价格比上年有所下降。为支持郊县养猪业发展，从 6 月份开始，对有条件的单位和个人根据所养猪的品种和质量，签订优质猪肉购销合同，在对每头猪补贴 30 元的基础上，还按质量加价补贴。因饲料由平价供应改为议价供应，对养猪者增加的饲料差价支出，实行每收购一头猪给予 65.45 元价外补贴的办法，予以弥补。全年销售猪肉（包括熟肉制品的原料肉）比上年下降 12.16%，销售下降的主要原因是：人们的膳食结构发生了变化，其他副食品的消费量增加，影响了猪肉销售量；经营渠道增多，零售自采猪肉比上年增加 45%，城市农贸市场销售猪肉比上年增加 1.28 倍。1990 年，牛肉和羊肉的销量也有所下降。牛、羊肉销售量下降的主要原因是：为保证对禁猪肉居民的供应，对其他居民实行凭票供应；另外，零售自采牛、羊肉也影响了公司的销售。

1991 年，活猪调入价格上升，该公司从郊区、县购入生猪下降，没有完成年度计划，原因有三：一是受毗邻地区生猪价格浮动的影响，生猪有外流现象；二是市场竞争激烈，个体屠宰户逐年增加，个体户收购活猪价格高于国家收购价格，促使养猪户把活猪卖给个体屠宰户；

三是饲料粮补贴不能直发到交猪户手中，必须在买饲料时才付给，影响农民交猪的积极性。针对这一情况，市食品公司改变了补贴办法，11 月、12 月两个月由郊区、县调入活猪数量有所增加，占全年郊区、县调入量的 31%。由于郊区、县活猪调入量减少，为保证市场鲜肉供应，市外调入量有所增加。全年销售猪肉（包括熟肉制品的原料肉）比上年增长 5.92%。猪肉销售量呈上升趋势的原因是：调整了猪肉销售结构，销售优质瘦肉型肉数量增加，从外地购进猪肉小包装产品销量也有所增加；下半年，粮油调价和鲜蛋价格放开，对猪肉起了促销作用。1991 年，活牛货紧价扬，导致牛肉的购销量都比上年有所下降。

（二）天津市蔬菜公司的业务经营

这一时期，天津市蔬菜公司认真贯彻落实了"以近郊为主、远郊为辅、外埠调剂、保证供应"的方针经营，立足郊区，做好蔬菜订购工作。全年订购蔬菜实际上市 26078.5 万公斤。同时，根据市政府安排，在武清、静海、宝坻三县发展 3.4 万亩二线蔬菜生产基地，当年为市区提供茄子、冬瓜、大白菜共 2826.5 万公斤，补充了市场货源。为补充天津市 3 月、4 月和 8 月、9 月份蔬菜淡季货源，该公司大力发展横向经济联系，与广东、福建、山西、河北、山东等地建立货源关系，并扩大了四川、云南、广西等省区的进货渠道，还恢复了历史上东北、西北等地区的供货关系，对调节市场供求起到了积极的作用。为稳定蔬菜价格，该公司按月提出了订购品种的高低幅度价格和零售倒挂价格，减少了菜农的后顾之忧，也有效地控制了价格的大涨大落。为适应蔬菜放开搞活的新形势，该公司逐步扩大了议购议销、产销直接见面等多种经营方式。通过新建立的市蔬菜批发交易市场、各区交易市场和各贸易货栈，吸引议购品种进场成交。1987 年天津市蔬菜批发业继续完善和巩固流通体制的改革，坚持了"订购与议购相结合"的经营形式，发挥了国营商业的主导作用。在 1987 年底居民千户调查中，蔬菜供应被评为市民满意的十件大事之一。1989 年年，为确保蔬菜供应、稳定蔬菜价格，该公司主要采取了三项措施：一是抓好合同订购蔬菜的购销工作；二是及时调节旺淡，疏余补缺；三是发挥了蔬菜批发交易市场的调剂补充作用。

1990 年，市蔬菜公司以平衡产销、稳定市场为中心，进一步深化蔬菜产销一体化改革，落实了市政府、市农委制定的加强订购蔬菜管理的各项措施，较好地发挥了国营批发在稳定产销、调节旺淡、平抑菜价、保证供应方面的主渠道作用。积极支持郊县完成订购蔬菜上市任务，并力促计划上市、均衡上市，按照市政府下达订购蔬菜购销任务与郊县主管部门签订分月、分旬、分品种订购合同，坚持每月召开产批零协调会，根据生产实际和市场需求，及时调整品种、数量，按照月计划、旬考核的要求加强了对订购蔬菜的上市管理，基本上实现了按计划均衡上市，增加了市场的有效供给。

1991 年，蔬菜供应继续实行保价供应和自由价格两种形式，保价菜由国营蔬菜公司经营。根据蔬菜供求变化，市政府对合同订购保价供应的数量做了适当调整：总量比上年减少，主要减少了大白菜订购量。订购品种与上年相同，为菠菜、芹菜、水萝卜、黄瓜、甘蓝、豆角、西红柿、茄子、辣椒、冬瓜、菜花、大白菜共 12 个品种。市蔬菜公司积极支持郊县基地完成订购蔬菜上市任务，主动通报市场信息，适时协助产区调整上市数量和品种。郊县上市进度由过去的按月考核改为按旬考核，促使各区蔬菜公司主动与对口产销区加强协调，基本上实现了按计划均衡上市，并较好地完成了区区之间的平衡调拨工作，减少了迂回运输量。充分利用价格杠杆作用引导上市，在新菜面市初期和淡季，延缓价格下调时间，促使菜农多交售，全年订购合同实现率和旬上市计划完成率均达 95%左右。市蔬菜公司对国营和集体零售商业，实行每旬两次业务例会制度，及时通报货源，了解市销动态。6月、7 月份上市旺季，采取让利销售办法使各蔬菜门市部零售价格低于农贸市场价格，调动了零售部门经营积极性，增加了市内销量，使消费者得到实惠，提高了补贴效益。11 月份冬储白菜集中上市供应期，实行"产销对口、一次平衡、划片包干、各负其责"的办法，结合购销规律，将全月上市量按 3：5：2 的比例，用 20 余天分 3 个阶段组织供应，适当拉开各阶段收购和零售价格，分别将产区上市进度与季节差价调整结合起来，促进产区按计划均衡上市，鼓励居民购买。在中旬市场热销、出现短期供不应求时，市内 6 区蔬菜公司协助郊县加快上市进度，及时补充货源，实现了日进日销、购销同步、供应有序，为多年来供应状况最好的一年。

（三）天津市禽蛋服务公司的业务经营

1985 年，根据国务院规定，鲜蛋被列入三类物资，国家不再收购，外省市调津鲜蛋逐年减少，当年天津市基本自给，供需总体平衡。1986 年，市商委要求市禽蛋公司储存 1750 万公斤鲜蛋以调剂市场淡旺季，平抑市场鲜蛋价格。年内市禽蛋公司为补充市场供应不足，销售鲜蛋 2430 万公斤，占社会销售总量 5747 万公斤的 42%。市民人均食蛋为 14.16 公斤，基本与 1985 年持平。1987 年，市农委所属市禽蛋服务公司负责市场供应以后，在上市方式上采取郊区、县与市区对口、小调剂的办法，以保持鲜蛋均衡上市，并建立郊县、乡村等层次的产销服务体系，使鲜蛋生产单位排开生产，既有充足的货源，又计划上市。1989 年，市禽蛋服务公司的生产和经营均好于前两年，主要表现在以下四个方面：一是建立了稳定的养鸡生产基地，实现了同年孵化、同年育雏、均衡生产，基本解决了多年来禽蛋上市的淡旺季矛盾。二是保证了市场稳定供应，1989 年公司收购鲜蛋比 1988 年增加 11.16%，总销量比 1988 年增加 14.9%；1989 年年平均库存比上年平均库存增长 83.5%，有效地稳定了市场供应。三是改善了经营管理，取得了一定的经济效益。四是稳定了收购及零售价格，公司认真落实市委、市政府提出的稳定市场、稳定物价、稳定大局的要求，使鸡蛋的购、销价格始终保持稳定。

1990 年，市禽蛋服务公司为保证禽蛋市场供应，主要抓了以下三个方面的工作：一是稳定养鸡生产，完善基地建设；二是加强购销计划管理，保证供给；三是改善经营管理，提高经济效益。经过以上努力，1990 年市禽蛋公司财务亏损指标比上年亏损包干指标减少 2000 万元。1991 年，禽蛋经营改革进一步深化。随着养鸡生产的不断发展，依据市场的供求规律，中共天津市委、市政府决定从 1991 年 11 月 1 日起将鸡蛋价格放开，为完善禽蛋流通体制改革闯出了一条新路，并取得了明显成效。市禽蛋服务公司重点做了以下四个方面的工作：

（1）大力发展生产，巩固基地建设。价格放开后，该公司本着"适当发展国营、壮大集体，扶持养鸡专业大户"的原则，发展规模饲养，充实基地建设。到 1991 年底，全市商品基地存栏蛋鸡已达 1131 万只，其中国营鸡场 170 个，存栏 448 万只，占 39.6%；集体鸡场 189 个，存栏 238 万只，占 21.1%；千只以上专业大户 1901 户，存栏 404 万只，占 35.7%；另外还有 5 个专业村，存栏 41 万只，占 3.6%。生产基地基本上实现了商品化、专业化和集约化。

（2）减少环节、确保鲜蛋供应。价格放开后，该公司积极引导产销直接挂钩，减少了中间环节，降低了损耗，节约了费用，确保居民每日可以吃到新鲜鸡蛋，有的地区居民还能吃到当日产的鲜蛋，受到广大消费者的欢迎。

（3）深入生产、零售一线，搞好产销服务。为了不断深化和完善禽蛋体制改革，该公司主要负责同志实行分工定点，深入生产零售一线进行调查研究，针对生产中存在的矛盾和问题，搞好产前、产中、产后的全方位服务。

（4）加强管理，不断提高经济效益。该公司为实现企业的现代化管理，在积极推行岗位责任制的同时，还加强了定额、成本、资金、质量等方面的管理，完善各项经济指标的考核和核算，建立产、供、销、存和各项经济指标的电子信息管理系统，实现科学化管理，从而有效地促进了经济效益的提高。

（四）天津市副食调料公司的业务经营

1987 年，天津市副食调料公司实现工业产值 7321 万元，比 1986 年增长 22%，实现利润 850 万元，比 1986 年增长 11.5%。该公司坚持以市场为导向，不断调整产品结构，努力发展中、高档产品。1987 年中、高档产品所占比重：酱油为 57.9%，食醋为 74.5%。公司还积极研制开发适销对路的新产品，如豆麦鲜酱油、加餐醋、豆麦酱、鲜蒜蓉等十几种。大力发展营养、方便、卫生的小包装产品。1987 年各种小包装产品销售额占产品总销售额的 43%。该公司依靠技术进步，发展调味品生产。所属调味品研究所 1987 年又有 8 项科研成果通过鉴定，其中研制的 GJ-87A 型电动灌酱机，每分钟灌酱 25 袋，提高了劳动效率，减轻了劳动强度，通过消化吸收引进设备研制成功的 MLG 自动灭菌机，达到 20 世纪 80 年代国际专业水平。投入生产使用后，为袋装调味品、副食品包装化创造了条件。1987 年酱菜、复合调味料、调味面料等袋装产品销售 4042.1 万袋，比 1986 年增加 2.2 倍。在搞好天津市副食调味品供应的同时，积极开拓国内外销售市场。1987 年由公司到各厂都建立了购销经营部，广泛开展"一业为主，多种经营"，既搞批发，又兼零售，采取灵活多样方式，进行大购大销，深购远销。为了更好地拓展国际市场，开发新的产品出口，1987 年公司与美国新路食品有限公司合作投资兴建了中国新路食品有限公司；同日本味之素株式会社签订每年出口 12000 吨味液的长期供销合同；同瑞士瑞中公司签订了大豆精粉补偿贸易协议。这些项目为该公司发展国际贸易开辟了新的窗口。在 1989 年商业部优质产品评比中，海河牌绿豆粉丝评为部优产品。红钟牌红钟酱油、光荣牌特号酱油蝉联部优产品称号。大楼牌生抽王酱油、大楼牌多味辣酱、大楼牌高级酱油获市优产品称号。

1991 年，该公司各种产品生产有较大增长。其中，蒜蓉辣酱年产 1.38 亿袋，比上年增长 45%；涮羊肉调料年产 1164.6 万袋，比上年增长 31.89%；袋装酱菜年产 4176.5 万袋，比上年增长 1.2 倍；芥末油年产 653.6 万瓶，比上年增长 1.2 倍。年产米醋精 4292 吨，固体酱油 2241 吨。以上产品产值占公司总产值的 55%。出口植物蛋白水解液 2686 吨，比上年增长 99.3%。同时 1991 年，研制和上市鸡骨麻辣酱、牛肉、鸡肉风味餐桌沙司，麻辣鲜、软炸椒盐、袋装鲜豆浆等 25 种新产品。为促进产品结构调整，还加速进行了技术设备改造。

（五）天津食品综合贸易中心的业务经营

天津食品综合贸易中心是在原干腌品采购供应站（二级站）的基础上组建而成的。1984 年开业，至 1985 年年末已与全国 29 个省、市、自治区的 1000 多个企业建立了业务关系。经营品种由过去的 200 余种增加到 520 多种，并具有一定的深购远销能力。同时，该中心努力把自身建设成具有多功能、综合经营的服务型企业。

1986 年在业务经营中，本着"立足本市、面向全国、一业为主、多种经营"的原则，积极开展地区、行业之间的横向经济联合，取得了较好成绩。1986年销售总值比上年增长11.4%，实现利润200多万元，成为天津市副食行业具有一定的远购深销和辐射能力的新型批发企业。该中心在发展横向联合中，注重抓好货源基地的建设。根据市场需要，采取固定和半固定的形式，先后与黑龙江、广东、广西、浙江、贵州、山东等20多个省、区建立了常年供货关系。这些较稳定的基地，对繁荣市场、平抑物价起了一定的作用。同时，他们还积极购进各地的名、特、优、新商品，采取把厂家请进来、为其设立经销窗口等联营方式，使天津市市场上常年可见到各地的名优风味商品。为了扩大销售的辐射力，该中心还以联销、联营的形式，开拓市内外的销售阵地。该中心还与天津市烟酒贸易中心、工业食品贸易中心联合组建了"食品贸易中心集团"。三方按协议在销售上互为依托，各自发挥经营上的优势，用联购联销或联购分销等形式，将天津市商品打出去，将外地商品引进来，成为天津市首家最大的食品批发集团。

1988年，该中心销售额达1.2亿元，比上年增长49.7%；购进总值达1.1亿元，比上年增长28.6%；利润实现210万元，比上年下降38.3%。

在商品调入中该中心把握住购销行情中的"峰顶"和"谷底"，及时调入各种市场所需的干腌菜、调味品及罐头、酒类等商品。不断地巩固扩大市内、市外的销售阵地，1988年外销额比上年增长11.2%。针对市内批发网点不足的弱点，努力创造条件，因陋就简，新增建分销处和经营部，方便零售店户提货，促进了销售额的提高。

在销售工作中，对一时资金有困难的客户，该中心接受分期或缓期付款，扩大让利幅度，并坚持进货上门、开票上门等服务措施，商品售出如出现质量问题，则负责保退保换，决不叫客户吃亏，赢得了客户的信任。1988年该企业的市内销售额比上年增长60%以上，下属企业有3个被和平区工商局评为"重合同、守信誉"单位，1个被评为"无假冒商品销售单位"。

1989年，该中心改组为"天津市干腌食品公司"。天津市干腌食品公司主营干腌菜和调味品。1989年干腌调味品市场销售逐月下降，库存增加，公司所属各企业采取扩大推销和适量少进货、勤进货等措施，使全公司年初库存过大的困难得到缓解。至年底，库存明显下降，销售额与上年基本持平。

1991 年，市干腌食品公司从上年亏损的困境中走出来，扭亏为盈，该公司在 1990 年有力调整库存结构的基础上，继续调整不合理库存结构，加大主营商品库存，减少其他商品占压，使干腌大类商品的库存值占到库存总值的 68.75%。针对味精供销渠道的新变化，尽量组织各地名优产品上市，品种由 5～6 种增加到 10 多种，价格均有不同程度的下调，但销售量比上年增长 2.79%。对非主营商品，在压缩不合理库存的同时，积极选购适销对路商品，以销定进，小批量，勤进快销。不适销对路、质次价高的商品不进货。新上市商品，为厂家代销推销。另外，利用参加全国干菜会、糖酒会、各种展销会的时机，扩大埠际销售。

四、零售商业的发展

这一时期，特别是 20 世纪 90 年代初期，随着工农业生产的发展和商品流通体制改革的深入，许多日用百货商品和纺织品的销售陆续取消了凭证供应，价格也逐步放开，而食品、副食品、蔬菜的供应则逐渐成为零售商业管理的重点。由于篇幅所限，这里仅对蔬菜、副食品、糖果糕点、粮油的市场供应做简要介绍。

（一）蔬菜副食品零售的业务经营

到 1985 年底，已建立蔬菜副食零售网点 1237 户，有职工 27357 人。其中，大沽路副食商场、佟楼副食商场、官银号副食商场、天津市副食中心商场均具有比较宽阔的场地和先进的设备，经营管理和综合服务水平也比较高。具有传统风味的名店有"天盛""天宝楼""天福楼""永德顺""曹记驴肉""月盛斋"等酱制品商店和"天昌"酱园等。为了适应群众消费水平不断提高的需要，各零售商店还积极扩大货源，除由市内各批发公司组织进货外，还大力开展外采业务。1985年，零售外采总额占蔬菜副食零售系统年销售总额的 16% 以上，品种达 150 多个，丰富了蔬菜副食品市场。各零售门市部普遍开展了文明经营、优质服务，建立健全了便民服务措施。有 138 个门市部营业时间常年保持在 12 个小时以上，43 个门市部设有早晚服务部和售货窗口，为群众提供了方便。1985 年 5 月，肉、蛋、禽、菜、水产品等主要副食品价格放开以后，蔬菜副食零售行业配合批发，加强了经营，在保证供应、稳定市场价格等方面，发挥了国营商业的主导作用。

1986 年，天津蔬菜副食品市场继续保持繁荣、稳定的局面，价格平稳，重点商品货源充足，一般商品品种多样，基本上适应了多层次消费的需求。针对消费需求逐渐趋向高档的变化，在经营上努力求鲜、求全。对批发进货的 3 厘米以上肥膘猪肉加工去膘后出售，并通过多渠道采购小膘肉投放市场；牛肉大部分从产区直接进货，现剖现卖；水产品经营点主动同郊区养殖场挂钩，扩大淡水鱼类的经营，坚持常年不断档；市区 725 个鲜蛋经营点与 5 个县供销社和养鸡户实行鲜蛋直接挂钩，减少了中转损耗。在蔬菜经营上，600 多个卖菜点也采取了以批发进货为主、自购为辅，不断扩大细菜的品种，坚持上案综合出售，方便群众购买。对各大类副食品和烟酒、糕点等兼营商品，各零售商店力求做到品种多样、档次齐全。对木耳、花菜、花椒、大茴、味精、各种酱菜等小商品，采用塑料密封起点低的小包装，便于顾客选购。对 15 种群众日常必需的调味品基本上保证常年供应，对备受消费者青睐的水工制品、酱制品、尽可能地扩大加工生产量，满足日常供应。

1987 年蔬菜副食零售业在深化改革中，以稳定市场、稳定物价为中心，在部分商品货源偏紧的情况下，努力扩大购销，搞活经营，使全市蔬菜副食品供应基本达到均衡、丰满。一季度配合产区完成了鲜蛋定点直挂的布局，上半年出车出摊积极做好肥膘猪肉的市销。下半年在鸡蛋、猪肉和食糖分别实行凭本凭票定量供应后，一方面严格执行供应政策，防止商品外流；另一方面积极组织其他适销商品进市，弥补货源不足。尤其在春节、国庆等重大节日，比往年提早动手组织货源，精心安排市场。春节期间，全市 800 多个菜店上案陈列出售的细菜，品种多、质量好，成为市场的突出特点，同时，各区蔬菜副食零售企业还充分利用已有的加工能力，开展了水发腌干品，加工酱制品、豆菜、糕点等产品的生产，丰富了市场供应。为提高服务质量和维护消费者利益,各区零售企业对执行物价政策和供应政策常抓不懈,加强了对职工商业职业道德教育和政策观念教育，认真贯彻市商委重新修订的"十要、十不准"和严禁缺斤短两的八条规定，明确了违反政策的处理办法，并落实了监督检查制度。各区零售企业还积极推行了全面服务质量管理的试点工作和营业员等级管理办法，推动了服务水平的提高。1987 年全市蔬菜副食零售行业有 27 个商店被评为市级文明单位，169 个企业被评为区级文明商店。

1988 年，全市副食零售行业认真做好大类商品供应工作，做到了常年保证供应，商品齐全，价格维持上年水平。同时，按照市政府规定，把广大市民生活不可少的 15 种主要小商品作为必保商品，保证供应，并做到商品齐全，长年不断档、不脱销。为此，全市 1116 个副食供应点均采取了有效措施，按品种调整库存量衔接和组织货源，使广大消费者感到满意。1989 年，市副食零售行业为了丰富市民"菜篮子"，除由各主管公司衔接货源外，还派出大量采购人员，分赴全国 20 多个省市及参加全国性订货会议，签订购销合同，全年自采各种商品总金额比上年增长近 10%。

20 世纪 90 年代初期，随着商品经济的不断发展，市场竞争日趋激烈，为了适应消费者"求鲜、求全、求精、求名、求特"的购买要求，蔬菜副食品零售行业经营思想、经营作风、服务方式有了新的转变和发展，在积极与各批发专营公司衔接商品货源的同时，派出大批采购人员，分赴全国各产地组织适销对路的"名、特、优、新"商品。1991 年，节日期间自采商品总额比上年同期增长 21.02%。从高档的山珍海味到一般的调味商品，应有尽有，增加了系列小包装肉食品和系列冷冻袋装食品的经营；经销猪肉、牛肉和副产品礼品盒 100 多吨，"一烹得"系列快速食品 366 吨，速冻饺子、门丁、银丝卷等系列袋装食品 2115 吨；还试销了分割肉和系列小包装肉食品。冬季大白菜供应，产、批、零密切结合，上市均衡，市场平稳，保证了市民冬春季基本的蔬菜需要。

（二）糖果糕点零售的业务经营

1985 年底，市二商局系统共有糖果糕点网点 535 户，比 1978 年增加 14.32%，有职工 10611 人，比 1978 年增加 2.79%。商品经营范围有糕点、烟酒、糖果罐头、茶叶、冷食、南味、饮料、干鲜果品及小食品 9 大类。全年实现销售额 23500 万元，利润 972 万元。当时，社会各行业兴办糖果食品店及个体经营糖果糕点的门市部逐年增加，为活跃市场、满足群众需要，发挥了重要作用。

1986 年，糖果糕点零售行业加快了国营小型零售企业的"改、转、租"的步伐，截止到 1986 年年末，全市已有 208 个零售企业改为集体经营，63 个零售企业租给集体经营。通过改革，使零售企业实现了自主经营，增强了企业的活力，在扩大经营、增加花色品种、改变卫生面貌和提高服务水平等方面都发生了新的变化，社会效益、经济效益明显提高。1987 年，为了充分发挥主营行业的优势，国营糕点零售企业一方面完善经营机制，广泛开展优质服务，不断提高企业信誉；另一方面大力拓宽购销渠道，加强商品自采，与全国 20 多个省、市的产区建立了供货关系，一些大型食品店通过自采，发展自己的经营特色，业务越搞越活。同时，积极加工生产冷食、汤圆、粽子、炒干货等应季应节食品，不仅满足了不同消费者的需要，而且对活跃与丰富市场供应起了重要作用。1989 年底，天津市糖果糕点零售业共有零售网点 482 个。其中冠生园、稻香村、桂顺斋、祥德斋、宝林祥、大天津、四远香、直沽、德盛、江南食品店等是该行业的名点大店。为了适应群众对糕点食品求优、吃鲜的需要，到 1989 年年末各大食品店先后建立起"前店后坊"23 个，年产各种糕点达 300 万公斤。

1990 年，随着商品市场放开搞活，国营、集体、个体多渠道经营和多家竞争的局面已经形成。此时，食糖是由天津市糖业糕点公司主营、国家实行"双轨制"供应的重要商品。1990 年，共销售 11.9 万吨，比 1989 年增长 30.3%，占全市总供应量的 85% 以上。1990 年 11 月食糖价格上调后，牌价高于市价，使主营公司食糖经营面临困境。罐头食品明确不再列入必保商品后，该公司根据市场变化情况及时调整库存结构，改变了多年来经营数量大、效益不高的被动局面。1990 年酒类、饮料、小食品的名、优、新品，由于质量提高，宣传声势大，销售异常活跃。该公司抓住这一时机，利用自身优势，共发展了 25 项产品的总经销关系。在糕点的生产和供应方面，该公司主动适应消费结构的变化，坚持科研与生产相结合，生产与销售市场相结合，开发出一批系列营养保健食品。同时扩大生产质优、块型小、做工细的品种，实现产品结构新的优化组合。各零售门店在经营上，努力适应不同消费层次的需要，除由市内批发单位进货外，还大力开展外采业务，从全国各地购进名优糖果、干货、小食品等畅销商品。各名店、大店为适应消费者对糕点食品求优、吃鲜的需要，开办了 24 个前店后坊企业；发展了各种节令食品的自制加工点 110 多个。另外，全行业开展的优质服务活动成效明显，通过采取代买代卖、电话要货、便民登记等项措施，方便了群众购买。

1991 年，糖果糕点零售行业从全国各地购进各种名、特、优、新食品，共 9 个大类、680 多个品种，并采取了以下措施：

（1）主营与兼营相结合。根据市场和消费结构变化，不断地扩大经营范围，坚持走一业为主、多种经营的路子，兼营项目扩大到包括百货、服装、电器及酒家、旅店等。

（2）经营与生产相结合。通过调整自制加工产品结构，扩大了汤圆、粽子、栗子等应季食品的产量，还增加了西点、烤鸡、烤羊腿等新品种。

（3）零售与批发相结合。1991 年，国营零售企业的批发业务由一般经销发展到总经销，由老品种发展到新品种，由近购近销发展到深购远销。

（4）自营与联营相结合。各区利用商店地理优势，采取了商商之间、工商之间的国营与国营、国营与集体、国营与个体、集体与集体多种形式的联合经营，促进商品销售，有的零售店通过联营实现了扭亏为盈，大部分联营店都取得了良好的经济效益。

（5）独资与合资相结合。和平区康乐饮料公司第二经营部与西班牙豪华世纪有限公司合资，双方投资组建豪华大型餐馆。冠生园食品公司与港澳伟民装饰有限公司合资，在珠海建立了珠海冠生园实业有限公司。

由于采取了上述措施，该行业的经营总值比上年增长了 33.85%。

（三）粮油零售业的业务经营

在粮食供应上，30 多年来，国家征购农民粮食的总量与返销农村粮食的总量基本持平。农民的粮食占有水平逐年提高。1980 年农村人均占有粮食为 386.6 公斤，1985 年达到 391.3 公斤。城镇粮食供应，从 1953 年实行粮食统购统销政策以后，对城镇居民实行按人分等定量供应，计划用粮，节约归己的政策。供应居民口粮的品种，由以玉米面为主，逐步转向以面粉、大米为主，节日还为居民调剂应时的各种小杂粮品种，以丰富群众生活。到 1985 年广大城镇居民用粮不仅够吃够用，一般都有节余。对城镇居民的食油供应一直是实行定量的办法。对食品行业，工业和其他方面用油，实行计划供应的办法。为了适应人民生活水平提高的需要，弥补工、商行业计划供油的不足，早在 20 世纪 60 年代，粮食部门就组织了一部分议价食油，作为平价供应的补充。从 20 世纪 80 年代初开始，粮食部门开展了半高价食油供应，从而使人民生活得到改善，也减少了国家负担。1985 年议价食油销售比上年增长 8%。1986 年，粮油议购议销经营活跃，议价粮油经营量比上年增长 14.77%。议销精炼植物油以及豆油、花生油、菜籽油、葵花籽油、香油 2.55 万吨，比上年增销 9000 吨。居民年人均购买议价油 5.8 公斤，加上计划内供应部分，天津市居民合计年人均消费食油 9.8 公斤，比上年人均吃食油增加 2.3 公斤。

1990 年，增设了议价粮油销售摊点，增加了经营品种，以丰富市场，满足了行业和群众的需要，取得了较好的经济效益和社会效益。1990 年，粮食系统政策性亏损企业实现了减亏，负利企业增加了利润上缴。1991 年，粮油购销部门和零售企业精心安排，大力充实成品粮库存，严格执行粮食销售政策，确保了市场供应。在粮油销价调整前的 4 月下旬，曾出现群众集中购买粮油、销量成倍增长的情况。但由于合理调拨，平衡摆布，使零售企业的成品粮库存始终保持在定额标准之上，确保了供应品种不脱销、不断档；在食油供应上，货源充足，满足了群众购买议价食油的需要。面对平价粮食供应逐步减少、市场调节不断扩大的新情况，粮食系统在调整产品结构和开拓经营上，进行了增品种、上档次、改包装等方面的创新。面粉生产已形成通用和专用两大类八个系列 25 个品种，挂面生产已形成精制、风味、营养保健和异型 4 个系列 21 个品种；方便面生产形成普通、清真、着味 3 个系列 18 个品种；饼干生产已形成薄型韧性和酥性两个系列 34 个品种；食用油已生产出铁筒和塑料瓶两种小包装 4 种规格的产品。还增加了专用面粉的生产，全年产销各种专用面粉比上年增加 9 倍多。产品不仅销到天津市水晶宫、喜来登、利顺德、玉华台等高级宾馆和饭店，而且销到广东、内蒙古、河北、东北等地。同时，大力开展议价粮油经营。还积极开展"一业为主，多种经营"，增加了经济效益。

（四）和平路商业一条街形成与发展

和平路北起东南城角，南至人民大楼，全长 2100 多米。这条街市面繁华，交通便利，商店林立，行业齐全。每天路经这里的市内外人员以及国际友人络绎不绝，熙来攘往，历来是全市的商业中心，也是反映全市风貌的"窗口"。这条街在"文化大革命"中遭到很大破坏，不少商店被改作办公用房、仓库和居民住房，以往那种店铺户户相连的繁华景象已不复存在。党的十一届三中全会以后，通过调换非商业用房、恢复停用的商业网点、油饰门面等措施，使这条商业街恢复了青春。1985 年，和平路商业一条街，具有各种类型的商店 180 多家。既有大型的综合性百货商场，如百货大楼、劝业商场，又有各类中、小型的专业性商店，如针棉、百货、服装、鞋帽、钟表、眼镜、文教、玻璃、五金、电料、油漆、染料、缝纫机、自行车、家用电器、照相器材、医疗器械、化工原料、家具、中新药品、糖果糕点、烟酒罐头、正餐小吃、各类书店、中西乐器、体育用品、文物艺术等等。还有各种服务行业，如理发、浴池、旅店、照相、洗染、刻字、修表、誊写、复印、缝纫、裁剪以及储蓄所、邮电局、影剧院、出售火车票、飞机票等处所。这些中小型的专业性商店，各具经营特色，有的远近驰名。如老美华鞋店经营的小脚鞋，尺寸、档次、规格齐全，全市独此一家；桂顺斋糕点第一门市部，前店后厂，货真价实，每年中秋节销售月饼 80 多万斤，相当于其他两个区的销量。这条街门类齐全，成龙配套，生意兴隆，群众称便。

1985 年，这条街的商店约有职工 1 万多名，通过开展"军民共建"活动，已成为商业繁华、精神文明、科普宣传三位一体的一条街，营业额为 6.65 亿多元，比 1984 年增长 20%。1985 年收到顾客书面表扬16 万多件，比 1984 年增加 33%。1985 年展出商业科普宣传橱窗 273个，展牌 443 块，比 1984 年数量有增加，质量有提高。这条街至 1985年 11 月获得中央商业部授予"全国商业文明一条街"的光荣称号，具有较高的经济效益和社会效益。

（五）南市食品街的建立与发展

南市食品街坐落在天津市和平区南市，占地 36 亩，建筑面积 4万多平方米，营业面积 2.8 万平方米，是全市规模最大的名特食品市场，1985 年元旦开业。食品街建筑典雅瑰丽，雄伟壮观，为津门增添了一景。主体三层，形似方城，雕梁画栋，飞檐斗拱。建筑设计新颖，店内装修风格各异。食品街开业时有企业 93 家，职工 2212 人。其中正餐馆 31 户，风味小吃店 26 户，食品店 26 户，其他文化、服务性行业 10 户。食品街招四方名师献绝技，集南北风味于一街。汇集了全市各种风味食品、国内各方名菜，还引进了一批国外佳肴。这里有川、鲁、粤、湘、苏、浙等正宗大菜，有京、津、冀、晋等地名特小吃。食品街是以新型集体为主、多种经济成分并存的食品商业群。其中许多企业采取多种经营方式，既有零售，也有批发；既接待零散顾客，又包办酒席，还搞综合性服务。

1985 年营业收入 4457 万元，实现利润 316 万元，平均每天客流量达 5 万多人次，节假日可达 7 万～8 万。1985 年共接待顾客 2000多万人次，其中外宾 5 万人，还接待各省、市、自治区参观团组 2000多批、1 万多人。

1986 年食品街的经营特色更为突出，请烹饪专家对甲级餐馆的菜品进行了鉴定，共评出 80 多种"看家菜"，还评选出 16 名优秀厨师，并实行挂牌服务。正餐业各餐馆以其独特风味的优质菜品和良好的服务赢得了顾客的青睐。如峨嵋酒家坚持薄利多销的原则，降低毛利率和碟面起点，使顾客花钱不多就可以吃到风味菜品，一些餐馆还增设售货窗口，既扩大了经营，又方便了群众。小吃业不断增添设备，提高操作技术，努力增加产量，增加花色品种，想方设法扩大经营。与小吃业配套的便餐、经济酒菜也由于各有自己的风味特色，受到群众欢迎。食品业务店充分发挥自主经营的优势，采取零售兼批发等多种经营形式，增强了竞争能力。据统计，16 家食品批发店全年批发业务总额占食品街整个营业额的 13.69%。此外，食品街的文化娱乐行业也有了较大发展。

1989 年，面对不断变化的消费需求和市场竞争，食品街采取有效的经营策略，营业收入比上年增长 19.8%，利润比上年增长 2.8%。其经营策略主要有：

（1）大中型餐馆为防止业务滑坡，及时调整经营结构，增添各种经济实惠的菜品，实行薄利多销。

（2）各大中型餐馆普遍在门前设立了迎宾员，热情接待顾客，向普通顾客开放贵宾间，免收服务费。大部分企业延长了营业时间，有 20 户中小餐馆改为全天营业。

（3）小吃店都努力挖掘自身潜力，克服营业面积有限的困难，积极扩大经营。根据顾客需要，大部分小吃户为改变品种单一的经营局面，增添了多种经济炒菜，使经营品种逐步发展配套。

（4）不断挖掘、引进传统小吃品种。全年有 6 户挖掘、引进品种 45 种。例如，古井大酒家引进了麻茸包、羊城烧麦等 19 种广东早茶食品；浙江酒楼挖掘了宫廷烤鸡，并引进了西式热狗；蓬莱春设专点经营传统的全羊汤；津闽餐厅聘请名师，引进了 20 多种正宗闽菜；峨嵋酒家引进了风味独特的四川火锅。

（5）为了增强企业活力，还对 7 户经营不景气的企业进行了经营结构的调整。

1991 年南市食品街各企业不断扩大服务供应功能，狠抓优质服务和开拓新品种。涉外餐馆开展代买礼品、订旅游、订出租车的"三代"服务，各餐馆分别引进生猛活鲜菜、烧烤菜、天府小吃、保健药膳、广东早菜等 240 多新品种，增添各种面食、凉拌、酱制、油炸、速冻等 50 多种便民食品。此外，还联合街内外、市内外的食品企业，开展各类名酒糖茶、禽蛋水产、副食调料等千余种商品的批发业务，向大流通、大商业方向发展。自 1985 年元旦开业以来，到食品街的宾客逐年增多。1991 年，平均日接待宾客 6 万多人次。营业额和利润分别比1985 年增长 3.8 倍和 2.5 倍。

（六）服装街的建立与发展

服装街兴建于 1987 年 4 月，同年 9 月 30 日开业。开业之初即成为天津市服装行业的"窗口"。全街有 102 家商店，汇集了上万种新式服装和五彩缤纷的纺织品面料。服装街有劝业场等四大商场的分店，有象征天津纺织业腾飞的七条龙商场，有闻名全国的"四羽毛"服装店，这些商店大都以厂家为依托，工商直挂购销，以批发业务为主（约占 60%），与全国 28 个省、市、自治区的工商企业建立了业务往来，每年全街举办展销、联销会 300 余次，展销的商品，显示了天津市纺织服装行业的新发展。全街商店以文明经商优质服务为宗旨，每天接待近十万顾客。各商店结合自身特点，设立开架售货看样排料、量体裁衣、三留一送等多项便民服务措施。

1991 年，服装街完成营业额 4.2 亿多元，比上年增长 17.4%，实现利税 650 多万元。服装街管委会组织街内企业参加春交会，10 天成交 1000 多万元。5 月在北戴河举办了"天津市服装、纺织品展销会"，现货成交 180 万元。8 月参加在太原、北京举办的订货会上，分别成交 102 万元和 150 万元。1991 年，全街各企业从元宵节开始举办了 5个月的"灯光夜市"，日客流量 5 万多人次，销售额 1000 多万元。当年，服装街各项基础管理工作进一步加强，在提高全面服务质量活动中，表扬了四羽毛、万紫、天联等 13 个最佳商店和利百家眼镜部等25 个最佳柜组，以及评选出 28 名最佳营业员和 24 名最佳会统员。全年管委会收到 200 多封表扬信，退换货的数量也比上年下降 30%。为增强企业后劲和服务功能，优化购物环境，工业品贸易中心、国际商场分店、春祥、光大新等十几个企业进行了商店的装修和改造，扩大营业面积 400 多平方米。

（七）"三大商场"和友谊公司及国际商场的发展

1. 劝业场的新发展

1985 年，劝业场销售额达 24763 万元，利润实现 1737 万元，全员人均劳动效益达到 123639 元。各项主要经济指标在全市同行业大型零售商场中居领先地位。到 1985 年年末，劝业场自行采购商品的比重由过去的百分之十几发展到 86.82%。进货渠道由过去只限于系统内发展到了系统外，扩大了厂店直接挂钩。采取了联营联销，经销代销，为工业提供地点、货柜、货架，请工厂来人来产品自销等形式，扩大经营能力，1985 年劝业场自营外的商品销售额约占全场总销售额的20%。另外，在销售方法上采取大件商品预约登记、预收货款、定项储蓄购买和商品展销等多种方法，实现的销售额约占全场销售额的13%。1985 年，劝业场先后恢复和增添了天华景戏院、天富影院、天露持艺厅、劝业友谊厅等场所和业务，初步形成了一个新型的、多功能的大型商场。

1986 年，劝业场增加了新的经营门类，包括微机电脑、装潢材料、高级滋补食品等 18 种。在经营品种上，一方面要求升级升档，逐步扩大名、特、优、新产品在经营中的比重，另一方面要求花色齐全。在经营项目上，继 1985 年开业的"天乐友谊厅"后，又恢复了"天纬球社"。截至 1986 年底，商场游艺、娱乐、休息场所达 5 处，经营面积达 2806 平方米，每天接待顾客达 10000 人次，顾客到劝业场既可以购物，又可以娱乐和休息，品尝高级冷热饮。在大型商场中初步形成了自己独具一格的经营特色。1987 年，劝业场把增强内部竞争机制放在加强管理和扩大经营两个基础工作上，应用全面质量管理的科学方法，使商场的管理进一步完善和加强，经营基本达到了品种齐全，购售商品渠道通畅。当年劝业场被市政府命名为"重合同、守信誉"单位。1988 年，劝业场通过推行规范服务和规范管理，使售货服务工作初步形成了语言标准化、接待程序化、服务规范化，在商业部及市有关部门 4 次对商场服务现场的调查中，顾客满意率平均为 97.14%。当年劝业场荣获商业部质量管理奖、天津市质量管理奖及"天津市先进企业"的荣誉称号。

第四章 "有计划的商品经济"条件下的天津商贸业（1985-1991）

1989 年，劝业场经营的近 3 万种商品全部实现自采。在经营思想上，劝业场坚持紧俏商品抓紧，正常商品抓优，民用小商品抓全，以全竞优，以全取胜。在经营方式上，实行分专划细，按专业组织商品部经营，便于统一管理，方便顾客挑选。商场制定商品必备目录，必备商品达 15600 种，其中小商品达 4424 种。开展为顾客小修、小配、大件商品免费送货上门活动。各部咨询台努力为顾客提供信息，提供方便，为顾客排忧解难。1989 年劝业场全年共收到顾客表场信件 5324 封，"四留一通知"登记解决率达到 75.63%。送货上门、上车 11095 次，拾金不昧 278 件，价值 20374 元。

1990 年劝业场坚持"顾客第一、信誉至上"的办场宗旨，坚持"高、新、全、优"的经营特色，以经营全国各地高档、名牌、优质、新产品为主，以品种齐全、优质服务取胜。在经营方式上采取与工业部门联营联销、代销、新产品试销、展销等多种购销形式，广开货源渠道，商场经营突出特色，狠抓 50 种大类商品的系列化经营。对有条件的商品实行敞开售货，逐步将封闭式的经营格局向敞开式经营格局过渡。开展了开门评店活动，并公开聘请社会监督员 10 名，定期向商场反馈服务信息，监督商场的服务工作。当年劝业场各项经济指标创历史最好水平。1991 年 2 月，在建设文明单位活动中，劝业场被评为天津市 1990 年度文明单位。

2. 中原公司的新发展

中原公司 1985 年销货额和利润分别实现了 14183.7 万元和 978.6 万元，创建店以来历史最好水平，其他各项经济指标也都高于往年。该公司开展了优质服务、定项承包活动。做到店堂店貌整洁、美化，服务态度热情、周到，买卖公平。它首创了购买自行车可让顾客试骑 3 天，半导体收音机可试听 10 天，部分型号的电视机可试看 15 天，手套可试戴 7 天，座钟、闹钟可试用 7 天，灯具可试用 15 天，各种高级化妆品备有样品试用；针织商场的商品可以敞开退换的"七试一退"便民服务措施，维护了消费者利益，受到了广大群众的称赞。1986 年，公司实行了以经济指标和服务规范为主要内容的层层负责的经营承包责任制，推行了多种灵活的经营方法，继续对顾客实行"七试一退"

的办法，服务质量和经济效益明显提高。到 1986 年底已有 10120 种商品可试、可退、可换。同时，还实行了"出售商品价格高于他家保退差价"的办法。实行这些便民销售办法后，一年共收到顾客表扬信件 1794 封，顾客日流量由两三万人猛增到五六万人。同时还取得了生产厂家的支持和信任，有 30 多个厂家都在公司内设立了新产品推销专柜。1987 年，该公司为了主动接受消费者的监督，了解顾客需求，建立了公司和商场经理上岗值班，售货员按级挂牌售货，全国商业特级劳动模范年景林接待顾客咨询服务等制度，公司还实行对顾客写来表扬信复感谢信、写来批评信复致歉信、写来询问信复答复信、写来建议信复处理结果信的信访"四回复"制度。1987 年公司被市政府命名为"重合同、守信誉"单位。1988 年，中原公司加入华联商厦集团。在"抓管理，上等级"工作中，获得了天津市先进企业的光荣称号。中原公司为加入"华联商厦"集团而实施的大规模基建工程，于 1988 年 7 月破土动工，于 1990 年竣工。同时，中原公司更名为天津华联商厦中原公司。

华联商厦集团是商业部统一筹建、统一命名的沿海 14 个开放城市和汕头、厦门特区以及威海、泉州的华联商厦组成的国营商业服务性集团，总部暂设天津市，挂靠华联商厦（即中原公司）。华联集团成员是独立自主的经济实体。成员之间独立核算，自负盈亏，在平等互利的原则下，进行经济上的联合，经营上紧密协作，实行双边和多边的联购单销、单购联销、联合展销、代购代销、联合服务、调剂余缺、介绍业务、介绍旅店、代定房间等。新建成的商厦，总建筑面积 24000 平方米，营业面积 14000 平方米。主楼地上六层，地下两层，楼高 34 米。营业厅内设有 8 部双向自动扶梯、两部升降电梯以及现代化的管理和服务设施。各层营业厅装潢各异，各具特色。

1991 年，华联商厦（改扩建后的中原公司）采取了有效的管理措施，取得了较好的经营成果。销售额 5.16 亿元，实现利税 3700 万元，分别比改建扩建之前的 1987 年增长 110% 和 116%。这些措施有：

（1）积极采取灵活多样的经营方式。商厦根据市场形势变化，社会消费水平出现多层次化的特点，按照"高档精、中档全、低档保必需"的原则，积极开拓适销商品经营，大力发展横向联系，与全国1800多个厂家建立稳固的供货关系，经营商品品种由2万种增加到3万多种，其中大部门是名、优、新、特商品。在经营中，以针织、纺织、服装鞋帽为主，同时抓好耐用消费品和小商品经营。还以联销、代销、经销、展销等方法，灵活经营。

（2）强化内部管理，提高企业素质。实行以总经理为首的层层负责制，对专业商场和商品部组根据经济指标完成情况，进行考核管理，实行奖金和利润挂钩，把好商品质量关，严格合同管理，加快资金周转，建立商品质量监督卡，取缔假冒伪劣商品，不向个体户出租柜台，聘请社会各界代表44人组成商厦消费者监督委员会；严格劳动纪律，组织职工收看工作录像，对不合格人员举办"离岗学习班"，提高职工素质。

（3）以优质服务赢得信誉。针对经营不断发展、联销队伍扩大、新职工增加等新情况，反复进行"信誉在华联、满意在中原""企业生存靠信誉、信誉树立靠服务"的思想教育，开展学习年景林一心为人民服务的活动。推行以"七试一退"为核心的一系列便民服务措施，如送货上门、安装服务、维修服务等，为顾客退换商品1万多件，进货上门2000多次、收到顾客表扬信几千封。

3. 百货大楼的新发展

1985年，百货大楼扩大了营业面积，新设和扩大了3个商场。新设的家用电器和光学仪器商场，把分散经营的商品集中在一起系列配套经营，方便了顾客购买，扩大了销售。为了把经营搞活，在进货渠道上改变了过去单纯由纵向单一渠道进货的办法，积极发展横向经济联系，实行店、厂直接挂钩，多渠道组织进货，与一批生产适销对路产品的厂家建立了巩固的供货关系。还与工厂洽谈，由工厂出产品、出人员，由商店提供柜台和市场信息，产销双方联营。这种使工厂产品和顾客直接见面的经营形式，信息反馈快、利于转轨变型，促进了生产，扩大了销售。1985年，百货大楼又被评为天津市"六好企业"、全国商业文明单位和全国企业整顿先进单位。

1987年，百货大楼在扩大经营方面采取了四种新的销售形式：一是举办多品类、多形式的商品展销；二是设置特色商品经营专柜，既有现成的商品供应，也有量体加工定做；三是走出店门，送货上门，经过登门问需，带着顾客所需要的商品，对老山前线战士家属、煤气化工程建设者、外环线工程建设者、市环卫工人，搞了慰问销售；四是在市服装展销中心百家商店中，新开设了百货大楼分店，向外开拓经营。

1988 年，百货大楼在经营上注重以下三个方面：一是精心组织货源，强调树立三个新观念，即进货工作知难而进，要向深广开拓的观念；紧俏货源与大路货源兼顾组织，更要组织好大路货源的观念；既从工业部门进货，又在信息、原料、样品引进上，对工业部门支、帮、促的观念。同时，对外业务人员还强调了"三不"原则，即"官倒"的买卖不参与；有"官倒"活动的业务不搭车；情况不实的业务不伙搞。二是坚持"两个统筹兼顾"的经营布局，即经营好平销基础商品与畅销骨干商品的统筹兼顾，搞好金店性骨干商品购销与小组性骨干商品购销的统筹兼顾。在基础商品经营上，平日投入市场供应的 1440 种民需商品和两节（新年、春节）期间 110 种必备商品，做到无断档、不脱销，齐全、特色、便民。三是平抑市场物价，发挥了国营商业主导作用。1988 年 8 月下旬天津市市场上出现争购风潮，各商场、科室通力合作，储运部连续几天搞夜运，全力做好市场供应，经受住了来势迅猛的抢购风潮的考验。当年百货大楼被市政府命名为"重合同、守信誉"单位和天津市实施计量法先进单位。1989 年，在国家紧缩银根、市场疲软的情况下，百货大楼仍然较好地完成了经营计划。

1991 年上半年，由于百货大楼进行大规模的装修改造，多数楼层的商场已不能正常营业，最低日营业额只有 26 万多元。在此不利情况下，全体职工努力挖潜，扩销增利。为灵活经营，扩大销售，第三季度开办购物有奖销售，实现销货额 1.05 亿元。还举办了多种展销会，有效地促进了经营的扩展，如与香港贸易发展局合作，举办了"活力香港"——天津百货大楼展销活动，为发展外向型业务开辟了渠道。香港 35 家公司参展时装、皮鞋、人造首饰、化妆用品等 10 个大类 2000 多种商品。展销既搞经营招商利市，也为进一步发展津港贸易创造良好的机会。

4. 友谊公司的成立与发展

友谊公司于 1985 年 6 月成立，主要为来津的外宾、华侨、港澳台胞及归侨、侨眷购买商品提供方便的商业企业。下属单位有天津友谊商店、天津市华侨商店和天津市第一友谊商店，主要经营进出口商品及国内各类高中档商品，共有 3 万余种。该公司在为外宾、华侨提供购买商品服务的同时，还设有服务部为顾客代办托运、代办旅游手续、代刻图章、代订字画、代客加工服装、代购机船票等多种服务项目。为了把经营搞活，该公司还向国内各地友谊、华侨、旅游等用品商店和其他类型的批发，零售商店提供批发业务。既有现货批发、也有期货签约，还办理经销、代销、联营、联销、邮购，函购、集团供应等业务，并向国内顾客开放。

1986 年，该公司为做好对外供应，分批分期召开了在津侨眷、部分驻津外国专家、留学生，以及日本、德国驻津商社代表座谈会，广泛征求意见。根据外宾所需商品品种，扩大了侨汇商品货源，增设了服务项目。对大型旅游团体，做到事先获取信息，充分准备，集中供应。为满足香港、广东来津技术人员生活需要，走访客户，增添适应他们需要的商品。在保证对外供应的前提下，做好对内市场供应。充分发挥门路多、信息广、可使用外汇进货的优势，扩大经营业务。

1988 年，友谊公司在商店四楼建立天津市第一家专营外汇商品的购物中心。该中心将商品布局、展柜设计、装饰造型融为一体，以适应外宾和港澳台胞购物习惯。在经营品种上摸清各国宾客不同层次的购物需要，组织各类高精、奇特、系列的旅游商品共 55 个大类、7300多个品种，其中珠宝玉器、文房四宝、四大名绣、名人字画、民间工艺品、高档玻璃器皿、爱新觉罗家族画、范曾字画、进口小食品和民间工艺装饰件等都具有很高的观赏价值和艺术价值,深受外宾的青睐。

1991 年，在经营上，注重经销名牌商品和高档系列商品。在重点满足外宾需要的同时，也积极开拓国内供应，满足国内高档消费需要，经营国内外名牌商品 2000 多种。通过举办"名牌精品商品展销""春夏季'三资'企业名优新特产品展销会"，以及参加"春季商品交易会"，举办"月季花节有奖销售"和近百次各类商品展销，吸引了顾客，提高了企业的知名度。客流量最高每天 6 万人次，日零售额 25 万元。此外，还开展了敞开销售、联合销售，以及发展寄售、代销业务和批发业务。

5. 国际商场的成立与发展

天津国际商场是由天津市经济开发总公司投资兴办的企业。商场坐落于市中心繁华商业区，建筑面积 14000 多平方米。商场于 1986 年 5 月 12 日开业，共经营国外商品 7000 多个规格品种；先后组织美国、英国、日本、意大利、新加坡、马来西亚、泰国、瑞士、法国和中国香港等国家和地区的 85 家厂商来场展销，展销各类商品共 1000 多种；向天津市一轻、二轻、纺织、电子等工业部门提供了 300 多种样品，并开发出新产品数十种，投放市场后身受广大消费者的欢迎。国际商场还开展了来料加工、来件装配，来样生产、补偿贸易，生产了供商场销售的服装、鞋帽，钟表，毛衣，儿童玩具等，兴办了万达家具装饰有限公司、华信地毯有限公司、超力洗衣有限公司等 7 个中外合资企业。国际商场为深化企业改革，实行了自上而下的承包经营责任制，调动了广大职工的积极性，增强了企业活力。1987 年营业额实现 15000 多万元，全员人均劳动效率达到 15 万元，获"全国对外经济贸易部系统先进单位"和"市级容貌卫生先进单位"的称号。1990 年营业额达 2.24 亿元，利税额 1200 多万元。1990 年 3 月，市政府正式批准在国际商场进行股份制试点。

五、饮食业、服务业、修配业的发展

（一）饮食业的发展

1985 年，天津饮食行业的营业收入比 1984 年增加 9.67%。其中，国有企业收入增长率为 8.93%，集体企业增长率为 12.64%。1985 年全市饮食业被市、区政府命名为文明商店的共有 129 户，占饮食行业总户数的 15.27%。同时，河西区的鸿起顺饭馆和红桥区的前进豆腐坊，还被中央有关部门评为卫生先进单位。1985 年新建了美膳酒楼及西餐厅、川鲁饭店、天津饭庄、华夏酒楼4家比较豪华的大型餐馆。同时重新装修了鸿宾楼饭庄、全聚德饭庄、红旗饭庄、起士林餐厅等中、西饭庄、餐厅，扩大了饮食业的接待能力。1985年天津市饮食公司举办了优质食品评比展销会。会上评选出最佳食品除"津门三绝"外，还有京津小吃店的大福来的锅巴菜、陆记烫面炸糕等21个品种。优质食品有永庆饭馆的云吞、建物街回民小吃店的煎饼馃子、长虹小吃店的上岗子面茶等87个品种。这些品种为天津的风味食品增加了新的色彩。

1986年，天津市饮食行业认真贯彻市政府关于"以早点供应为重点，全面振兴饮食业"的部署，坚持改革，积极经营，使饮食业出现了可喜的新变化。其中市饮食公司全年营业收入比上年增长8.51%，利润比上年增长3.6%。

（1）早点供应状况明显改善。为解决市民买早点难的问题，市饮食公司于年初制定了《改变早点供应面貌的工作方案》，按此方案，全年维修改造早点铺达300户，并为早点门市部添置大量碗筷桌椅、食品箱、碗橱，以及防尘罩、食品盖布等卫生设施，不仅改善了职工的劳动条件，而且改变了店堂面貌，为广大顾客创造了良好的环境。为改善早点的供应状况，市饮食公司系统从1986年4月份起，在所有早点门市部实行"产销定额、超产补助、欠产扣罚"的单项品种承包责任制，将大饼、馃子、烧饼、烤饼及豆浆等早点大路品种列入承包范围。承包责任制的实施，调动了广大职工增加生产、扩大供应的积极性。各门市部除采用延长营业时间、增加餐次、多开售货窗口等办法方便顾客购买外，全市还出动流动售货车、设置临时售货摊和固定的售货亭1500多个。在一些早点供应比较紧张的地区和边远新辟住宅楼群，组成大小不等的车摊群57个，使"买早点难"的问题有所缓解。同时也扭转了近年来早点营业收入下降的局面。

（2）体制改革，成绩显著。在有关部门的支持与协助下，1986年饮食业实行了两项改革，即实行提成工资制和实行租赁经营。从9月1日起全行业实行了利润基数提成加超额分成的提成工资制，并明确规定利润定额数、提成工资的提取率和超额分成的分成率三年不变。新的分配制度使职工个人所得与企业的经营挂钩，充分调动了企业和职工的经营积极性，自 1986 年 9 月至年底的 4 个月中，饮食行业普遍扩大经营品种，延长营业时间，进一步丰富和活跃了市场，营业收入逐月大幅度上升。

（3）努力提高服务质量和职工队伍的素质。为改进饮食业的服务工作，在全市的 10 多家大中型餐馆开展了以优质服务为主要内容的联赛活动，推行服务规范，使接待水平和服务水平有了明显提高。为了提高烹饪技术水平，提高职工队伍素质，市饮食公司从上半年开始，在烹调（包括墩、灶、冷荤）、面点和服务三个专业的五大工种中，进行了全面的技术考核与定级。通过考核与定级，有力地促进了业务水平的提高。此外，还加强了对外联营工作，如桂发祥麻花公司和狗不理包子铺已与 7 个省市联营开设分店，一年获利 10 多万元。

1988 年，饮食行业继续贯彻以早点供应为重点的管理要求，由于早点商品价值的绝对额较低，加之是微利行业，市政府于 7 月初宣布对早点行业实行优惠政策，并对做好早点供应工作提出了具体要求。据 7、8 两个月市内 8 个区公司的统计，供应早点的户数由 721 户增至 742 户，5 种大路主食的日产量增长 12.25%，售货摊位由原来的 193 个增加到 256 个，流动售货车由原来的 473 辆增加到 639 辆。与此同时，全市还在一些条件较好的门市部中开设了 11 个中高档品种的特色早点户，以扩大早点市场和适应不同消费层次的需要。7 月至 12 月份的早点营业收入比上半年增长了 28.47%，比上年同期增长了 19.15%。

1991 年，饮食系统营业收入比上年增长 20%。其中，正餐增长达 26%，利润比上年增长 21%，是近几年的最好水平。在经营上，为适应多层次需求，对品种结构进行了大幅度调整，形成以中西餐配套经营为主、食品生产加工和商品批发零售相结合的综合性生产经营结构。已有 17 家餐馆制作西点，美膳酒楼、登瀛楼的西点质量好、知名度高。另引进大量外地名菜，丰富了天津菜系，提高了经营档次。还对一些网点设施进行装修改造，开办了一批集餐饮、商品经营、娱乐、会议服务等多功能为一体的骨干企业，改善一些饮食企业的就餐环境和店堂面貌。此外，发展浓缩鲜豆浆和系列速冻食品生产，以及举办"豆腐文化节""迎新春百鱼菜汇展"等促销活动，也满足了多层次消费需求，扩大了销售。在发展国内营业的同时，还大力开拓海外市场，开发合资合作新途径。在商业部"金鼎奖"和市优产品评选中，有 11 个品种获商业部"金鼎奖"，34 个品种为市优产品。

（二）服务业的发展

1. 旅店业的发展

进入 20 世纪 80 年代以来，天津旅店业经过业务整顿和设备改造，店容店貌有了较大改观，服务水平也有一定提高。到 1985 年底，仅市内 6 个区，已有各种类型旅店 310 多户，固定床位数达 2.74 万个。其中，市服务公司所属旅店 144 户，固定床位（含浴池、洗染业的旅店部等）1.6 万个。"住店难"的问题有了初步缓和。

1986 年，旅店业实行了管理规范化和服务规范化，制定并推行了管理和服务的规范标准。严格了分级负责制，对旅客来、住、走三个环节的服务态度和服务质量做了明确规定，并实行服务质量与个人所得报酬挂钩。在服务过程中，自觉运用"请""您""打扰了""对不起"等文明服务用语。在技术方面，对旅店的服务人员进行了分级、分工种考核，使全行业的技术服务水平有了普遍提高。在经营方面，实行了多功能服务。几个大饭店餐厅全部实行对外营业，并利用店堂增设对外商品部。1986 年市服务公司所属旅店业的餐厅、食堂收入比上年增长 46.4%，对外销售收入比上年增长 65.6%。1988 年，市服务公司系统国营旅店业户数和营业收入较上年有所增加，但利润较上年有所下降。

1990 年市服务系统有旅店业网点 104 户，营业收入比上年增长 0.21%，利润比上年增长 6.75%，全员劳效比上年增加 134 元。1990 年，市服务公司对所属的交通、惠中、国民、东方四大饭店进行了全面的装修改造，这四大饭店坐落在天津市繁华商业区，是 20 世纪 20 年代的高层建筑，房屋设施、家具设备，均显破旧，与天津市经济建设和城市建设的整体步伐很不适应。为了协调发展，从 1990 年 4 月开始，对四大饭店进行装修改造，到 10 月上旬，工程项目基本完成。装修改造后的四大饭店，店堂宽敞明亮，室内色调典雅，设计布局合理。改造前共有客房 123 间，改造后有 471 间（1047 个床位）。其中，带卫生间的客房由原来的 204 间增加到 345 间。客房内电视、空调、地毯、沙发、电话、软床等设备一应俱全。高、中、低档次齐全，可接待不同需要的宾客，设有大中型餐厅 6 个，不同风格装饰的雅座 22 间。各饭店开设的商品部、对外商场、舞厅、咖啡厅、卡拉 OK 歌舞厅等营业部门，为宾客和顾客提供优质服务。经过改造，四大饭店的服务设施更加完善，已可接待港澳台同胞及外宾，基本达到了宾馆饭店的中上等水平。1991 年，市服务公司又对 9 户旅馆进行了全面的装修和改造，提高了服务档次、服务功能和户级标准。

2. 理发业的发展

1985 年，全市理发业有国营 117 户，职工 1494 人；集体 82 户，职工 439 人；个体户等理发店 182 户，理发员 350 人。全市共有理发网点 381 户，从业人员 2283 人，平均万名居民有网点 1.05 个，有理发员 6 人，使"理发难"的问题有了一些缓和。1986 年，为了进一步提高接待服务水平，加快行业振兴的步伐，在店堂改造、培训技术人才、开拓经营等方面下了力量，使行业的经营素质和技术素质有了明显的提高，也使"理发难"的问题得到了进一步的解决。举办了各种类型技术培训班 40 多次，参加人员有 300 多人次。还为兄弟省、市代培了一批技术人员。经过技术培训，大大提高了行业的技术水平，1986 年 10 月市服务公司选派了 21 名代表参加了在上海举行的京津沪首届"威娜杯"美发美容大奖赛。其中男选手 11 名、女选手 10 名，年龄在 23 岁到 32 岁之间。在男女共 7 个项目的比赛中，天津市选手取得一等奖 3 名，二等奖 6 名，其余选手均获三等奖的好成绩，为天津市理发业赢得了较高声誉。1990 年 6 月 12 日，经市政府批准，对理发、浴池两个行业的收费标准进行了合理调整，解决了多年存在的价格偏低问题，从而进一步促进了这两个行业的发展。

3. 照相业的发展

1985 年有商业部门的照相业营业网点 49 户，从业人员 1182 人。其中 47 户以传统的室内人像摄影为主要服务项目，2 户为专营工业品、工艺品摄影的专业照相馆。同时，社会上其他行业兼营、集体和个体经营的照相摊点大量涌现，集体和个体照相摊点、冲晒、彩色扩印加工部已发展到 200 多户。1986 年，市服务公司系统的照相业网点和从业人员都比上年略有增加。全年营业收入 143.3 万元，为照相业历史上收入最多的一年。为了适应人民生活消费结构的变化，1986 年照相业主要做了以下三项工作：一是增添和改造部分照相网点，基本上适应了周边区居民和群众不同消费层次的需求；二是调整经营结构，加强了彩色拍照、彩色扩印的技术力量；三是开展优质服务，保护了消费者的利益。

经过几年的发展，到 1991 年年末，市服务公司系统有照相业网点 50 户，从业人员 1048 人。营业收入 4426 万元，比上年增长 1.45%；实现利润 162.1 万元，比上年下降 0.06%；全员劳效 42232 元，比上年增长 3.2%。

4. 浴池业的发展

1985 年初，市政府采取扶持措施，抓浴池业的恢复振兴。从 1985 年起的两年内，对浴池业实行免征主营营业税和 5 年内返还所得税的办法。这样，按 1984 年的经营水平，全市浴池业每年可增加发展资金 40 余万元。为了解决"洗澡难"的问题，市政府决定从财政拨款 200 万元，作为新建浴池的开办费和原有浴池的更新改造资金。上述一系列扶持政策，使浴池业开始走上了振兴发展的道路。到 1985 年底，已先后有龙江、东海、本溪路 3 户新建浴池提前竣工对外营业。玉清、元兴、明江等 10 多个浴池扩大了浴池面积，全市的浴池女部也由原来的 10 个增至 23 个。1986 年，为了缓解群众"洗澡难"的问题，浴池业的干部千方百计挖掘内部潜力，压缩了非营业用房，增添了洗浴设备。市服务公司所经营的浴池达 25 户，是当时若干年来营业户数最多的一年。

经过几年的发展，到 1990 年年末，市服务公司有浴池业网点 36 户。1990 年内新建两家浴池，其中龙潭浴园是首家集温泉洗浴、健身、娱乐、餐饮及美容美发为一体的大型综合服务设施，使浴池由低档次、单一型向高档次、多功能型发展的新尝试。1991 年，市服务公司针对浴池业仍是设施、设备陈旧的问题，对 7 户浴池进行了全面装修改造，提高了服务档次和功能。

5. 洗染业的发展

20 世纪 80 年代以来，随着高档衣料大量进入普通居民家庭，门市洗熨高档服装的生产迅速上升，再加上"西服热"的兴起，给洗染业带来很大冲击。1985 年平均日收活量达到 4200 多件，但洗染业的日生产能力只能洗 2000 件左右，"洗衣难"的问题显得十分突出。1985 年全市洗染业仅有网点 39 个，从业人员 843 人。1986 年，市服务公司为缓解"洗衣难"，在搞活企业、深化改革的推动下，采取了"一厂多门""分散收活、集中洗熨"等措施，千方百计提高洗衣能力，使全行业 8 台干洗机和 30 多台大型熨衣机等先进设备的生产能力提高了 75%。市服务公司协助该系统打破区与区、店与店之间的界限，加强协作，使门市部与加工厂各得其所，不仅方便了顾客，而且提高了现有设备的利用率。由于社会各行业积极投资兴办洗衣厂（店），从而减轻了洗染业的压力。当年，全市中外合资工商企业兴办的洗衣厂（店）已拥有各种型号洗衣机 14 台，约承担了全市 30% 的洗衣业务。1986 年，市服务公司系统洗染业全年洗活总数为 43.5 万件，为缓解群众"洗衣难"做出了贡献。经过市服务公司系统全体员工和社会各界的共同努力，到 1991 年年末，居民"洗衣难"的问题得到了较大程度的解决。1991 年年末市服务公司系统有洗染业网点 33 户，从业人员 700 人，营业收入 759.1 万元，比上年增长 17.54%；实现利润 68.6 万元，比上年增长 56.98%；全员劳效 10843 元，比上年增长 18.04%。

（三）修配业的发展

1985 年，天津市修配服务公司的企业共有 76 个，网点 693 个，职工 13075 人，主要项目有修理自行车、钟表、刻字、油漆粉刷、电工安装、水暖装修、金属品修理等 30 多个行业、161 个服务项目。营业收入 14620.92 万元，比上年增长 43.67%；实现利润 915.04 万元，比上年增长 6.97%。企业积累自 1983 年以来，每年平均递增 15%。在便民服务中，还相继开展了部分商品的保修业务，成立了南开摩托车维修中心和南开自行车维修中心。1985 年保修自行车近 7 万辆、摩托车 1200 多辆，并且巩固和发展了传统服务业，全年为群众修表 50 多万块，修鞋 7.5 万双、弹棉花 7 万公斤和部分家电产品的修理工作。通过修旧利废、拾遗补缺，实现了社会节约，在一定程度上缓和了市场供应。

在搞好门市服务的同时，职工还走出去为社会服务。仅用 1 个月时间，就为塘沽海门大桥安装节日固定彩灯 4200 盏。华安乙炔器厂为了更好地为工农业生产服务，和有关单位一起经过反复试验，制成具有国内先进水平的 YP-I 型中压乙炔。1985 年将 1200 台样机投放市场，填补了该系列产品中的一项空白。在业务经营中，该公司坚持"搞好修配本业、发展多种经营、抓好两个服务、提高两个效益"的方针，认真抓好便民服务工作。同时，扩大了服务领域。至 1986 年底，全系统已和 20 多个省、市建立了横向业务关系，并充分发挥技术力量强、转轨变型快的优势，积极开展技术服务、售后服务、系列服务，满足市场多层次的需要。经过几年的发展，该行业探索出了适合改革开放环境的经营方式。1991 年，市修配服务公司开拓经营、扩大流通，为实现两年翻身，头年打基础的企业发展规划做了大量工作。确定走积极开拓经营，扩大销售，把企业推向市场，改革开放的路子。各经营部开展了联销、代销业务，积极调整内部经营管理机制，理顺业务往来和各项管理环节。在稳定和发展三个经营部的基础上，组建了恒利商业公司和开发区泰华商业公司，和平、华通两个电器厂逐步变生产型为生产经营型，设立了电缆附件经营部和电梯零件经营部，积极筹建"维修、服务、经营为一体"的商业网点。进一步充实业务部门人员，营业额不断上升。三个生产厂下力量调整产品结构，发挥行业的优势。

六、零售市场的进一步繁荣

这一时期，天津市零售市场繁荣活跃，社会商品零售额持续大幅度增长。消费品中，吃、穿、用、烧各类商品全面增长，结构更加合理。1985 年，全社会商品零售总额 68.95 亿元，比上年增长 21.8%；扣除物价上涨因素，实际增长 6.9%。其中，农业生产资料增长 8.8%，消费品（包括农民对城镇居民零售额）增长 22.9%。消费品零售额中，吃、穿、用、烧各类商品全面增长，分别比上年增长 12.7%～31%。1986 年，商品供应充足，除名牌产品仍保持热销势头外，一般商品趋向平稳。社会商品零售总额比上年增长 12.5%，其中用的增长 13.7%、吃的增长 11.6%、穿的增长 10.2%。零售物价指数上升 7.2%，大大低于 1985 年上升 13.9%的幅度。城乡人民生活水平在生产发展的基础上继续得到提高，零售市场持续活跃。1987 年全市社会商品零售总额达到 102.53 亿元，比上年增长 17.6%，扣除物价因素增长 10%。在社会商品零售总额中，吃、穿、用各类商品全面增销。吃的商品增长 17.1%、穿的商品增长 13.7%、用的商品增长 20.3%，扣除物价因素分别增长 8.3%、7.4%和 13.9%。1987 年零售市场的一个显著特点是淡、旺季差别明显缩小，有些季节性商品如瓜果和款式新颖的服装等，市场销售常年不衰，群众购买屡日不绝。1988 年社会商品零售总额实现 129.9 亿元，比上年增长 26.7%。吃、穿、用商品分别比上年同期增长 19.2%、32.2%和 31.6%。1988 年春节后淡季不淡，3 月份比 2 月份零售额继续上升。4、8 两个月份零售额超速增长，分别比上年多 35.4%和 33.1%。而"金九银十"两月销售旺季，零售额实现 22.5 亿元，比上年增长 22.7%。1989 年在保持市场稳定的基础上，较好地完成了各项经济指标。与上年相比，社会商品零售额完成 144.53 亿元，增长 11.2%。其中，吃的商品实现 53.48 亿元，增长 20.5%；穿的商品实现 23.48 亿元，增长 3.9%；用的商品实现 55.46 亿元，增长 6.3%。国庆、春节两大节日市场，商品丰富多彩，服务灵活便民，群众十分满意。1990 年国内市场销售由疲软逐步趋向正常，商品供应充足。全市社会商品零售总额 149.36 亿元，比上年增长 3.3%，扣除价格上涨因素实际增长 0.6%。在社会商品零售总额中，消费品零售额 139.88 亿元，增长 4.2%。其中吃的商品零售额为 55.85 亿元，比上年增长 4.4%；穿的零售额为 24.05 亿元，增长 2.4%；用的零售额为 57.83 亿元，增长 4.3%，扣除物价影响分别比上年增长 1.7%、下降 0.3%、增长 2.7%。1991 年全市社会商品零售额实现 169.2 亿元，比上年增长 13.3%，其中吃的增长 18.5%、穿的增长 18.5%、日用品增长 1.4%。这一时期，各类消费品消费的结构更加合理，详见表 4-4 和 4-5。

表4-4 1985—1991年社会消费品零售总额及其分类

单位：万元

年份	社会消费品零售总额	吃	穿	用	烧
1985	641 169	251 576	113 235	260 843	15 515
1986	813 933	317 896	150 212	329 515	16 310
1987	955 671	372 388	170 854	396 448	15 981
1988	1212 831	443 703	225 913	521 879	21 336
1989	1343 010	534 771	234 834	554 567	18 838
1990	1398 845	558 539	240 508	578 304	21 494
1991	1 594 432	662 047	276 846	626 243	29 296

资料来源：天津市统计局.天津四十年（1949—1989）[M]. 北京：中国统计出版社，1989：826.

表4-5 1985—1991年社会消费品零售额分类构成

单位：%

年份	总计	吃	穿	用	烧
1985	100.00	39.24	17.66	40.68	2.42
1986	100.00	39.06	18.46	40.48	2.00
1987	100.00	38.97	17.88	41.48	1.67
1988	100.00	36.58	18.63	43.03	1.76
1989	100.00	39.82	17.49	41.29	1.40
1990	100.00	39.93	17.19	41.34	1.54
1991	100.00	41.52	17.36	39.28	1.84

资料来源：天津市统计局.天津四十年（1949—1989）[M]. 北京：中国统计出版社，1989：826.

第三节 "有计划的商品经济"条件下的天津物资流通

一、物资流通部门的管理及体制改革

1985 年天津市的物资流通工作贯彻了集中物力、保证重点的方针，在积极组织物资资源、搞活物资流通、提高服务水平、改善经营管理等方面取得了新的进展。在物资供应方法上也采取了多种较为灵活的供应方式，主要有：直达供应、加工改制供应成品或半成品、经销代销、委托代理、物资调剂、设备（工具）租赁等。实行上述办法，简化了供应手续、减少了周转环节，加快了物资周转，较好地满足了各方面对物资的需要。在"对外实行开放、对内搞活经济"的新形势下，天津物资部门为了使企业既能买到所需要的物资，又不增加生产成本，在物资供应中，努力坚持较低的收费水平：（1）在各地提高生产资料收费水平的情况下，坚持执行 1962 年国家制订的较低的收费标准；（2）在物资贷款由无息改为有息后，按规定向用户加收一定比率的利息，仍不加收；（3）对供过于求的物资采取了降低收费水平或不收费的做法；（4）从国外进口和从兄弟省市协作来的物资采取原来原走的办法，不收管理费；（5）对部分物资进行加工、改制，向企业提供成品或半成品，以减少企业开支。如市煤建公司由供应原煤改为供应动力配煤，每吨售价比原煤低 1.76 元。

1986 年，随着计划体制和物资体制改革的深入，指令性计划分配的物资品种和使用范围逐年减少和缩小。在新的物资供求形势下，1986年天津市物资部门为保证全市工农业生产、建设的顺利进行，在物资工作的指导思想上，把抓好计划内物资资源的落实，发展物资市场，开拓物资资源，保障重点生产和基本建设的物资供应，作为工作的重点。统筹安排，保证重点，兼顾一般。对计划内资源、地方自筹资源和一部分计划外重要物资资源进行统筹安排，对于重点产品、重点技术改造措施、重点建设项目所需要的物资，在计划安排上给予满足，不留缺口，在供应上实行分工负责，层层落实，上门服务，优先供应。有的公司还增加了技术咨询、技术服务一条龙等综合性服务项目。天津市物资部门为了提高供应服务水平，从建立和完善岗位责任制、经济责任制入手，对物资流通的各个环节，加强了管理，开展经济活动分析工作，在部分企业中推行了费用、成本目标管理、经营目标管理等现代管理方法，并将电子计算机应用于市场预测、供销合同管理、物资进、销、存管理等，对企业提高经营管理水平发挥了积极作用。

第四章 "有计划的商品经济"条件下的天津商贸业（1985-1991）

1987 年天津市物资部门开始实行上缴利税承包责任制，由局统一对市财政承包，公司对局承包，企业对公司承包。为了落实和完成承包任务，由局制定了承包分成实施办法和奖励细则，将上缴利税承包指标分解，层层落实承包计划，并与奖励挂钩，超交分成，多超多留。实行上缴和税承包使责、权、利三者结合起来，调动了企业和职工搞好经营，增收节支，提高经济效益的积极性。1987 年物资局系统上缴市财政利税达到 5072 万元（不含物资开发基金）。比市财政部门下达的上缴利税指标 4450 万元超额 13.9%，超交 622 万元。为了完善企业经营机制，增强企业经营活力。1987 年全行业有 22 个基层物资企业首批实行了厂长（主任）负责制，由厂长（主任）对企业实行全面领导、全面负责，从而理顺了企业党、政、工三者之间的关系，形成了分层决策，分级负责，分级管理的新的企业管理体制，1987 年物资企业打破了专业经营界限，开展了"一业为主、多种经营"，在做好主业经营的同时，实行了生产资料的综合经营和交叉经营，利用现有设施条件和多余职工发展了一批第三产业。根据 1987 年底统计，物资系统开办第三产业经营网点达到 52 个，从业人员 674 人，经营额达 1424 万元，实现利润 136 万元。办第三产业不仅减轻了企业的经济负担，解决了多余人员的出路，而且促进和发展了流通，使物资企业的经营手段得到了增强，经营环境得到了改善，从而增强了企业的经营能力和竞争力。

为了适应经济体制改革逐步深入、生产资料市场范围和规模逐步扩大，市场竞争日趋激烈的新形势，1987 年，物资部门把转变传统的分配调拨观念、树立商品经营观念作为经营工作的指导思想，使物资流通工作发挥"服务于生产，支持生产，降低产品成本，降低工程造价，提高经济效益"的作用。1987 年自行车生产钢材单耗由原来的每辆 28.83 公斤，下降到 28.29 公斤，全年节约钢材 3400 吨，节约价值约达 374 万元。重点建设项目通过核销，核减了钢材 5700 吨，节约投资 835 万）亡。降低社会钢材库存 4.8 万吨，减少资金占用约 5280 万元，超额完成了国家下达的压缩钢材库存指标的任务。

1987 年，天津市物资部门为了从物资上保证生产建设的持续稳定发展、扩大流通规模，发展大市场、大流通，使物资流通工作更好地为发展有计划商品经济服务，1987 年重点抓了以钢材为重点的生产资料市场的发展工作，推行了以经营承包、厂长负责制、双增双节为主要内容的深化企业内部改革工作。发展了一业为主，多种经营，开展多形式、多层次的横向经济联合，使物资流通工作取得了新进展。1987 年天津市物资局系统购进总额达到 25.05 亿元，比 1986 年增长 12.64%；物资销售总额达到 27.26 亿元，比 1986 年增长 9.85%；物资吞吐量达到 1404 万吨，创造了历史最好水平。物资流转费用水平由 1986 年的 5.24%下降到 4.84%，计税利润总额达到 12101 万元，比 1986 年增长 4.66%，上缴税利 5702 万元，比 1986 年增长 6.17%。

1988 年，天津市物资部门的工业生产，经过加强质量管理，努力增加新产品，降低原材料消耗，向深加工要效益，有 6 项主要产品指标超额完成计划，工业总产值完成 13618 万元，仓储管理增加收入 800 万元。

1989 年，天津市物资部门对物资公司和物资流通秩序进行清理整顿。对天津市物资经营企业的机构设置、名称、审批程序和经营活动进行了清查，分析研究和处理，建立了天津市物资流通新秩序。

1990 年，天津市物资部门加强企业管理，积极向"外向型经营"发展。1990 年物资部门面临库存高、贷款利息高、进货难、销售难、效益低的困难，全系统从加强企业管理，深化改革入手，走出了困境。（1）加强基础管理工作。修订了《企业承包奖惩办法》，由原来的 6 项考核指标增加到 10 项；制定和修订了《经理基金管理办法》《利润留成管理办法》《推销物资奖励办法》等规章制度，将各项经济指标同企业和职工的经济利益紧密联系起来，调动了企业和职工的积极性。自 1988 年实行承包以来，累计向国家上缴税金 27632 万元。1990 年通过积极清理库存，推销库存长线积压物资价值达 10412 万元，使库存结构有所改善。（2）加强资金管理。制定了《进一步加强流动资金管理的规定》《流动资金一体化管理办法》《清欠应收款管理办法》。全年进行了 12 次全系统的资金调度，统一安排资金、贷款的使用，提高了资金使用效率。全年用各种方式拆借银行以外其他金融部门资金

27000万元。在银行部门的配合下，清理"三角债"6955万元，保证了物资供销工作的顺利进行。（3）深入开展"双增双节"。通过采取内部挖潜，加强费用开支管理，压缩可变费用开支1156万元，加强对仓储管理，增收节支达1009万元。（4）向外向型经营发展，取得成效。1990年，建立了物资部门第一家与外资合营的福津木业有限公司。实现了当年谈判、当年签约、当年投产、当年见效。（5）物资部门所属企业开办的第三产业网点已发展到200多家，从业人员达4000余人。1990年第三产业及其他多种经营实现利润达到3400万元。一部分第三产业网点已经从安置型发展为效益型。多种经营已成为主业经营的重要补充。

1991年，天津市物资外向型经济有新的发展。在上年兴办的中外合资企业福津木业有限公司，取得较好经济效益的基础上，又从先进的技术和管理方面向外延伸，除兼并河北省廊坊三友贴面板厂外，还在武汉投资成立了福汉木业有限公司。木材三厂与香港合资的隆达木业有限公司正式成立，已投入试生产。1991年物资部门多种经营新增网点71个，累计达231个，安排富余人员近3000人。全系统第三产业和多种经营实现利润3000多万元。1991年，天津市物资部门转变观念，加快改革的速度。物资部门按干部管理权限下放了部分干部任免权，并支持所属公司精简机关人员，充实业务一线。为了适应发展要求，将木材公司分为木材公司、物资经销公司、商品包装公司。在分配制度上，试行万元工资含量直接对个人，拉开了职工收入的差距，调动了职工的积极性。

二、计划内与计划外相结合的物资组织方式

1985年天津市计划需要的主要物资包括钢材、木材、水泥、煤炭等均比上年实际需要有较大增加。但国家计划分配下达的主要物资数量却增加较少，有的还低于上年，形成供求矛盾较大。例如钢材，1985年全市需要量为117万吨，而计划安排的仅为81万吨；木材需要量为86万立方米，而计划安排的为44万立方米。在物资供求比较紧张的

情况下，天津市物资部门为了保证生产建设的需要，狠抓了物资货源落实这一中心环节。对国家计划内分配的主要物资，为了做到分到、订到、拿到，狠抓订货环节，提高订货率。1985 年钢材订货率由上年的 92%提高到 96%。铸造生铁、煤炭、木材、纯碱、烧碱等物资的订货率均达到 100%。为了使订到的物资及时拿到手，各专业公司充实了驻厂、驻矿、驻林区的催调力量。公司领导也经常到供货单位进行访问，促进供货合同的落实。

为了弥补计划内物资供应的不足，在政策允许的范围内，物资部门通过地方进口、地方加工、地区协作、补偿贸易、市场采购等多种方式，大力组织计划外物资。1985 年，通过发展横向经济联系，组织计划外钢材 19 万吨，木材 37 万立方米，煤炭 180 多万吨。通过大力组织计划内和计划外两种资源，为满足全市的物资需要提供了良好的物质基础。

1986 年，天津市物资部门对国家计划内分配的物资资源，争取分到、订到、拿到和合用。天津市物资部门加强了订货、催调、接卸、验收、结算等各个环节的工作，落实了工作责任制，从而提高了订货水平。钢材、木材、铸造生铁、煤炭、纯碱、烧碱等重要物资的订货率达到 100%，订货合同兑现率也比 1985 年有所提高，为按照计划调入资源创造了有利条件。天津市物资部门推进横向联合，发展、扩大物资市场，开拓计划外资源。1986 年在巩固、扩大机电产品、化工轻工材料、金属材料、木材、煤炭各专业贸易中心（联营公司、站）经营规模的同时，还组建了物资综合贸易中心及 5 个华北地区物资联合集团（金属材料、机电产品、木材、化工轻工材料，物资贸易中心）。利用现有的设施条件，发展了一批专业的和综合的物资经营网点。扩大了各木材厂、煤建企业、钢材及生铁等供应站的经营范围。既负责计划内的物资供应，又从事计划外物资的经营业务，发展了物资市场，增加了流通渠道，扩大了经营规模，推进了物资流通的横向联系，在开拓计划外物资资源方面取得了成效。1986 年计划外调进钢材（含地方进口、地方加工等地方资源）40 万吨、木材 51 万立方米、煤炭 208 万吨、化工原料 6 万吨、铸造生铁 7.6 万吨、有色金属材料 3136 吨，机电产品 25000 万元。

1987 年天津市随着生产建设的发展，对物资的需要量不断增加，但国家计划内分配的主要物资在品种和数量方面均较 1986 年有不同程度的减少，主要物资品种由 23 种减少到 20 种。钢材、木材、化工材料的分配量比 1986 年分别减少了 19.8%、28.9% 和 2.9%。国家计划内分配的主要物资仅占需要量的 40% 左右。由地方外汇进口的钢材、木材和机电产品等物资分别减少了 75.5%、16.7% 和 80.5%。物资的供求形势呈现出不平衡的局面，有 50% 以上的物资要依靠市场调节来解决。

1988 年天津市物资部门的各种物资的吞吐量达到 1456 万吨，货运量 515 万吨，均创历史最好水平。物资销售总额完成 321607 万元，比上年增长 18%；物资流转费用水平达到 4.69%，比上年下降 0.15%定额流动资金周转天数 61 天，比上年周转速度加快 4 天；计税利润完成 13174 万元，比上年增加 21.59%；上缴利税 6319 万元，比上年增长 21.04%。实现供应销售与经营利润同步增长。

1988 年，国家指令性计划分配给天津市的主要物资下降到仅占全市需要量的三分之一左右，其中钢材的分配量 48 万吨，木材 24 万立方米，主要化工原料 83 万吨，煤炭 924 万吨，比上年分别下降了18.97%、35.14%、1.20%，煤炭略有上升。各种物资品种不对路、兑现难的问题依然存在。针对国家指令性计划分配物资资源少、落实困难，物资部门重点组织了订货和调进工作。订货率钢材达到 92.4%，木材达到 73.7%，主要化工原料达到 94.4%，煤炭完成调运计划的93.7%。为了弥补物资需要的严重不足，物资部门加强开发计划外市场物资资源。一年来，开发钢材 36 万多吨，木材 48.3 万立方米，化工原料 16 万吨，铸造生铁 3 万吨，煤炭 284 万吨，机电产品 4 亿多元；组织进口钢材 2 万吨，木材 4.8 万立方米，化工原料 2000 多吨。取得了开发市场资源的良好成绩。

1989 年，国家指令性计划分配的主要物资下降到全市需要量的三分之一以下，其中钢材计划分配量 45 万吨，木材 21 万立方米，主要化工原料 75 万吨，煤炭 926 万吨。为了做好国家指令性计划分配物资的订货和调进工作，各公司采取了早准备，早动手，早落实，早供应，深入细致地在各个环节上做好工作，做到逐级、专人、逐项的落实，推行承包责任制。这样，使各种物资的订货率，钢材达到 95%，木材达到 86.6%，主要化工原料达到 95%，煤炭达到 84%。调进水平也好于上年。在弥补物资需要不足、开发计划外资源方面，根据生产建设的需要，按照抓重点，抓难点，抓短缺物资，按需要组织开发资源的部署，全市共开发钢材 80 多万吨（其中物资部门 40 万吨），木材 35 万立方米，化工原料 18 万吨，铸造生铁 3 万吨，煤炭 471 万吨，机电产品 5 亿多元。

1990 年物资局系统完成各种物资购进总额 250481 万元，销售总额 280633 万元，物资流转费用水平 6.5%，定额流动资金周转天数 94 天，计税利润完成 9074 万元，完成工业总产值 3382 万元，各种物资的吞吐量达到 1321 万吨，货运量 548 万吨。

1991 年物资系统完成各种物资购进总额 264906 万元，销售总额 309766 万元，物资流转费用水平 6.93%，定额流动资金周转天数 73 天，完成工业总产值 5323 万元，完成计税利润 6491 万元，各种物资吞吐量 1149.2 万吨，货运量 467 万吨。1991 年物资部门共调进钢材 30 万吨，木材 31.7 万立方米，化工原料 6.5 万吨，有色金属材料 1.9 万吨，生铁 20 万吨，机电产品价值 8.3 亿元。

三、保证重点物资供应方式

1985 年，为了使拿到的物资使用得合理，在物资供应上，物资部门遵循保证重点、兼顾一般的原则，把国家计划分配的物资和地方自筹的物资进行统筹安排，合理使用。对国家下达的指令性计划的生产任务和地方安排的重点项目所需要的原材料和燃料给予重点保证，优先供应。做法是由物资部门根据市计划委员会制订的物资分配计划和生产计划，按单位产品的物资消耗定额计算出物资需要量，然后按时、按质、按量将实物供应到企业。对一般性生产和建设所需要的物资，根据需要和可能，在物资的数量和价格方面予以适当照顾。对企业自行安排的生产和基建项目所需要的物资，则通过市场调剂解决。

1986 年天津市物资局系统的经营工作，除进货额和资金周转略低于 1985 年外，物资销售收入达到 248115 万元，实现利润 11562 万元，上缴利税 6506 万元，比 1985 年分别增长了 1.1%、7.33%和 14.52%。

1988 年，在物资供应上，突出保证市重点生产建设物资的需要，把"服务第一，社会效益第一"作为供应工作的指导思想。对重点产品生产，优先安排、重点组织供应，全年供应重点产品生产需要的钢材 13.6 万吨（其中市场紧缺的冷轧薄板 4.2 万吨），化工原料 8.7 万吨，有色金属材料 2000 吨。供应与人民生活紧密相关的 19 种小商品生产所需钢材 4800 吨，木材 5800 立方米，化工原料 3.6 万吨，有色金属材料 4067 吨。对市政府安排的 112 项重点项目和为城乡人民办的 20 件实事，物资部门深入现场服务，供应重点项目钢材 7 万多吨，木材 1.3 万立方米及其他物资。

1989 年，实行倾斜政策，做好有效供给。按照"保证重点，扶优限劣、统筹安排，兼顾一般"的原则，对市场急需的 19 种敏感小商品专项安排，优先供应，跟踪服务，做到全部供应国拨物资；对市政府为人民办 20 件好事项目所需物资供应亦全力以赴，确保按期完成；对 20 种重点产品突出安排，重点保证。生产建设项目，供应计划内（含地方进口钢材）钢材 13.6 万吨，木材 31 万立方米，生铁 6.5 万吨，有色金属材料 1.36 万吨，化工原料 7.6 万吨。另外，供应计划外物资纳入指导性计划分配的钢材 19.3 万吨，生铁 2 万吨，有色金属 5450 吨，化工原料 4.2 万吨。为了稳定关系人民生活工业产品的价格水平，物资部门还采取让利、低价、亏本供应等措施，以牺牲局部利益，保障社会效益。1989 年物资部门的各种物资的吞吐量达到 1501 万吨，货运量 571 万吨，创历史最好水平。各种物资购进总额 288481 万元，比上年增长 4%；物资销售总额 327144 万元，比上年增长 1.7%；物资流转费用水平为 5.86%，上升 1.5%；定额流动资金周转天数 73 天，比上年慢 12 天；计税利润完成 9236 万元，比上年下降 7.82%；上缴利税 4309 万元，下降 6%。完成工业总产值 5303 万元，下降 19.76%。

1990 年，物资系统在做好组织国家计划内物资的调进、开发市场源的同时，把工作重点转向搞好供应服务上，有效地支持了生产建设事业的发展。坚持"服务第一，社会效益第一，为生产服务，为建设服务，为人民生活服务"的宗旨，物资供应服务采取了以下措施：（1）区别不同情况，制定支持生产的特殊供应措施。对有生产能力，产品有销路的生产企业采取计划内外、平价议价相结合的供应办法；对产品有销路而资金紧张的生产企业采取"此贷彼还"或先提货后交款的办法；对物资部门用外汇进口的物资，企业生产急需但无外汇支付的，可使用人民币付款；对有条件的工业部门，实行配套供应。经过努力，采用计划内外、平价议价结合的方式为企业解决急需物资 6000 多吨，平均价格比市场价低 15%～20%；采用先提货后付款方式向企业提供的各类物资近 30 万吨，价值 1 亿多元；通过"此贷彼还"，为生产建设单位融通资金 6.85 亿元；对企业供应外汇进口钢材 7000 余吨，主要化工原料 2000 多吨；全年实行配套供应的 8 个工业局共 41 个企业，配套供应钢材 1.7 万吨，有色金属 1.4 万吨，主要化工原料 7.1 万吨，生铁 1 万吨，煤炭 20 万吨，为发展生产提供了可靠的物资保证。（2）继续实行倾斜政策，确保重点需要。对重点产品、重点项目和市政府确定的二十件好事项目供应钢材 11.56 万吨，有色金属材料 1.6 万吨，生铁 3000 吨，主要化工原料 9 万吨，确保了重点生产建设的物资需要。（3）强化服务工作，扩大服务范围。在原上门服务和供应服务责任制的基础上，又推行了全员服务、全方位服务等措施，供应服务工作做到管供、管用，管节约，售前、售中、售后全服务，并积极帮助企业推销产品。全年为生产企业推销产品价值达 2 亿多元。在保证有效供给、开发市场物资资源方面调进短线物资钢材 15.5 万吨，木材 28 万立方米，有色金属材料 1 万吨，生铁 2 万吨，主要化工原料 6 万吨，煤炭 286 万吨，机电设备及产品价值 49645 万元。

1991 年，实行重点供应，为国营大中型生产企业创造较好的物资供应条件。对市重点项目供应的计划内物资高于全市平均水平3%～5%。供应钢材达13.66万吨，其中计划内钢材4万吨。供应木材2.7万立方米，全年实行物资配套供应的工业企业发展到8个工业局119户，比上年增加1.4倍。共为工业企业配套供应钢材3.8万吨，有色金属材料1.56万吨，生铁1.23万吨，化工原料8.52万吨，煤炭300多万吨。为了帮助工业企业解决资金困难，同工商银行、经委等部门密切配合，举办了三次"此贷彼还"的物资供应会，通过为企业解决原材料的资金，销售各类物资价值达8640万元。

努力搞活物资市场，积极扩大物资流通。于春秋两季成功地召开了两次物资交易会，共计成交各种物资价值14.33亿元，其中物资部门成交8.2亿元。在我国南方3个省建立了4个经济实体。新增物资网点16个，销售额18000万元。与天津市规模较大的乡镇企业签订了联供联销合同，为100多家三资企业建立了物资供应档案。

加强管理，提高效益。下大力压缩库存，调整库存结构，钢材由10万吨压缩到5万吨；木材由15.5万立方米压缩到10万立方米；机电产品由9000万元压缩到7000万元。此外，还加强了现有各种资金的统一调度和使用，全系统各公司资金周转速度平均比上年加快21天。

四、物资部门市场建设取得新发展

1987年，为了贯彻落实国务院关于学习推广石家庄兴办生产资料市场的经验，建立了钢材市场领导小组。按照钢材市场领导小组确定的方针和原则，于1987年3月由天津市金属公司、天津市物资局物资综合贸易中心分别建立了有控制、有组织的、开放型的、多功能的天津市钢材市场。根据市场发展的客观要求以及石家庄的经验，由钢材市场领导小组办公室制发了计划内外钢材实行同一销价、差价返还的实施细则，并于1987年7月1日正式实行了计划内转市场销售的钢材差价金额当场返还的做法；用地方外汇进口钢材的差价不向购买企业返还，而作为物资开发基金。为了指导钢材市场的业务活动，由钢材市场领导小组办公室和市场物价局制定 9 大类 27 个钢材品种的市场指导价格，定期发布市内外钢材市场动态以及价格信息。钢材市场既是有领导、有控制的交易形式，又是开放型的、不受行政区划、隶属关系、企业所有制性质限制的钢材交易场所。不论市内、市外，不分国营、集体企业，都可以进场交易、进场设点或委托购销。全年进入钢材市场销售钢材的钢铁企业达 22 家，使用钢材的企业及物资供销企业达 125 家。1987 年钢材市场销售钢材 58.18 万吨。其中销售市内的 48.79 万吨，占全市钢材消耗量的 40.7%。销往市外的 9.4 万吨。在销售总量 58.18 万吨中，计划内转市场的有 31.14 万吨，国家投放 8.44 万吨，钢铁企业进场销售 10.82 万吨，使用钢材企业和单位进场销售 1.02 万吨，钢材市场自营销售 6.75 万吨。天津市钢材市场的建立为生产企业和需要钢材的企业提供了一个自由销售和择优选购的场所，创造了一个为企业服务的外部环境，从而在沟通产需、促进流通、搞活经营方面，发挥了重要作用。

在重点发展钢材市场的同时，巩固、发展、完善了木材、化工、燃料和机电产品等专业的生产资料市场和贸易中心，全年通过市场渠道调入木材 51.6 万立方米，占调入总量的 64.8%；调入煤炭 200 万吨、化工材料 12 万吨、机电产品 3.6 亿元，占进货总额的 64%。为了发展、巩固钢材市场以及木材、机电产品、燃料、化工材料市场，天津市物资部门还积极推进和发展了与市内外工业企业、商业企业、物资企业的多形式、多层次的横向经济联合。先后与全国 20 多个省、市、自治区以及市内的生产企业、商业企业和物资企业开展了多种形式的联合开发物资资源或联购、联销活动。天津市钢材市场的建立和发展以及其他专业生产资料市场的发展，为搞好天津市生产建设的物资供应服务提供了有利条件。1987 年对天津市安排的 89 项重点项目、105 个利税大户和 65 种重点产品以及市政府为天津市城乡人民办的 20 件好事的物资供应，做到了优先安排，品种、数量上优先供应，保证了需要。

第四节 "有计划的商业经济"时期的天津外贸业

一、出口货源结构

（一）天津市货源

1986 年外贸计划体制改革比取消了收购计划的约束，工业、外贸双方根据出口需要和生产供应可能衔接货源。天津市政府提出组织外贸货源的指导思想："立足本市，发展郊县，积极争取外地货源。"外贸局采取一系列扶植生产措施，逐步见效。1990 年，收购值增到 64.5 亿元，比 1985 年翻了一番，相比 1953—1963 年 10 年的收购值还多 5 亿元。其中市区内的收购值为 37.5 亿元，比 1985 年增长 27.6%；郊区及各县的收购值达到 27 亿元，比 1985 年增长 6.93 倍，增加 23.6 亿元，相当于市内 1983 年 1 年的收购水平。

（二）外省市货源

1986 年外贸体制进一步深化改革，天津市政府于 1986 年 9 月颁布了《天津市人民政府进一步推动横向经济联合的试行办法》，要求把天津经济发展办成开放型、外向型、轻加工型，发挥天津生产、技术、信息、流通、金融、港口等方面的优势，打破条块分割，用经济办法调整经济关系，发展生产，搞好流通，提高经济效益。通过横向联合，有计划、有步骤地与兄弟省市共同建立一批能源、原材料开发联合体，发展名优及拳头商品出口。改变 1986 年外汇留成 2.5%留给天津的做法，全都返回提供货源省市的企业。搞好经济技术协作，为外省市半成品调到天津深加工提供方便。5 年来，通过横向经济联系，货源逐年上升，1987 年调入 10.5 亿元，1988 年调入 27.9 亿元，比 1987 年增长 1.65 倍，1990 年调入 36.6 亿元，又比 1988 年增长 31.2%，比最低年份的 1985 年增长 4 倍多。

（三）进料加工

1985 年初，因工业生产原材料严重不足，影响外贸产品的正常收购，又因原材料调价，使部分出口产品突破了规定的换汇成本，不能按时收购和出口。因需要大量外汇，至 3 月底已超出全年进料用汇计划。外贸局根据中央精神，实事求是，解放思想，探索新路，提出"进料加工用汇在加强监督检查的同时按照政策要求放开使用"的意见，及时解决以进养出商品的用料问题。遵照国务院 47 号文件规定精神，用以进养出外汇开展换购工作，这又是争取外贸货源的一项新尝试。

1985 年以后，随着改革开放的不断深入，中央拨给天津地方周转外汇不断增加。1985—1986 年，年额度 3500 万美元；1987 年为 5000 万美元；1988—1990 年，每年额度 8000 万美元。6 年间外贸部共拨给天津周转额度 36000 万美元，各专业总公司拨给 27138 万美元，天津市政府拨给 6998 万美元，合计 70136 万美元。6 年来周转使用 200538 万美元，增加货源达 235.1 亿元，占口岸 6 年货源总值 432.35 亿元的 54.4%。出口创汇 49 亿美元，占 6 年口岸出口总额 90.27 亿美元的 54.3%。平均年创汇 150%，年均周转 3 圈左右。

二、出口商品结构和出口市场

（一）出口商品结构

这一时期，天津口岸出口商品中工业品所占的比重又有所增加。1985 年发展到 74.76%，1988 年以后发展到占 84% 左右。有一些商品如棉布、棉纱等，中华人民共和国成立以前是进口商品，解放后发展为出口商品，改革开放以后则发展成为大宗出口商品。还有一些商品，如服装、地毯、餐具等，前者解放前没有经营或小批量经营，后者解放后开始出口，改革开放以后这几类商品成为天津口岸的大宗出口商品、支柱出口商品。表 4-6 可以说明这一时期出口商品结构比重的基本情况。

表4-6 1985-1989年天津口岸出口工业品及农副产品比重变化表

单位：万美元

年份 项目		1985	1986	1987	1988	1989	1990	1991
合计	金额	115274	125494	151712	168268	168604	178555	160636
	比重%	100	100	100	100	100	100	100
工业品	金额	86178	98799	125627	141958	141370	144237	143576
	比重%	74.76	78.73	82.81	84.36	83.85	80.78	89.38
农副产品	金额	29096	26685	26085	26318	27234	30642	17060
	比重%	25.24	21.27	17.19	15.64	16.15	17.16	10.62

资料来源：天津市地方志编修委员会.天津通志·外贸志[M].天津：天津社会科学院出版社，2001：188.

注：1990年天津口岸出口总额中还包括矿产品（约占2.06%）。

（二）出口市场

这一时期，天津口岸的出口市场是较为稳定的，香港地区和澳门地区、日本、英国、联邦德国、美国、加拿大都是天津口岸出口商品的主要市场。详见表4-7。

表4-7 1985-1991年天津口岸主要出口市场的变化情况表

单位：万美元

年份	1985	1986	1987	1988	1989	1990	1991
合计	115274	125494	151712	168268	168604	178555	160603
香港地区	18700	21823	25091	28209	28395	35163	33789
澳门地区	784	1287	1879	1266	1270	850	656
日本	19105	17956	21879	23504	26508	24493	22781
马来西亚	1284	1323	1495	1398	1563	1502	1627
新加坡	2632	2962	3774	5463	5898	5774	3724
伊朗	414	1123	2809	2736	—	925	2450
伊拉克	1900	2047	1725	1826	1010	195	4
科威特	449	685	1182	1664	1603	695	119
苏联	2853	4580	2471	3657	4286	6255	4194
波兰	1094	1814	1756	2916	2258	392	151

续表

年份	1985	1986	1987	1988	1989	1990	1991
捷克	941	1201	3139	4638	4258	1878	128
罗马尼亚	875	1075	1295	2350	1976	1105	310
德国	2941	6808	8604	9328	9663	10755	9624
法国	2277	2140	2657	2976	4350	3529	3526
意大利	1613	1375	2287	3335	3441	3421	2608
荷兰	1799	2919	3591	3524	3122	4696	3051
英国	5918	5022	6849	6097	5380	4246	3772
加拿大	2913	2034	3130	3408	3275	2785	2619
美国	14690	15865	16766	18625	19999	22746	20081
澳大利亚	1202	1330	2156	2494	2936	3024	2770
其他	30890	30025	37177	38854	37413	45051	—

资料来源：天津市地方志编修委员会.天津通志·外贸志[M].天津：天津社会科学院出版社，2001：238.

三、出口贸易的经济地位

这一时期，天津出口贸易在对外贸易总额中的比重大都在 75%左右，天津口岸出口贸易在全国各口岸的排列顺序也大都在第 6 至 8 名，表现出较强的稳定性；天津口岸出口贸易在国民生产总值中所占比重由 1985 年的 14.60%上升到 1990 年的 21.6%。详见表 4-8、4-9 和 4-10。

表 4-8 1985-1991 年天津口岸出口贸易额与占贸易总额的比例表

单位：万美元

年份	贸易总额	出口贸易额	出口占贸易总额%
1985	148630	115274	77.56
1986	166405	125494	75.41
1987	201281	151712	75.37
1988	227846	168268	73.85
1989	221421	168604	76.15
1990	220979	178555	80.8
1991	202013	160636	79.52

资料来源：天津市地方志编修委员会.天津通志·外贸志[M].天津：天津社会科学院出版社，2001：264-265.

第四章 "有计划的商品经济"条件下的天津商贸业（1985-1991）

表4-9 1985-1990 年天津口岸出口贸易额在国民生产总值中的比重表

单位：亿元

年份	国民生产总值	出口贸易额	出口占国民生产总值%
1985	175.71	25.67	14.61
1986	194.67	37.59	19.31
1987	220	39.79	18.09
1988	259.64	52.11	20.02
1989	283.34	55.29	19.51
1990	300.31	64.87	21.6

资料来源：天津市地方志编修委员会.天津通志·外贸志[M].天津：天津社会科学院出版社，2001：265.

表4-10 1985-1990 年天津口岸出口贸易在主要省市中排位表

金额单位：亿美元

省市名称	1985		1986		1987		1988		1989		1990	
	位次	金额	位次	金额	位次	金额	位次	金额	位次	金额	位次	金额
上海	2	33.01	2	35.36	2	41.72	2	45.76	2	50.17	3	53.21
广东	3	30.6	1	42.82	1	57.38	1	77.84	1	83.93	1	103.67
辽宁	1	50.13	3	29.53	3	37.45	3	37.98	3	43.73	2	56
山东	4	26.6	4	21.25	4	29.52	4	29.81	4	30.46	4	34.76
天津	7	11.05	6	12.3	6	14.88	6	17.03	7	16.86	8	17.85
河北	6	12.86	8	10.38	7	14.68	6	15.34	9	15.96	9	17.35
北京	9	6.04	10	7.08	10	8.65	—	—	10	11.33	10	13.2
江苏	5	15.15	5	16.91	5	20.51	5	22.76	5	23.83	5	29.71
福建	—	—	—	—	—	—	9	13.62	8	16.41	7	21.82
浙江	8	9.35	7	11.22	8	13.23	7	15.6	6	17.67	6	22.54
湖北	10	5.13	9	7.18	9	9.48	10	11.75	—	—	—	—

资料来源：天津市地方志编修委员会.天津通志·外贸志[M].天津：天津社会科学院出版社，2001：266-267.

四、进口商品结构和进口市场

（一）进口商品结构

1985 年，天津进口总值达 33329 万美元。随着改革开放的进展，不仅商品结构发生着变化，外贸体制也有很大的变动。原来的五金矿产、化工、轻工文体、机械等公司的进口科先后并入天津外贸进出口总公司，之后各公司又成立了进口科，在经营的品种上也互有交叉，主要商品的比重情况为：钢材进口值 9490 万美元，占天津进口总值的28.47%；交通运输机械 1 568 万美元，占进口总值的 4.7%；化工原料进口值为 1096 万美元，占进口总值的 3.29%；轻工机械类 1220 万美元，占进口总值的 3.66%；医疗器械 1042 万美元，占进口总值的 3.13%；新的品类增加了机械设备及引进技术，价值为 665 万美元，占进口总值的 2%；中药和西药的进口值也有不同的变化。

1990 年，天津口岸进口贸易额达到 42424 万美元，比 1985 年上升 27.29%。随着改革开放的深化，进口商品的结构也有较大的变化，例如，中药进口减少，西药进口上升。化工原料的进口达到 2686 万美元，是历史最高水平。医疗器械的进口额为 636 万美元，除比 1981年进口高以外，都低于历史水平。钢材的进口值为 4293 万美元，比1985 年下降 54.76%，高于 1977 年和 1981 年的水平；低于 1976 年和1978 年的水平。交通运输器械的进口额为 1307 万美元，比 1985 年下降 16.65%，主要是汽车和汽车零件的进口减少。轻工业机械也有较大幅度的下降，但比 1978 年以前上升。机械设备及引进技术的进口随着改革开放深化的需要有突破性的发展，自 1985 年开始，进口额为 665万美元，至 1990 年上升到了 3113 万美元，上升 368.12%（即三倍半以上）。随着人民生活水平的提高，人民生活必需品的进口也有显著的增加。详见表 4-11。

表 4-11 1985 年和 1990 年天津口岸进口商品中生活资料比重表

单位：万美元

年份	类别	总值	生活资料	生产资料
1985	金额	3329	4041	29.288
	比重（%）	100	12.12	87.88
1990	金额	42424	7114	35310
	比重（%）	100	16.77	83.23

资料来源：天津市地方志编修委员会.天津通志·外贸志[M].天津：天津社会科学院出版社，2001：288.

（二）进口市场

这一时期，天津进口商品输入国别和地区按照输入金额大小顺序排列，除日本长期居第一位外，其他各国的变化极不稳定，1990 年日本退居第二位，香港跃居第一位；随着改革开放的进展，贸易对象的继续转移，几个资本主义大国来到中国市场；苏联及东欧一些国家在记账贸易方式中断以后，也以自由贸易外汇的结算方式开始与中国进行贸易。其中除苏联以外，还有匈牙利、捷克斯洛伐克、阿尔及利亚等。1985 年，天津进口商品输入国别和地区 34 个，1990 年为 35 个。1985 年，前五名的顺序为：日本、中国香港、联邦德国、美国、西班牙。1990 年香港居第一位，其他四名的顺序为：日本、美国、法国、联邦德国。

五、进口贸易的经济地位

这一时期，天津口岸的进口值在天津进出口贸易总值中所占的比重保持在 20% 左右，具有较重要的经济地位。详见表 4-12。

表 4-12　1985—1991 年天津进口贸易值在天津进出口总值中所占比重表

单位：万美元

年份	进出口总额	进口总值	进口总值占进出口总额%
1985	148603	33329	22.43
1986	166405	40911	24.59
1987	201281	49569	24.63
1988	227846	59578	26.15
1989	221241	52817	23.87
1990	220979	42424	19.20
1991	202013	41377	20.48

　　资料来源：天津市地方志编修委员会.天津通志·外贸志[M].天津：天津社会科学院出版社，2001：304.

六、利用外资和对外经济技术合作的发展

（一）利用外资稳步增长

　　这一时期，天津市认真贯彻中央关于对外开放的方针，1985 年，利用外资协议额为 26038 万美元。其中，对外借款 15088 万美元，客商直接投资 6820 万美元，商品信贷 4130 万美元。全年新投产开业的中外合资企业有 41 家。截至年末，全市累计开业的已达 55 家。1986 年天津市签订的利用外贸合同共 433 个，协议外资金额为 26316 万美元，其中对外借款项目 19 个，金额为 14724 万美元；外商直接投资项目 49 个，金额为 9388 万美元，比 1985 年增长 72%；商品信贷项目 365 个，金额为 2204 万美元，比 1985 年增长 40.7%。1986 年实际利用外资金额为 13370.4 万美元，其中对外借款金额为 8235.5 万美元，外商直接投资金额为 2930.91 万美元，商品信贷金额为 2204 万美元。随着天津市投资环境进一步改善，利用外资发展较快。1987 年天津市批准利用外资协议项目 35 个，比上年增加 34 个，其中客商直接投资的合作企业和合资企业项目 50 个，比上年又有增加。全年实际利用外资金额达 3.62 亿美元（包括统借自还），比上年增长 1.1 倍，其中，

客商直接投资 1.27 亿美元，比上年增长近两倍。1988 年兴办的外商投资企业项目数是天津市实行开放政策以来最多的一年，全年共批准外商投资企业 94 家，比 1987 年增加 44 家，比签约最多的 1985 年还多 17 项。总投资额为 20764 万美元，其中外方投资 9173 万美元，占44.2%。1988 年三资企业的总投资额和外方投资分别比上一年增长359%和538%。利用外商直接投资兴办企业出现了好的势头。94 个项目中，生产型项目 90 项，总投资额为 19835 万美元，占全年批准项目的 95.7%，是近几年比例最高的一年。在 90 项生产型项目中，有一批国际著名跨国公司投资的金额大、技术水平高的项目，如精工爱普生打字机头、中联敷铜版、雅马哈电子琴、埃斯福林空压机、普林电路等。另外，大部分项目的产出都能出口。产品出口占 50%以上的项目有 79 项，占总数的 84%；产品 100%出口的有 25 项，占总数的 27%。外商独资企业突破了零的纪录，共批准 11 项，投资额为 605 万美元。

1989 年共批准外商投资企业 97 家，比 1988 年批准的增加 3 家，总投资额为 15087 万美元，其中外商投资额 8454 万美元，占 56.03%，比 1988 年的 9173 万美元减少 719 万美元，下降 7.8%。开发区占 38家，总投资 7489 万美元，占全市的 49.6%。1989 年批准的外商投资企业中，中外合资企业 65 项，总投资 11184 万美元，外商投资 5247万美元；中外合作企业 6 项，总投资 915 万美元，外商投资 194 万美元；外商独资企业 26 项，总投资 2988 万美元。97 个企业中工业型企业 91 个，出现一批出口前景好、水平高、有影响的项目。如开发区的MGM 土地转让、神户客货轮、ISC 银行终端机、溴氰菊酯、集装箱生产、日佳电话等项目。97 个项目中，投资的国家和地区是：中国香港 46 项，总投资 7263 万美元，港商投资 4144 万美元；日本 14 项，总投资 4505 万美元，日商投资 2512 万美元；美国 13 项，总投资 925万美元，美商投资 472 万美元；中国台湾 11 项，总投资 732 万美元，台商投资 481 万美元。另外还有法国、新加坡、中国澳门、加拿大、联邦德国、泰国、韩国和阿根廷等国家和地区。

1990 年天津市共批准外商投资企业 129 家，为历年之最。协议总投资额 1.86 亿美元，其中外商投资 1.64 亿美元。上述 3 个指标分别比 1989 年增长 33%、59.5%和 93.7%，呈现出强劲增长势头。截至 1990 年年末，天津市已有 236 家外商投资企业开业，职工总数 2.63 万人。据对 212 家企业的主要经济指标快报统计，全年生产总值 19.8 亿元，销售总额 20.6 亿元，利税合计 2.76 亿元，出口总额 9098 万美元，分别比上年增长 51.7%、34.2%、38.7%和 72%。外商投资企业的人均产值 7.8 万元，人均利税突破万元，人均创汇 3450 多美元，获利在百万元以上的企业有 46 家。天津市累计批准确认了 10 家外商投资企业为技术先进型企业，41 家为产品出口型企业。已有 25 种外商投资企业的产品获市、部和行业优质奖，14 种获国家金牌，9 种获国际金、银、铜牌。直接利用外资促进了天津市老企业改造。全市利用老企业厂房设备等条件，与外商合资合作兴办的"嫁接式"企业共有 58 家，其中 30 家已开业，全年人均产值 8.12 万元，人均利润 4369 元，人均上缴税费 6789 元，均大大高于国有企业人均值。

1991 年，新批准外商投资企业 354 家，比上年增长 1.7 倍，协议总投资额 3.3 亿美元，比上年增长 30.2%。全年实际利用外资 4.81 亿美元，比上年增长 43.9%。截至 1991 年底，全市累计批准外商投资企业 898 家，协议总投资额 14.8 亿美元，其中外商投资 8 亿美元，占 54%。前来投资的国家（地区）已达 29 个。已正式开业投产的外商投资企业达到 312 家（1991 年为 76 家）。1991 年，全市外商投资企业销售总额（含营业额）34.4 亿元，比上年增长 67%；实现利润 3.24 亿元，比上年增长 179%；上缴国家税费 2.78 亿元，比上年增长 73%；全员劳动生产率达 7.8 万元，比上年增长 25%；出口商品总值 1.25 亿美元，比上年增长 39%，占全市当年外贸出口总额的 7.8%。至 1991 年底，全市共确认产品出口型的外商投资企业 65 家、技术先进型企业 16 家。外商投资企业产品有 25 种获部、市优质奖，16 种获国家金牌奖，16 种获国际金、银、铜牌奖。

（二）对外经济技术合作进一步发展

这一时期，天津市对外经济技术合作也有了长足的发展。1986 年，中国天津国际经济技术合作公司承揽和经营的各类项目扩展到 21 个国家和地区，国内同 50 多个门类的农工商单位建立了广泛的横向联

系。1986 年对外签订各种合同 42 份，合同额 2437 万美元，比 1985
年提高 24.3%；营业额 562 万美元，外汇净收入 204 万美元，与 1985
年基本持平，营业利润 110.9 万美元，比 1985 年提高 84.6%；期末在
国外人数 571 人，为 1985 年的 70.1%。1988 年国际承包工程和劳务
合作市场处于萎缩状态，市场竞争更趋激烈。天津市重点进行了国际
市场的开拓工作，在国际承包工程、劳务合作、举办境外合资企业等
方面都有一定程度的发展，特别是劳务合作又有了进一步的发展。截
止到当年底，各项业务已发展到亚、欧、美、非、大洋洲的 40 多个国
家和地区。1989 年签订对外承包工程和劳务合作合同 103 项，比 1988
年的 85 项增长 21%；合同金额 2623.1 万美元，比 1988 年的 1730 万
美元增长 52%；完成营业额 1951 万美元，比 1988 年的 927.7 万美元
增长 110%；当年派出劳务人员 1470 人，比 1988 年的 567 人增长 159%；
年末在国外各类劳务人员 2013 人，比 1988 年的 802 人增加 150%。
劳务人员派往的国家和地区有阿联酋、中国香港地区、联邦德国、希
腊、巴拿马、新加坡和美国等。1990 年，合同额、营业额、外派人数
都比上年有较大的增加。全年共签订对外承包劳务合同 198 份，完成
合同额 5738 万美元，比上年增长 58.4%；实现营业额 2800 万美元，
比上年增长 43.6%；实现营业利润 526 万美元，比上年增长 27.4%；
完成外汇净收入 108 万美元；年末在外人数 3176 人，比上年增长
57.8%。1991 年，天津市对外工程承包与劳务合作合同额完成 1.15 亿
美元，营业额完成 3884 万美元，年末在外劳务人数 4116 人，分别比
上年增长 101%、38.7% 和 29.6%。针对近年来天津市对外承包工程业
务发展比较缓慢、后续项目不多的情况，天津国际经济技术合作公司
对世界主要地区的市场状况进行了调研分析，把开发重点放在东南亚、
南太平洋和苏联市场，使这项工作取得了新的突破。斐济住宅和老挝
13 号公路两个项目已经中标，承建了我国援助西萨摩亚政府办公楼项
目，工程造价 4800 万元，这是自 1986 年以来天津市承担的第一个援
外项目，也是第一次实行总承包和全面管理的项目。此外，对原苏联
以互利合作方式开展的承包工程项目已发展到 9 个。在对外劳务合作
方面，充分发挥天津市多年积累的优势，保持了海员和渔工劳务持续

发展的好势头。1991 年，天津市新建海外企业 6 家，新设驻外贸易机构 7 家。至 1991 年底，天津市在海外建立的企业和机构累计达 108 家，其中贸易性机构 74 家、非贸易性企业 34 家，这些企业和机构为天津市外向型经济的发展发挥了重要作用。

参考文献

[1] 天津市统计局.天津四十年（1949—1989）[M]. 北京：中国统计出版社，1989：826-832、869-874.

[2] 天津市统计局.天津五十年（1949—1999）[M]. 北京：中国统计出版社，1999：51-57.

[3] 肖元等.当代中国的天津（上）[M].北京：中国社会科学出版社，1984：319-355、373-381.

[4] 天津市地方志办公室，天津一商集团有限公司.天津通志·一商志[M].天津：内部资料，2007：36-53、82-97、123-126、157-158、178-203、247-263、285-294、311-317、320-343、348-362、405-411、539-579、673-687.

[5] 天津市地方志办公室，天津二商集团有限公司.天津通志·二商志[M].天津：天津社会科学院出版社，2005：67-77、94-104、117-122、125-133、202-208、451-485、502-517、533-535、550-552、560-562、602-669.

[6] 天津市地方志编修委员会.天津通志·商业志·粮食卷[M].天津：天津社会科学院出版社，1994：109-126、132-136、141-144、226-236.

[7] 天津市地方志编修委员会.天津通志·外贸志[M].天津：天津社会科学院出版社，2001：149-153、186-206、233-239、243-255、261-267、281-288、291-294、300-305.

[8] 高尚全等.当代中国的经济体制改革[M]. 北京：中国社会科学出版社，1984：45-47、487-499、511-526.

[9] 谷书堂.天津经济概况[M].天津：天津人民出版社，1984：

215-216、244-246、255-256.

[10] 天津市地方志编修委员会.天津简志[M].天津：天津人民出版社，1991：525-580.

[11] 朱其华.天津全书 [M]. 天津：天津人民出版社，1991：249-302.

[12] 天津市地方志编修委员会办公室.天津通鉴（上）[M].北京：中国青年出版社，2005：302-433.

[13] 天津市地方志编修委员会办公室.天津通鉴（下）[M].北京：中国青年出版社，2005：601-645.

[14] 秦克江，马少元，庄健.天津市供销合作社六十年变迁[EB/OL].2009. http://www.tjcoop.com/article/d1/2511.html.

[15] 郭今吾.当代中国商业（上）[M] .北京：中国社会科学出版社，1987：124-204.

[16] 万典武.当代中国商业简史[M] .北京：中国商业出版社，1998：280-365.

[17] 天津市统计局.天津统计年鉴 1992 [M]. 北京：中国统计出版社，1992：539.

[18] 天津经济年鉴编辑部.天津经济年鉴 1986[M].天津：天津人民出版社，1986：369-422.

[19] 天津经济年鉴编辑部.天津经济年鉴 1987[M].天津：天津人民出版社，1987：429-485.

[20] 天津经济年鉴编辑部.天津经济年鉴 1988[M].天津：天津人民出版社，1988：417-477.

[21] 天津经济年鉴编辑部.天津经济年鉴 1989[M].天津：天津社会科学院出版社，1989：186-191、445-518.

[22] 天津经济年鉴编辑部.天津经济年鉴 1990[M].天津：天津社会科学院出版社，1990：163-168、393-467.

[23] 天津经济年鉴编辑部.天津经济年鉴 1991[M].天津：《天津经济年鉴》编辑部，1991：204-210、437-523.

[24] 天津经济年鉴编辑部.天津经济年鉴 1992[M].天津：《天津经济年鉴》编辑部，1992：202-207、407-509.

第五章

"向社会主义市场经济体制转变"时期的天津商贸业（1992—2001）

第一节　商业运行体制市场化和经营主体多元化

一、市场化商业体制的改革及推进

从 20 世纪 90 年代初开始，中国商业真正开始由计划经济走向市场经济，由"分配型"的流通功能转化为"交换型"的流通功能，同社会主义市场经济相适应的商品流通体制开始形成。特别是邓小平同志南方谈话和中共十四大明确提出建立社会主义市场经济体制的改革目标之后，中国的商业改革也进入到一个新的层次。天津市认真贯彻落实十四大和邓小平南方谈话精神，根据天津的发展特点，制定了要把天津建成北方商贸金融中心和国际港口大都市的战略目标，进一步加大改革力度，扩大对外开放，加快市场体系建设，积极推进两个根本性转变，改革进入整体推进、重点突破时期。

围绕着实现经济增长方式和经济体制两个根本性转变，以国有企业改革为重点，加快嫁接改造调整步伐，把改革、改组、改造和加强管理结合起来，着力制度创新，使企业成为法人实体和市场竞争主体；大力培育和发展市场体系；建立健全社会保障体系，不断改善经济环境；全方位、多层次扩大对内对外开放。通过这些改革，加快了经济市场化的进程，为把天津建成北方重要的经济中心奠定体制基础，天津市大流通、大贸易、开放型商贸中心的构架已初步形成。

按照改革、开放、搞活的原则，通过支持发展集体商业和个体私营商业、改革多层次商品批发体制和商业企业管理体制、加快商业企业转机建制步伐等措施，改变了"三固定"的流通模式，初步形成了符合市场经济要求的多种经济形式、多种流通渠道、多种经营方式并存和环节少的流通格局。

（一）商业体制进一步向市场化的方向发展

产品从生产企业进入市场的渠道进一步呈多元化的趋势，基本上可归纳为四种类型：一是生产企业自行设立销售机构，形成直接控制的、遍布全国各地的销售网络；二是生产企业通过各种类型的中间商分销其产品；三是生产企业运用各种直接销售的方式（如专卖店、邮购、电视直销以及上门推销等）将产品直接卖给消费者；四是通过各类批发交易市场开展商品交易活动。其中特别是批发交易市场的建设对于商业市场化方向的发展具有强大的推动作用。据统计，"八五"期间，天津新建全国性、区域性的商品和要素市场33个，新建、改扩建劝业场、华联商厦等1万平方米以上的大型商业设施29个，连锁商店、超级市场发展迅速。初步形成了以8个国家级市场为龙头、18个区域性市场为骨干、540多个初级市场为基础的市场体系。一些全国性的大型商贸活动连续在天津举办，都取得显著成效。1994年全市19个生产资料批发交易市场成交额达1594.6亿元，比上年增长6.5倍；15个消费品批发市场成交额51.1亿元，增长1.4倍。零售市场繁荣活跃。社会消费品零售额由1990年139.9亿元增加到1995年的375.64亿元，5年平均年递增21.8%，快于"七五"时期16.9%的速度。国家对各类商品流通的计划控制基本上取消，市场调节供求关系的能力大大增强。

（二）市场主体多元化

商业经营主体进一步多元化，形成了多种所有制并存，共同发展的局面。国有、集体、私营、个体、联营、股份制、外商投资、港澳台投资等多种经济形式并存竞相发展，非公有制商业成为重要组成部分。1998 年非公有制商业完成社会消费品零售额占全市社会消费品零售额的比重达到 64%。大力发展个体私营商业，共同开创社会化大商业繁荣兴旺的新局面，是市商务（业）两委多年的工作思路。到 2000 年，在全市 1.5 万家商业企业中，非公有制企业约有近万家，占全市总量的 2/3；在全市 80 万商业从业人员中，非公有制商业约有 50 万人，占 62.5%。在全市 736 亿社会消费品零售额中，非公有制商业已占 61%，年均增长速度在 20% 以上。由此可见，非公有制商业已经成为全市商业经济的重要组成部分，在促进商贸流通繁荣，加速全市经济市场化进程中的作用和贡献越来越突出。

（三）商业企业改革不断深化

企业组织结构进一步优化，形成一批有竞争实力的大型商业企业。到 1998 年底，发展企业集团累计达到 17 个，其资产额和销售额均占全系统的 40% 以上，实现利润占到近 70%；企业经营机制进一步转换，实行多种形式改革的小企业达 4000 多家，占全系统小企业总数的 80%。

（四）流通方式进一步完善

到 1998 年底，全市批发零售贸易业和餐饮业网点已达 18.9 万家。新建和改扩建了永基商城、吉利大厦、滨江商厦、劝业新厦、世界商厦等一批大型商城，经营场地在万米以上的大型购物中心发展到 22 家，其中销售额超亿元的大型零售商场 18 家。外资零售业以及各类连锁超市等新型业态出现，到 1997 年底有商业连锁企业 61 家，其中超市 82 个，并出现了一批外资零售连锁店。1998 年全市社会消费品零售总额实现 587.12 亿元。

二、加快市场体系建设

1992—2001 年间，天津市委、市政府把加快市场建设、培育市场体系作为发展天津经济、实现建设北方重要经济中心战略目标的重要举措。通过统筹规划，合理布局，积极扶持，规范管理，市场体系的建设和发展取得了显著成效。

（一）市场规模不断扩大，大型市场发展迅猛

截止到 1997 年底，全市城乡各类商品市场已经发展到 656 个，比 1992 年增加了 237 个。其中消费品市场 565 个，生产资料市场 91 个。结构层次逐步趋于合理，一个以 14 个国家级市场为龙头，22 个区域性市场为骨干，620 个初级市场为基础的多层次、综合性的市场体系初步形成。特别是天津的国家级及区域性批发市场大都是在这 5 年里新建和扩建的。经过 5 年的迅速发展与壮大，带动了全市经济的整体发展。至 1997 年，已有 6 家消费品批发市场和 4 家生产资料批发市场年交易额超 5 亿元，它们分别是红旗路农贸批发市场、大胡同小商品批发市场、体院北食品批发市场、何庄子蔬菜批发市场、津海商城、镇江道洋货市场、北洋（天津）钢材批发交易市场、石化交易中心、汽车交易市场、东兴汽车交易市场。交易环境的不断改善，为客户提供了更加方便的交易条件。红旗路农贸批发市场、何庄子蔬菜批发市场多次翻新扩建交易场地，新建了防水售货台，启用冷库，增加客房等。大胡同小商品批发市场二期扩建工程完工，其规模扩大，知名度提高，新建的天奕商城已招商纳客，其三期扩建工程正在加紧施工中。截止到 1997 年交易场所面积超过一万平方米的有 10 家，摊位数超过 1000 个的有 7 家。交易品种包括了钢铁、炉料、石油、化工、有色金属、煤炭、木材、汽车、粮油、食糖、机电产品、农副产品、服装、鞋类、日用品等十几大类生产资料和生活资料。

到 2001 年底，天津市各类市场总数为 710 家，其中生产资料市场 108 家，消费品市场 576 家，要素市场 26 家。各类商品市场累计成交额 541.96 亿元，比上年增长 13.1%，极大地活跃了天津市城乡商贸市

场，促进了全市经济增长。

（二）市场机制不断完善，综合服务功能提高

1996 年市政府颁布了《天津市批发市场管理办法》，各区县政府确定了批发市场主管部门，严格批发市场的审批，搞好各类市场的规划建设，使市场建设向规范化、法制化方向迈上了新台阶。迅速崛起的大型商品批发市场的交易方式已不同于一般的初级简单交易，特别是国家级生产资料批发市场，从建立开始就参照国际惯例，以现代化通信设备、规范化的交易方式，多功能的综合服务，实现了市场建设的高起步，为物资供销及生产企业开辟了一个公开、公正、公平的交易场所。专业批发市场也相继建立了大容量、高质量的信息网，以指导供销企业的交易行为。例如，北洋（天津）钢材批发市场把"全国钢材市场信息"作为产业来发展。近两年来，北洋市场先后与承钢、本钢、唐钢、抚钢、本市冶金工业总公司等企业签订了联销协议，形成了生产企业与流通企业会员长期稳定的供销渠道。北方食糖交易市场与国家信息中心、华糖信息、南宁食糖批发市场等实现了计算机联网，随时将采集到的最新食糖政策、产销和供求信息提供给会员。纺织市场注重发挥会员的作用，积极鼓励会员开拓业务渠道，扩大交易范围。用以调动会员积极性。吸引了全国各地的企业来津交易。会员单位数也已由 1993 年的 218 家增加到 435 家，同时，创办"天津纺织原材料市场信息"，集结全国各地纺织行情来为客户提供服务。

（三）区域性市场注重市场的自身管理和市场服务功能的完善

汽车交易市场是天津市建立较早、发展较快、规模较大的专业性市场，通过几年发展，已具备了一套严格完整的市场管理体系。生产资料批发市场是由物资集团生产资料总公司主办，在运作中充分发挥原有专业优势，抓住各方物资货源渠道、供求信息及时印发给客户，定期召开物资形势分析会，为解决企业资金短缺，压缩库存，盘活资金开展了协调"对缝"业务，得到了客户信赖和满意。

（四）市场交易方式趋于多样化，期货交易方式向国际化接轨

商品批发市场更新观念，不断改革，在交易方式上进行了大胆的探索和尝试。北洋（天津）批发交易市场、钢铁炉料交易市场、北方

食糖批发交易市场相继推出过多种交易方式，如多品种的中远期现货合约，代理合作，销售协议，远程通信交易以及北洋市场连续5年通过市场网络和实物交割网举办的全国钢材交易会，供需直接见面，集信息、现货交易为一体。1997年7月钢铁炉料市场在南仓一库成立了钢管销售中心，吸引了包钢等大型钢厂在天津成立销售处，使其交易规模有了明显增长。北洋钢材批发交易市场也建立了汾水道钢材现货交易分市场。交易形式的多样化尝试和逐步规范，不仅为天津市走出一条适合当代经济发展的现货交易新路子，营造活跃的交易氛围，使市场不断完善和发展，积累了经验，也为天津市期货业的迅速发展打下了基础。天津市唯一的天津联合期货交易所就是由北洋钢材、钢铁炉料、北方食糖三家交易所合并建立，其经历了分散、集中统一的过程。规范化运作已成为期货交易存在和发展的基础。现已有比较稳固的期货交易品种，在继续保持红小豆优势的同时，铝的交易额和交易量在1996年近乎为零的情况下，1997年有了较大的突破，其铝的交易量525万吨，成交额777.14亿元，日均成交额稳定在3亿元左右。铝市场规模的快速增长使津铝成为1997年国内有色期货市场的一个热点，吸引了期货市场投资者的积极参与，使国内期铝市场构成发生变化，由原来的以南方深铝为主演变为深铝津铝两家分居的南北格局。天津期货交易所的会员结构也发生了很大改变，在154家会员单位中，期货经纪公司占67多家。期货交易额剧增，1997年达到5664.82亿元，比期货交易所开业的1994年增长2.6倍，履约率达100%。1997年交易规模在全国15家期货交易所中排第四位。

（五）交易规模大幅度增长，集散辐射作用进一步增强

1997年全市重点商品批发市场交易额达到5886.17亿元，比1993年增长26倍。其中成品油交易活跃，交易量逐年增加，1997年比1996年增长2.1倍。新旧汽车交易一直保持旺销。汽车交易市场、东兴机动车交易市场、蝶桥旧机动车交易市场、汽车工业品交易中心、旧机动车交易中心、汽车配件城6家汽车市场1997年交易额31.7亿元。汽车品种丰富，不仅有各类地产、国产及进口轿车，又有国产、进口各类大中型柴油、汽油等车辆，稳定的供货渠道使商品经营无淡季。

天津的"大发""夏利"占总交易量的 70%左右。消费品批发市场成交规模快速增长，1997 年成交额完成 109.04 亿元，比 1993 年增长 4.3 倍。农副产品批发量 1997 年达到 165.33 万吨。其中蔬菜、果品、粮食交易量分别为 94.14 万吨、40.86 万吨、34.68 万吨。在天津市周边地区各类农贸市场也在加速发展、竞争更加激烈的情况下，为了保持天津市市场的稳步发展，除下力气做好优质服务外，还依靠天时地利创造自身的经营特色。红旗路农贸批发市场现已成为天津市最大的果品、水产品批发市场。1997 年果品、水产品批发量为 29.19 万吨和 5.39 万吨，占全市批发总量的 71.44%和 72.45%。何庄子蔬菜批发市场是天津市以至华北地区的蔬菜批发中心，集南北和本地自产菜 60 多个品种。1997 年蔬菜批发量为 41.15 万吨，占全市批发总量的 43.69%。大胡同批发市场的日用品和服装在全国的知名度与日俱增，交易额增幅较大，1997 年全年成交 25 亿元，成为全国小商品批发中心。

经过这十年的发展，天津商品批发市场建设从初级走向规范，从单一数量增加向注重层次提高方向发展，在连接生产—流通—消费的中间环节中地位日益显现，其规模的不断发展壮大必将对天津市建成北方经济中心起到极大的推动作用。

三、个体经济、私营经济蓬勃发展

经过 1992—2001 十年的发展，世纪之交的天津市个体、私营经济在中共天津市委、市政府的重视和支持下，发展环境明显改善，继续保持了快速、健康的发展势头。2001 年，天津市召开个体私营经济发展领导小组扩大会议，出台了《天津市个体私营经济"十五"期间发展计划纲要》《关于促进天津市百强私营企业加快发展的试行意见》和《关于促进个体私营经济发展有关问题的试行意见》，以进一步促进个体私营经济的快速健康发展。

（一）党和国家逐步放开政策，促进了天津市个体私营经济的发展

党的十一届三中全会以来，随着社会主义市场经济体制逐步完善，个体私营经济在整个社会经济中的地位逐渐提高，个体私营经济经历

了一个由"政策经济"逐步向"制度经济"转变的过程。1982 年党的十二大提出"社会主义公有制是我国经济的基本经济制度"，"个体经济是公有制经济的必要的、有益的补充"。1987 年党的十三大虽然仍用"补充"定位，但把多种经济成分扩大到私营经济。同年 8 月国务院发布了《城乡个体工商户管理暂行条例》。至 1989 年，全市个体工商户发展到 10 万户，14.34 万人。从事的行业涉及商业、修理、服务、饮食、运输、建筑、工业、手工业等 8 大行业，95 个自然行业。但其规模很小，水平很低，私营企业只是以"个体工商户"和"集体企业"的名义出现。

1988 年和 1993 年，我国对《宪法》做了两次修改，修改后的《宪法》第十一条明确规定："国家允许私营经济在法律规定的范围内存在和发展。私营经济是社会主义公有制经济的补充"。不仅赋予私营经济合法地位，还颁布了《私营企业暂行条例》。1992 年天津市人民政府发布了"津政发〔1992〕55 号"文件，决定扩大个体工商户、私营企业的生产经营范围和方式，积极解决其场地、资金等经营中的困难。文件包括 5 类 26 项，使天津市个体私营经济出现持续发展的局面。到 1994 年底，全市个体工商户 189177 户，私营企业 8516 户，总注册资金 39.53 亿元，从业人员 38.68 万人。1995 年市委、市政府再次就加快发展个体私营经济提出 5 类 27 条意见，使个体私营经济发展出现一次新的飞跃。到 1997 年底，全市个体私营总户数达到 26.13 万户，从业人员 55.78 万人，注册资金 154.66 亿元，与 1994 年底相比分别增长 32.1%、44.2%和 291.2%。国内生产总值占全市国内生产总值总量的 8%，三年内共向国家纳税 17.47 亿元。

党的十五大对个体私营经济重新定位为"社会主义经济的重要组成部分"，明确提出要"继续鼓励、引导，使之健康发展"以后，市委、市政府认真贯彻落实党的十五大会议精神，于 1998 年连续下发了 6 个文件，明确指出要加快发展天津市个体私营经济，特别强调了对个体私营经济不限发展速度、不限发展比例、不限发展规模，除国家严令禁止的行业外，其他一律放开。两年内个体私营经济，特别是私营经济有了突飞猛进的发展。到 1999 年 9 月底，个体私营经济注册资本总额达到 314.52 亿元，比 1997 年增加了 159.86 亿元，相当于"文革"后 18 年发展的结果；总从业人员达到 67.47 万人，比 1997 年增加 11.69 万人；GDP 占全市国内生产总值的 13% 以上，比 1997 年增长近 6 个百分点；一年多纳税 16.96 亿元，接近前三年的纳税总额。

（二）总量增长迅速，发展势头强劲

据有关部门统计，截至 2001 年底，本市个体工商户达 19.3 万户，从业人员 26.49 万人，注册资金 39.39 亿元，与上年相比同比分别增长 34.7%、25.6%、23.3%；年总产值 59.2 亿元、销售总额 201.6 亿元、社会消费品零售额 134.7 亿元，与上年相比同比分别增长 20%、23.3% 和 29.6%。私营企业达到 40472 户、投资人 97602 人、雇工 36.6 万人、注册资本 424.04 亿元，与上年相比同比分别增长 18.8%、24.5%、31.1% 和 28.6%；年总产值 137.5 亿元、销售总额 192.7 亿元、社会消费品零售额 104.5 亿元，与上年同比相比分别增长 39.3%、46.6% 和 47.6%。

（三）规模不断扩大，实力明显增强

经过几年的培育，天津市个体私营经济的实力逐步增强。截至 2001 年底，全市注册资本在百万元以上的私营企业，达到 8122 户；千万元以上的企业，达到 729 户；超亿元的企业有 13 户；注册资本在 5000 万元以上的私营企业集团发展到 54 家。大型连锁商业、现代物流业、房地产业、信息咨询服务业等正在成为个体私营经济发展的重要领域。百强企业的纳税额已占全市私营企业纳税总额的 41.7%。科技型私营企业已达 3100 多家，其中一批企业的研发项目被列入本市和国家级科技产业项目计划。获得自营进出口权的私营企业达到 113 户，进出口总额为 4108 万美元，其中出口创汇 1385 万美元。在天津市评出的 2001 年度百强私营企业中，有 71 户为工商联会员企业。其纳税额、资产总额、销售收入、所有者权益分别占百强企业的 89%、92%、91%、92%。百强私营企业的前 10 名均为工商联会员企业，前 50 名中工商联会员企业也占到了 92%。这次年度百强评比，也从一个侧面反映出天津市工商联私营企业会员具有了相当雄厚的经济实力，在全市私营经济的发展中具有决定性的作用。

（四）涉足领域广泛，经营范围扩大

天津市个体私营经济发展初期主要以从事商贸流通和其他三产服务业为主。随着党和国家有关政策的逐步放宽，个体私营经济的经营范围也在逐渐扩大。目前，除国家明令禁止的经营项目以外，在各个领域均有个体私营企业涉足经营。据有关部门统计，截至1998年上半年，在全市个体工商户中，涉及大农业开发的占9.5%，从事工业生产的占8.56%，进入交通运输领域的占10.73%，搞商品批发零售和餐饮业的占67.44%，其他社会服务业占3.77%。第三产业虽然仍占主体地位，但一、二产业也已成为个体私营经济新的发展空间。

（五）追求制度创新，公司制企业增加

随着国有、集体企业建立和推行现代企业制度，许多私营企业也对这种规范化的现代企业形式产生了越来越浓厚的兴趣和追求。据有关部门统计，1992年全市的公司制私营企业仅有近400家，截至1998年9月底，以自然人投资设立的公司已达14825家，相当于1992年的37倍，占现有私营企业总数的63.3%。公司制企业的迅速发展，强烈地冲击着以往私营企业一家一户的传统经营方式，许多私营企业正在从"家长制""家族化"的落后管理模式中逐步解放出来，有些私营企业已开始由原始的资本积累式发展逐步转向资本集聚式扩张。

（六）积极参与改革，加快资本积累

据不完全统计，1998年全市共有2100多家私营企业通过联合、承包、参股、兼并等不同形式，参与国有、集体企业改革，其中兼并、收购（含部分兼并和部分收购）国有、集体企业的近600家。许多私营企业通过参与国有企业改革，迅速将国有企业的厂房、设备、人才和技术盘活，成功地实现了低成本、短路径资本扩张。华业集团通过兼并本市河北金属材料厂和廊坊市钢铁厂，不仅盘活国有资产1.6亿元，形成新的投资0.56亿元，而且利用兼并河北金属材料厂所获的90亩地，积极调整产业结构，使集团内部各企业之间迅速形成了优势互补，有效促进了集团的快速发展。

（七）从业人员趋优，整体素质提高

随着日益增多的知识分子、复转军人、国家机关干部及下岗职工

的进入，个体私营经济的从业人员在整体上越来越趋于优化，最初那种以农村剩余劳力、城市待业青年及其他无业闲散人员组成的队伍结构已基本被打破。据对 23 家私营企业集团的抽样调查，现已有 80% 左右的经营者和管理者达到了大专以上文化程度，"德利得""立飞"等少数集团达到 100%，金普集团的科技人员占从业人员总数的 62.5%，"弘泽""万隆"等集团还拥有了一批硕士、博士等高级专业技术及管理人才。与此同时，全市还有 30 多名个体工商户和私营企业家，先后荣获了全国新长征突击手、"三八"红旗手、市级优秀共产党员和劳动模范荣誉称号，有近 200 人被选为市、区（县）人大代表和政协委员。

（八）对社会的贡献越来越大

2001 年，个体私营经济实现增加值 324.81 亿元，占全市经济总量的 17.8%，比上年同期提高了 2.1 个百分点；个体工商户和私营企业共纳税 20.45 亿元，与上年同比增长 39.8%，已经成为区县财政收入的重要来源；在商品流通领域，它们完成商品交易额占全市总量的 70%以上，全市城镇居民所需的蔬菜、水果、水产品的 95%、肉禽蛋的 80%是由个体工商户或私营企业经营与提供的，特别是在全市 56 个年成交额超亿元的批发市场中，个体工商户和私营企业已成为经营主体；个体私营经济吸纳从业人员 72.79 万人，占全市从业人员总数的 38%，其中累计安置下岗职工 24 万余人。

四、商品价格逐步市场化

（一）改革开放 20 年，天津价格改革进程总结

党的十一届三中全会以来，随着经济体制改革的深入进展，国家有计划、有步骤地对价格体系和价格管理体制进行了改革。天津市根据国家的统一部署，积极稳妥地推进了价格改革，使过去高度集中的价格管理体制逐步朝着适应社会主义市场经济要求的管理体制转变，截止到 1998 年，由市场定价的商品比重占 95%以上，社会主义市场价格机制正在逐渐形成，并对国民经济的持续、快速发展和促进生产、

搞活流通发挥了较为积极的作用。价格改革的深入进行不可避免地导致价格水平的上升，1998 年与 1978 年相比，天津市商品零售价格总水平上升了 256.7%，平均每年递升 6.6%。

改革开放 20 年来天津市的价格改革进程大体可分为五个阶段。

第一阶段：1979 年至 1984 年，这期间价格改革以调为主，以放为辅，调整后的价格有升有降，市场物价没有出现大的波动。6 年间商品零售价格总水平上升了 11.3%，平均每年递升 1.8%。这一阶段价格改革的主要内容有：1979 年上调了肉、蛋等七种主要副食品的价格，其后又先后调整了部分工业品的价格。在价格调整的同时，为了不影响居民生活，政府对职工每人每月发放 5 元的副食品价格补贴。与此同时，居民的收入增长较快，6 年间，城市居民人均可支配收入（扣除物价影响）增长 69.7%，平均每年递增 9.2%，居民生活水平明显提高。这一阶段的价格改革正处于探索性阶段，主要侧重于理顺价格结构，使不合理的价格体系得到了初步调整，为价格形成机制的转换奠定了基础。

第二阶段：1985 年至 1988 年，以城市为重点的经济体制改革全面展开，价格改革也迈出了重大的步伐，实行了以放为主、以调为辅的方针，价格涨幅较高。4 年间天津市商品零售价格总水平上升了 53.6%，平均每年递升 11.3%。价格改革的主要措施有：1985 年放开了鲜活商品的价格，对猪肉、鸡蛋、鲜菜等主要副食品实行指导价格；其后，国家还统一放开了手表等 7 种工业消费品价格；调整了肉、蛋、菜、糖四种主要副食品和烟酒的价格。这一阶段，经过一系列的改革，使多数商品比价渐趋合理，对促进生产发展、活跃市场起到了积极的作用。但同时，长期以来抑制性的通货膨胀在需求的拉动下很快释放出来，给经济发展和人民生活带来了一定的影响。

第三阶段：1989 年至 1991 年，三年治理整顿，抑制了过高的物价涨势。3 年间天津市商品零售价格总水平上升了 27.7%，平均每年递升 8.5%。1989 年市政府坚决贯彻执行治理整顿和深化改革的方针，价格总水平过高上涨的趋势被抑制住，物价涨幅明显缩小。1990 年天津市商品零售价格总水平仅比上年上升了 2.7%，比 1988 年的上涨幅度缩小了 15 个百分点；1991 年天津市除按照国家统一安排上调了粮油统销价格外，还放开了鸡蛋、卷烟等商品的价格，上调了火柴、缝纫机、部分报纸等用品价格和部分服务收费价格。这一阶段的价格改革，在"双紧"政策指导下，采取了有效措施，并对人民币长期储蓄实行保值，吸引了大量的居民货币购买力，缓和了对市场的冲击，控制价格涨幅取得了明显的成效。但经济生活中也出现了市场疲软、销售不畅的新问题，给深化改革带来了新的难度。

第四阶段：1992 年至 1994 年，价格改革力度加大，配套改革措施相继出台，市场机制作用明显增强，价格涨势偏高。3 年间天津市商品零售价格总水平上升了 44.5%，平均每年递升 13.1%，是改革开放以来价格涨幅最高的时期。在邓小平南方讲话精神的鼓舞下，天津市改革开放和经济发展速度明显加快，3 年间天津市国内生产总值增长 43.1%，平均每年递增 12.7%，进入全国发展较快地区的行列。同时，在价格改革上也加大了力度，3 年中价格改革出台的主要项目是：从 1992 年天津市相继调整了粮食及制品、牛奶、自来水、民用煤和燃气价格以及住房租金；放开了鲜菜、猪牛羊肉以及电影票价；对照明用电增收了电业基金。1993 年天津市又放开了粮油、牛奶价格，并相继调整了民用水、民用电价格，提高了学杂费收费标准。1994 年天津市提高了部分报纸、杂志的价格，放开了托幼园所的收费标准，提高了富强粉等部分粮食价格。1994 年从年初开始国家财税、外汇、金融等一系列重大配套改革措施相继出台，运行良好，国民经济进入较快增长时期，同时价格改革的推进也是最快的，市场物价涨幅较高，1994 年天津市商品零售价格总水平比上年上升 15.6%，形成改革开放以来的第二个高峰。这一阶段价格改革的调放力度较大、范围较广，对于解决价格矛盾，改善不合理的价格结构，促进生产发展和市场繁荣发挥了积极的作用。

第五阶段：1995 年至 1998 年，宏观调控措施进一步收到成效，创造了高增长、低通胀的良好经济运行态势。这一阶段，市委、市政府认真贯彻国家宏观调控政策，加大了市场物价的调控力度，采取了一系列有效措施，取得了显著的效果，物价涨幅明显回落，以致 1998

年物价总水平比上年下降。4 年间天津市商品零售价格总水平上升13.0%，平均每年递升 3.1%，国民经济发展持续快速增长，4 年间国内生产总值增长 60.9%，平均每年递增 12.6%，是改革开放以来经济增长较快的时期，与此同时，天津市不失时机地推进价格改革，从 1995年开始，天津市相继多次调整了住房租金、民用水、民用电、民用煤和燃气以及学杂费和部分医疗收费标准，缓解了价格扭曲的矛盾。这一阶段，市委、市政府正确地把握改革、发展和稳定的关系，一方面狠抓宏观经济调控，另一方面积极稳妥地推进价格改革，经过几年的努力，不仅有效地保证了人民生活水平的稳步提高，而且为天津市国民经济快速、稳定、健康发展提供了宽松的条件，创造了"高增长、低通胀"的运行态势。

（二）"九五"时期（1996—2000 年）天津市物价演变特点

（1）"九五"时期市场物价呈逐年回落态势。"九五"时期是价格改革深化阶段。一方面，价格形成机制向市场化的转变已大体完成；另一方面，价格调控机制和管理机制的不断健全和完善，使价格结构不断趋于合理。从 1995 年开始，国家采取了一系列宏观调控措施，价格涨幅逐步回落，价格调控取得明显成效。随着经济快速发展，大部分商品出现了供大于求的局面，引发了市场价格由高涨到下降的变化。

同上一年度相比，居民消费价格和商品零售价格的上涨幅度由1995 年的两位数，年回落至 1996 的 1 位数，分别上涨了 9.0%和 5.1%。自 1998 年开始，居民消费和商品零售两个价格总水平都出现了改革开放 20 年以来的首次下降，直至 2000 年市场物价持续在低位上徘徊。

（2）市场供过于求，绝大部分商品价格均有不同程度的下降。首先，影响"九五"时期物价总水平变动起主导作用的食品价格大幅回落。在"八五"时期通货膨胀之后，各地普遍重视抓了菜篮子工程建设，加上连续几年农业丰收，全国性的农副产品供应十分充足，使食品价格不断上涨的势头得到遏止，并出现价格持续走低的情况。"九五"时期食品类价格年均下降 0.1%，与"八五"时期的食品价格逐年上涨且涨幅较高的情况形成明显反差。

其次，由于工业消费品市场供大于求，基本上形成了买方市场的格局，致使大部分工业消费品价格表现出不同程度的下降。据统计，在十二类工业消费品中，1995 年价格下降的仅有两类，到 2000 年，价格下降的工业品扩大为 8 类，"九五"时期工业消费品价格下降品种之多、范围之广，是历史上少见的，也是我国经济转型升级的必然结果。

（3）居住和服务项目价格继续呈上涨趋势。"九五"时期随着住房制度改革的进一步深化，为配合、推进住房商品化、货币化的进程，天津市在 1996 年和 1997 年连续两年上调了公有住房租金价格，此外，为了理顺价格矛盾，减轻财政负担，天津市对居民生活用的煤水电气的价格也进行了多次调整，由于这些项目价格的调整，使"九五"时期居住类价格平均每年递增 12.4%。

为了解决基础产品、基础设施、公用事业价格结构性矛盾，缓解行业亏损的状况以及减轻财政压力，"九五"时期天津市相继对学杂费、托幼费、公交车票等服务项目类价格进行了调整，并有重点地、适时适度地对医疗手术费、公园门票等服务收费价格也进行了调整。几年来，天津市通过加大价格结构性调整力度，在确保物价调控目标得以实现的前提下，使服务项目价格逐步趋于合理。

（4）与全国大中城市相比，天津市物价涨幅处于较低水平。"九五"时期天津市市场物价在全国大中城市中继续保持较低水平。居民消费价格和商品零售价格水平均低于全国大中城市平均水平。居民消费价格在由高到低排位中，各年均处于 20 位之后；商品零售价格除 1999年之外，排位均处于 17 位之后。

第二节　商业经营业态多样化

改革开放 30 年来，天津不断推进商业结构调整，加快市场载体建设，加大市场开放力度，全面加速商业现代化进程，商贸流通业呈现出良好的运行态势。"九五"时期，随着城市居民生活富裕程度的提高，在快节奏的生活之余，对消费需求有了新的和更高层次的要求，对休闲购物则更讲究档次、轻松、舒适、方便。从传统的百货商店、农贸市场，到时尚快捷的超级市场、连锁商店、专卖店、便利店、仓储式超市，新型商业业态蓬勃发展，极大地促进了零售市场的繁荣活跃。

一、以超级市场为代表的新型零售业态的出现

以连锁化、信息化和规模化为特征的大型综合零售超市，已成为零售业中规模扩张迅速、最具影响力的重要经营业态。大型综合零售超市以其全国配送货、计算机联网快速交流供需信息等彰显大流通的经营理念，短短几年依靠其"平价自选、质量可靠、环境舒适"等优势，赢得了消费者。1996 年日本大荣的连锁超市在南开区西南角、河东区万新村、红桥区丁字沽及塘沽区开设了营业店，法国家乐福、香港新世界等超市、百货零售项目已得到批准。1997 年，日本的大荣超市在本市已发展到 6 家；法国的家乐福开业两家。大型超市里出现了持续排队购物现象，其"滚动折扣价"等营销策略给人以启示。

大荣、家乐福等外资零售企业的进入适应了消费者的需求，其先进的经营理念、经营方式、经营手段带动了天津市零售商业业态的发展。在学习借鉴的基础上，天津市商业企业通过改制、重组，兴办超市、连锁经营、特许加盟，一批新型业态如春笋般涌现。1998 年，天津市连锁商业快速发展。全市有 61 家企业实行连锁经营，连锁网点达到 1129 个，并建成塘沽、和平、红桥、荣红、新国道 5 家配送中心，涉及副食、食品、餐饮、百货、服装、五金、家电、装饰、服务等行业，全年实现零售额 30 亿元，占全市社会消费品零售额的 5%，比上年增长 1 倍。大型超市发展势头强劲。全年新建开业 5000 平方米以上大型超市有金元宝、大五金、劝业河东店、家乐南楼店等 4 个，使全市大型超市达到 10 个。正在建设中的大型超市还有 4 个。专业店、专卖店发展迅速。实行连锁经营的专业店、专卖店以购物环境好、价格低、专业服务功能强等特点赢得广大消费者的欢迎。1998 年全市发展专业店、专卖店 200 多个。国有商业加大新型零售业态扩展力度。劝业集团股份公司首家大型超市即劝业河东店于 10 月 28 日开业，经营

面积 1.1 万平方米，到年底销售额达到 2600 万元。南开区副食公司以时代超市为龙头，坚持走小型化、多店铺的路子，通过采取加盟等形式，连锁网点发展到 10 个，总经营面积 3000 多平方米，日均销售额 10 万元以上，商品品种 9600 多种。

截止到 2000 年底，在全市创立或组建的独立核算的各类新型零售业态商业企业有 742 家，其中超级市场（自选商场）有 514 个。新型业态所占市场份额不断扩大，2000 年商品销售收入占全市贸易业商品销售收入总额的 4.0%，占全市零售贸易业商品销售收入总额的 29.4%。为迅速占领市场，国内的劝业超市、时代超市门店和规模也不断扩大，各类专业店也由商品类别经营逐步向品牌经营发展。

2001 年，天津市大型超市发展到 24 家，比上年增加 13 家。劝业超市、家乐超市、时代超市作为市重点扶持发展的连锁企业调整结构，扩大规模。其中，劝业超市发展到 4 家，全年实现销售额 4.7 亿元，增长 33.4%；家乐超市新发展 4 家大型卖场，直营连锁门店达 19 家，全年销售额 22.14 亿元，增长 56.14%；时代超市强化品牌意识，规范加盟店管理，做大做实品牌。这一时期，天津除国际上享有盛誉的美国沃尔玛、法国家乐福超市外，各种经济成分的投资主体也竞相发展。随着连锁商业发展，专业店进入大发展阶段，成为新的增长点。

二、百货店向更加大型化、综合化、高档化发展

（一）1992—2001 年天津百货店的发展

改革开放给天津商业带来加快发展的契机。商业设施的建设和改善为天津商业注入了新的活力。天津市以搞活大流通、发展大商业、建立大市场为目标，不断加大商业投资力度。一批大型现代化商业设施拔地而起，一些名牌老店经过改造重新焕发了青春，使天津商业充满了新的活力。1990 年完成了中原公司、南楼商场的改造工程；1991 年集中装修了中华百货售品所、天香商场；1992 年市政府列入改善城乡人民生活 20 件实事的商业设施项目中万平方米以上的就有东方商厦、滨江商厦、东海商厦、大港商厦、塘沽百货商场、大胡同小百货

批发交易市场和儿童大世界等 7 个，在当时创造了天津市年度万平方米以上商业设施建设的历史最好水平；1993 年天津首家大型合资百货综合商场——天津伊势丹百货公司开业纳客；1994 年劝业新厦、汉沽商厦等一批现代化大商场相继开业；1995 年金元宝大厦、世纪商厦建成开业；1996 年永基商城开业；1997 年百货大楼新厦、新安购物广场、世界商厦、祥云商厦、华旭商厦、华钜百货等大型商业设施建成开业；1998 年滨江购物中心、凯旋门百货、天星河畔广场、国际商场新厦等集购物、餐饮、娱乐为一体的新型商厦和金元宝、劝业场等万米以上超市开业。

1991 年零售市场活跃，货源充裕，购销两旺。企业取得了较好的经济效益，特别是大中型百货商场采取了联销、代销、展销、有奖销售等一系列灵活的经营方式。一些商店还通过改善购物环境吸引顾客，对部分商品实行开放式销售，加之品种齐全和优质服务，深受顾客欢迎。企业也取得了可喜的经济效益。据对 23 家大中型商店的统计，大型商店的经济效益好于中型商店。1991 年销售额比上年增长 40.25%；其中有 16 家商店增销，7 家商店减销。中原公司（华联）、劝业场、百货大楼、天津商场、友谊公司、国际商场 6 家大型商场全部增销，比上年增长 42.4%，比中型商场高 13.2 个百分点。其中：中原公司（华联）、劝业场、百货大楼三大商场在全国 33 家大型商场的排序中名列上游，为天津市争得了荣誉。按全年销售额排序，中原公司（华联）突破 5 亿元大关，完成 5.17 亿元，名列第 5 位；劝业场、百货大楼分别列第 11 位和第 12 位。关于商品流通费用水平，中原公司（华联）销售百元商品开支费用为 3.97 元，居第 5 位；劝业场、百货大楼分别列第 11 位和第 13 位。关于实现利润总额，中原公司（华联）为 2357 万元，居第 7 位；劝业场、百货大楼分别列第 10 位和第 14 位。关于全部流动资金周转一次所需天数，中原公司（华联）为 25 天，居第一位；劝业场、百货大楼分别列第 8 位和第 12 位。

（二）天津百货店经营困境

20 世纪 90 时代中期，零售业的发展环境发生了极大的变化，带来了对传统大商场、百货商场为代表的零售企业的冲击。

（1）大商场在零售业中以不占绝对优势与盲目发展倾向并存的矛盾。改革开放以来，大商场作为商业主渠道，生意红火，利润丰厚，吸引各方竞相投资。政府有关部门也持扶持态度。国营、集体、个体、合资、独资的各种所有制大型商场纷纷立项，形成了盲目发展大商场的浪潮。大商场增长的速度远远地超过了社会商品零售总额与城市居民消费支出的增长幅度，产生了供给相对过剩的局面。各商场为扩大消费群，争相以低价促销手段相互竞争，其结果造成大商场效益整体下滑。从天津情况看，大商场虽没有过热膨胀，但大商场的发展并不容乐观，已相继有亚细亚、世界商厦关门或转业。

（2）市场需求的多元化与大商场盲目追求豪华、规模、商品高档化现象之间的矛盾。随着市场经济的深入发展，居民收入的大幅提高，消费需求明显呈多元化、个性化特点，商家有必要对自己的目标市场进行重新划分，选择适应其需求的经营业态。而大商场却忽视这一转变，忙于上规模、上档次，走高档化之路，如此思路与现实相去甚远。天津劝业场、滨江商厦、百货大楼、华联商厦都相继进行了改扩建工程，商场规模增大，装饰豪华，效益却不佳。以百货大楼为例，扩建后的新厦物业租售状况不尽人意，为企业背上了沉重的利息负担。

（3）零售业布局合理化趋势与某些地区布局不合理现状并存的矛盾。按照商圈理论，商场的布局设址应充分考虑其要服务的商业区域状况，以便有针对性地开展经营。另外，随着连锁经营的扩展，适应了居民居住区域分散化趋势，这样就削弱了大商场作为城市商业主中心的地位。大商场有必要考虑自己所在的商圈状况，合理地调整经营方向和方式。从天津商业布局情况看，十大商场除两家在塘沽外，市内八家商场过于集中于主要商业区，加之商场经营项目与品种基本雷同，必然引发过度竞争。

（三）百货店大型化、综合化、高档化的发展

由于超市的竞争和开店的困难，百货店逐渐向大型化、综合化、高档化方向演化，成为高收入者和年轻的流行追逐者们的购物场所。

当时百货店已逐渐向"大而全"的大型连锁化的百货公司的方向发展，针对顾客群做全方位的满足及重视商品结构的广度与享受购物

空间的舒适感等有形和无形的服务；同时面对同质化严重的问题，天津百货店向"综合体"过渡。百货企业向其他业态纵深扩展不断加剧，如高端超市、网购、加油站、酒店、物流、金融等，多元化发展更加明显；随着居民消费结构逐步升级和其他业态带来的竞争压力，百货店在品类组合上逐步向中高端服装和珠宝首饰等奢侈品转移。例如，20 世纪 90 年代初，天津劝业场作为天津的三家大型零售商场的龙头企业一直引导着天津商品的销售潮流，当时它的客流量最高峰一天达到 10 多万人次，销售额 4 亿多元。1992 年 11 月 28 日天津劝业场股份有限公司创立，成为天津市商界首家股份制企业。1994 年 8 月经过改扩建工程劝业新厦开业，总建筑面积 56151 平方米，总营业面积 35161.43 平方米，地下 1 层，地上 9 层，职工增至 2300 人，下设 12 个商场，主营商品 140 余类，近 6 万种，成为天津最大的集购物、娱乐、消遣、服务为一体的多功能、高档次的新型商场。1997 年 11 月 15 日劝业场集团股份有限公司成立。1998 年，通过资本市场的融资，收购天津商场，兼并文化用品公司等，由此，劝业场成为以上市公司为核心企业的股份制企业集团，1998 年集团总销售 23.67 亿元，实现利润 9126 万元，在全国大型商场（集团）企业销售排名中居第 7 位。

三、便利店悄然出现并得到认可

便利店是一种用以满足顾客应急性、便利性需求的零售业态。便利店是指通常占据着良好的位置，以食品为主，营业时间长，商品品种有限的一种零售形态。客户光顾便利店，为的是补充物品，而且经常是在下班之后或闲散时间光顾。汽油、牛奶、杂货、报纸、苏打饮料、香烟、啤酒和快餐食品是便利店的走俏商品。该业态最早起源于美国，继而衍生出两个分支，即传统型便利店与加油站型便利店。

便利店的兴起缘于超市的大型化与郊外化，超市的变化体现在距离、时间、商品、服务等诸多方面：如远离购物者的居住区，需驾车前往；卖场面积巨大，品种繁多的商品消耗了购物者大量的时间和精力；结账时还要忍受"大排长龙"等候之苦，以上种种使得那些想购买少量商品或满足即刻所需的购物者深感不便，于是人们需要一种能够满足便利店购买需求的小超市来填补空白。

发展大流通、大商贸是天津多年的目标和愿望，在新世纪之初，紧紧抓住国家实施西部大开发、即将加入世贸组织和北京申奥成功的机遇，以建设几个百亿元市场为重点，培育商贸流通发展的新优势，增强中心城市的聚集力、辐射力和影响力，形成北方重要的商贸中心。积极推进业态创新，成为天津市商业发展和改革的内容之一，也是政府推动天津商业发展的重要举措。其中便利店的出现和发展，给居民购物以全新的感觉，丰富和完善了天津市商业的业态类型。具有超前发展眼光的企业加入到便利店这一新型的零售业业态行列。2000 年，万家利实施发展百家便利店计划，发展到 42 个店铺。2001 年，天津劝业华联集团有限公司大力推进新业态扩张，劝业巨福新园二店和河北大街天桂里两家便利店于年底前开业，平均日销超过万元。

四、专业店借助连锁经营方式发展

专业店是经营某一大类商品为主，并且具备丰富专业知识的销售人员和提供适当售后服务的零售业态。一般选址多样化，多数设在繁华商业区、商店街或百货店、购物中心内；营业面积根据主营商品特点而定；体现专业性、深度性，品种丰富，选择余地大，主营商品占经营商品的 90%；经营的商品、品牌具有自己的特色；采取定价销售和开架面售；从业人员需具备丰富的专业知识。专业店一般包括办公用品专业店、玩具专业店、家电专业店、药品专业店、服饰店等形式。

专业店之所以发展迅速、竞争力强，是适应社会经济发展，消费者的购物倾向、购物方式变化的结果。提高采购效率、获取质优价廉产品、享受良好服务，是消费者的购物理想。但在卖方时代，产品稀缺、人们生活节奏慢、购买力低、信息传递手段落后、消费者的潜在需求难以实现，因此传统零售业态也可生存。20 世纪 90 年代中期以来，中国商品品种极大丰富，居民消费水平大幅度提高，生活节奏加快，媒介广告骤增，这些均为消费者购物理想的实现创造了条件，并促成了其购物行为的转变。例如，面对琳琅满目的产品和繁多的广告，增加了消费者的选择难度，要求商家为消费者提供可比较的、同类产品齐全的购物环境。由于生活节奏的加快、城市区域扩大和交通堵塞，消费者需要缩短购物时间，提高采购效率，这又要求商家为消费者提供的购物环境必须是一站式的一次性购齐。经济发展和社会文化的变革，消费心理也随之改变，消费个性化、品牌化、时尚化等趋势日益明显，要求商家为消费者提供商品定位准确的特色经营及专业服务。在买方市场下，商业竞争激烈，消费者选择性强，还要求商家为消费者提供的产品必须是优质平价的。因此，具备上述特点的专业店便脱颖而出，成为传统业态的竞争者。专业店的货品因在某一专业领域具有齐全性，使顾客挑选商品的余地大，既可货比三家又能一站式购物，提高了采购效率，降低了交通成本，因而受到人们的欢迎。如果说便利是专业店的一大优势，那么便宜则是专业店的另一撒手锏。因为购物便利，吸引了大批客流，有利于发展连锁，而连锁又有利于规模化经营，规模化经营加上现代通信手段的运用，则为统购分销、平价销货创造了条件。

现代意义上的专业店均采取连锁的形式实现规模化销售，以控制零售终端，通过控制终端，达到控制厂家、掌握销售主动权的目的。连锁经营通过经营理念、CIS 企业识别系统、商品组合服务、经营管理的一致性，规范管理连锁体系内的所有门店；通过统一采购、统一仓储、统一配送及分散销售的运作形式大大降低了流通费用，提高了企业的竞争力；通过快速复制，从无到有、由点到线，并汇集成面，促使资本迅速集中，使店铺数量被无限制扩展。专业店的连锁经营可把专业店的高度专业化与连锁经营的规模效益有机结合，使这种新兴的零售业态迅速发展。

在天津市新型零售业态的发展中，专业店、专卖店发展迅速。1998年，实行连锁经营的专业店、专卖店以购物环境好、价格低、专业服务功能强等特点赢得了广大消费者欢迎。1998 年全市发展专业店、专卖店 200 多个。

天津一商集团有限公司投资控股的天津一商发展有限公司分公司，拥有天津市最大的家电专业化卖场，设有河东区六纬路店、河西区广东路店、红桥区长安店，总经营面积 1.5 万平方米，经营品牌超过千余个，其中包括海尔、春兰、格力、海信、松下、索尼等国内外知名品牌，实行集中采购、连锁销售。2001 年 9 月正式运行后，实现销售 3000 万元。

五、仓储会员店的出现

仓储会员店又称仓储超市，是在大型综合超市经营的商品基础上，筛选大众化实用品销售，实行库存和销售合一、批零兼营、价格很低、提供有限服务为主要特征的、以会员制为基础、采取自选方式销售的零售业态。一般选址于城乡接合部、交通要道；目标顾客以中小零售商、餐饮店、集团购买和有交通工具的消费者为主；商店营业面积大，一般为 10000 平方米左右；主要以食品（有一部分生鲜商品）、家庭用品、体育用品、服装面料、文具、家用电器、汽车用品、室内用品等为主；采取仓库式陈列；开展自选式的销售；设有较大规模的停车场。

仓储会员店在经营上实行"买断经营"，走低价进货、廉价销售的路子；对不同商品采取不同的价格，实行先低后高的价格策略，消费者熟悉的品牌价格偏低，不熟悉的品牌价格偏高，从而使消费者对价格偏低的商品印象深刻，造成"这里商品便宜"的消费幻觉，某些商品价格调整频繁，造成商品经常降价的态势等灵活的价格策略；准确的商品定位；经营管理上控制成本，改善服务。通过以上一系列的措施，使之在市场竞争中异军突起。

2001 年，天津商业外向型发展较快，利用外资呈现增长势头，对外贸易规模扩大，其中在零售业方面，一批世界跨国零售集团确定在天津投资建店，包括世界仓储会员店的创始者——德国麦德龙。美国沃尔玛公司确定在津投资建 3 家连锁店，荷兰万客隆和法国欧尚在津选址基本确定，德国麦德龙项目取得进展，台湾乐购和美国普尔斯马特各有 1 家超市建成开业。2002 年 8 月 5 日，德国麦德龙集团股份公司投资 1700 万美元建设的麦德龙超市红桥店工程开工，

12月19日建成开业。这是该集团在中国北方开办的第一家现购自运制批发超市。该店地处中环线与西青道交口的原红桥区体育场旧址，占地3.3万平方米（50亩），按麦德龙连锁统一标准建造，建筑面积1.5万平方米，免费停车场1.4万平方米。麦德龙超市开业伊始，已有6万多家单位和零售商成为其首批会员。

六、购物中心的形成

购物中心是指多种零售店铺、服务设施集中在一个建筑物内或一个区域内，向消费者提供综合性服务的商业集合体。这种商业集合体内通常包含数十个甚至数百个服务场所，业态涵盖大型综合超市、专业店、专卖店、饮食店、杂品店以及娱乐健身休闲等。它通常以零售业为主体，目的在于迎合消费需求多样化、个性化发展的同时，提高消费者的消费效率和消费价值，使消费者能在较短的时间内，既享受到消费的方便性、安全性、快捷性、舒适性，又能满足消费的趣味性、丰富性、综合性、可选择性，获得更大的消费效用。其特点是功能齐全，集购物和其他商业服务甚至金融、文化功能于一体。大型购物中心以囊括商业、住宅及酒店等在内的综合体为主要模式，在服务业发展和楼宇经济兴起的基础上，凭借其自身的现代管理和运营理念，通过对百货店、零售店、专卖店、特色超市、综合超市、电影城、娱乐中心、健身中心、特色餐饮美食及美容院等多种业态的整合，促进了零售商品市场结构的优化。

天津是一个历史悠久的商埠，商业、饮食业、服务业都比较发达。进入20世纪90年代以来，天津又陆续新建了东方商厦、滨江商厦、吉利大厦、凯旋门大厦、滨江购物中心、新安购物中心等大型购物场所，扩建了华联商厦、劝业场、百货大楼新厦等商场，兴建了滨江道购物一条街，改造了和平路商业街。全市万米以上大型购物中心达40多个。2000年全市社会消费品零售总额为736.63亿元。

第三节　商业企业现代企业制度建设启动

一、国有商业企业的公司制、股份制改革

1992 年，特别是在邓小平同志南方讲话精神的鼓舞下，天津市改革开放出现了前所未有的好形势，改革开放步伐明显加快，呈现出全面深化的新局面，在国有商业企业的公司制、股份制试点改革工作上取得了新突破和推进。为了加强组织领导，天津市成立了股份制试点工作领导小组，先后制订了 11 个地方性规章，包括《天津市股份制试点暂行办法》《股份制试点企业国有资产和国家股股权管理暂行办法》、《资产评估暂行办法》《企业股票、债券信誉评级暂行办法》。相继组建了 11 家股票、证券经营机构，有 5 家经国资局授权的资产评估机构，审计、公证、咨询等部门也加强了为试点企业服务的功能。

随着企业改革的不断深化，为解决企业普遍存在的资金不足的问题，变社会游资为生产资金，积极进行了股份制的试点，1991 年立达（集团）公司国际商场成为天津市第一家股份制试点企业。按照国家部署，并报经国家证券委批准，1993 年 10 月，天津立达国际商场股份有限公司公开向社会发行股票，这在天津尚属首次。1993 年进入天津的首家国际著名大型百货综合商场——天津伊势丹有限公司，以其高层次消费为特点，至 1998 年年末，短短几年时间，销售额即位居天津市零售行业前 10 名。国际知名的日本大荣公司、法国家乐福超市也先后落户津门。这些国际知名商业企业的进入，不仅使天津股份制和"三资"商业企业实现了零的突破，而且对提高消费档次、引领消费潮流有着划时代的意义。

1996 年，全市国有批发和零售贸易业企业 2938 个，占全市批发和零售贸易企业总户数的 20.8%，在本市实行股份制的批发和零售贸易业企业中，国有资产仍占重要份额。到 1996 年底，全市股份制批发

和零售贸易业企业已发展到 200 个，实收资本金 11.71 亿元，其中国家资本金 4.78 亿元，占 40.8%。特别是本市零售贸易业的龙头企业"老三大"即天津劝业场、华联商厦、百货大楼和新崛起的立达集团国际商场、东方商业大厦等，按照企业公司制要求，通过发行股票，实行股份制的运行机制，给企业注入了新的生机和活力。上述 5 家企业，均进入 1996 年本市零售贸易"十强"企业之列。天津市劝业场股份有限公司已跻身 1996 年全国重点百货商店第 11 位。在公司制改革方面，经市委、市政府批准，第一、第二商业局成建制改组为集团总公司，退出政府序列。

1997 年，天津市商业加快了结构调整和发展。跨行业、跨产业、跨地区、跨部门组建公司制企业集团。1997 年，商业系统组建和重塑了 4 个企业集团，一是益商集团通过收购、兼并、资产注入，组建了劝业场股份集团公司，资产额达 8.7 亿元。二是河北区以大亨时装公司为龙头，兼并龙门大厦、川鲁饭店、尼斯迪康乐城（原纺织局毛巾六厂），通过国有资产授权经营，并入大天津食品商厦、河北饭店、天龙饭店，组建了亨丰集团，资产额达 5.9 亿元。三是和平区政府以滨江商厦为龙头，并入区百货公司，组建滨江商厦集团，资产额达 8.6 亿元。四是以东海百货商厦集团为龙头，兼并富利华大酒店、东海食品商厦、津东饭店等企业，把集团重塑为集零售、餐饮、娱乐为一体多业态的商业集团，资产额达 1.9 亿元。百货大楼股份公司股票在上海成功上市发行，募集资金 1.55 亿元。商业系统针对小企业门店小、人员少的特点，进行了多种形式的改革尝试。到 1997 年底，114 户企业实行股份合作制。

1998 年，天津商业改革工作重点在抓大放小上。通过国有资产的优化组合，商业系统新组建华旭、金元宝、东方、南楼 4 个企业集团。截止到 1998 年底，商业系统已组建 17 个企业集团，销售规模 153 亿元，资产总额 132 亿元，净资产 33 亿元，实现利润 1.2 亿元。其中劝业场、滨江等大集团发展态势很好，集团的销售分别达到 21 亿元和20 亿元，成为全市商业的领头雁。放开放活商业小企业，实行股份合作，改变资本结构，有 179 户实行股份合作。

1999 年，加大组织结构调整和资产重组，构筑商业支柱企业。天津劝业场（集团）股份有限公司、华联商厦股份有限公司、百货大楼股份有限公司从一商集团中分离出来。劝业场（集团）股份有限公司与华联商厦股份有限公司实行强强联合重组，成为本市有竞争力的大型企业集团。实施资本运作。全年商业系统有 5 家企业进行了股份制和股份合作制改造，宏棉公司和康业食品公司采取发起设立的方式，组建股份制公司，募集资金 1611 万元。化工商贸公司、老美华公司、亨得利公司吸收职工入股，改制为股份合作制企业。推进现代企业制度和国企脱困。在公司制改革方面，滨江商贸公司、亨得利钟表眼镜公司、利达面粉公司、和平工艺印章雕刻厂实施多元投资改造，建立起现代企业制度，使国有商业骨干企业建立现代企业制度的累计 60 家，占 75%。

2001 年，天津市以改革统揽全局，大力推进体制创新，经济体制改革取得积极进展。企业上市融资取得突破，全市有 6 家股份有限公司通过发审委审核，其中 5 家的 A 股股票成功发行并挂牌交易，另 1 家已核准发行。原有上市公司中 3 家完成配股，1 家完成增发新股。这是 1993 年以来本市 A 股上市企业家数最多、融资量最大的一年。商业系统 447 家小企业进行改制，实行股份合作制的有 295 家。

二、物资企业集团的构建

物资企业是指在流通领域从事生产资料收购、加工、销售、运输、储存等经营服务业务活动的企业。改革开放以前，物资企业还不是严格意义上的企业。它的经营目的不是赢利，而是执行国家物资调拨分配任务，财务上收支相抵。作为生产资料流通的一个执行环节，与全国工业企业一样，物资企业无论是在财务、人事、用工方面，还是在经营方面都受行政指令的统一管理。党的十一届三中全会至 20 世纪 80 年代末，为搞活流通企业，国家以放权为中心对物资企业进行了一系列改革，取得了一定的成效，包括：物资企业经营方向由计划分配转向市场经营；物资企业逐步建立了规范的内部管理制度；物资系统政企分离，物资企业转轨变型；物资企业转变了经营作风；物资企业发展了各种形式的横向联合；物资企业各项指标都有了显著提高。但是，物资企业仍然面临诸多问题：计划经营比重过高；税负过重、留利比例低；经营困难、利润率低；自有流动资金比例偏低；中型企业自有资金不足，贷款利息负担过重；国家投资少，企业自筹能力差；流通设施落后问题长期得不到根本解决；国营物资企业执行国家指令性计划供应任务时潜亏严重；资企业没有进出口权，无法利用国际市场调剂长短线物资；物资企业人事用工权、内部分配权和资金使用权等自主权尚未完全落实，行政干预依然严重。

根据改革开放至20世纪90年代初物资企业改革情况和当时的国际国内形势，天津市围绕组建物资企业集团、发展横向联合和多种经营为重点进一步改革，培育天津市地方物资企业集团。天津物资集团总公司（现名：天津物产集团有限公司）就是在此背景下组建的。它是经市委、市政府批准，于1994年1月1日由天津市物资管理局整建制转为物资集团总公司的。1995年天津物资集团加快发展，成为全国仅有的两个盈利省市物资系统之一，被国家评为"中国的脊梁"大型骨干优秀国有企业500强之一。1996年，下属子公司24个，拥有资产和投资的企业563家，其中贸易型企业318家，生产加工、运输、房地产、生活资料、旅游服务等企业120家，中外合资企业39家。集团净资产19亿元，年经营额80亿元，其中贸易额53亿元，产品销售和其他营业性收入11亿元。2001年，天津市物资集团大力发展现代物流，特别是第三方物流，借鉴国内外成功现代物流企业经验，组建天津市物资集团浩通物流发展有限公司。

三、大型商贸集团的构建

进入20世纪90年代，天津借鉴国际大城市发展的经验，以建立北方商贸金融中心为目标，大力发展第三产业，增强辐射和服务功能。加快建设中心商务区，进一步建立和完善商品市场、要素市场，建设一批各具特色的商业区，组建大型商贸集团，使天津形成商品、资金、技术、人才、信息的集散地和交汇枢纽。其中目标之一就是发展大市场，搞活大流通，建设北方商贸中心。

建设规范化的商品批发市场。加快生产资料和消费品市场建设，逐步形成以国家级批发市场为龙头，区域性和专业批发市场为骨干，各类初级市场为基础的商品市场体系。"九五"期间，改造和新建各类商品市场 200 个，重点发展天津联合期货交易所、北洋钢材批发交易市场、煤炭批发交易市场、钢铁炉料交易市场等一批生产资料批发市场；中国北方日用工业品批发市场、大胡同小百货批发市场等一批消费品批发市场，中国天津粮油批发交易市场、何庄子蔬菜批发市场、红旗路农副产品批发市场等一批农副产品批发市场。更多地举办全国性或区域性展销会、订货会、交易会和国际博览会，使天津成为我国北方重要的商品交易和国际商贸活动中心。

发展以连锁经营为主导的零售市场。以现有 50 家大中型商业连锁企业、500 多家商店为基础，组建超级市场、连锁百货商场、连锁便民店，形成以大型购物中心为核心、中小商业饮食服务业为基础的跨地区、跨行业的连锁商业营销体系。完善生产资料销售网络。

加快建设现代化商业区。充分利用市区繁华地段，建设各类大型商业设施，形成滨江道、小白楼、西南角等若干商业区。到 2000 年，全市年销售额超亿元的大型购物中心达到 30 个以上。

组建大型商品流通企业集团。大力发展工商结合、商贸结合、商商结合的跨地区、跨部门、跨国界的大型企业集团和综合商社，发展商品总代理、总经销和联营、联销等国际通用的营销方式，扩大天津市场的吸引力和辐射力。1992—2001 年期间，培育形成了在国际和国内具有影响力的大型商贸集团，包括一商集团、二商集团、大胡同商贸集团等一批商贸企业。

第四节 外资商业企业的引进

一、外商快餐业捷足先登

进入到 20 世纪 90 年代,天津市利用外资进入高速发展壮大阶段,引进利用外资的领域不断扩大。以肯德基、麦当劳为代表的快餐业捷足先登,迅速发展和占领餐饮市场,对本土餐饮企业发起强有力的挑战。1994 年 1 月天津肯德基有限公司成立,天津第一家肯德基店于 1994 年 7 月开业,开启了外商餐饮企业大规模进入天津餐饮市场的序幕。肯德基的进入,改变了中餐垄断的局面,让人们品尝着洋快餐的快捷与便利,不仅吸引了大批消费者,而且还促进了中式快餐的发展。随后,麦当劳、德克士、必胜客等一批外资餐饮企业进入天津市场,迅速发展,推动了天津餐饮市场的变革和发展。1998 年,境外企业在本市投资餐饮行业的有 111 家,注册资金 6605.9 万美元,其中投资快餐业的有 11 家,快餐连锁店 43 家。以麦当劳、肯德基为代表的西式快餐发展较快。麦当劳连锁店发展到 14 家,全年营业收入 1.1 亿元;肯德基连锁店 13 家,全年营业收入 1.3 亿元。1996 年,天津麦当劳食品有限公司的零售额达到 6361 万元,天津肯德基有限公司的零售额达到 5261 万元,分别占据了天津零售额超五百万元餐饮企业的第一和第二位,1997 年,麦当劳食品有限公司的营业额过亿,1998 年,肯德基有限公司的营业额也过亿,直到 2001 年,两家快餐企业一直占据天津市餐饮企业营业额的头两名的位置。

二、中外合资零售企业发展的试点期

中外合资零售企业发展的试点期可视为 1992—2000 年。1992 年 7 月,为促进第三产业发展,国务院出台了《关于商业零售领域利用外

资问题的批复》，批准将北京、天津、上海、大连、青岛、广州 6 个城市和深圳、珠海、厦门、汕头、海南 5 个经济特区设为首批零售业对外开放的试点城市，自此正式拉开了外资进入我国零售领域的帷幕。

所谓的"试点期"，是说这一时期中我国零售市场的开放仅是部分区域、限定范围的开放，国家对外资零售企业的市场准入以及政府审批程序方面都做出了严格的规定，主要体现在：一是区域上的试点；二是有限度地吸引外资；三是规定了外商出资的形式。文件只允许作为开放试点的 6 个城市和 5 个经济特区各试办 1～2 个中外合资或合作经营的商业零售企业，且项目必须由地方政府报国务院审批，企业经营范围仅限百货零售业务、进出口商品业务，不得经营商业批发和代理出口业务，禁止其他城市开办外商零售企业。政府批准的外资零售企业包括来自国外的零售企业以及来自港澳台的海外华人企业，他们必须以合资或合作方式进行投资，严格禁止独资的形式。这一阶段，由于对我国政府政策的陌生，对我国零售业市场的陌生，大多数外资零售企业仍然徘徊于我国市场之外。

1993 年国际著名百货零售企业集团进入天津市，开办了首家大型合资百货综合商场——天津伊势丹有限公司，它以提高居民的生活层次、引导居民的消费为目标，仅短短几年时间，销售额就位居天津市零售行业的第十名。

三、中外合资零售企业发展的规范管理试点期

尽管"试点期"的前三年间，我国零售业对外开放取得了一定进展，但这进展是非常有限的。由于首批试点城市的 15 个外资零售企业均来自亚洲，与我国不论是地理差异还是人文差异都比较小，部分地方政府对国家的严格管制表达了不满，相关的国内行业部门也认为首批选择的 15 家外资零售企业是在浪费政府的配额，而中国真正需要的是来自北美与西欧的大型零售企业。

终于在 1995 年，我国政府迈出了开放零售业市场的第二步，批准北京作为可以进行外资零售企业连锁经营的试点，而且同意外资零售

企业有限地涉足批发领域。但在该阶段政府依然坚持外资零售企业必须以合资的形式进入我国市场，而且中方须持有大部分股份。在这样的政策背景下，1995年，日本大荣进入中国，与天津外贸总公司合资组建天津大荣国际贸易有限公司。日方占95%股权，中方占5%，投资总额5000万美元，在天津市区拥有12家超市，主要经营连锁超市，一度成为天津连锁企业的龙头。1996年，香港新世界百货零售项目已得到批准，法国投资兴建的家乐福超市自1997年第四季度开业以来，仅一年多时间，其销售额已跃居天津市零售行业第七名。尽管如此，这一阶段外资来源范围依然狭窄，天津零售市场鲜有跨国零售巨头，零售业态单一，规模相对较小。

1999年6月25日，国务院批准发布了《外商投资商业试点办法》，零售业中外合资合作的范围进而扩大到了直辖市、省会城市、自治区首府、计划单列市以及经济特区。基于此，中外合资合作连锁零售企业试点的数量和范围，开始有计划分步骤地扩大。但是在这一阶段，政府仍然只允许外资以合资方式进入，港澳台投资的零售企业也依然视作外资企业，仅在外资企业持股比例上做了一些调整，规定持股上限为65%，与之前相比适当放宽。

新政策颁布后，许多国际著名零售企业陆续开始在我国投资，其中，法国欧尚公司在杭州建立大型超市、德国麦德龙公司在上海浦东开办第6家分店、日本的吉之岛进驻广州。外商重点投资的地区包括上海、广州、杭州、南京在内的大城市。

四、中外合资企业批发企业的出现

2001年起我国正式成为WTO（世界贸易组织）成员国，加大了对外商投资的开放力度。根据加入世贸组织的有关协议，政府承诺在烟草销售不开放的前提下加入WTO后一年内，允许外商设立合营公司，从事除7种商品以外的所有进口和国产产品的零售业务，且将在入世三年内对国内零售市场实行全面开放，并遵照市场准入和国民待遇等有关条款来对待外商投资。

众多跨国零售企业看好中国市场未来的发展前景，表现出浓厚的兴趣和投资热情，纷纷开始了在中国的扩张运动，希望抢占最有利的地理位置和最有利的企业布局。跨国零售企业的投资具体表现为"三多"：一是投资项目多；二是著名跨国公司多；三是进入中国经济发达的地区多。主要业态为大型超市、连锁店、仓储店。

2001 年，世界跨国零售集团美国沃尔玛公司确定在津投资建 3 家连锁店，荷兰万客隆和法国欧尚在津选址基本确定，德国麦德龙项目取得进展，台湾乐购和美国普尔斯马特各有 1 家超市建成开业。在这一阶段，外资连锁零售企业得到较快的发展，经营类型由零售扩展到批发。随着政策法规的逐渐完善，外资零售企业在我国的发展日益规范化。

第五节　深化农副产品流通体制改革

一、农副产品批发市场规模不断扩大

随着农产品流通体制的不断改革，农产品市场网络建设也不断加快，并逐步形成了以批发市场为中心的农产品市场体系。天津的农副产品批发市场是随着改革开放的进程出现的。1985 年农村集市贸易和城市农贸市场有 227 个。1992 年，涌现出王顶堤水产品批发市场、红旗农贸批发市场等一批成交额超亿元的大型农副产品批发市场。1995 年，农副产品批发市场 28 个，何庄子蔬菜批发市场工程圆满完成。红旗路农贸批发市场、何庄子蔬菜批发市场、西青区二经路综合批发市场三大农副产品市场成为全市蔬菜、水产品、水果供应的基地。三大市场农副产品成交额 23.4 亿元，平均每天提供蔬菜 19589 万公斤、水果 80.27 万公斤、水产品 15.78 万公斤。1996 年，金钟蔬菜批发市场、红旗农贸批发市场、何庄子蔬菜批发市场三大市场成交蔬菜 7.23 亿公斤，占全市集贸市场蔬菜成交量的 46.22%。同时，环绕市区的 20 余个蔬菜、水产、生猪等农副产品市场经过改扩建,集散辐射功能增强。红旗农贸批发市场营业额达到 17.25 亿元。1996 年天津市农副产品批发市场达到 28 个。1997 年,随着柳滩蔬菜批发市场建成开业,本市在东西南北 4 个城郊接合部形成了红旗、何庄子、金钟、柳滩四大农产品批发市场,上市蔬菜、水果、水产品基本满足城市居民的需要,农副产品市场格局初步形成。在完善 4 大蔬菜批发市场的基础上,1997 年建成宜白路、宝山道、何庄子三大猪肉批发市场和宝坻县水产品交易市场,改扩建红桥区零号路市场、河西区一号路市场、塘沽区蔬菜批发市场、静海县唐官屯蔬菜批发市场、宁河县团结道市场等,在满足群众生活需要、支持农副产品生产、促进农副产品流通等方面发挥着重要作用。宜白路、宝山道、何庄子三大猪肉批发市场作为市政府的"民心工程"正式运作,猪肉成交量逐步上升,日均 3000 头,最高达 6000 多头,日成交量占市区集贸市场猪肉供应的三分之二以上,让人民群众吃上了放心肉。经过几年的培育与建设,本市农副产品市场初步形成了产区型、区域型市场互相依托,蔬菜、水产、猪肉等市场同步发展的格局。1998 年,何庄子、红旗、金钟三大蔬菜批发市场成交 15.15 亿公斤,成交额 34.96 亿元,每日蔬菜成交量都在 200 万公斤左右,按市内六区 370 万人口计算,人均每日 0.759 公斤。宜白路、宝山道、何庄子三大猪肉批发市场继续平稳运行。1999 年,天津市引导市场向规模化发展,培育龙头市场。重点培育了王顶堤大型市场。王顶堤市场按集团化经营运作,年交易额 41 亿元,比上年增长 17%。

二、农副产品期货交易正式推出

20 世纪 80 年代中期,中国开始了流通体制和价格体制改革,为我国建立期货市场提供一定的条件。1988 年 3 月 25 日,李鹏在七届人大一次会议《政府工作报告》中指出:"加快商业体制改革,积极发展各类批发贸易市场,探索期货交易"。1990 年 7 月,国务院批准中国郑州粮食批发市场成立,随后,1992 年 1 月 8 日,深圳有色金属交易所开业。之后,受部门和地方利益的驱动,各部门、各地方纷纷成立自己的期货交易所，到 1993 年 12 月 31 日前，经各部门和各级政府批准，开展期货交易的商品交易所达到 38 家。

1995 年 10 月 4 日天津联合期货交易所的正式成立被列入全国试点期货交易所，标志着天津市期货交易走入正轨。许多外地的大企业、大公司转向天津市发展。在上市的 7 个品种中，红小豆成交额占总成交额的 94.5%，交易额已达到 775.37 亿元，与河南的绿豆、上海的黄豆在国内形成三足鼎立之势，期货交易为天津市注入了大量资金。

1996 年天津初步形成了以天津期货联合交易所为龙头，以本地 7 家经纪公司为骨干，以及 16 家异地经纪公司营业部和期货兼营机构的多层次期货市场体系。天津联合期货交易所挂牌交易的期货品种有天津红小豆、铝和铜等，1996 年成交金额 3873.5 亿元。天津各期货经纪机构代理的主要期货品种包括农产品红小豆和绿豆。联合期货交易所经过重组和会员制改造，凝聚力增强，"天津红"成为我国主要的期货品种之一。

1997 年期货市场在规范中稳步发展，其主要品种红小豆的交易量超过了日本东京谷物交易所，在国际上产生了较大影响。天津联交所进一步完善了控制交割风险的办法和措施。

三、农村合作经济组织迅速发展

家庭联产承包责任制后，土地所有权与经营权相分离，家庭分散经营较大程度地调动了农民的主动性和积极性，但是随着农业的发展和农产品市场化程度的提高，这种小型的、分散的经营格局使农户的交易成本增加，生产效率低下的弊端日益明显。党的十六届三中全会明确提出"支持农民按照自愿、民主的原则，发展多种形式的农民专业合作组织"。从 1998 年起，代表农民自身利益的各种形式的农民运销组织迅速发展，产供销一体化经营组织不断壮大。

在此背景下，不同形式的农村合作经济组织的出现已成为必然，以下四个方面具体表明其存在和发展的必要性。

（1）随着计划经济体制向市场经济体制的转变，中国的农村市场经济体制也得以逐步发展，这是新型农村经济合作组织产生的重要前提。市场经济条件下，社会资源遵循价值规律由市场配置，农产品竞争也要遵守市场准入原则、市场竞争原则、市场退出原则，生产要素——土地、技术、资本、信息、劳动力等在市场中自由配置，优化组合，于是，新型经济合作组织应运而生。（2）家庭联产承包责任制的统分结合的双层经营体制为新型农村经济合作组织的发展提供了微观基础。家庭联产承包责任制实行集体统一经营和家庭分散经营有机结合，在保留集体经济的某些统一经营职能的同时，通过分散经营，赋予农户一定的生产经营自主权，排除了农民的后顾之忧，极大地调动了农民生产的积极性、主动性、创造性，农民有了充分经营自主权，可以自由选择加入合作组织，也可以自己组建合作组织，为农村经济合作组织的发展提供了保障。（3）农民对合作经济的认识提高，加入合作经济组织的积极性增强。在生产实践中，随着农民受教育程度的提高和市场竞争的加剧，越来越多的农民清醒地认识到，单枪匹马、零打碎敲的小农生产已经不能满足市场需要，要在市场竞争中取胜，维护自身利益，取得较好收入，必须也像其他发达国家那样，农民联合起来建立经济组织，资源共享，共同参与市场竞争与分配，再加上成功合作经济组织的典型示范效应和国家积极的引导号召，越来越多的农民开始希望加入经济合作组织。（4）城乡二元经济结构的调整，工农业并举为农村经济合作组织的发展提供了政策支持。农业是国民经济的基础，但我国一开始是优先发展工业，以至于工农业发展不协调，我国是农业大国，农业发展落后最终会限制国力的增强，而今国家通过各项整合措施改变城乡二元经济结构格局，努力缩小工农业差距，缩小城乡差别，农村经济合作组织在国家支持农业发展的政策举措中实际受益。

改革开放后我国专业经济合作组织的数量不断增加，合作组织的入社社员人数在增加，农产品的销售数量和质量都在不断提高，按行业划分，以种植业为主，占 47%；畜牧业次之，占 25%；渔业占 6%；其他占 22%；从会员分布情况看，以乡镇、村农民为主。

天津的农村经济合作组织正是在这样的背景下快速发展的。2002

年,天津市各类农民专业合作经济组织达 1438 家,其中经过登记注册、
运作比较规范的 126 家（合作社 36 家,协会 45 家,学会、研究会等
45 家）。农民专业合作经济组织融技术指导、信息传递、物资供应、
产品销售、市场开拓等服务功能于一体,较好地解决了国家经济技术
部门包不了、农民单家独户办不了的事情,成为农村社会化服务体系
的新生力量。农民专业合作经济组织的优越性主要体现在以下三个方
面:

一是提高农民组织化程度。全市农民专业合作经济组织带动农户
26.2 万户,占全市农户总数的 23.4%,带动种植面积 19.7 万亩,养殖
畜禽 84.6 万头（只）,实现了组织起来、抗御风险、共同发展的目的。
宝坻区兰氏辣椒产销合作社实行统一供种、收购、标准、包装、营销
服务,形成生产、加工、包装、销售一体化的经营模式,把原来分散
经营的 200 多户农民组织起来进入市场。

二是促进农业产业化经营。农民专业合作经济组织上连市场和龙
头企业,下连农户,把农业生产、加工、流通、消费等环节结合起来,
促进了农业产业化发展。宁河县天祥水产协会,上连天祥水产公司,
下连 180 个养殖户,建立起"龙头企业+协会+农户"的经营模式,形
成养殖、储运、销售产业化一条龙经营格局。

三是增加了农民收入。全市农民专业合作经济组织成员平均增收
水平高于同等规模的其他农户近 20%。如静海县台头西瓜合作社,通
过注册"台头"西瓜品牌,建立产地批发市场和专销网点,提高了产
品知名度,使 510 户入社农民户均增收 2000 元。

四、宏观市场调控体系全面引入

以党的十四大明确提出的建立社会主义市场经济体制为标志,建
立和完善农村市场经济的一系列措施出台,将管理经济的手段由直接
参与转变为间接调控。1992 年国务院颁布了《关于加强粮食流通体制
改革的通知》,改变了粮食购销调拨包干的办法,从而带动了农副产品
购销制度的全面改革,形成了农副产品以市场购销为主、合同定购为

辅的格局。到 1993 年底，全国各地基本上全部取消了实行了 40 年的口粮定量办法，实行市场供应，价格随行就市。粮票、布票、油票、肉票等先后退出历史舞台。改革的突破性进展是：目前在社会农副产品收购总额中属于国家统购的部分，即继续由国家规定收购价格和由国家指定的国营商业公司统一收购，大体只占 1/4 左右，而 3/4 的农产品已经是市场交换。即国家定价的仅占 10%，属国家指导性价格的占 20%，市场形式的价格占 70%。

（一）政府运用间接手段对农副产品进行调控

以粮食为例，政府通过合同每年从农民手中收购 250 万吨商品粮。国有粮食部门每年在市场议价收购一部分储备的粮食，使政府调控市场奠定了基础（从 1990 年建立专项粮食储备制度），政府完全可以调节粮食供求矛盾，稳定粮食价格。各级政府建立了粮食风险基金制度。随着我国外汇储备增加较快，政府有能力通过农产品国际贸易进口部分粮食，对国内农产品流通进行调节。

（二）进一步转换农产品价格形成机制

农产品价格改革的真正难点在于如何转换大宗农产品的价格形成机制。大宗农产品价格形成机制的转换，具体来说，就是要由国家直接定价过渡到由市场定价。由市场定价即意味着当时国家的定价水平将逐渐接近市场价格水平。

首先，在粮食上。1999 年 5 月 13 日至 14 日召开的全国粮食流通体制改革工作会议，针对当时优质品种相对不足、劣质品种大量积压的状况，确定要尽快形成调整种植结构的动力机制，适当缩小按保护价敞开收购的范围，对劣质品种东北春小麦、南方早籼稻、长江以南小麦等逐步退出保护价敞开收购范围，并要结合结构调整和市场情况，进一步拉开质量差价、品种差价，安排好等级差价、季节差价和地区差价。这将促使农民利益最终得到保护，并使国企粮食购销工作得到改善。

其次，在棉花上。1999 年 6 月 3 日至 4 日全国棉花工作会议指出：要抓住当前棉花供大于求的机遇，运用经济手段加大结构调整力度，减少面积，提高质量，降低成本，增加效益，增长市场竞争力。会议明确指出：国家对棉花收购价格和销售价格不再做统一规定，棉花价格主要由市场供求形成。强调认真实行优质优价政策，大幅度拉开棉花质量差价，扩大品种差价和等级差价，尽快改革棉花质量标准。并要严格审定市场准入资格，保证棉花市场的正常秩序。

五、农副产品流通管理规范化起步

通过对我国农副产品流通体制的改革，期间表现出来的问题也在逐步解决，也形成了相应的规范化的管理机制，下面以粮食流通为例做介绍。

（一）粮食流通管理机构

1998年6月，国务院明确将国家粮食储备局归入原国家发展计划委员会管理，负责对中央储备粮的行政管理。1999年11月，经国务院批准，组建国家粮食局，归口原国家发展计划委员会。国家粮食局为负责全国粮食流通宏观调控具体业务、行业指导和中央储备粮的行政管理机构。同时，成立中国储备粮管理总公司，承担中央储备粮的调运、轮换、仓储管理、进出口等职能。

（二）粮食流通主体

这一时期，国有粮食购销企业在粮食收购等环节发挥着主渠道的作用。同时，中央储备粮直属企业在粮食收购、储存等环节发挥着重要作用。据统计，1998—2002年国有粮食购销企业平均每年收购粮食1135亿公斤（贸易粮），占农民出售余粮的2/3以上。2003年国有粮食购销企业仍收购972亿公斤。2001—2003年，粮食主产区三年平均收购量为864.5亿公斤，占三年平均商品量1238.5亿公斤的70%。另一方面，随着粮食购销市场化步伐加快，多元化市场主体逐步参与搞活粮食流通，福建、浙江等沿海主销区的非国有粮食购销企业在粮食批发、加工等环节发挥了较大作用。

（三）粮食流通体制的渐进式改革

（1）1998年的粮食流通体制改革。从1998年10月朱镕基同志主持召开的大连会议开始，经过一年多的深入调查研究，1998年4月27

日，国务院召开了全国粮食流通体制改革工作会议，对粮改进行具体部署。当年 5 月 10 日，正式下发了《关于进一步深化粮食流通体改革的决定》（国发〔1998〕15 号），揭开了进一步深化粮食流通体制改革的序幕。近几年来，按照"四分开，一完善"的改革原则和以"三项政策，一项改革"为工作重点，我国粮食流通体制改革始终坚持购销市场化的改革方向，稳步推进，取得了重大进展。1998 年，国务院下发的《关于进一步深化粮食流通体制改革的决定》（国发）中明确了改革的原则："四分开，一完善"，即实行政企分开、中央与地方责任分开、储备与经营分开、新老财务账目分开，完善粮食价格机制。

（2）1999 年的完善粮食流通体制改革政策措施。1999 年，国务院决定适当缩小保护价收购范围，并对粮食风险基金实行包干。由于粮食连年丰收，粮食供求由长期短缺转变为总量大体平衡、丰年有余，同时供求结构性矛盾也日益突出，粮食生产的品种、质量不适应消费需求的变化。为有效解决这一问题，国务院于 1999 年 5 月 13 至 14 日召开了全国粮食流通体制改革工作会议，5 月 30 日下发了《关于进一步完善粮食流通体制改革政策措施的通知》（国发〔1999〕11 号）。针对粮食流通体制改革进展不平衡以及存在的矛盾和问题，国务院又于 1999 年 9 月 14 日至 15 日在河北省石家庄市召开了七省粮食工作座谈会，随后下发了《关于进一步完善粮食流通体制改革政策措施的补充通知》（国发〔1999〕20 号），强调必须坚定不移地贯彻执行"三项政策、一项改革"，不断完善相关政策和措施，继续推进粮食流通体制改革，同时要加快农业和粮食生产结构的调整，促进粮食总量平衡和结构的优化。

（3）2000 年的推进粮食流通体制改革的政策。2000 年继续缩小保护价收购范围，并适当增加粮食风险基金规模，加强国家粮库建设。针对国有购销企业顺价销售困难较大、库存粮食陈化加重、一些粮食主产区风险基金落实难度大等实际困难，2000 年 2 月 2 日，国务院办公厅下发了《关于部分粮食品种退出保护价收购范围有关问题的通知》（国办发〔2000〕7 号）。6 月 10 日，国务院下发了《关于进一步完善粮食生产和流通有关政策的通知》（国发〔2000〕12 号），提出了多项推进粮改的新政策措施。

（4）2001 年的深化粮食流通体制改革政策。2001 年 7 月 31 日，国务院下发了《关于进一步深化粮食流通体制改革的意见》（国发〔2001〕28 号），调整完善了相关政策措施，提出了深化改革的总体目标：在国家宏观调控下，充分发挥市场机制对粮食购销和价格形成的作用，完善粮食价格形成机制，稳定粮食生产能力，建立完善的国家粮食储备体系和粮食市场体系，逐步建立适应社会主义市场经济发展要求和我国国情的粮食流通体制。深化改革的总体思路是"放开销区、保护产区、省长负责、加强调控"，即从 2004 年起，全面放开粮食收购市场和收购价格，积极稳妥地推进粮食流通体制改革，其标志性文件是国务院《关于进一步深化粮食流通体制改革的意见》和《粮食流通管理条例》。

六、供销合作社进入改革探索阶段

20 世纪 90 年代以来，国家向市场经济转型的步伐大大加快，市场经济领域发生了很大的变化，集体、民营、个体经济的迅速崛起，使受计划经济影响较深的供销社受到了严重冲击，农村市场一统天下的格局被打破了。经营体系被肢解，果品、土产杂品、绳麻、百货、五金交电等一些传统的经营业态退出历史舞台；组织体系被打破，农村的一些基层社、分销处、代销点逐步萎缩和消亡，职能作用被弱化；网络基础全面动摇，原有的 2500 多个经营网点大部分出租、变卖或停业，农村阵地不断缩小；冗员和经济包袱凸显，全系统在册职工 7.3 万人，累积历史经济包袱高达 20 多亿元，经营进入低谷，效益大幅度滑坡，出现了系统全面亏损局面，供销社进入了最艰难的生存时期，也进入了供销社的改革攻坚阶段。1993 年至 1994 年，重点在组织结构上进行了调整改革，对一些社有企业进行了撤并和调整，对基层社的一些小门小店实行"租壳卖瓤"，即出租门店，商品由承租人购买，实行自主经营、自负盈亏。1995 年以来，按照党中央和国务院两个 5号文件精神，加大了改革力度，本着"有进有退""抓大放小"的原则，确定了"资产重组、减员减债，调整结构、转换机制、开拓经营、加强管理"的工作思路，采取身份置换、下岗分流等办法，使职工减少到 2.8 万人；着力抓好企业扭亏增盈工作，采取企业破产和"打包"销债的方法，核减银行债务 6.4 亿元；从体制变革入手，重组改制了部分社有企业；从调整经营结构入手，弱化了土产杂品、果品食杂等业态经营，开拓了房地产、仓储物流、进出口业务等新型业态。使系统经济从沉重的包袱中解脱出来，遏制了亏损局面，从经营低谷逐渐向上攀升，到 2001 年，全系统扭亏为盈，为进一步改革和发展奠定了良好的基础。2001 年市社系统总销售 57.63 亿元，社会商品零售额 25.07 亿元，利润 2829 万元。

第六节 对外贸易稳步增长

一、适应市场经济体制的外贸企业体制改革

在探索建立社会主义市场经济体制的过程中，天津市的外贸体制改革逐步深化，天津的外向型经济年年跨上新台阶，对外贸易创历史最高水平，外贸出口加快，规模逐年扩大，出口商品结构、市场结构和经营结构进一步改善。外贸企业集团化、实业化、国际化进程加快。天津对外贸易的快速增长，有力地促进了全市经济的快速健康发展。

经过一系列的改革，天津市的外贸企业逐步走上统一政策、平等竞争、联合统一对外的轨道，极大地调动了外贸企业出口创汇的积极性，使外贸企业的运行机制更加适合国际通行规则的需要。同时，天津市加快外贸企业经营机制转换，围绕国有资产保值增值和科学管理，积极推进现代企业制度，综合商社和设立监事会、内部职工持股等试点，实行资产经营责任制。按照现代企业制度的要求对国有外贸企业进行改组，促进外贸企业建立产权清晰、责权明确、政企分开、管理科学的企业制度。国家取消对外贸企业的指令性计划和外贸企业上缴

外汇任务，实行统一的企业所得税政策，外贸企业和国内其他企业一样按照国家规定的统一税率依法缴纳所得税，从而理顺了外贸企业与国家之间的财务关系，调动了企业扩大出口和提高经济效益的积极性。1999 年天津市出台了外经贸系统企业推进股份制改革的试行办法、经营者实行激励机制的指导性意见等 4 个文件。以内部职工持股为特点的股份制改革全面推开，至年末有 6 家挂牌运营。北方集团、天海集团通过重组实力壮大。采取多种方式放开搞活的中小企业达 60%以上。大力推进 ISO9000 系列认证，外经贸企业的管理水平有很大提高。

二、扩大开放、加快改革，推动对外贸易持续增长

体制改革赋予外贸企业生机活力，促使出口规模逐年扩大。1996 年全市外贸进出口总值 82.97 亿美元，比 1991 年增长 3.1 倍，平均每年递增 32.7%。外贸出口加快，规模逐年扩大，增幅在全国处于领先水平（见图 5-1）。天津外贸出口由 1991 年的 16.06 亿美元发展到 1996 年的 40.49 亿美元，增加 24.43 亿美元。5 年间，每年跨上一个新台阶，平均每年递增 20.3%，比全国同期平均增幅高出 4.3 个百分点，扭转了改革开放以来出口增幅低于经济增长的被动局面。1996 年，天津外贸出口额在全国居第 8 位，增幅居各省市之首。1992 至 1996 年，累计出口达到 131.42 亿美元，相当于"七五"时期的 1.7 倍，1992 年外贸出口从谷底走出，当年创汇 17.52 亿美元，比上年增长 9.1%。1993 至 1996 年，随着各类企业对自负盈亏机制逐步适应和汇率并轨后的良性效应，促进了出口的快速增长。1993 年出口 19.42 亿美元，1994 和 1995 年出口分别达到 24 亿美元和 29.98 亿美元。1996 年出口跃升到 40.49 亿美元，实现了外贸出口新的突破。2001 年，进出口贸易稳步增长，完成外贸进出口总值 181.86 亿美元，比上年增长 6%。其中出口 95.02 亿美元，增长 10.1%，比全国出口增幅高 3.3 个百分点；进口 86.85 亿美元，增长 1.8%。全市机电产品出口 49.8 亿美元，增长 18.3%，占全市出口比重的 52.4%。高新技术产品出口 27.2 亿美元，增长 26.8%，占全市出口比重为 28.7%。

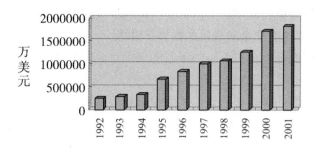

图 5-1　1992—2001 年天津市对外贸易进出口商品总值分布

资料来源：天津市统计局.辉煌的历程 天津改革开放 30 年[M].北京：中国统计出版社，2008：299.

三、有效应对亚洲金融危机

（一）亚洲金融危机对天津对外贸易的影响

1997 年亚洲的泰国、菲律宾、印度尼西亚、马来西亚、日本、韩国、新加坡和中国香港相继发生金融危机，直接打击了这些国家和地区的经济发展，造成经济增长速度出现较大幅度的下滑。这种状况，不仅使它们对天津的投资和进口下降，而且对天津的对外开放和经济发展产生了负面影响。据统计，1998 年，全市新批三资企业 859 个，比上年下降 18.7%；合同外资额 36.37 亿美元，下降 5.5%；实际利用外资 30.58 亿美元，下降 10.7%。亚洲 8 个国家和地区对天津投资下降 7.5%，其中日本、韩国、中国香港投资分别下降 62.6%、34.3%和5.3%。一些原定投资项目，如韩国三星、LG 二期扩建等均延期。外贸出口增幅明显下降，其中对日本、韩国、中国香港、新加坡出口分别下降 6%、16%、24%和 7%。滨海新区是天津对外开放的窗口和最大的经济增长点。1993 年到 1997 年国内生产总值年均递增 25.8%。受亚洲金融危机的影响，新区发展速度明显减缓，新批三资企业协议外资额下降 15.2%；国内生产总值增长 13.8%，比上年下降 6.2 个百分点。天津市各出口企业、部门积极应对，趋利避害，积极调整产品结构、市场结构、不断改进贸易方式，加之宏观政策和贸易环境的变化，实现了贸易规模的逐步扩大，贸易结构逐步改善。

（二）应对亚洲金融危机的措施及效果

针对亚洲金融危机影响的不断加深，对经济发展冲击不断加大的严峻局面，市委、市政府广泛开展调查研究，及时分析经济运行形势，找准影响发展的主要矛盾点，采取积极有效措施，克服各方面困难，推动各项经济工作，取得了很好的效果。从 1998 年 8 月开始，经济增长扭转了低速徘徊局面，速度明显加快，到第 4 季度达到了两位数，实现了全年经济发展的目标，国内生产总值增长 9.3%。

（1）天津市把"充分利用两个市场、两种资源，加快扩大对外开放，发展外向型经济"作为拉动经济增长、促进经济结构调整、推动经济整体水平的重要途径。市政府通过了《关于进一步扩大对外开放的意见》。市外经贸委出台了服务外贸出口的 20 项措施。天津海关推出了提高通关效率支持外贸出口的 8 条措施。天津出入境检验检疫局"三检合一"后，加大为外经贸企业的服务力度，推出 10 项服务措施，降低收费标准 40%。国税局及时解决出口退税中的难题，加快退税速度，全年完成出口退税 13.1 亿元，比上年增长 41.2%，当年返还外商投资企业超税赋款 6.9 亿元。天津港作业区船舶平均在港停留时间比上年缩短 0.6 天。外汇管理局采取措施保证出口企业及时核销和用汇。

1999 年，天津市有 21 家外经贸企业与 17 个国家和地区的国际连锁集团采购系统建立了合作关系，全年出口成交 6284 万美元，比上年增长 66.9%。加工贸易出口 43.02 亿美元，增长 66.9%，占全市出口比重的 67.96%。出口商品结构中，机电产品出口 32.41 亿美元，增长 19.6%，占全市出口的 51.2%。外贸经营主体更加多元化，1999 年天津市有 60 家企业获得进出口经营权，其中 4 家为私营企业。外商投资企业出口成为出口的主要拉动因素，自营出口企业成为新的增长点。1999 年三资企业出口 44.91 亿美元，增长 17.45%。在开发新市场方面，对亚洲市场出口增长 15.9%，对拉美国家增长 25.1%，对原苏东地区的白俄罗斯、亚美尼亚、捷克等国家的出口有较大幅度的增长。

（2）1999 年，天津市直接利用外资工作在困难的情况下，创新招商方式，改造投资环境，取得较好效果。完善天津招商信息网络，充实天津招商信息库，每天向全球发送天津招商信息，在网上获得外商投资意向100多条。利用互联网技术，举办了天津—美国经贸视频电视电话会议。代理签订招商协议7份。加强对中小企业的招商，制定了优惠政策，通过吸引国内外投资管理财团建立国际化标准工业生产区域、厂房和管理服务机构，为境外中小企业在津投资提供从市场调研、可行性研究到后期管理的一条龙服务。开发区、北辰科技区、飞鸽出口基地作为试点开始启动。外国投资服务中心入住泰达大厦办公，强化了一站式服务。编制了《外商投资企业收费目录》，制止乱收费。1999年受理纠纷案件比上年下降20%。北京零点调查公司对天津市投资环境评估表明，满意和基本满意率达89.7%。有149家外商投资企业扩大投资规模，增资外资额5.2亿美元。一些国际跨国公司继续看好天津，如英国的BBA、美国的波音和卡特比勒、日本的丰田等都投资新的工业项目。

1999年新批有外贸经营权的企业8家，累计32家。市成立境外投资协调小组，召开全市推动企业开展境外加工装配业务工作会，建立境外投资项目预选项目库和信息库，利用多种形式宣传国家和天津对外投资优惠政策，对重点企业人员进行培训，一大批境外投资项目落实，涉及工程、医药、保健品制造和销售，自行车、仪器仪表组装，塑料制品加工，建筑材料等行业，带动了闲置设备和零配件的出口，输出了劳务人员，经济效益看好。1999年对外承包工程合同额2.3亿美元，比上年增长2.24倍。抓住南联盟战后重建的机会，本市派团去南考察，与南政府签署了投资和贸易等14个项目合作书。开发区承担的埃及苏伊士经济特区项目进展顺利，一批投资意向进入实质性洽谈阶段。

（3）加快国有外贸企业改革步伐。1999年出台了外经贸系统企业推进股份制改革的试行办法、经营者实行激励机制的指导性意见等4个文件。以内部职工持股为特点的股份制改革全面推开，至年末有6家挂牌运营。北方集团、天海集团通过重组实力壮大。采取多种方式放开搞活的中小企业达60%以上。大力推进ISO9000系列认证，外经贸企业的管理水平有很大提高。

（4）出口市场多元化战略成效显著。天津大力开拓国际市场，已与 182 个国家和地区的 21000 多客商建立贸易往来。到 2000 年，出口市场扩大到 187 个国家和地区，比"八五"时期增长 12%。出口超千万美元（包括千万美元）的国家和地区有 45 个，比 1995 年增加 13 个，增长 40.6%；出口额 64.17 亿美元，占天津出口总额的 74.4%，比 1995 年高 20.3 个百分点。"九五"以来，天津加速实施多元化战略，在保持传统市场的同时，积极开拓非洲、拉美、东欧等新兴市场。改变了"八五"时期出口市场相对集中于中国香港、日本、美国三大市场的出口格局。2000 年出口超过一亿美元的国家和地区已增至 12 个，美国取代日本成为天津市出口的第一大贸易伙伴，占全市出口比重由 1995 年的 18.3% 升至 23%。出口超亿美元的国家和地区有：美国 19.84 亿美元、日本 14.98 亿美元、中国香港 8.3 亿美元、韩国 7.97 亿美元、德国 6.41 亿美元、新加坡 2.42 亿美元、英国 2.3 亿美元、荷兰 2.07 亿美元、俄罗斯 1.87 亿美元、泰国 1.46 亿美元、加拿大 1.18 亿美元，11 个国家和地区出口总额 69.96 亿美元，比 1995 年增长 1.7 倍，年均递增 22.3%。

四、利用外资领域和规模逐步扩大

"九五"时期，天津利用外资本着积极、合理、有效的方针，按照全市经济结构调整的目标，积极扩大招商引资，投资效益明显提高，有力地推动了天津经济的发展，为天津国民经济和社会发展注入了生机与活力。

（一）利用外资规模扩大，质量进一步提高

"九五"时期，天津利用外资保持良好的发展势头，利用外资规模不断扩大，质量显著提高。间接利用外资发展适度，外债结构趋于合理。直接利用外资保持稳定规模，投资结构继续得到改善，第三产业吸引外资增多，跨国公司、大财团来津投资踊跃，投资国家和地区多元化，截止到 2000 年底，来津投资国家和地区已达 110 多个。

"九五"时期，天津累计批准直接利用外资的项目 4205 个；合同外资额 196.41 亿美元，比"八五"时期增长 78.1%。外资实际到位 121.27 亿美元，比"八五"时期增长 2.6 倍。全市间接利用外资 29.08 亿美

元；比"八五"时期增长 6.7%。

注重质量是"九五"时期天津利用外资的显著特点，虽然直接利用外资项目数比"八五"时期有所减少，但项目质量明显提高。直接利用外资合同外资额年平均保持在 39 亿美元的水平，而"八五"时期年平均仅有 22 亿美元。"九五"时期，平均项目外资水平为 467 万美元，比"八五"时期增加 343 万美元。大项目明显增加，"九五"时期，批准投资总额超 500 万美元以上项目 398 个；合同外资额 74.39 亿美元，占"九五"时期全部合同外资额的 37.9%。实际利用外资（含间接利用）年平均保持在 30 亿美元，而"八五"时期仅有 12 亿美元。

（二）著名跨国公司、大财团来天津投资踊跃

随着投资环境改善，天津已成为外商投资的热点区域。利用跨国公司投资，引进先进生产技术，尽快缩短与世界发达国家的距离，已成为天津扩大开放的重要途径。如美国的联合技术公司、美孚国际石油公司、通用汽车公司；法国的施耐得公司、法拉基公司；德国的赫素公司；英国的铂金斯集团；荷兰的欧加华公司；芬兰的瑞特格集团；香港特区的新世界发展有限公司；台湾地区的新华丽华集团；韩国的现代、金星公司；日本的松下、丰田、佳能公司等一大批世界著名跨国公司、大财团相继在津投资建厂。这些技术含量高、资金密集、产品竞争力强的项目带动了天津产业和产品结构的调整。截止到 2000 年底，来津投资的跨国公司、大财团有 218 家，投资项目 351 个，合同外资额 77.92 亿美元，列入全球最大 500 强企业，在津投资的有 66 家，投资项目 126 个。

（三）嫁接改造国有老企业硕果累累

"九五"时期，是天津确定用 8 年时间将国有老企业嫁接改造一遍的重要时期。挖掘国有老企业的潜在能力，盘活国有资产，引进国外先进技术、设备和管理方法，是国有老企业重振雄风、再创辉煌的有效手段。"九五"时期，天津工业系统累计签订嫁接改造项目合同外资额 37.6 亿美元，比"八五"时期增长 30%以上，嫁接改造项目数和合同外资额占到"九五"时期工业系统全部利用外资的 80%以上。国有老企业通过引进外资，实现资产重组，使老企业焕发出新的生机活力。

如中环电子信息集团有限公司与韩国合资的天津三星电管有限公司、二轻工业总公司与韩国合资的乐金电子（天津）电器有限公司、医药集团有限公司与英国合资的史克必成（天津）有限公司等。嫁接改造项目涉及电子、机械、化工等众多行业，对于天津产品的升级换代起到了极大的促进作用。截止到 2000 年底，天津工业系统累计批准嫁接改造项目 811 个，合同外资额 49.3 亿美元。

（四）投资结构进一步改善，第三产业吸引外资比重增大

"九五"时期，国家积极鼓励外资投向交通、能源、基础设施等行业，并陆续出台了一系列优惠政策。天津也加大了对第三产业招商引资的力度。"九五"时期，天津直接利用外资在第二产业稳步发展的基础上，第一、三产业引资步伐加快。第一产业引资取得突破，合同外资额达 4764 万美元，比"八五"时期增长了 2.1 倍；第三产业引资得到加强，合同外资额 92.67 亿美元，比"八五"时期增长了 91.3%，占"九五"时期全部合同外资额的比重达 47.2%，比"八五"时期提高了 3.7 个百分点；第二产业合同外资额 103.26 亿美元，比"八五"时期增长 64.8%。

（五）外商投资信心增强，增资企业逐年增多

天津投资环境日益完善，投资回报丰厚，也增强了外商投资的信心。"九五"时期，天津共有 946 家外商投资企业再投资，外方增资额 54.67 亿美元，占"九五"时期全部合同外资额的 27.8%。众多大企业纷纷增资，扩大生产规模，满足自身发展需要。如摩托罗拉、三星电机、本田摩托、三美电机等公司相继增资扩股。摩托罗拉公司自 1992 年建立以来，几年间，生产经营取得了长足的发展，实现了良好的收益。2000 年，其做出增资 19 亿美元的决策，成为美国在华投资最大的企业，将对天津的经济产生深远的影响。

（六）滨海新区的崛起成为天津经济发展的亮点

1994 年，天津市委提出用 10 年时间基本建成滨海新区，在过去 6 年中，滨海新区的国内生产总值保持平均递增 20% 以上的较快发展态势。外贸出口平均递增 34%，外贸出口占天津的比重已超过了 40%。截止到 2000 年，入区的外商投资企业已达 6000 余家，吸引外资已突破 170 亿美元，滨海新区已成为天津乃至中国北方经济最活跃的开放区域。滨海新区还将发挥整体优势和聚集效应，发挥港口的连接和辐射作用，集开发区、保税区、出口加工区、新技术产业园区的优惠政策于一身，做到优势互补。开发建设滨海新区是天津这座中国老工商城市面向新世纪的战略选择。

（七）间接利用外资适度合理，有力支持了天津经济的发展

"九五"时期，通过有效、适度的借用国外资金，弥补了天津发展经济过程中的资金不足，引进了国外的先进技术、设备及管理方法，对天津经济发展和社会进步起到了重要的促进作用。"九五"时期，间接利用外资 29.08 亿美元，比"八五"时期增长 6.7%。借用外资支持了一批重点工业项目，如天津碱厂的合成氨技改项目等；加强了城市基础设施建设，改善了天津投资环境，如经济技术开发区的固体废弃物处理中心、污水处理项目等。

（八）外商投资企业为天津经济发展注入了活力

"九五"时期，外商投资企业经济取得长足的发展，无论是生产规模还是经济效益明显高于"八五"时期。"九五"时期，外商投资企业实现销售收入 4915.45 亿元，比"八五"时期增长 3.3 倍；利润总额 222.8 亿元，比"八五"时期增长 1.4 倍；税金 279.93 亿元，比"八五"时期增长 4.4 倍；出口 199.83 亿美元，比"八五"时期增长 7 倍。外商投资企业在全市经济中的地位明显增强，2000 年外商投资企业实现工业总产值 1208.92 亿元，占全市工业总产值的 46.8%，比 1995 年提高 9.6 个百分点；出口 63.79 亿美元，占全市外贸出口总额的 73.9%，比 1995 年提高 40.5 个百分点。外商投资企业出口规模逐年扩大，有力地推动了天津对外贸易的发展。2000 年年末，外商投资企业从业人员已达到 37.38 万人，比 1995 年年末增加了 7.35 万人。

五、外贸改革与外贸结构

（一）外贸改革

1978 年以前，为了与产品经济和单一的计划经济相适应，我国建立了由外贸部统一领导、统一管理，外贸各专业公司统一经营，实行指令性计划和统负盈亏的高度集中的对外贸易体制。1978 年 12 月党的十一届三中全会决定实行对外开放政策，并调整经济发展战略，我国进入社会主义现代化建设新时期，国家工作的重点转移到经济建设上来，原有高度集中的外贸体制已远远不能适应新时期经济发展的需要，我国开始对原有的外贸体制进行改革。

外贸体制改革的逐步深化，为对外贸易的发展提供了良好的外部环境。党的十四大以来，中国外贸体制发生了深刻的变化。

1991 年国家陆续取消了外贸出口的指令性计划，各类外贸企业对取消出口补贴、实行出口退税制已经逐步适应，外贸自负盈亏机制深入人心。

改革外贸经营权制度，1992 年颁发了《全民所有制工业企业转换经营机制条例》，赋予了工业企业外贸经营权。到 1993 年底，有外贸经营权的外贸企业有 4000 多家，有外贸自营权的生产企业 200 多家，而 16 万家外商投资全部拥有外贸经营权。至此，原有的宏观管理模式已明显不能适应外贸发展的需要。在这一形势下，为企业创造平等的市场经济环境、深化企业产权改革已迫在眉睫。

1994 年，中国政府开始了以汇率并轨为核心的新一轮外贸体制改革。从 1994 年 1 月 1 日起，实现双重汇率并轨，实行以市场供求为基础的、单一的、有管理的人民币浮动汇率制，取消外贸留成实行银行售汇制，外汇体制改革为各类出口企业创造了平等竞争的环境。取消外汇上缴，实行汇率并轨，不仅促进和保持了人民币汇率的稳定，也极大地调动了外贸企业出口创汇的积极性。

1995 年《对外贸易法》的颁布和实施，既使得对外贸易企业的管理有法可依，又进一步规范了外贸经营秩序，也更加符合国际通行的规则。1996 年国家对外经贸政策进行了一系列的调整，再次调低了出口退税率，取消了外商投资企业的进口设备关税减免的待遇。推行了加工贸易银行保证金台账管理。

1998 年国家做出国务院各部委所属企业与原主管部门脱钩的重大决策，外经贸企业总公司和工贸公司也按照国家统一部署与主管部门脱钩。这对推进外贸企业制度创新和全面深化外贸体制改革具有重大意义，有利于加快外经贸企业建立现代企业制度的进程，有利于政府职能的进一步转变。

（二）外贸结构

进入 20 世纪 90 年代，天津市对外贸易不仅总量迅速扩张，贸易结构也逐步趋于优化，协调发展能力进一步增强。

（1）对外贸易方式发生较大变化，由改革开放伊始的以一般贸易为主，伴随着对外开放程度的不断发展，特别是三资企业的发展，在20 世纪末逐步过渡到以加工贸易为主。1989 年，全市一般贸易进出口达 13.92 亿美元，占全市外贸进出口总额的 56.1%；2000 年，全市加工贸易进出口达 89.03 亿美元，占全市外贸进出口总额的 51.9%。进入 21 世纪以来，随着全市经济持续快速发展和生产能力的不断提高，再度引起新一轮的一般贸易增长速度快于加工贸易增长速度的变化，初步形成两种贸易方式协调发展的优化结构。

（2）全市外贸经营主体结构发生深刻变化，外商投资经济居主体，民营经济长足发展。1993 年外商投资企业进出口仅占全市外贸进出口总额的 15.8%，2007 年外商投资企业外贸进出口达 542.19 亿美元，占全市外贸进出口总额的比重达 75.8%，而国有企业仅占 14.3%；民营企业所占比重由 2001 年的 0.2%上升到 2007 年的 9.9%。

（3）高新技术出口成倍增长，出口产品结构更趋合理。近年来，天津市积极调整出口产品结构，实施品牌和以质取胜战略，鼓励高科技和高附加值产品出口。2007 年，全市机电产品出口额达 259.82 亿美元，比 2000 年增长 3.7 倍，年均增长 24.6%，高于全市外贸出口年均增幅 0.9 个百分点，占全市外贸出口的比重由 2001 年的 52.4%上升到 2007 年的 68.1%。2007 年，全市高新技术产品出口 146.55 亿美元，占全市外贸出口的比重达 38.4%。这表明天津出口商品分类构成逐步优化、层次逐步提高，对外贸易效益水平逐渐提升。

（4）多元化市场战略取得成效，贸易关系进一步加强和拓展。改革开放以来，天津市积极实行市场多元化战略，贸易空间不断拓展。1978 年天津市对外贸易市场主要集中于中国香港等二十多个国家或地区，其中只有中国香港和日本出口额超过亿美元，到 2007 年进出口额超亿美元的国家和地区已增加到 31 个。其中，出口额超亿美元的国家和地区 2007 年达到 27 个；进口额超亿美元的国家和地区 2007 年达到 23 个。

（5）口岸辐射功能进一步提升。到 2007 年，天津市口岸进出口总额达 1290 亿美元，是 1981 年的 21.3 倍。在全部口岸进出口总额中，外省市进出口比重不断提高。2007 年，外省市进出口总额为 733.95 亿美元，占全部口岸进出口总额的比重达 56.9%。

参考文献

[1] 天津市人民政府.天津年鉴[M].天津：《天津年鉴》编辑部，2001：255.

[2] 天津市统计局.辉煌的历程 天津改革开放 30 年[M].北京：中国统计出版社，2008：16-17、33-43、147-155.

[3] 天津市统计局.新中国五十年统计资料汇编天津[M].北京：中国统计出版社，1999：54-56、56-60、109-113、113-116.

[4] 许蔓菁.我国农产品流通体制研究[D].郑州：河南大学，2011.

[5] 张克明，冯兴华，曹杰.天津商业驶入高速路[N].中国商报，2000-7-26.

[6] 天津经济年鉴编辑部.天津经济年鉴 1997[M].天津：天津人民出版社，1997：327-328.

[7] 中国天津商务网. [EB/OL]. [2014,06,07].http://www.tjcoc.gov.cn.

[8] 天津北方网. [EB/OL]. [2014,06,07].http://www.enorth.com.cn/.

[9] 天津物产集团有限公司. [EB/OL]. [2014,06,07]. http://www.tewoo.com/main/Default.aspx.

第六章

社会主义市场经济体制进一步完善时期的天津商贸业（2002—2010）

第一节　商贸业市场化和现代化水平不断提高

一、内贸市场繁荣活跃

进入 21 世纪的最初 10 年，天津不断推进商业结构调整，加快市场载体建设，加大市场开放力度，全面加速商业现代化进程，商贸流通业呈现出良好的运行态势，充满生机活力的大市场、大流通、大商贸格局逐步形成。

（一）国内贸易流通规模不断扩大

流通业购销总规模大幅扩大。2003 年，天津批发和零售业商品购销总额实现 4179.3 亿元，比上年增长 41%。2007 年批发和零售业商品购销总额迈上万亿台阶，达到 1.48 万亿元，其中销售总额完成 7959.03 亿元。商品零售规模迅速扩张。进入 21 世纪，平均增长速度达到 13.7%，2002 年，全市社会消费品零售总额为 941.86 亿元；2004

年迈上千亿元台阶，达到 1044.78 亿元；2007 年完成 1603.74 亿元，比 1978 年增长 71 倍，年均递增 15.9%，见图 6-1。

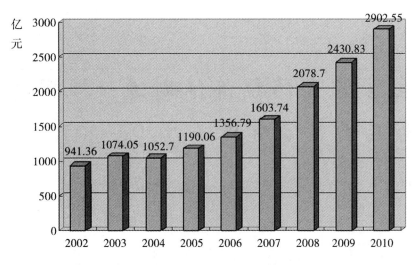

图 6-1　2002—2010 天津社会消费品零售总额分布图（亿元）

资料来源：根据 2003—2011《天津年鉴》统计资料整理。

（二）商品交易市场繁荣活跃

多层次商贸流通格局进一步优化。基本形成以大型批发市场为龙头，以大型商业企业为骨干，以农村和城市社区网点为基础的多层次、多门类的商贸流通体系，有力地促进了天津作为经济中心城市商贸集散功能和作用的提升。2007 年成交额超亿元的批发市场多达 60 个，其中超 10 亿元的达到 25 个，有力地促进了天津作为经济中心城市商贸集散功能和作用的提升。从传统的百货商店、农贸市场，到时尚快捷的超级市场、连锁商店、专卖店、便利店，再到充满现代气息的仓储式超市、网上订购，新型商业业态蓬勃发展，极大地促进了零售市场的繁荣活跃。

二、现代市场体系和商贸流通体系日趋完善

进入 21 世纪，天津市社会主义市场经济体制初步建立并不断完善，全方位的开放型商贸格局全面形成。商贸领域以公有制为主体、多种经济成分共同发展的基本经济制度已经建立，国有资本、集体资本和非公有资本等相互参股的混合所有制经济发展。全方位、宽领域、多层次的对外开放格局已经形成。天津市同 170 多个国家和地区建立了贸易关系。2007 年全市外贸进出口总值 715.5 亿美元，是 1978 年的 72.4 倍，年均增长 15.9%。其中，出口 381.6 亿美元，是 1978 年的 44.1 倍，年均增长 13.9%。出口产品中，机电产品比重达 68.1%，高附加值的电子信息、汽车零部件等成为主导产品。全市累计外资合同额 778.43 亿美元，实际直接利用外资 397.5 亿美元。截至 2007 年底，在天津市投资的世界 500 强企业累计达 128 家，外资经济成为天津经济发展的重要力量。

以现代化的新型流通方式改造传统流通形式，建立新型的电子商务系统，构建以信息聚集和发布、大宗商品批发交易、物流配送等为主要功能的产需对接平台。加快市场法制化建设。规范市场中介组织的职能，推动商贸行业自律等也成为天津市进一步发展和完善市场体系的目标和方向。

2010 年，天津市启动"3116"工程，推动商贸流通业的发展和完善。

"3"即 30 个重要商贸载体，包括 10 个大型商贸集聚设施（梅江会展中心、水游城、万达商业广场、君隆广场、麦购时代广场二期、天津中心、七向街商业城、津门津塔、铜锣湾广场、泰达时尚广场永旺购物中心），10 条特色商业街项目（和平路提升改造项目、1902 欧式风情街扩展项目、意风区二期项目、书画一条街、奥城商业广场国际风情街、天津创意街、天街、梅江新海湾、淘宝街、南运河餐饮街），10 个大型批发市场建设项目（华北国际工业原料城二期、环渤海国际家居商贸中心二期、新南马路五金城二期、天津中储钢材交易大厦、

天津滨海钢铁交易中心钢贸大厦、蓝海商贸城一期、空港国际汽车园、大胡同地区批发市场、环渤海绿色农产品交易物流中心、天津市旧物交易中心二期）。

两个"1"分别是，十大商贸节庆活动（购物季、金街欢乐节、天津首届儿童动漫电影节、天津第三届购物节、"海河仲夏"狂欢节、天津之夏——欢乐嘉年华、中国天津国际啤酒节、天津海鲜美食节、第三届汽车文化节、中国旅游产业节），十大展会（"2010 年夏季达沃斯"论坛、2010 中国天津国际航空航天贸易展洽会、中国天津第十七届投资贸易洽谈会、中国国际矿业大会、第四届中国企业国际融资洽谈会、中国国际塑料橡胶注射成型工业展览会、第九届天津国际汽车贸易展览会、第十届中国北方国际自行车展、中国国际装备制造业博览会、第三届中国国际纸包装工业（天津）瓦楞彩盒展览会）。

"6"即提升商贸服务水平，推进汽车产业链整合，实施品牌发展战略，探索"农超对接"，完善社区商业中心功能，抓好药品流通行业管理。

三、服务业和餐饮业发展蒸蒸日上

（一）服务业发展迅速

1. 第三产业发展得到强化

天津第三产业增加值由 1978 年的 20.09 亿元增加到 2007 年的 2047.68 亿元，按可比价格计算，年均递增 11.1%，分别高于第一、二产业平均增幅 5.1 个和 0.3 个百分点。20 世纪 80 年代，第三产业增加值年均递增 9.6%；90 年代提速到 12.8%；从 2000 年起，连续 8 年保持两位数增长。与此同时，第三产业在国民经济中的比重逐步提升。改革开放初期至 1990 年以前，第三产业比重始终在 20%~30%的区间内徘徊；1990 年超过 30%，达到 32.9%；1997 年跃升到 41.0%；此后10 年，在工业快速增长的同时，第三产业的比重一直保持在 40%以上。近年来，在《天津市加快发展现代服务业实施纲要》和《关于进一步促进服务业发展的若干意见》等政策的引导下，第三产业发展进一步加快，商贸流通、社区服务、信息服务、中介服务、文化服务、房地产业六大现代服务业体系不断完善。

2. 传统服务业快速发展，现代服务业迅速崛起

交通运输、仓储及邮电业增加值从 1978 年的 4.79 亿元增加到 2007 年的 370 亿元，年均增长 16.2%。批发零售和住宿餐饮业增加值从 1978 年的 6.95 亿元增加到 2007 年的 591.22 亿元，年均增长 9.8%。现代服务业发展势头迅猛，比重大幅上升。1978 年，金融业实现增加值 0.13 亿元，仅占第三产业的 0.6%；2007 年，增加值已达 288.17 亿元，比重上升到 14.1%，提高 13.5 个百分点。1984 年，房地产业实现增加值 0.85 亿元，占第三产业的 2.1%；2007 年，增加值达到 189.42 亿元，比重上升到 9.3%，提高 7.2 个百分点。此外，租赁和商务服务业、技术服务业等新兴第三产业从无到有、发展壮大，在国民经济中的比重不断上升，对促进天津经济的腾飞发挥了重要作用。

3. 2010 年，天津市服务业规模、质量、效益进一步提高，为"十一五"画上圆满的句号

（1）产业规模跃上新台阶。全市服务业实现增加值 4121.78 亿元，净增 717 亿元，比上年增长 14.2%，高于全国服务业平均增速 4.7 个百分点，在全国 31 个省区市中，增速位居第二（仅次于海南）。服务业增加值占 GDP 的比重达 45.3%。其中，金融业完成增加值 560.73 亿元，增长 18.1%。全年存贷款余额分别增长 18.8% 和 23.5%，保险公司保费收入增长 49%。交通运输、仓储和邮政业完成增加值 585.22 亿元，增长 12.2%。水路运输全年完成货物周转量 9324.26 亿吨公里，增长 5.1%。天津港全年港口吞吐量 4.1 亿吨，集装箱吞吐量 1008.6 万标准箱，分别增长 8.4% 和 15.9%。机场旅客和货邮吞吐量分别增长 25.9% 和 20.5%。商贸餐饮业完成增加值 1191.05 亿元，增长 19.1%。社会消费品零售总额实现 2902.55 亿元，增长 19.4%。商品销售总额实现 15933.04 亿元，增长 36.3%。旅游业全年接待海外游客和旅游外汇收入分别增长 17% 和 19%，国内旅游接待人数和国内旅游收入分别增长 15% 和 21%。房地产业受国家宏观政策的影响，完成增加值 328.6 亿元，下降 0.9%。其他社会服务业主要包括科技服务业、教育业、新闻出版业、广播影视业、

文化艺术业等，实现增加值 1456 亿元，增长 12.6%。

（2）项目建设实现新跨越。完成三批 60 个重大服务业项目投资 640 亿元，累计完成投资 1573 亿元，占全部投资的 52%。全部 220 个子项目中，建成 85 个，在建 135 个。50 个现代服务业"短、平、快"项目竣工 25 个。金融方面，于家堡金融区等集聚区建设提速，吸引美国洛克菲勒财团、铁狮门等多家机构入驻。科技和信息服务方面，国家信息安全工程技术研究中心项目开工，将建成我国最大信息安全产业基地。通标标准技术服务公司中国地区国际结算中心落户开发区。商贸流通方面，建成开业 8 个大型商业设施、9 条特色商业街、2 个批发市场。旅游业方面，新建和改造提升万丽天津宾馆、莱佛士酒店和利顺德大饭店、水晶宫饭店等 10 家五星级酒店。建成邮轮母港、极地海洋世界、玉佛宫、天津滨海高新区环亚体育运动公园酒店及马球场等大项目。新建成的水高庄农业风情园、滨海鲤鱼门美食街、东疆湾人造沙滩、玉佛禅寺、庄王府、中国金融博物馆、纺织博物馆、手表博物馆等项目吸引了众多游客。文化创意产业方面，首批 40 项文化重点项目扎实推进，国家动漫产业综合示范园主体建筑完工，国家动漫产业示范公共技术服务平台通过验收，天津文化中心加紧建设，红桥区天津创意街、河东区天津音乐街二期和音乐跳蚤市场开业。总部经济方面，确定区域总部、结算中心、销售中心等方面的 50 个重点项目，其中 24 个项目落地或开工。

（3）发展水平达到新高度。金融业方面，累计注册 917 家股权投资基金及基金管理企业，认缴资金额 1637 亿元，本市已成为全国私募股权投资基金最为集聚的城市之一。成功举办第四届企业国际融资洽谈会，成为国内外规模最大、层次最高的私募股权基金盛会之一。渤海商品交易所成为全国最大的现货商品交易所。交通运输业方面，天津港成为我国北方第一个货物吞吐量突破 4 亿吨的港口，基本实现世界一流大港目标。科技服务业方面，全市技术先进型服务企业达 32 家，180 家科技服务业企业通过高新技术企业认定。会展业方面，建成梅江会展中心，举办会展节庆活动 200 多项，各类节庆促销活动 1500 多项，夏季达沃斯论坛、中国国际矿业大会、联合国气候大会等高端展会在本市成功举行。文化创意产业方面，神界漫画有限公司等 3 家企业被授牌为第四批国家文化产业示范基地。神界漫画的多部作品通过重点动漫产品认定，创全国单个动漫企业认定作品数量最多的纪录。猛犸科技被评为中国创意产业高成长企业 100 强。总部经济方面，全市新引进各类企业总部 40 余家，总数达 240 家，总部经济发展能力在全国 35 个主要城市中位列第七。楼宇经济方面，全市培育的亿元楼达 27 座。

（4）体制机制创新实现新突破。南开区获批国家服务业综合改革试点区域，试点工作启动。金融业方面，第二批金融改革创新 20 项重点工作全面完成，渤海通汇外币兑换公司、捷信消费金融公司、信唐货币经纪公司、快钱金融服务公司、渤海保理公司、渤海融资担保公司等一批新型金融服务机构成立或筹建。天津铁合金交易所开业，该所是全球唯一的铁合金交易所。天津金融资产交易所成功实现信贷资产挂牌转让，实现国内信贷资产首次进入二级公开市场进行转让交易。科技服务业方面，实施天津市科技服务业统计报表制度，统计制度进一步完善。文化产业方面，天津图书馆、平津战役纪念馆、周恩来邓颖超纪念馆等单位实施全员聘用制。天津歌舞剧院对剧目生产采取市场订单、商业运作，探索面向市场的艺术创作机制。天津市青年京剧团、天津人民艺术剧院、天津自然博物馆等采取主演包场、推行独立经纪人和制作人制度、社会化管理等多种方式，增强发展活力。

（二）餐饮业繁荣

"十五"期间，天津市餐饮业零售额以年均 15.1%的速度增长。呈现出以下特点：

（1）行业规模不断扩大。2002 年，天津市餐饮业零售额实现 108 亿元，比上年增长 17.4%。2005 年，全市餐饮业零售额实现 159.49 亿元，比 2000 年增长 1.02 倍，比上年增长 20.03%，增幅高出社会消费品零售总额平均增幅 6.78 个百分点，占社会消费品零售总额的比重由 2000 年 10.79%上升至 13.4%，增速居各行业之首。2010 年，天津市销售规模超亿元的餐饮企业有 4 家，规模以上餐饮企业 494 家。餐饮从业人员约 31 万人。

（2）企业体制改革快速发展。2005 年，中国驰名商标"狗不理"通过竞价拍卖，以 1.06 亿元实现国有独资企业改制。改制后的狗不理，确定新的品牌发展战略，将现代化餐饮业的管理运营模式融于百年老店，逐步实现品牌价值提升。

（3）市场需求旺盛。宴请亲朋好友的团聚宴、婚宴、寿宴、定居宴、朋友宴、商务宴成为餐饮市场的主流。"黄金周"假日经济进一步推动餐饮业快速发展，2005 年，据对春节、"五一""十一" 3 个黄金周 10 家重点餐饮企业营业收入的统计，分别实现营业收入 1108 万元、1500.3 万元和 1255 万元，分别比上年增长 20%、19.1% 和 15.2%，订餐桌数分别达到 12500 桌、9204 桌和 8540 桌。

四、商贸业固定资产投资规模大、项目多

为了实现把天津市建设成北方经济中心、全面提升天津的区域辐射功能的目标，市政府提出了大力发展服务业的战略措施。进入到新的千年，天津市的服务业投资比重在同期投资总额中一直占据主导地位，2003—2007 年累计完成服务业固定资产投资 4687.84 亿元，相当于前25 年服务业投资合计的 1.6 倍，年均增速达 22.1%.

生产性服务业建设：依托海河综合开发、地铁、快速路等项目的实施所带来的发展机会，加大了对房地产、商贸、餐饮、旅游等行业的投入和扶持力度，吸引了大批像新加坡仁恒集团、香港嘉里集团等国内外知名企业纷纷投资津门。先后实施了海河两岸的凤凰商贸广场、古文化街商贸区、小白楼 CBD 联合广场等"六大节点"，建设了仁恒海河广场、现代城、和记黄埔地铁广场、北洋舰船游乐港、海河外滩公园等大型服务设施；在加强对传统服务业改造与升级的同时也注重对金融、物流等新兴服务业的扶持与投入，建成了泰达会展中心、开发区金融服务区、东疆港保税区、保税区航运贸易服务中心等具有国际水平的现代化服务设施。

2002 年，天津市商业固定资产投资完成 64.2 亿元，比上年增长13.8%，其中外资和社会资金投资占全市商业固定资产投资总额的 85% 以上。重点项目有劝业商贸广场 5.1 万平方米，天津滨海国际汽车城 2.8 万平方米，厚泰商贸中心 6.2 万平方米，名特购物中心 4.2 万平方米等。建筑面积 5000 平方米以上大型连锁超市发展到 32 家，营业面积达 45

万平方米。其中天津友谊家世界广场 7.4 万平方米，天环家世界广场 2.3 万平方米，锦江麦德龙超市 1.7 万平方米。

2003 年，天津市商业固定资产投资完成 75.8 亿元，比上年增长 18.1%；新建设施单体规模大。万达商业广场 15 万平方米，滨江金耀广场、滨江世纪广场 18.3 万平方米，红星美凯龙国际家居广场 6 万平方米，百货大楼国际家居展示中心 4 万平方米。

2004 年，天津市商业设施固定资产完成 90 亿元，比上年增长 20%。重点项目中，建筑面积 10 万平方米以上的有 7 项，如铜锣湾广场、国际轻工商贸城、时代奥城商业区等。投资规模超亿元的项目有 35 个，其中投资最大的是天一 MALL 主题购物广场，计划总投资 25 亿元。

2005 年，全年全市商业固定资产投资完成 98 亿元，比上年增长 9%。商业设施向大型化、综合性发展。全市 5000 平方米以上大型超市发展到 62 家，连锁企业 80 多家，新型业态门店 2600 多家。建设标准、设施档次显著提高。

2006 年，天津市实现商业固定资产投资 105 亿元，比上年的 90 亿元增长 16.6%，竣工项目 14 个。全市万平方米以上在建大型商业设施项目 87 个，总建筑规模 847 万平方米，总投资规模 395 亿元。

2007 年，天津市在建万平方米以上大型商业设施 51 个，总建筑面积 478.8 万平方米，总投资 298.9 亿元。年内竣工项目 13 个，竣工面积 60 万平方米。实现投资 130 亿元，比上年增加 25%。商务系统固定资产投资 6.43 亿元，比上年增长 0.2%。

2008 年，天津市第三产业固定资产投资 1786.83 亿元，比上年增长 41.9%。其中大型商业设施投资 160 亿元，比上年增长 25%。主要包括：大型零售商场、超市、宾馆酒店、商业街建设投资 130 亿元；13 个重点批发市场建设改造项目竣工面积 94 万平方米，完成投资 21 亿元；完成 30 个菜市场建设，建筑面积 7.5 万平方米。

2009 年，天津市第三产业固定资产投资 2617.5 亿元，比上年增长 46.5%。推出 40 个商贸旅游精品项目，总投资 104 亿元。其中，25 个项目以特色商业街区为主，15 个项目以旅游观光为主；新建项目 18 个，改造提升项目 22 个。

2010 年，在天津市启动"3116"工程中，出现了具有空前规模的投资计划和方案。30 个重要商贸载体包括 10 个大型商贸集聚设施（梅江会展中心、水游城、万达商业广场、君隆广场、麦购时代广场二期、天津中心、七向街商业城、津门津塔、铜锣湾广场、泰达时尚广场永旺购物中心），10 条特色商业街项目（和平路提升改造项目、1902 欧式风情街扩展项目、意风区二期项目、书画一条街、奥城商业广场国际风情街、天津创意街、天街、梅江新海湾、淘宝街、南运河餐饮街），10 个大型批发市场建设项目（华北国际工业原料城二期、环渤海国际家居商贸中心二期、新南马路五金城二期、天津中储钢材交易大厦、天津滨海钢铁交易中心钢贸大厦、蓝海商贸城一期、空港国际汽车园、大胡同地区批发市场、环渤海绿色农产品交易物流中心、天津市旧物交易中心二期）。

五、流通现代化水平显著提升

流通现代化的核心内容是以连锁经营、现代物流配送及电子商务为代表的现代流通方式。

（一）连锁经营

2002 年，天津市连锁商业保持快速发展势头。全市连锁店铺发展到 1800 多家，销售规模 142 亿元，比上年增长 40%，占全市社会消费品零售额的比重达 15%，提高 3 个百分点。一是大型连锁超市成为龙头骨干。截止到 2002 年底，大型超市（5000 平方米以上）达 32 家，比上年增加 8 家。家乐、劝业、家乐福、乐购、世纪联华、麦德龙等大型综合超市成为居民日常生活消费品的重要载体。其中，家乐超市不断向全国市场拓展延伸，到年底累计发展大型卖场 23 家，销售额达 33 亿元，增长 49.05%。二是社区连锁超市便利店迅速发展。重点扶持津工、华润、时代等中小超市，本着为民、利民、便民的发展宗旨，与大型综合超市实施错位经营，扩大连锁经营规模。其中，津工超市发展到 110 家，全年实现销售额 3.7 亿元，增长 78.74%。

2003 年，天津市有各类经济成分的大中型超市、专业店、专卖店及便利店等连锁商业门店 2000 多家，其中 5000 平方米以上大型超市新增 7 家，累计 39 家。美国沃尔玛、泰国正大易初莲花、荷兰万客隆和台湾地区的好又多、乐购，以及世纪联华、人人乐等多家大型超市开业。北京物美集团与市内各区联手发展中小超市，津工超市社区便利店建设步伐加快，全市中小超市及便利店新增近 200 家。

发展到 2009 年，天津市连锁经营方式涵盖商贸、餐饮、医药、烟草、成品油、农资、房屋中介、教育等近 60 个行业的批发、零售、服务等环节，连锁经营企业 100 多家，各类连锁经营店铺 5000 多个。2009 年连锁经营销售 678 亿元，占全市社会消费品零售总额 27.9%。全市单店营业面积 5000 平方米以上的大型超市有 73 家，比上年增长 18%。5000 平方米以上连锁卖场销售 148 亿元，中小连锁超市（营业面积 2000 平方米以下）销售 50 亿元。

全市连锁企业总建筑面积 156 万平方米、总营业面积 104 万平方米、总食品冷藏保鲜面积 2.9 万平方米、停车场 50 万平方米。商贸物流配送企业形成连锁经营物流配送、专业经营物流配送、第三方物流综合配送"三足鼎立"的发展格局。2009 年，全市商贸物流流转总量 2000 万吨，年营业额近 1000 亿元。全市各类卖场布放 POS 机 13 万多台，银行卡 POS 机交易额 1400 亿元，其中商业交易占全市社会消费品零售总额的 38%。天津保税区大宗商品交易市场等 13 家滨海新区的电子商务交易平台，月平均网上交易 100 亿元。

（二）现代物流配送

天津市商贸物流配送快速发展。天津市商贸物流设施建设逐步完善，现代化信息技术手段进一步应用，物流规模进一步扩大。

（1）出现了一批新型的现代化的物流企业和设施。2003 年二商集团与日本三菱商事合资组建的津菱物流现代化仓库建成，建筑面积 1 万平方米。2004 年有各类物流配送中心 15 个，其中连锁企业内部配送中心 8 个，涉及零售、批发、超市、便利店、专业店、餐饮等多种业态。2007 年天津市现代商贸物流设施不断完善。沃尔玛物流配送中心建设投资 5 亿元，面积 4.4 万平方米，建有 74 个出货门，日处理能力 33 万箱，负责长江以北 28 家沃尔玛购物广场、1 家山姆会员店的货物周转。国美电器进一步扩大配送中心规模，占地 120 亩的现代化配送中心即将投入运营。苏宁家电初步选址在滨海新区空港加工区，建设辐射北方的物流基地。二商冷链完成改造冷库 8700 吨，库容 5 万吨，并加快建设占地 6000 平方米的交易大厅。老板娘天津水产品物流配送中心总占地面积 600 亩，总投资 10 多亿元，基础建设已经建成。京津国际商贸物流港总建筑面积 300 万平方米，已建成并筹备开业。劝华集团国际物流中心征地 5 万平方米正在进行前期运作。2008 年，一些具有较大规模和实力的农产品第三方物流企业快速成长。德利得物流成为雀巢、利邦、松下、可口可乐等国际品牌的中国物流提供商，现有网络公司 87 家，营运车辆 300 余部，年营业收入 3 亿元。康新公司（KXL）属于全国技术水平领先的第三方保鲜冷链企业，面向多家世界五百强企业提供常温、低温、冷冻、冷藏、仓储运输及包装加工、多式联运等专业物流服务，年经营规模超过 1 亿元。

（2）物流总值大幅增长。2003 年一商集团全程物流公司配送家电商品 120 万台，石油集团加油站配货规模 102 万吨，物资集团发展专业物流配送，配送钢材 240 万吨、煤炭 60 万吨、化工原料 10 万吨。2004 年石油运输公司配送成品油 140 万吨，全程物流公司配送家电 4.5 万件，大通物流公司配送面粉及相关产品 20 万吨，津菱物流公司食品配送货值 2907 万元。到 2007 年，天津市商贸物流流转总量（包括钢材、化工、煤炭、粮食、化肥、棉花、家电、汽车、成品油、冷冻食品及散货）2396.12 万吨，实现营业额 1024.65 亿元。其中，物资集团 1822 万吨，木材 8 万立方米，汽车 5.5 万辆，实现 710 亿元收入；一商集团 120 万吨，实现 69.37 亿元收入；粮油集团 180 万吨，实现 18.59 亿元收入；利和集团 80 万吨，实现 2.49 亿元收入；市供销社 134.12 万吨，实现 175 亿元收入；二商集团冷链 23 万吨，实现交易 47.8 万元收入；家电连锁企业（国美、苏宁、大中）配送各类家电 446 万件，实现 66 亿元收入；成品油配送 305 万吨，收入 1.4 亿元。

（三）电子商务的发展

在流通现代化的发展和建设中，天津市的电子商务也取得发展。现代物流企业积极运用现代信息和电子技术提高其经营的效率。国美、苏宁完成前台后台相互链接，配送寻呼服务，配送效率、水平大幅提高。一商全程物流公司实现远程电子监控、数据交换等先进技术。商贸系统冷链管理实现网络管理、机械搬运、网上交易。2010年，市商务委门户网站——"中国天津商务网"在全国5万家政府网站评比中获"优秀政府网站"。"客来宝"网上商城、"生活服务网"等电子商务网站为消费者网上购物提供便利。在天津市国民经济和社会发展第十二个五年规划纲要中，也将现代化流通体系的建设做了规划，加快现代市场体系建设。提出以现代化的新型流通方式改造传统流通形式，建立新型的电子商务系统，构建以信息聚集和发布、大宗商品批发交易、物流配送等为主要功能的产需对接平台。加快土地、技术、人才等生产要素市场体系建设，建立市场发现价格的机制，促进市场竞争和要素自由流转，构建比较完善的现代市场体系。

六、津工超市的经营模式创新

（一）津工超市经营模式的演变

天津市津工超市有限责任公司（以下简称津工超市）是天津市目前规模最大的社区连锁超市。津工超市以"为百姓服务、为社会尽责、为政府分忧"为宗旨，致力于为社区消费者提供便利、周到的服务，以社区超市、社区厨房、社区代办、社区物流和社区养老五大业务板块打造"社区一站式服务平台"，成为领跑中国社区服务的零售业创新典范。到2010年，津工超市拥有400余家连锁门店，覆盖天津市近60%的社区市场，年销售额13亿元以上，连续四年被中国连锁经营协会评选为"中国连锁百强"企业之一，并在2009年获得中国连锁经营协会评选的"中国零售业创新奖"。

津工超市的前身是"天津市职工消费合作总社（以下简称合作总社）"，1994年正式营业。合作总社当时主要是采取会员制的形式面向基层企事业单位的职工消费合作基层社提供商品批发业务。其宗旨是让广大企事业单位的职工"少花钱买真货"，这在当时假冒伪劣商品充斥市场的环境下广泛赢得了顾客信赖，使合作总社的经营一开始就赢得了成功，并在1997年达到鼎盛。然而，就在合作总社发展的顶峰期，卢代盛任总经理敏锐意识到消费市场的发展趋势，毅然决定在卫国道职工聚居区开设了第一家市场化经营的门店，完成了从带有浓厚计划经济特征、专营批发业务的合作总社向符合市场经济要求的、主营零售业务的门店过渡的第一次转型。2003 年，天津津工超市有限公司注册经营。

在探索门店经营的初期，津工超市尝试了多种零售业态形式：商场、标准超市和社区超市等都有所涉及。最突出的是在 2004 年，曾经有一个门店采取大型卖场形态，营业面积约 6000 平方米，年销售额达到 1 亿元人民币。然而，随着天津零售市场竞争的加剧，津工超市先后见证了日本大荣、家世界、劝业超市以及万家利、宏发、极玖等外资、民营、国营资本的进入和退出。第一次行业洗牌后，家乐福、沃尔玛、欧尚、麦德龙以及百盛等零售巨头基本占领了天津的大卖场市场。此刻，卢代盛董事长深刻认识到，对于津工超市这样的地方企业，如果在需要大量资金投入的大卖场上同零售巨头竞争，必将因为资金实力不足而无法获得持久优势。那么，什么模式才是津工超市生存与发展的适宜模式呢？这是津工超市迫切需要解决的重大问题。

2005 年，《商务部关于加快我国社区商业发展的指导意见》出台，提出争取利用 3 至 5 年时间，在全国人口过百万的 166 个城市中，初步完成社区商业建设和改造工作，形成满足基本生活消费需求的社区服务网络。根据这一指导意见精神，卢代盛董事长率领公司领导班子全体成员和市场开发部人员对天津社区居民的家庭收入、购买能力与结构、购买习惯与特点进行了深入的调查并对发达国家社区店进行了详细考察。经过调查了解到，社区以家庭为基本构成单位，按照天津官方数据显示，每人每天的快速消费品销售额为 12 元，其中 10 元为食品，2 元为日用品。如果一个社区以 1000～1500 户居民计算，一天的消费金额将达 24000~36000 元，这对于一个社区超市的门店来说是一笔相当可观的数目。而且，进入社区开展经营也有利于本土零售企业利用自身文化优势，避开与外资直接竞争。

经过考察与分析，津工超市领导班子认识到，城市化建设和社区化管理将是天津和中国整个社会未来发展的重点，社区将成为未来社会的基本单位，以满足社区需求为导向的经营模式将具有极大的发展前景，津工超市应该专攻这一市场领域。

2006 年津工超市门店数量大幅缩减，同比出现 1.60% 的负增长。2006 至 2008 年津工超市关闭了所有标准超市，开始全面转向数百平方米的社区超市，当年门店数量同比增长高达 26.64%。2006 年在门店大幅缩减的情况下，津工超市实现营业额同比增长 23.83%，超过以往水平。2008 年向社区超市全面转型后营业额又上了一个新台阶。

2006 年《国务院关于加强和改进社区服务工作的意见》出台，提出鼓励和支持各类组织、企业和个人开展社区服务业务……利用现代信息技术、物流配送平台帮助社区内中小企业实现服务模式创新，推动社区商业体系建设。2007 年民政部《"十一五"社区服务体系发展规划》出台，指出社区建设的重点任务是"以满足居民公共服务和多样性生活服务需求为目标，发展全方位、多层次的社区服务业"，并大力实施以"便利消费进社区、便民服务进家庭"为主题的社区商业"双进"工程，鼓励购物、餐饮、家庭服务和再生资源回收等与居民生活密切相关的企业，以连锁经营方式进入社区，引导企业提供质优价廉的家庭服务，逐步形成方便快捷的社区生活服务圈。2008 年，在对消费者需求的不断调研和对政策的认真解读中，津工超市又提出了"一站式服务"的理念，即在一个定位于社区的超市零售网络平台上集合诸多的社区服务项目，包括社区厨房、社区服务、社区物流和社区养老。至此，以网络化覆盖市场的规模经济和以集合服务创新的范围经济为核心竞争力的津工超市模式已基本成型。

（二）津工超市五大业务板块

（1）社区超市。在商务部制定的零售业态的 17 种分类中，并没有"社区超市"这一概念。津工超市的"社区超市"模式创新不是盲目的，而是有市场分析基础的。计划经济时期政府主导建立了遍布社区的商业服务网络，代替政府执行生活资料的分配职能。市场经济改革后，这一网络被大量个体网点取代，然而这些个体经营户无法获得规模优势，经营品种有限，并缺乏质量安全保证，无法承担现代社区商业体系的构建重任。零售行业对外开放后，引进的外资连锁零售企业站在市场经济的角度，以零售利润最大化为出发点考虑业态选择、目标顾客及店铺选址。

虽然近年来外资开始在便利店领域进行了一定尝试，但受限于文化背景等各种主客观原因，深入社区经营仍未列入其短期战略计划之内。社区超市领域是地方零售企业实现本土化突围的"蓝海"。津工超市恰恰选择了这片"蓝海"任自己畅游。

津工超市的店铺选址遵循"以人口数量配置商业网点"的原则，目标顾客以社区固定居民为主，门店选址要最大限度地接近顾客，以店址为圆心，半径 300 米之内有 1500 户以上的居民就可以建一家门店。出于对量本利的考量，津工超市认为单店面积在 150 平方米～200 平方米之间最为合宜，因为单店面积如果小于 150 平方米，无法容纳津工超市的全部经营内容，未来销售额提升空间有限；大于 200 平方米，经营成本增加。

在商品结构方面，津工超市商品种类的配置以满足居民家庭日常生活需求为主，所以津工超市与一般便利店有两点不同。首先，包装商品方面，津工超市主要根据消费者对产品替代的弹性大小来具体配置。以酱油为例，便利店可能只提供 2~3 种品牌以供消费者应急性或便利性消费，但社区消费者对酱油的品牌、功能等都是有不同偏好的，不同口味的酱油对应着不同的菜品，所以津工超市在保证商品陈列的单位效益基础上会尽可能满足消费者的多样需求，而对于替代弹性相对较大的产品，种类的可选性就相对较少。其次，津工超市在包装商品之外还销售生鲜商品并逐渐扩大其销售占比。连锁行业的标准是 500 平方米以上的店铺才可以做生鲜，在平均面积 160 平方米的社区超市成功做生鲜的津工超市是国内第一家。2010 年，津工超市生鲜商品销售额占比达 34.4%，同比增长 4.3%，其中大肉 13.2%、蔬果 10.2%、鸡蛋 10.3%，而同时期的包装商品销售占比为 57.9%，同比下降了 4%。在天津市几十家连锁超市中，津工超市的总营业面积排在华润万家、家乐福、人人乐、乐购、易买得、物美等超市之后，但主要生鲜商品的销售额位居第一。

在商品定价方面，整体方针是融合大卖场和便利店定价策略的特点，高价与低价相结合，20% 的商品低价为主，80% 的商品定高价，缓慢提高毛利率水平。具体到各类商品，米面油肉等生活必需品尤其是生鲜产品价格低于市场。在津工超市，蔬菜价格承诺低于市场 10%；猪肉销售采用"分类定价，及时打折"的方法，周六日九折出售，主要走量，而周一至周五则主要面向上班族，价格比周末稍微高些。2010 年，针对今年猪肉价格上涨，津工超市推出"猪肉成本价销售"活动，同时，保证猪肉的进货渠道与质量。活动一经推出，在整个天津市引起了轰动效应，津工超市已成为天津消费者购买猪肉的主渠道，销量占全市零售市场的 20%以上。与生鲜商品低价相对的是，在津工超市，烟酒类、腌制类以及油炸类商品价格则要比其他超市高。在津工超市的香烟吊柜上悬挂着这样一句标识："吸烟有害健康，总部要求门店不准低价促销香烟。"津工超市 2010 年综合毛利率为 14.96%，包装商品 19.23%，显著高于生鲜商品。

零售行业的进入壁垒较低，社区超市这一"蓝海"很快吸引了若干竞争者的进入。在激烈的市场竞争中，津工超市在门店数量和销售收入上仍领先于众多的竞争对手，津工超市的胜出不仅在于开店的先发优势，与服务项目的集合、管理体系的完善等都有密不可分的联系。

（2）社区厨房。如果单纯作为商品零售商，津工超市并没有形成核心竞争力，未来社区商业发展的趋势是零售与服务的结合，那么，津工超市选择的服务项目是什么呢？津工超市最先挖掘的服务市场是餐饮业，即"社区厨房"，具体讲就是在社区超市里搭建一个具有简单加工能力的厨房，通过统一配送成品、统一配送半成品在店内加工为成品、店内自制成品等多种方式向顾客提供丰富的三餐品种，以逐渐降低家庭厨房的使用率，减少能源消耗和环境污染，节约社会生活成本。

津工超市对社区厨房的开发主要基于以下几方面考虑：首先，家庭小型化、人口老龄化已成为趋势，"4+2+1"的家庭模式使家务劳动成为严重的生活负担，同时独生子女阶层正在成为消费主体，而这些新生代的厨房操作能力大都较差。因此，伴随着收入水平的提高及消费观念的转变，花在家庭厨房的时间将越来越少。近几年，零售业销售额年均增幅12%，而同期餐饮业增幅16.9%，明显快于零售业。

日本将餐饮消费方式划分为三类：外食（餐馆就餐）、中食（购买成品）、内食（家庭自制）。借鉴这种分类方法，津工超市认为外食由于价格较高在短期内不会成为主流消费方式，内食由于前述原因占比逐渐缩小，多数家庭是购买成品或半成品回家就餐，但国内目前中食市场个体网点较多，经营尚不规范，食品质量安全无法保证。这样，津工超市就以其连锁规模优势进入了社区厨房市场。津工超市的社区厨房主要针对家庭用餐，并融入了天津市地方特色，如早餐的煎饼果子等。配送方面则是借鉴发达国家的先进经验与做法。目前津工超市社区厨房的原料配送是与 7-11 便利店共用同一家公司，每种菜品的原料包中包括主料和辅料两部分，主料和辅料都是熟的，由公司直接配送到门店，在出售前加工 2~3 分钟即可。前端配套原料供应的工业化保证了口味的标准化，社区厨房开办以来，门店日均销售额增加 1955 元，其中社区厨房的商品增加 882 元，带动门店销售额增加 1073 元。

（3）社区代办。津工超市对自己的定位是"社区一站式现代服务企业"，所谓"一站式"就是消费者在津工超市内就可以基本解决日常生活所需要的各种商品和服务。在这种目标指引下，津工超市首先尝试了代办火车票业务，在物美和华润万家之前与铁路系统达成合作，取得稀缺性资源，形成了市场先发优势。与铁路系统的合作为津工超市进入社区代办服务领域奠定了坚实基石。津工超市火车票代售点同天津站售票厅一样，已经具备发售天津站运营的京津城际及普速各次列车各种座别车票的功能，也能够发售北京、上海、广州等全国所有车站的联网票。业务开展以来发展迅猛，目前已形成 10 分钟火车票销售圈，并完全取代了邮政火车票代售网点。2010 年津工超市累计售出火车票 1061257 张，实现收入 92 万元。鉴于津工超市规模化的覆盖网络有力地带动了火车票的销售，天津铁路部门决定火车站只出售两天之内的火车票，剩下的全部转到津工超市代为售卖。代卖火车票业务尝到甜头后，津工超市紧接着展开了与电力部门的合作。虽然售电业务中与国家电网的合作并非独家，但经过一年运行后，国家电网已逐步取消部分售卖网点，津工超市的网络优势逐渐显现，2010 年津工超市仅代售电收入就达 35 万元。除了火车票和交电费，津工超市还提供电话费、交通违章罚款及其他税费的代缴代收服务。这些社区代办服务项目除了为顾客提供便利、增加进店人数、获得手续费收入（2010 年服务项目累计实现收入 237 万元）等，还使合作方大幅降低了单独收费的成本。

（4）社区物流。津工超市社区物流业务的开展最初源于消费者的实际需要。津工超市门店经常会有老年人光顾，这类顾客往往行动不便，尤其是购买了油、米或西瓜等大且重的商品后，就面临着如何将商品带回家的问题。起初，超市的员工会在工作闲暇时帮顾客把商品运送回家，时间久了，津工超市就看到了其中的商机。但是，在以家庭为最终站点的物流链中，目前各物流公司都是自己完成全部过程，把货送到家庭。这当中存在三个问题：一是如果一个社区里要送的客户少，则配送的成本高；二是各个业务公司在社区里只送自己经营的商品，每条物流链的效率都不高；三是送货时顾客是否在家也是大问题，时间成本很难控制。津工超市社区物流的模式是让各物流公司将社区作为终点，把商品集中在社区超市，由津工超市负责将商品送至单个家庭。津工超市依靠集货的规模做社区物流，通过把配送业务进行组合从而降低成本，使委托方和津工超市双方获益。目前，津工超市除开展了市场需求量大、保质期短的巴氏奶征订和配送业务外，同时，还与顺丰速递等物流快递企业也开始了尝试性合作。

（5）社区养老。天津市人口老龄化趋势明显，全市 60 岁以上人口比重 1987 年为 10.25%，1991 年升到 11%，2005 年达到 15.16%，比全国高 4.16 个百分点，总数达到 142.42 万人。据市统计局预测，2020 年天津市 60 岁以上人口将达到 273 万人。老年人口的快速增加，使养老问题日益突出，同时也提供了庞大的老年消费市场。另据天津市统计局 2007 年调查数据显示，在目前各种养老模式中，老人选择社区养老的占 51.8%，选择传统居家养老的占 27.8%，选择区老年公寓的占 16.7%，选择雇家庭保姆的占 3.7%，社区养老成为老年人的首选。

社区养老是津工超市社区服务项目的升级，需要社区厨房和社区物流的配套支持。一方面是对老年消费者一日三餐的需求满足，津工超市的某些社区门店根据老人的不同口味提前订餐、定制化配餐和免费送餐，并把送餐和探视相结合，送餐探视后把老人身体状况通过电邮等方式回馈给子女，提供亲情化服务；另一方面围绕老年消费者实际需求调整商品结构，加大诸如老年营养食品、老年日常用品等商品比重，并通过社区物流系统送货到家，满足老年消费者的购物需求。

七、供销合作社健康发展

（一）发展概况

　　这一阶段国家进入了完善社会主义市场经济的新阶段，改革开放的步伐大大加快，供销社也进入了新的改革发展时期。2002 年，根据全国总社提出的"四项改造"要求，即以参与农业产业化经营改造基层社，以实行产权多元化改造社有企业，以社企分开、开放办社改造联合社，以发展现代经营方式改造供销社网络。市社确定了"建网络、改体制、上项目、搞联合"的 12 字发展思路。在网络建设上，按照市政府出台的《关于农副产品流通体系建设的意见》（津政发〔2005〕44号）和《关于加强农村市场体系建设的实施意见》（津政发〔2005〕50号）文件精神，市社大力推进了以日用消费品连锁经营进乡村，农业生产资料连锁经营进乡镇，农副产品进市场为主要内容的"三进工程"，在农村现代流通体系建设中发挥了主导作用；在体制改革上，通过新建或整体改制、分立重组、招商引资、联合合作、剥离改制、深化完善、归并管理和有序退出等形式，对绝大部分社有企业实行了股份制改造，实现了产权多元化，建立了较完善的法人治理结构，以领办农民专业合作社和综合服务社带动了基层供销社的改造和提升，一批弱小企业实现了有序退出，一批体制新、机制活、有一定创效能力的企业脱颖而出，建立了供销社第一家企业集团——滨海英驰不锈钢集团有限公司，又核销经济包袱近 19 亿元；在项目建设上，按照短平快与长远性相结合的建设方针，先后投入 9.17 亿元，在经营网络、社办工业、物流设施、交易市场等方面建成项目达 138 个，同时按照"项目带动、资源整合、深化改革、完善机制"的发展思路，加快了社有企业的发展；在联合发展上，通过敞开社门、内引外联，壮大了供销社队伍、增强了企业实力、拓展了经营空间。吸纳 14 家民营企业成为社员，并参与总社新合作连锁公司和中合联公司的组建，加入中国农资为农服务连锁配送体系，打破了原来自我封闭、自我循环的组织体系，实现了供销社与其他经济组织的优势互补，促进了供销社的发展。

（二）取得的主要成果

（1）经济总量不断攀升。2008 年市社系统总销售额 149 亿元，社会商品零售额 47 亿元，利润 12744 万元，增加值 5.28 亿元，上缴税金 1.9 亿元。2008 年与 1978 年相比，总销售、社会商品零售额、利税分别增长 8.5 倍、5.9 倍和 4.2 倍。1978 年市社系统总资产为 10.07 亿元，净资产为 1.71 亿元；2008 年市社系统总资产为 53.67 亿元，净资产为 19.85 亿元，比 1978 年分别增长了 4.3 倍和 10.6 倍。1978 年供销社职工年平均工资水平为 621 元，2008 年在岗职工年平均工资为 20639 元，是 1978 年的 33.2 倍。

（2）现代化经营网络体系逐步形成。随着改革开放的深入，城乡居民生活水平和购买力不断提高，由于农村流通设施和经营方式的落后，难以满足广大农民日益增长的生产生活需求。从 2004 年开始，静海县供销社率先开始了现代经营网络构建的试点工程，2005 年，按照政府推动、市场运作、政策引导、多元投资的原则，以供销社为主导，在全市农村大力实施了"三进工程"。截至 2008 年，天津市农村已建成日用消费品和农业生产资料连锁超市 2853 个（日用消费品 2020 个，农业生产资料 833 个），配送中心 24 个（日用消费品配送中心 12 个，农资配送中心 12 个），总营业面积达 75 万平方米，总投资达 7 亿元。在全市农村 2800 多个超市（店）中，供销社系统的网点占了 89.7%，供销社连锁网点在天津市农村的覆盖率达 80%，直营连锁配送率达到 100%，加盟连锁配送率达到 30% 以上。基本形成了以区县中心城区大卖场为龙头，乡镇中型超市为骨干，村级超市、便利店为基础的连锁经营体系。不仅改善了农村消费环境，方便了农民购物，有效保证了消费安全，而且促进了农民消费理念的转变，带动了区域经济发展，并且为 1 万多名农村富余劳动力提供了就业岗位。"三进工程"已成为农村响亮的商业品牌。通过连锁经营改造基层社，不仅发展了农村现代流通网络，兴办领办农民专业合作社，还创造性地发挥了其桥梁纽带的作用。目前供销社领办、合办与协办的农民专业社为 75 家，入社社员 21500 户，带动农户 43000 户，年助农增收 10750 万元。实施了社区再生资源网络回收再造工程，已在市内六区和滨海新区建立整合回收亭、点 2884 个，整合社区回收人员近 4000 人，规范了市场秩序，积聚了社会资源。

（3）体制机制取得重大突破。从 20 世纪 90 年代中期特别是 21 世纪初以来，供销社对社有企业的体制改革力度不断加大，逐步由社有独资向产权多元化转变，由综合性经营向专业化经营转变，由对企业传统的行政管理向现代法人治理结构转变，由企业承担无限责任向承担有限责任转变，系统有 80% 以上企业采取一企一策的办法进行了产权制度的改革。形成了以全资和绝对控股企业为核心层，以相对控股企业为紧密层，以参股企业为松散层的体制框架，规范和完善了法人治理结构。同时，创新经营机制，专门制定了《天津市供销合作总社企业经营者年薪及奖罚办法》，实行了以年薪制为主体、以社有资产增值奖励和市社主任奖励基金为辅的三种奖励分配形式，并采取了年度考核与任期考核相结合、考核结果与奖罚紧密挂钩的奖惩办法，形成了一种以效益高低论优劣、以贡献大小论英雄的干事创业的良好氛围。此外，专门制定了《天津市供销合作总社关于社有资产和财务管理的若干规定》，明确了资产所有、收益和处置权限，加强了经营成果的透明度和控制力。

（4）经营和服务结构实现优化。由于大力实施"三进工程"，健全了农村连锁经营网络，使日用消费品销售大幅增长，其中主要商品如卷烟、食盐、煤炭、食品、酒类等销量不断增长，2008 年这几种商品的销售额分别达到 229502 万元、6583 万元、45050 万元、31684 万元、10048 万元，比 2000 年分别增长了 394.62%、217.87%、144.49%、68.8%、61.39%；由于大力培育了再生资源龙头企业，再造了社区和工业回收网络，建设了一批有影响、有带动力的集散交易市场，使再生资源行业实现了跨越性发展。2008 年，再生资源销售总额达到 82 亿元，比 2000 年增长了 10.4 倍；农业生产资料经营在农业生产急剧缩减的情况下，仍保持了主渠道的地位，2008 年销售额达到 5 亿元，占天津市社会总需求量的 70% 以上。大力发展社办工业，一批有影响的生产企业不断壮大，独流老醋已成为全国知名品牌并走向世界。2008 年，社办工业销售产值完成 9.7 亿元，形成重要的经济支柱。积极拓展了新的经营服务领域，大力发展房地产开发业，截止到 2008 年底，全系统商品房开发建设总面积近 100 万平方米，销售金额达 5 亿元。

（5）社有企业实现了快速发展。截止到 2008 年，社有企业经营规模超过 15 亿元的已达到四个，经营规模超过 2 亿元的达到 20 个，以经营不锈废钢为主的滨海英驰集团已形成了不锈废钢、不锈钢材、废钢炉料、废纸和钢材交易市场、金属加工、旅游等多位一体的经营格局，成为目前北方最大的不锈废钢经营企业。天津供销商社是市社近两年发展较快的企业，其经营主体是废钢铁炉料和废七类进口业务，经营规模和创利水平不断提高，2008 年营销收入达到 20 亿元，同比增长 117.39%，实现利润 900 万元，同比增长 49.75%。以上两家企业在 2008 年被评为全国供销社系统百强企业。从 2007 年起，每年上 20 个重点项目，已累计投资近 20 亿元。目前，竣工投产的有金汇万吨冷库、皓升鑫大口径异型钢管厂、劝宝购物广场、环渤海汽配城配套设施、天立独流老醋公司万吨酱油配套设备、东丽废钢炉料集散基地、津南废不锈钢炉料集散基地、万米标准化厂房、英驰集团生产经营设施改造、绿天使公司加工处理中心等，壮大了供销社实力，增强了发展的后劲。

2009 年市社正全力以赴建设近年来建设规模、投资规模最大的两个项目——静海子牙再生资源产业基地和武清环渤海绿色农产品物流交易中心项目。静海子牙再生资源产业基地项目占地面积约 82.7 万平方米，总投资 30 亿元，将建成北方再生资源集散基地，打造完整的产业链条，带动整个再生资源行业的升级换代。武清环渤海绿色农产品物流交易中心项目总占地面积为 218 万平方米，总投资 16 亿元，项目建成后将成为一个集批零交易、物流配送、安全检测、信息发布和综合配套为一体的大型农产品交易中心，对于带动京津及环渤海地区的农副产品生产和流通，并向华北和东北地区辐射，起到了重要作用。

第二节　商贸业企业改革进一步深化

一、商贸业企业监管制度建设不断完善

随着天津市商贸业的发展，各种问题会不断出现，需要对商贸企业进行强有力的监管，天津市在建立和完善商贸企业监管工作方面不断取得进步。

（一）进行法制化监管，制定和完善一系列规章制度

2003 年，制定企业分类监管规定，建立健全相关制度，为实现对企业的分类管理，形成行为规范、运转协调、廉洁高效的监管机制打下坚实基础。为进一步明确企业监督管理工作的监督管理管辖与职责，制定并完善《企业监督管理工作交流指导制度》《企业监督管理工作请示制度》《企业联络员联系管理制度》《对新设立企业定期检查制度》等四项制度。2008 年天津市下发《关于进一步加强治理无照经营工作的意见》，2009 年下发《关于进一步加强和完善治理无照经营工作的意见》，转发国家工商行政管理总局《关于推进查处取缔无照经营工作规范化建设意见的通知》，集中开展两次查处无照经营的摸底调查。2010 年制定《企业团体化年检办法》，出台《关于加强我市无证无照经营综合治理工作的通知》，开展临街底层住宅窗口无照售货行为专项治理。通过一系列制度、办法、通知的颁布、出台，使监管工作规范化，制度化。

（二）建立和推进企业信用分类监管，行政执法效能进一步提高

2002 年开始对建立企业信用体系进行研究，撰写调研文章 21 篇，论文《推行经济户口制度，促进企业信用体系建设》在国家工商总局组织的专题研讨会上进行了研讨，并在有关学术刊物上发表。2003 年，天津市按照"统一规划，分步实施"的原则，制定企业分类监管规定，建立健全相关制度，为实现对企业的分类管理，形成行为规范、运转

协调、廉洁高效的监管机制打下坚实基础。2004 年，天津市成立了企业信用分类监管领导小组和工作机构，在企业信用信息平台基本建成、法律法规字典库编制完成、信息网络技术条件基本具备的基础上，构建了企业信用分类监管制度体系，完成了企业信用分类指标体系、信用信息归集与披露制度、企业信用等级评价联动机制和信用行为动态监管机制的建设，企业信用监管的总体框架已搭建完成，为企业信用分类监管工作的全面铺开奠定了基础。2006 年，落实了《天津市工商行政管理局企业信用分类监督管理暂行办法》等 5 个文件，完成企业信用分类监管软件的编制，并组织指导在天津市 6 个分局、10 个工商所进行试点运行。起草了天津市工商系统《关于贯彻落实市政府〈天津市行政机关归集和使用企业信用信息管理办法〉的若干意见》。拟定了对个体工商户实行信用分类监管软件需求，印发了《关于对个体工商户实行分类监管的试行办法》。企业信用分类监管软件于 2006 年 7月在天津市工商系统正式启用，提高了企业监管工作的科技含量。确定将 C、D 类企业和重、热点行业及重点地域的企业列为日常监管的重点，科学分配监管力量，合理调整监管重心，提高了执法的有效性。为加强预警信息检查，至 2006 年底，共清理 5000 余条预警信息。建立对市场主体实行信用分类监管的长效机制，拟定《等级工商所企业监督管理工作考核标准》，设计《企业信用分类监管系统数据情况统计表》，以此作为考核工商所实施企业信用分类监管的重要指标。2007 年底，对全市存续状态企业和近 3 年吊销未办理注销的 196926 户企业按照分类标准进行分类，其中，A 类企业 136702 户、B 类企业 12759户、C 类企业 21 户、D 类企业 47444 户。基层工商所全部建立辖区经济户口，实行分类监管。

二、培育大型流通企业取得新进展

以中国加入 WTO 和十六大胜利召开为标志，天津市按照中央有关促进商贸流通业快速发展的战略部署，坚持以扩大内需、做大外贸，全力推进现代化大流通为中心，抓新型流通业态建设，培育大型流通企业。

这一时期，天津除国际上享有盛誉的美国沃尔玛、法国家乐福超市外，各种经济成分的投资主体也竞相发展。截至 2007 年，全市共有不同经济成分的连锁超市 39 家，其中外商投资企业 12 家，港澳台商投资企业 2 家，涉及食品、百货、服装、五金、家电、装饰、餐饮等多个行业。

商务系统基本实现政企分开，组建集团有限公司，完成转制工作。天津市物资集团和家世界集团列入商务部重点培育的大型流通企业行列。除了国际大型流通企业，天津市培育了诸如天津市物资集团、家世界集团、一商集团等大型商贸流通企业。

2006 年，天津市属商务各集团公司按照"精干主业、突出主业、强势主业"的经营思路，通过集中优势资源、优势资产和资金不断优化经营结构，在做大做强企业经营规模的同时，进一步增强了集团公司的核心竞争力。

天津市物资集团内外贸并举，推广供应链经营模式，建立了"上游保供应、下游促销售"的合作机制，建立 41 家外埠网点，9 家境外经营公司，全年营销规模增长 36%。一商集团将针纺、五金和化工三类同品种经营划入轻纺万象城、珠江五金城和危险化学品交易市场，探索了批发企业新的发展模式，集团零售额和批发额分别增长 27.6% 和 33.1%。二商集团加快实施工业东移，在空港物流加工区建设占地 5.3 万平方米，建筑面积 2.8 万平方米的酿造及复合调味品项目，同时实施连锁布点、团购团销、外埠经销、委托代销等经营方式，集团实现利润增长 62.3%。粮油集团引进意大利 GBS 公司专用面粉生产线、精制大米加工等项目。另外，通过资产集并、业务整合开展期货贸易，增强了集团市场竞争力。市供销社全力培育主营业务，万吨冷库一期工程竣工运营，市社系统营销额增长 13.8%，利润增长 10%。北方集团推动出口生产基地建设，形成以"永久""金杯""长城"等为支柱的自主品牌系列。利和集团与美国沃尔玛等 7 个国际著名超市和采购商建立贸易合作关系，同时加快高附加值、高技术含量商品的开发和出口，以孔雀牌、三角牌、狮牌为代表的著名品牌已站稳国际市场。

劝华集团恢复劝业场"八大天"等老字号业务。立达集团、天海集团、国际公司和外企公司，发展和扩大主业，开拓了国内外两个市场，企业经济实力得到提升。

三、商贸业企业改组改制工作深入展开

2002年，天津市商贸企业改组工作主要围绕以下三个方面开展。一是做大优势企业。通过深入实施大集团大公司战略，到2002年底全市拥有商业集团公司19户，总资产292.7亿元，销售收入483.3亿元，其中，天津市物资集团成为天津市商业系统第一个年销售额超百亿元的大型企业集团。二是放开放活中小企业。重点对商业中小企业实施结构调整，对劣势亏损企业进行整顿，实施注销和破产。三是进一步优化资产结构。劝华集团实施内部资产置换，剥离不良资产，优化了上市资源。一商集团所属一商发展有限公司实施增资扩股，增强了企业市场竞争力。

2003年，天津市商业改革继续在三个层次上深化推进：一是商业集团公司实力进一步壮大。一商、物资、劝华、滨江及家世界等集团被列入市重点支持的大型企业集团，在全市百强企业排序中商业系统有14家；在全国大型企业集团排序中，天津市物资集团总公司进入全国大型企业集团百强。二是深化商业国有大中型企业改革成效明显。以优势企业为龙头，对市属12户企业进行股份制改造，进一步增强企业核心竞争力。三是通过拍卖出售、纳入连锁体系、股份合作制以及兼并、撤销等多种形式对商业小企业进行改革。

2004年，天津市商业改革以产权制度改革为核心，通过联合重组、主辅分离、辅业改制、相互参股、增资扩股、开发新项目等方式对企业进行改制。通过改革调整，全市商业企业国有股比重由年初的80%下降到70%以下，大多数改制企业壮大了资产和经营规模，企业经营活力大为增强，经济效益和职工收入明显提高。

2006年，天津市商务系统企业改革调整取得了阶段性进展，主要体现在：①进一步理顺管理体制。长兴、盛华、实业公司并入利和集

团；津食集团国有股权划转旅游集团经营管理，提高了集团的资产规模实力，加强了企业的监管。②企业改制工作不断深入。商务系统国有企业改制面已达 79%。劝业场股权重组、股权分置和职工安置配套改革基本完成；一商友谊股份在香港上市的基础工作基本到位，已上报香港联交所；国际公司在原有工作的基础上，通过设立新公司，盘活存量，吸引增量，与物资集团联合开辟新业务，一年减亏 700 万元，主营业务增长 53.7%，同时运用主辅分离政策，剥离辅业资产；天海股份公司股权分置改革正在运作。③企业内部调整步伐加快。市供销社在推进"三进"工程的同时，加快对直属公司的调整力度，改革传统经营方式，集结整合有效资源发展现代物流和专业批发市场；外企公司主动适应市场形势的变化，在开发区设立外企管理咨询顾问公司，开发新的高级服务业务。

2006 年到 2010 年是天津市的第十一个五年规划时期，是天津现代化建设进程中的关键时期。根据《天津市国民经济和社会发展第十一个五年规划纲要》的布局：①国有企业的改革，要加快国有经济布局和结构战略性调整，完善国有资本有进有退、合理流动的机制，推动国有资本向优势产业和关键领域集中，增强国有经济控制力，发挥主导作用。积极改善国有企业股本结构，发展混合所有制经济，加快推进国有和集体企业投资主体多元化。结合新一轮嫁接改造调整，推动外资和民间资本参与国有企业改制改组。加快国有大中型企业股份制改革，全面放开搞活国有中小企业。切实维护职工合法权益。理顺控股集团公司与所属企业的产权关系，对工业、商贸、建设和金融投资等行业的控股公司、集团公司和投资公司进行调整重组。②深化国有企业改革，积极推动现代产权制度建设，基本完成建立国有企业现代企业制度、有效的公司治理结构的改革，形成权力机构、决策机构、监督机构和经营管理者之间有效的制衡机制，健全重大决策失误和重大资产损失责任追究制度，推进国有企业分离办社会和主辅分离、辅业改制。③建立覆盖全社会的国有资产监督管理体系，进一步完善出资人制度，建立健全国有资本经营预算制度、经营业绩考核体系和金融资产、非经营性资产、自然资源资产等监管体制，规范国有企业改制和国有产权转让，防止国有资产流失。改进国有资本收益和国有资产授权经营管理制度，健全国有企业负责人经营业绩考核体系，完善国有企业经营者激励约束机制。

四、物资企业向现代物流企业转换的步伐加快

20 世纪末，天津市物资企业基本改制完成，形成了以公有制为主导、非国有企业为主体、大型生产资料流通企业为龙头、中小生产资料流通企业当家的格局。进入 21 世纪，物资流通企业逐步进入新一轮的发展期，开始做大做强，加速发展，两极分化。

从国家经济发展情况看，以下几方面推动了物资企业向现代物流企业的转化。首先，为应对 1997 年亚洲金融危机的影响，国家采取积极的财政政策、稳健的货币政策和扩大内需的宏观调控措施，2004 年 GDP 增长超过 9%，其中生产资料销售额增长达到 20%。其次，随着居民消费结构升级和城市化进程加快，带动了房地产、钢铁、汽车等产业的快速增长，进而带动生产资料市场的持续增长，为生产资料流通带来了新的发展机遇。最后，随着经济全球化的发展，中国逐渐成为世界的制造业中心、采购中心和现代物流中心，这是我国生产资料流通业发展的大好时期。在以上有利于现代物流企业发展的背景下，天津物资企业均加速了其现代物流企业的转化步伐。

下面以天津市物资集团为例，说明天津市物资企业的发展。依托良好的产业发展背景和多年的市场经验，长期从事生产资料贸易的大型国有流通企业天津市物资集团总公司，将现代物流的核心理念供应链管理转化为一种经营管理方式，在此过程中通过构建、延伸、深耕供应链，打开了广阔的业务空间，使企业焕发出强劲的生命力，实现了从传统流通向现代流通的转变。

从 1999 年开始，天津市物资集团一直坚持把资产重组、结构调整作为促进企业资源优化配置的重要手段，主要分为如下两个阶段：一是在系统内集中优良资产、优势业务和优秀人才组建了一批优势企业群。建立规范的法人治理结构，创新体制机制、经营模式，通过新企

业的健康发展，带动集团整体发展。二是按照建立综合商社的目标，实行事业部制，对集团内部资源进行有效整合。从 2006 年开始，相继组建了集团金属、机电汽车和化轻三个事业部，并聘请管理咨询公司对事业部管理流程进行设计，使企业的发展空间越来越大，市场开拓的能力越来越强，集团在国内市场上的地位不断提高。三是提升管控水平，向管理要效益。以资金集中管理为中心，实施拜特资金管理系统和一二级账户联动，使管理水平不断超前于经营发展。

从 2003 年开始，天津市物资集团借鉴先进理念，结合实际实行了"上伸下延、整合资源、优势互补、强强联合、多方共赢"的供应链经营管理模式。通过综合运用集团资源采购、销售、信息、金融等功能，运用虚拟生产方式，开发了一批钢材、矿石、化工、能源等供应链合作项目。与此同时，天物集团还积极向产品的上游供应链发展，抓基础资源开发，在国内外建立了基础资源基地，不断延伸产业链，积极争做产业链的"链主"，从而进一步增强了自身的集成服务功能。

五、非公有制商贸企业迅速发展与成长

2002 年，天津市个体私营经济步入快速、健康的发展轨道。全市个体私营经济三次产业比例为 4：29：67。在第三产业中，以大型连锁超市、综合餐饮娱乐业、信息咨询、计算机应用为主的新兴服务业和以房地产、现代物流等为主的现代服务业正在成为个体私营经济发展的新领域。公司制企业的发展，改变了私营企业的传统经营模式，越来越多的企业实行产权制度改革，建立法人治理机构，健全企业经营管理制度。家世界集团等许多私营商贸企业进行制度创新，有的实行所有权和经营权相分离的经营管理模式，有的探索资产量化、内部职工持股的发展新路等，为企业发展注入了新的活力。

2003 年 3 月，天津市委、市政府下发《关于进一步加快个体私营经济发展的意见》，从放宽个体私营企业经营领域和市场准入等 9 个方面提出 37 条意见，个体私营经济政策环境进一步改善。2004 年，全市把改善发展环境作为首要任务，从增强发展环境意识和消除体制性

障碍入手，取得显著成效。政策环境得到改善。市政府出台《关于促进个体私营经济和中小企业发展的意见》，从坚持依法行政和依法管理、加强融资支持和加大鼓励扶持力度等 6 个方面提出 49 条政策和措施。各区县结合本地区实际，制定了实施细则和具体办法，市各有关部门相继出台了 24 个配套文件。个体私营企业的经营领域进一步放开、市场准入门槛进一步降低、财政税收和融资的支持力度进一步加大，同时为私营企业参与国有集体企业改组改制提供了很好的政策支持。为贯彻国务院于 2005 年 2 月颁布的我国第一部关于非公有制经济发展的政策文件，即《关于鼓励支持和引导个体私营等非公有制经济发展的若干意见》，市政府迅速制定了《关于鼓励支持和引导个体私营等非公有制经济发展若干问题的意见》，提出推进个体私营等非公有制经济发展的 6 个方面、共 80 条重要政策措施。各有关部门又相继出台了 14 个配套政策和实施意见。2008 年，天津市为进一步消除民营经济发展中的体制机制障碍，在民营经济放开领域、放宽条件、放手发展等方面，进行了创新性的探索与实践。

　　通过一系列扶持政策和措施的实施和保障，天津市非国有商贸企业在良好的政策和经营环境下取得了快速的发展，出现了一批具有规模、效益和品牌的非公有商贸企业。以零售企业为例，2009 年私营企业的门店数、营业面积、从业人数、商品销售额和零售额情况见表 6-1。

表 6-1　2009 年天津市连锁企业基本情况

项目	门店总数（个）	营业面积（平方米）	从业人数（人）	商品销售额（万元）	零售额（万元）
总计 按登记注册类型分	1557	1868993	27750	3822721	3603327
内资企业	1305	1438496	17821	3140318	2920981
国有企业	411	750441	4843	2220899	2220021
有限责任公司	595	390076	8432	630872	614835
股份有限公司	13	60527	287	6434	6434
股份合作企业	6	342	94	1000	1000
私营企业	280	237110	4165	280875	78453

续表

项目	门店总数 （个）	营业面积 （平方米）	从业人数 （人）	商品销售 额（万元）	零售额 （万元）
港澳台商投资企业	213	285838	6876	312826	312768
合资经营企业	193	19303	1927	51885	51827
独资经营企业	20	266535	4949	260941	260941
外商投资企业	39	144659	3053	369578	369578
中外合资经营企业	30	57672	1856	274677	274677
外资企业	9	86987	1197	94902	94902

资料来源：天津市统计局. 天津统计年鉴 2010 [M]. 北京：中国统计出版社，2011：344.

从上表中可以看出，在企业数量、营业面积、从业人数、商品销售额几个指标中，私营企业和三资企业占有一定的比例，有些指标相加超过了国营企业。具体见图 6-2 到图 6-5。

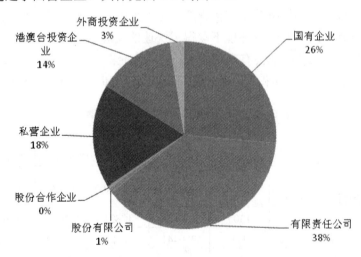

图 6-2 2009 年天津市连锁企业数量分布比例（个）

资料来源：根据《2010 天津统计年鉴》统计资料整理。

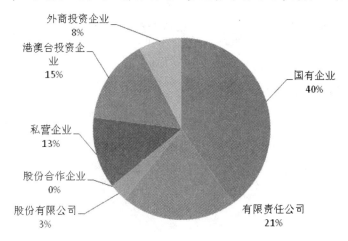

图 6-3 2009 年天津市连锁企业营业面积分布比例（平方米）

资料来源：根据《2010 天津统计年鉴》统计资料整理。

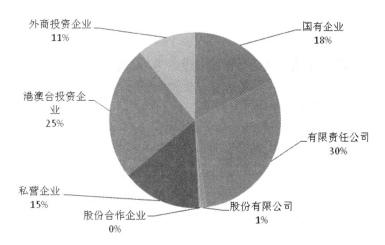

图 6-4 2009 年天津市连锁企业从业人数分布比例（人）

资料来源：根据《2010 天津统计年鉴》统计资料整理。

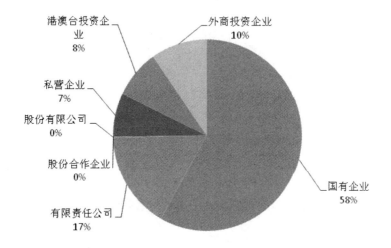

图 6-5　2009 年天津市连锁企业商品销售额分布比例（万元）

资料来源：根据《2010 天津统计年鉴》统计资料整理。

六、商贸业劳动保障基础工作进一步加强

（一）加强法制化建设

2002 年，天津市对中华人民共和国以来劳动保障地方性法规、规章、规范性文件进行清理，加强劳动保障立法和普法；加大劳动行政执法力度，制订《天津市劳动和社会保障监察条例》，强化行政执法责任制；完成涉及劳动合同、建立企业欠薪预警制度、企业补充保险以及加入 WTO 劳动保障应对措施等方面调研课题 20 项。2004 年，天津市修订了《天津市劳动就业管理条例》，行政行为更加公开高效；启动劳动保障政策进社区制度和劳动保障政策发布、反馈系统。2005 年，根据行政许可法规定，天津市修订了《天津市劳动保护条例》；加大行政审批改革力度，进一步规范行政行为，将行政许可审批事项统一集中在市行政许可服务中心办理，非行政许可审批事项在市劳动和社会保障局行政服务大厅实行"一站式"服务；搭建了"劳动保障政策进

社区"和"政策进企业"宣传平台。2006年，天津市修订了《天津市城镇企业职工养老保险条例》，制订劳动保障规范性政策文件80余件。

（二）进行劳动力市场的建设

2002年，天津市强化劳动力市场职能，加快社区平台建设，就业服务体系进一步完善。一是广泛收集劳动力供需信息，力求信息新、实、全，用信息吸引用工双方进场求职和招聘。二是放大市场功能，从单纯职业介绍扩展到综合劳动保障服务，既提供就业中介服务，又提供代缴社会保险、代办退休手续、代发失业救济等。街道劳动保障机构建设取得突破性进展。市编委下发《关于区县、街镇劳动保障工作机构和人员编制的通知》，明确区县、街镇劳动保障服务中心的机构性质、人员编制和经费来源。2006年，通过公共就业服务布局不断优化、劳动力市场各项服务功能不断健全、扩大劳动力市场服务范围、统一开放的劳动力市场等措施，完善了劳动力市场服务功能，健全服务体系，提高服务质量，成为广大劳动者求职、就业、办理劳动保障事务的优质、高效的服务平台和载体。

（三）加强劳动保障执法监察工作

2002年，天津市各级劳动保障监察机构以规范企业用工管理、维护和谐稳定劳动关系为出发点，扩大劳动年检覆盖面；开展劳动保障日常巡查及劳动合同、集体合同、民工权益保护、禁止使用童工、职业资格证书等专项执法检查，检查用人单位2.24万户，涉及劳动者198.6万人，受理查处举报投诉案件1248件，结案率97%。2004年，天津市劳动保障监察机构以维护劳动者合法权益为重点，开展劳动保障监察工作，进一步保障了劳动力市场的发展。2006年，天津市各级劳动保障监察机构不断加大执法力度，通过书面审查、日常巡查、专项执法检查及举报投诉查处等各种形式，检查用人单位3.99万户（次），涉及劳动者186万人。2008年，天津市加大劳动保障监察力度，将监察寓于服务，为企业营造良好的发展环境。

第三节　政府调控和监管市场能力进一步增强

一、全力建设服务型政府

2002 年，中国正式加入世贸组织。加入世贸组织对各级政府提出了新要求，在中国加入世贸组织的 23 个协议中，只有两项涉及企业，其他 21 项都涉及政府，因此政府与 WTO 相关协议要求接轨显得尤为重要。

服务型政府，是指在以人为本和执政为民的理念指导下，将公共服务职能上升为政府的核心职能，通过优化政府结构、创新政府机制、规范政府行为、提高政府效能，以不断满足城乡居民日益增长的公共需求的政府。其主要特征是：在政府职能结构中，公共服务职能成为政府的主要职能或核心职能；在政府组织结构中，公共服务部门成为政府的主要部门或核心部门；在政府财政支出结构中，公共服务支出应成为政府的主要支出；服务型政府同时必须是民主政府、责任政府、法治政府和廉洁政府；服务型政府的运行机制必须规范有序、公开透明、便民高效。正因为服务型政府体现了人民政府的本质，体现了时代发展的要求，代表了我国行政体制改革的根本方向，因此，建设服务型政府是深化行政体制改革的核心和重点。"一切为了人民，一切依靠人民"是天津市委、市政府的一贯工作思路，在服务型政府建设过程中，始终坚持着眼于中低收入职工群众来制定政策；着眼于对特困家庭实施低保和社会救助；着眼于改善城市居民居住条件和城市面貌，实施危楼房改造工程；着眼于改善大多数居民群众的生活环境，连续三年实施成片旧楼区综合整修；着眼于满足适龄学生选择优质学校、享受优质教育的要求，实施高中示范校建设；着眼于满足居民群众方便就医的需求，大力发展社区卫生服务事业；着眼于满足市民多样化的全民健身需求，推进"体育进社区"工作，增加体育设施和活动场地；着眼于转变政府职能，优化投资发展环境，建立了全国规模最大的行政许可服务中心，搭建了为企业快速服务的平台。

在此背景下，天津商务系统提出要用三年时间开展"建设服务型政府，营造国际化环境"工程并提出"建设服务型政府"的八个转变：由控制型向调节型转变，由集权型向民主型转变、由包揽型向服务型转变、由对上下负责型向对上对下统一负责型转变、由无限型政府向有限型政府转变、由封闭型向开放型转变、由高成本型向高效率型转变、由常规型向创新型转变。

实施"建设服务型政府营造国际化环境"工程的三年期间，系统内的 10 个政府部门参与完成了精简审批程序、优化通关环境、建立口岸信息平台、护照办理绿色通道、开发旅游扶贫项目等 60 个子项工程。他们联合组成调研服务团深入开发区、保税区、高新技术产业园区和各区县上门服务。这一系列建设"服务型政府"工程取得了显著成效，政府职能部门牢固树立了为经济发展、为企业服务的意识，推进了政务公开，提高了办事效率，受到了来自社会各界的充分肯定与鼓励。

二、全力整顿和规范市场经济秩序

2001 年 4 月 2 日至 4 日，国务院在北京召开了全国整顿和规范市场经济秩序工作会议。天津市围绕这次会议的中心，针对天津市的具体情况展开对市场经济秩序的整顿和规范。

（一）建立组织机构

按照 2001 年 4 月 4 日全国整顿和规范市场经济秩序工作会议部署，成立了以市长李盛霖为组长、副市长夏宝龙为副组长，由 30 个委、办、局组成的天津市整顿和规范市场经济秩序工作领导小组，下设办公室。领导小组各成员单位和 18 个区县也成立相应机构。

（二）建立和完善相关的法律法规制度

根据天津市的实际情况和经济活动出现的问题，天津市先后制定了不同的法规制度，规范天津市的经济秩序。2003 年针对食品和药品安全，天津市整顿办制定了《天津市食品药品放心工程食品专项整治工作实施方案》和《天津市药品放心工程实施方案》。2004 年修改和完善了《天津市食品安全管理工作责任制》《天津市食品安全监督管理规定》，加强整顿和规范市场经济秩序工作制度建设。2010 年，天津市制定了《2010 年天津市商务领域食品安全监管计划》《关于进一步明确商务领域食品安全职责并建立责任制的意见》，成立了市商务委食品安全领导小组，召开了天津市商务领域食品安全工作会议，部署全市商务领域食品安全工作。

（三）突出整顿规范重点

根据天津市市场经济秩序实际情况，分阶段开展食品、药品、农资打假、整顿文化市场秩序、整顿和规范建筑市场秩序以及强化税收征管等专项治理。

（四）加大整顿规范力度

市整顿办组织协调领导小组成员单位和各区县、市委宣传部、政法委以及市商委、建委、工商局、技术监督局、公安局等单位密切配合，进行检查、整治、处理，天津市市场经济秩序得到明显改善。

三、全力加强风险管理及其制度建设

政府风险管理首先是政府在应急管理和危机管理方面的理念创新，这种创新使得政府能够在同一时间段里，更好地达成处理日常工作和应对突发危机这两项任务。风险本身就是不确定的总和，政府面临的风险更加复杂。因此，政府风险管理的目标之一就是全面应对各类风险。"全面应对"的风险理念在操作方面，有效的方式就是划分风险领域进行管理。风险管理在强调全面的同时，也突出了"抓大放小"的管理思维。

政府风险管理的实施，需以全面整合的思维统筹政府资源，以常态运作的架构统领政府工作，建立健全风险管理的体制框架。传统的风险管理体制是以分领域、分部门的分散管理为特点的。这种管理体制一方面不利于资源的有效利用和风险管理效率的提高，另一方面也难以适应防范复杂的综合风险的需要。要解决部门分散管理风险的问题，形成一种合力，建议建立一个综合协调的机构，定期分类进行风险评估，从而实现对风险的综合防范、综合治理。政府风险管理还需要形成常态运行的状态，注重领域、部门、人员之间的风险沟通和联动配合。

天津市政府的安全管理工作主要体现在对突发事件的管理和预警上。

（一）成立专门的机构

天津市突发公共事件应急委员会办公室于2006年9月15日成立。市应急办为天津市突发公共事件应急委员会（简称市应急委员会）的常设办事机构，同时加挂市应急指挥中心的牌子，设在市政府办公厅。主要职责有：

（1）政务值班，接收国务院、其他省市以及天津市各部门和社会信息；收集突发事件信息，进行汇总、分析和评估，并向市应急委员会报告突发事件情况、评估结果和预警建议；负责组织、协调突发公共事件的应急处置工作；协助协调需由市政府直接组织的大型活动。

（2）落实全市突发公共事件应急规划、应急预案工作；指导全市应急组织体系和预案体系建设，组织、推动全市突发公共事件各项保障系统的建设；组织、实施全市突发公共事件应急工作的科研、宣传、教育等工作，筹划、组织各类演练；修订《天津市突发公共事件总体应急预案》。

（3）建设全市应急指挥信息平台；整合全市应急信息资源；对全市突发公共事件应急通讯、信息和各专业设施进行日常维护管理。

（4）组织推动为民服务网络工作，接听和处理群众通过市政府专线电话反映的有关问题；查办主要媒体登载的群众重要批评意见。

（二）推进应急管理基础建设

（1）加强应急预案体系建设。2009年天津市政府修订市级专项预案8部，部门预案30余部；制定《天津市应急预案管理暂行规定》，规范全市应急预案编制工作；针对新情况、新问题，及时编印《天津市应对雨雪冰冻灾害应急预案》《天津市应对甲型 H1N1 流感防控应急预案（试行）》《天津市应对甲型 H1N1 流感大流行应急预案（试行）》和《关于对抵津飞机、船舶中甲型 H1N1 流感密切接触者处置工作流程》等应急预案；加强应急预案演练，于 2009 年 10 月份组织多部门联动、军警民联合的 2009 天津市重大地震灾害应急处置演练。

（2）推进应急队伍建设。天津市政府制定下发《关于成立天津市应急救援总队的通知》，协调有关职能部门组建抢救抢险、消防防化、医疗救护、通信抢修、工程抢险、电力抢险、物资运输、治安交管、水利抢险等 10 支共 4 万人的应急救援队伍；会同天津警备区，依托驻津部队建立了防汛抢险、抗震救灾、森林防火、交通抢险、医疗救护、核生化救援 6 支现役部队应急救援力量；从各行业领域行政主管、学术权威和学科带头人中遴选 43 名专家，组建应急管理专家队伍；从有关委局、媒体记者及客运司机等行业中确定 220 人组建突发事件信息员队伍。

（3）抓好应急平台建设。天津市政府与相关单位联合制定了《天津市应急平台建设指导意见（试行）》《天津市应急专用移动无线视频传输系统使用频率管理办法》《天津市气象灾害应急预案》，规范各区县、各相关单位的应急平台建设工作；依托清华大学公共安全研究中心，研发天津市应急平台综合应用系统，初步完成市应急平台二期工程第一阶段任务；加强应急平台运行维护，不定期进行巡检；配合国务院应急办完成有关互联互通测试工作，完成科技部"十一五"科技支撑计划重点项目——小型移动应急平台的测试工作。

（4）提高应急保障能力。天津市政府推进应急避难场所建设，以南开区长虹公园应急避难场所为试点，结合中心城区八大公园提升改造工程，在水上公园、南翠屏公园、人民公园等市内大型公园建设、改造应急避难场所，并配备主要应急物资；会同市规划局编制《天津市中心城区应急避难场所规划纲要》和《天津市滨海新区应急避难场所规划纲要》。为甲型 H1N1 流感防控工作提供应急物资保障；定期汇总定点企业物资和天津市公众防控物品的生产和储备情况，印发《天津市防控甲型 H1N1 流感物资保障工作实施方案》和《一次性棉纱口罩销售管理工作流程》。

（5）开展应急规划评估。天津市政府总结评估 2006—2008 年天津市应急体系建设工作，形成《天津市"十一五"期间突发公共事件应急体系建设规划实施情况中期评估报告》。

同时，天津市河西区政府、医疗系统、天津海关、铁路、航空等各有关政府机构、相关组织、企业在自己的领域展开风险管理工作，取得了良好的效果。

四、全力加强京津冀流通领域合作

由于流通业空间跨度大，有较高的时效性，要求流通领域进行跨区域的交流与合作。2004 年天津市与河北省、北京市就加强京津冀整顿和规范市场经济秩序工作建立区域协作机制，起草《关于建立京津冀区域整顿和规范市场经济秩序工作协作机制的实施意见》，为京津冀流通领域的合作提供保障。

2005 年，北京市商务局与天津市商务委员会共同签署《京津城市流通领域合作框架协议》，旨在进一步加强京津城市流通领域的合作，推进京、津两地资源共享、优势互补，构建京津城市流通领域合作平台，促进共同繁荣和发展。合作主要内容是：一是统筹规划，共享资源。特别是大型批发市场、汽车交易市场、大型购物中心、大型交通枢纽商业中心、物流节点、口岸等设施的规划建设，要共享资源，合理布局，避免重复建设。二是建立区域信息交流协作机制，加强信息的交流、沟通与共享。三是鼓励两地流通企业合作和跨区发展，推进区域市场的互补性和融合度。建立共同化的企业资质互认体系，政策平等透明，给予本地企业的鼓励扶持政策均适用于对方跨区发展企业。四是建立相互支持的城市流通应急保障系统，共同加强食品安全体系建设，继续扩大两地在农产品流通领域的基地认证、场厂挂钩、场地挂钩等方面的合作。五是加强京津物流领域合作。在京津城镇发展走廊规划建设，解决过境物流的城际物流节点。六是口岸合作，一体通关。七是不断尝试两地联合举办流通发展论坛、展会、招商等大型活动。八是加强两地商务部门之间的日常工作交流，相互学习借鉴，共同提高工作水平。九是加强两地流通领域行业协会之间的交流合作，充分发挥行业协会的作用。

五、全力加强滨海新区现代物流、商贸业载体建设

（一）滨海新区现代港口物流功能不断加强

滨海新区以其优越的地理区位和优良的港口设施成为环渤海重要的物流中心。港口生产保持快速增长态势，继 2001 年货物吞吐量突破亿吨之后，仅用 3 年又跨上了一个亿吨的台阶，实现了新的突破。2004年天津港货物吞吐量位居全国第三位，2005 年达到 2.41 亿吨，比 2000年增长 1.5 倍，年均递增 20.2%。"南散北集"的港口布局结构调整已见成效。为扩大港口辐射范围，天津港在石家庄、西安、兰州、成都设立了货物运输服务中心，与北京、山西、河北等 12 省市签订了《跨区域口岸合作天津议定书》，与新疆、内蒙古签署了口岸合作备忘录。保税区投资建设了空港物流加工区，国际汽车城建成开业，全力构筑多层次、多元化的国际物流体系，为货物的大进大出提供便捷的交易平台，已逐步建成电子、钢材、工程机械、石油化工等多种产品的分拨中心。目前，建成天津港散货物流中心、集装箱物流中心、保税区空港国际物流区、沃尔玛北方国际物流中心等规模大、水平高的物流产业园区，建设一批覆盖范围广的加工配送分拨中心和生产资料市场，引进国内外知名物流企业聚集天津，形成多层次、开放型、高效便捷的物流体系。京津两地空港以及海空港实现直接通关，形成了海空港一体的国际物流体系。新区的服务和辐射功能显著增强。同时，新区发展商贸流通业，完善市场体系，整合行业资源，培育大型集团，增强了商品集散能力，引导和扩大了消费。

（二）城市载体功能显著提高

津滨高速公路、津滨轻轨、滨海大道高速段、津沽二线高速段、滨海立交桥、海河大桥、滨海通用直升机场、塘沽区河北路、汉沽区新开路、滨海 500kV 变电站、滨海天然气输气干线等重点工程竣工使

用。城市服务设施更加完善：塘沽区解放路商业街开街、天津海关大
楼竣工投入运营、基辅号航母落位汉沽八卦滩、海河外滩公园对外开
放、泰达足球场投入使用、泰达国际心血管病医院建成开诊、泰达图
书馆及档案馆建成开放、泰达会展中心和金融区投入使用、保税区国
际商务交流中心投入使用。各项社会事业全面发展：建立了一批高校
独立学院、职业学校、国际学校、示范中学和模范小学，壮大了职业
教育，基本普及高中教育。就业与社会保障体系不断完善，社区建设
和民主法制建设进一步加强，人民生活水平显著提高。开发区被国家
环保总局和联合国环境署列入第一批"中国工业园区环境管理"试点
园区，大港区被命名为全国环保模范城区，大港和塘沽区被命名为全
国卫生城区。

（三）商业设施日趋完善

按照大物流、大商贸的发展格局，新区的商业设施得到长足发展，
形成了以塘沽地区为轴心，各区商业繁华地区为骨干的商业布局，塘
沽解放路商业一条街成为天津市三大商业中心之一。新洋市场、华北
陶瓷批发市场成为京津冀地区有一定影响的专业市场。随着经济发展
加快、国际交流日益频繁和观光旅游的兴起，新区住宿餐饮业快速发
展，1998 年新区有规模以上饭店 6 座，其中四星级 1 座，三星级 5 座；
2007 年增加至 24 座，其中五星级 4 座，四星级 6 座，三星级 10 座。
2007 年完成社会消费品零售总额 255.8 亿元，比 1993 年增长 12.3 倍，
年均递增 20.3%。

六、全力加强商务社团建设

（一）商务社团体系渐趋合理

2002 年，天津市商业行业性社会团体达 32 家，新组建天津市摄
影行业协会、天津市商业联合会外资商业分会；完成天津市商业联合
会新一届换届工作，成立天津市糕点行业协会、市场营销协会，筹建
天津市木材行业协会，调整改组天津市交易市场协会、茶业协会、家
用电器行业协会以及再生资源行业协会。2004 年，天津市会展行业协

会、住宿行业协会、修配行业协会锁业分会、市场营销协会等四个全市性商业行业协会组建成立。2010 年成立天津黄河滨海经济合作促进会，批复同意外经贸企业对外发展促进会、酒类流通行业协会的筹备申请。截止到 2010 年，初步形成覆盖主要商业行业，布局比较合理的行业协会体系。

（二）制定和完善商务社团发展的制度

2002 年，在完成"天津市商业行业协会建设情况的调研报告"、制定《关于进一步促进我市商业行业协会发展的实施意见》的基础上，本着"规范、完善、培育、发展"的方针，进一步调整和完善行业协会。调整改组化工商业协会、糖烟酒行业联合会、煤炭行业联合会、粮食行业协会、商业会计学会。在原信托贸易行业联合会的基础上，改组设立拍卖行业协会。2004 年市修配行业协会、烟花爆竹日杂行业协会、刻字行业协会、五金行业协会、典当行业协会等完成换届，全市商业行业协会累计达到 35 个。

（三）积极组织相关活动，发挥社团协会的作用

2002 年各商业行业协会积极发挥职能，组织参加百城万店无假货、全国优质服务月、全国"青年文明号"评选、天津市物价计量信得过等系列活动，以及天津现代办公设备国际博览会、第三届渤海之夏美容美发节、第二届绿茶节和天津市烹饪技术系列大赛等赛事，进一步繁荣活跃消费市场。2003 年，各行业组织充分发挥职能作用，大力推动电子结算方式，严格查处违规发售使用代币购物券行为，纠正多起不规范行业行为。在全市社团工作会议上，市商委被评为先进社团业务主管部门，6 个商业行业协会、7 名社团先进工作者受到表彰。全年组织商业企业开展了以百城万店无假货活动和抗击"非典"为中心的系列活动。2004 年，一是组织开展"诚信兴商"系列活动。50 多家商业企业向全社会发出诚信倡议；40 个商业行业协会向社会公布行业自律公约，并提请社会各界监督；经中国商业联合会认定 13 家企业为全国商业信用企业。二是组织举办各类商贸活动。茶业协会举办天津第四届绿茶节，糕点行业协会举办第三届糕点大赛、月饼节，家电行业协会举办天津首届音响唱片展，美发美容协会举办第四届美发

大赛和美发美容节。三是组织开展培训和论坛。市商业联合会举办收银员培训、收银员大赛以及老字号高层论坛、商业文化论坛等系列培训和论坛活动，繁荣了天津市的商业市场。

第四节　经济全球化环境下的对外贸易

一、外贸出口创历史新高

"十五"期间，天津市外贸出口快速发展，在关键领域取得历史性的突破，从 2000 年的 86 亿美元快速跨过 100 亿美元和 200 亿美元两个整数台阶，2002 年全市进、出口总额双双突破百亿美元大关，2004年，外贸出口、进口规模双双跨越 200 亿美元台阶，创天津市外贸进出口历史最好水平。2008 年，天津市对外贸易保持稳步增长，全市进出口总额 805.39 亿美元，比上年增长 12.6%。其中，出口总额 422.29亿美元，增长 10.66%，占全市 GDP 的 45.46%，占全国出口额的 3%，居全国第 8 位。由于受到美国次级贷引发的金融危机影响，2009 年和2010 年我国外贸出口额有所下降，具体数据见图 6-6。在 2002—2010年间，出口商品结构不断优化。2005 年高新技术产品和机电产品出口扩大，占全市出口比重分别达 45% 和 67%。出口主体进一步壮大。新增有出口实绩的企业超过 1000 家，新增出口额 8 亿美元；民营企业出口步伐加快，增幅达 86.1%，占全市出口比重比上年底提升了 4.7 个百分点。一般贸易出口加快。全市一般贸易出口 90.83 亿美元，比上年增长 41.7%，高于加工贸易出口增幅 15 个百分点。市场多元化程度不断提高。在对美、欧、日、韩等主要市场出口平稳增长的同时，对俄罗斯、巴西及非洲、中东等新兴市场的出口增幅均在 30% 以上。

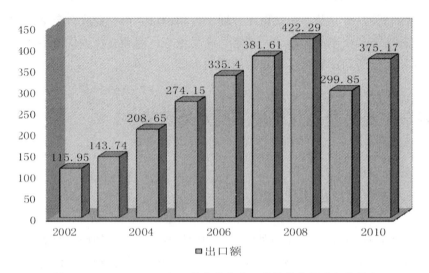

图 6-6　2002—2010 年天津市外贸出口总值分布图（亿美元）

资料来源：根据 2003—2011《天津年鉴》统计资料整理。

　　2005 年，为不断扩大对外贸易规模，提升对外贸易质量，天津市各有关职能部门卓有成效地开展了大量服务企业、促进发展的工作。

　　一是建立跟踪服务机制、服务重点出口企业，同时加大对出口经营主体服务力度。为了保持外贸出口持续、健康、平稳增长。市商务委与发改委、经委、农委、科委建立出口监控服务机制，对全市 40 家重点出口企业跟踪服务。2005 年全市新登记对外贸易企业近 2600 家，为了帮助他们尽快走向国际市场，组织了各种有关国际贸易方面的培训服务。二是积极开展深入细致的调查研究工作，制定有针对性的政策措施。多次召开区域和重点出口企业座谈会，分析出口的形势，了解各方需求，出台了有利于天津市外贸出口健康发展的政策——《关于天津市进一步扩大出口的指导意见》，研究制定了《中介组织参与经贸活动的管理措施》，通过对全市区县进行特色产业的调研，初步确定了汽车及零部件、电子通信、化工医药、纺织服装、自行车、旅游休闲等 20 个特色出口产业。三是积极引导和组织企业开拓国际市场。随着国家对外贸易经营资格由审批制变为备案登记制后，全市进出口企业规模迅速扩张，截至目前，具有对外贸易经营资格的内资企业有6000 余家，其中绝大部分是中小企业和私营企业，要积极引导和组织这些企业走出去，建立国际市场营销网络。四是精心组织各项重大活动取得实效。津洽会、广交会、日本爱知世博会中国馆天津周活动、"意大利天津周"经贸活动、第二届东盟博览会、第四届太平洋经济合作理事会博览会等大型商务活动的主办或参与为天津市企业提供了展示自己产品的平台，有效扩大了贸易渠道。

二、国际技术贸易取得巨大进步

国际技术贸易是指世界不同的国家或地区之间，一方将某种内容的技术通过签订商业协议或合同的形式，转让给另一方，并收取一定的技术使用费，即有偿的国际技术转移。国际技术贸易既包括技术知识的买卖，也包括与技术转让密切相关的机器设备等货物的买卖。国际上通常采用技术国际收支反映技术贸易情况。

（一）我国国际技术贸易的情况

由于我国尚缺乏国际技术收支的统计数据，这里采用商务部的技术引进数据介绍我国对外购买技术的情况。

2007 年，我国共登记技术引进合同数为 9773 项，较上年下降了7.3%，合同总金额为 254.2 亿美元，较上年增长了 15.6%，技术引进金额创历史新高。在技术引进费用中，技术费为 194.1 亿美元，占合同总额的 76.4%，同比增长近 10 个百分点。

1. 技术引进的类型

按技术引进方式划分，2007 年专有技术的许可或转让合同成交金额为 85.9 亿美元，比 2006 年增长 18.1%，占合同总金额的 33.8%；成套设备、关键设备、生产线的合同金额最高，为 66.3 亿美元，较上年增长了 1.3 倍，占合同总金额的 26.1%；技术咨询、技术服务的合同金额为 64.9 亿美元，占技术引进金额的 25.6%，较上年增长了 26.5%。这三种类型的技术引进占技术引进总金额的 85.5%，带动了技术引进的快速增长。

按技术引进的企业性质划分，2007 年技术引进以外资企业和国有企业为主。外资企业引进技术金额为 120.5 亿美元，比上年增长 6.7%，占全国技术引进总额的 47.4%。由于三代核电技术的引进，国有企业技术引进总额达到 112.4 亿美元，创近年新高，同比增长 25.6%，占全国技术引进总额的 44.2%。外资企业技术引进金额继续超过国有企业。民营企业和集体企业技术引进增长较快，金额分别为 6.5 亿美元和 3.4 亿美元，同比分别增长 46.4%和 46.2%，但两者累计仅占全国技术引进总额的 4%。

2. 技术引进的国家（地区）分布

2007 年我国技术引进的来源国家和地区达 68 个，欧盟、美国和日本等发达国家与地区仍是我国技术引进的主要来源地。

2007 年我国技术引进合同金额排在前 10 位的国家（地区）是美国、日本、德国、韩国、瑞典、法国、中国香港、芬兰、丹麦和荷兰，合同金额为 218.6 亿美元，占全国技术引进合同总金额的 86.0%。我国从美国引进技术 68.3 亿美元，同比增长 61.5%，占我国技术引进合同总额的 26.9%；从日本引进技术的合同金额为 44.4 亿美元，较上年下降了 15.4%，占技术引进合同总额的 17.4%。

欧盟是我国 2007 年技术引进的最大来源地,共签订技术引进合同 2603 项，合同金额 91 亿美元，占技术引进合同总金额的 35.8%。欧盟大多数成员国都积极对我国进行转让技术,合同金额排在前 10 位的国家（地区）中有 6 位是欧盟成员国，技术引进金额排在前 3 位的依次为德国、瑞典和法国，分别占我国从欧盟技术引进金额的 44.0%、13.6%和 10.3%。

3. 技术引进的行业分布

2007 年，由于核电自主化依托项目的开展，引进了大量三代核电相关技术，使电力、蒸汽、热水的生产和供应业成为技术引进金额最大的行业，该行业共引进技术 159 项，合同金额 46.6 亿美元，同比增长 5.5 倍，占全国技术引进合同总额的 18.3%。电子及通信设备制造业和交通运输设备制造业技术引进金额分别为 41.2 亿美元和 31 亿美元，所占比重分别为 16.2%和 12.2%。

4. 对外技术依存度

对外技术依存度是反映一个国家或地区对外技术依赖程度的指标。一般而言，一个国家的技术依存度较高，表明该国对国外技术的依赖程度较强；反之，技术依存度较低则表明该国自主创新成分较大。近10年来，我国的对外技术依存度总体上表现为缓慢下降的趋势，已从1997年的72.2%下降到2007年的34.3%。2003—2007年间，虽然技术引进经费逐年稳步增长，但对外技术依存度呈现平稳下降态势。这从整体上反映出我国对国外技术的依赖程度逐渐降低，自主创新能力不断提升。

（二）天津国际技术贸易的情况

天津市的国际技术贸易从最初的以高新技术产品为主的进出口，发展到以技术本身的国际贸易为主的进出口形式。

1. 高新技术产品出口高速增长

2002 年，天津市高新技术产品出口 49.34 亿美元，同比增长 52.19%，占全市出口比重的 42.55%，较 2001 年提高 12.86 个百分点。出口的主要产品如手机、单片集成电路、显示器、数码相机零部件、微波炉等，均呈高速增长态势。2003 年，高新技术产品出口 57.95 亿美元，比上年增长 27.46%，占全市出口比重为 40.32%。其中，手机出口 21.5 亿美元，比上年增长 35%；单片集成电路出口 6.9 亿美元，与去年持平；手机的零部件出口 3.5 亿美元，比上年增长 66%；原油、液晶显示器、微波炉出口均为 2.95 亿美元，比上年增长 33.21%；锂离子电池出口 1.53 亿美元，比上年增长 7.71%。2004 年，全年高新技术产品累计进出口额 182.8 亿美元，比上年增长 68.87%，其中，出口额 100.3 亿美元，比上年增长 73.1%，占全市出口总额的 48.1%；进口额 82.5 亿美元，比上年增长 64%。三资企业高新技术产品出口额 99.4 亿美元，比上年增长 73.6%，占高新技术产品出口总额的 99.1%，显示了其雄厚的实力。高新技术产品出口大类主要集中在手机和移动通信设备的出口上，出口总额为 59.4 亿美元，比上年增长 125.9%，占高新技术出口总额的 59.22%。通信技术类出口 9.6 亿美元，比上年增长 44.5%，占高新技术产品出口总额的 9.6%。集成电路出口 8.9 亿美元，比上年增长 25.5%，占高新技术产品出口总额的 8.9%。显示器出口 7.5 亿美元，比上年增长 19.8%，占高新技术产品出口总额的 7.5%。2005 年全市高新技术产品累计进出口 234.08 亿美元，比上年增长 28.03%，其中，出口 124.77 亿美元，比上年增长 24.42%，占外贸出口的 45.56%，进口 109.31 亿美元，比上年增长 32.42%。2006 年，天津市高新技术产品进口和出口分别达 136.60 亿美元和 154.39 亿美元，分别比上年增长 24.40% 和 23.67%，分别占进口总值的 44.10% 和出口总值的 46.08%。出口到 148 个国家和地区，占 69.8%，美国是 2006 年天津市高新技术产品出口的最大市场，出口 42.26 亿美元，占高新技术产品出口总额的 27.37%，但同比下降 2.07%。对欧盟出口 37 亿美元，居第二位。对马来西亚、新加坡、中国香港、芬兰的出口增长速度较快，与上年同期相比，增长分别为 206.34%、88.65%、61.37% 和 50.15%。在高新技术产品出口统计目录中的 524 个产品税号中，天津市有 308 个税号下的产品出口，占 57.3%；手持（包括车载）无线电话机出口遥遥领先，仍旧是天津市高新技术产品出口的第一主打产品，出口 77 亿美元，占高新技术产品出口总额的 49.88%。8525 至 8528 所列其他装置或设备用其他零件出口仍在下降，同比下降 28.99%，和上年相比新增大宗出口商品其他数字照相机出口额达 2.86 亿美元。高新技术出口企业 833 家，约占出口企业总数的 18.8%；其中外资企业占高新技术产品出口的 98.68%，国有企业占 0.51%，私营企业占 0.56%，集体企业占 0.24%。高新技术产品出口的贸易方式仍旧以加工贸易方式出口为主，占总额的 93.37%。2007 年，天津市高新技术产品进出口总额 279.32 亿美元，占全市进出口总额的 39.06%，其中出口 162.38 亿美元，比上年增长 5.3%，占全市出口额的 42.57%；进口 116.94 亿美元，下降 14.4%，占全市进口额的 35.05%。全国高新技术产品出口 3478.25 亿美元，天津市高新技术产品累计出口占全国高新技术产品出口 4.7%。2008 年，天津市高新技术产品出口主要以加工贸易为主，出口额 126.55 亿美元，占高新技术出口总额的 93.34%，比上年下降 9.51%，一般贸易出口和其他贸易出口分别增长 37.36% 和 18.22%。2009 年，天津市高新技术产品累计进出口额 225.42 亿美元，比上年下降 8.92%，占全市进出口总额的 35.25%。其中，出口 119.33 亿美元，下降 11.98%，占全市出口总值的 39.80%；进口 106.08 亿美元，下降 5.21%，占全市进口总值的 31.24%，体现出高新技术产品对国际金融危机较高的抵御能力。全国高新技术产品出口 3769.1 亿美元，天津市占 3.17%，排名第 6 位。

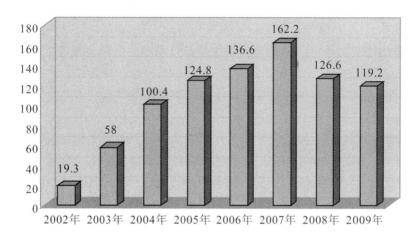

图 6-7　2002—2009 年天津市高新技术产品出口额分布图（亿美元）

资料来源：根据 2003—2010《天津年鉴》统计资料整理。

2. 天津市高新技术产品出口特点

一是重点商品出口带动作用明显。2005 年天津市手持（包括车载）无线电话机出口 64.99 亿美元，超过高新技术产品出口总额的半数以上，达到 52.09%，同时带动了手持式无线电话机零件相关产品的发展，2005 年全市出口手持式无线电话机零件企业 81 家，出口额 13.02 亿美元，占总额的 10.44%，仅次于手持（包括车载）无线电话机，排在第二位。全市出口过亿美元商品 14 个，出口额 112.39 亿美元，占高新技术产品出口总额的 90.08%，对全市高新技术产品的出口带动作用极为明显。二是重点企业出口带动作用明显。摩托罗拉（中国）电子有限公司、三星集团等一批骨干企业仍是全市高新技术产品出口的重要支撑点。2005 年天津市高新技术产品出口前四位商品中：对于手持

（包括车载）无线电话机，摩托罗拉（中国）电子有限公司、天津三星通信技术有限公司、天津三洋通信设备有限公司合计出口 64.86 亿美元，占总额的 99.80%；其他 0.18＜线宽≤0.35 微米数字单片集成电路，飞思卡尔半导体（中国）有限公司出口 7.32 亿美元，占总额的 99.32%；对于液晶显示器，天津三星电子显示器有限公司、现代电子（天津）多媒体有限公司合计出口 6.56 亿美元，占总额的 98.80%。出口过亿美元的企业有 14 家，出口过千万美元的企业有 50 家。三是外商投资企业出口实力雄厚。2005 年天津市高新技术产品出口企业 722 家，其中外商投资企业 375 家，占总数的 51.94%；全市高新技术产品出口 124.77 亿美元，其中外商投资企业出口 122.96 亿美元，占高新技术产品出口总额的 98.55%；全市高新技术产品出口过亿美元的企业 14 家，全部为外商投资企业，显示出其雄厚的实力。四是集体和私营企业发展迅速。2005 年全市有出口实绩的高新技术产品集体出口企业 27 家，出口总额为 7493.65 万美元，比上年增长 238.53%，最为突出的是天津光电通信技术有限公司和天津通广集团数字通信有限公司，出口均超过 3000 万美元。全市有出口实绩的高新技术产品私营出口企业 199 家，比上年增多 96 家，出口总额为 4462.96 万美元，比上年增长 234.13%，出口规模在 100 万美元以上的有 7 家，比上年增加 4 家。五是出口市场保持稳定，从亚洲向欧美市场倾斜。2005 年天津市高新技术产品共出口到 143 个国家和地区，出口市场前三位为美国、欧盟、东盟，与上年相同，分别对其出口 43.15 亿美元、34.99 亿美元、13.62 亿美元，合计占总额的 73.54%。对美国出口增幅略高于全市平均水平，对欧盟出口大幅增长，比上年增长 61.03%，对东盟出口比上年减少 16.94%。六是出口方式以加工贸易为主。2005 年全市高新技术产品加工贸易出口 119.07 亿美元，占总额的 95.43%，一般贸易出口 4.59 亿美元，比上年减少 37.70%，其他贸易出口 1.12 亿美元，比上年减少 22.98%，在加工贸易增长 30.18% 的拉动下，保证了全年 24.42% 的增长率。加工贸易中以进料加工贸易为主，进料加工贸易出口 116.25 亿美元，占总额的 93.17%。

3. 天津市国际技术贸易快速发展

（1）技术贸易取得进展，整体上呈增长趋势。2005 年，全市登记技术进口合同 509 份，合同总金额 2.66 亿美元，其中技术费 2.49 亿美元，占合同总金额的 93.6%，包括技术咨询、技术服务进口合同成交额 1.23 亿美元，占合同总金额的 46.24%；专有技术许可或转让合同金额 0.6 亿美元，占 22.56%。以前年度合同变更 68 份，增加金额 3.91 亿美元。全年技术引进合同金额 6.57 亿美元，增长 33.54%。2006 年，天津市技术进口大幅增长。全年共登记技术进口合同 471 份，合同金额 71757.02 万美元，同比增长 170%，均为技术费；变更合同 84 份，共增加金额 40249.3 万美元。2007 年，天津市技术进口合同登记总额 12.09 亿美元，比上年增长 68.45%，其中技术费 10.45 亿美元，设备费 1.64 亿美元。在技术进口合同中，专有技术的许可或转让合同金额 3.79 亿美元，占总额的 31.39%；技术咨询技术服务合同金额 3.22 亿美元，占总额的 26.61%；涉及专利、专有技术、技术咨询技术服务的合资生产、合作生产合同金额 2.84 亿美元，占总额的 23.47%。2008 年，天津市登记技术进口合同 427 份，合同总额 18.84 亿美元，比上年增长 55.86%。其中，技术费 17.31 亿美元，占合同总额的 91.88%；开发区登记合同 145 份，合同额 6.0 亿美元，占 31.82%；园区登记合同 24 份，合同额 0.15 亿美元，占 0.85%。2008 年变更合同 139 份，增加 9.98 亿美元。2009 年，天津市技术进口合同登记 490 份，比上年下降 14.8%，合同登记额 8.7 亿美元，下降 53.7%；合同变更额 3.8 亿美元，下降 62.0%；合同总额 12.5 亿美元，下降 56.6%。2010 年，天津市技术进口登记合同 510 份，合同总额 12.20 亿美元，比上年增长 40.58%。其中技术费 11.40 亿美元，占合同总额的 93%。

（2）从引进国家和地区看，主要集中在欧美和东亚韩国、日本。2005 年，前 5 位是：日本 193 项，0.74 亿美元；德国 30 项，0.41 亿美元；韩国 49 项，0.39 亿美元；美国 79 项，0.34 亿美元；马来西亚 3 项，0.15 亿美元。2008 年，韩国为天津市技术引进的最大来源国，合同额 8.98 亿美元，占全市技术引进合同总额的 47.67%。从日本和美国技术引进合同额分别为 3.20 亿美元和 2.14 亿美元，列技术引进的第二位和第三位。2010 年，技术来源国和地区 32 个，其中韩国、欧盟、日本是主要技术来源，引进的技术合同总额 10.14 亿美元，占 83.13%。

（3）从国民经济行业看，制造业是技术引进的最主要行业。2008 年，引进技术合同额 17.63 亿美元，占技术引进合同总额的 93.59%。其中，电子及通信设备制造业和黑色金属冶炼及压延加工业合同额分别为 10.25 亿美元和 1.64 亿美元，为制造业第一位和第二位。

三、服务贸易备受瞩目

2003 年的政府工作报告中提出"滨海新区要扩大服务贸易"。在《关于天津市 2003 年国民经济和社会发展计划执行情况与 2004 年国民经济和社会发展计划草案》的报告中再次提到对外开放工作中要"大力发展远洋运输、技术、劳务输出等服务贸易出口"。

2005 年天津市服务贸易进出口总额达 71.26 亿美元，其中，服务贸易出口 30.08 亿美元，比上年增长 2.4%；服务贸易进口 41.18 亿美元，比上年增长 16.8%。在服务贸易出口中，国际运输、建筑安装和劳务承包、咨询服务排名前三，外汇收入分别为 23.01 亿美元、3.68 亿美元、1.86 亿美元。旅游、计算机和信息服务、广告宣传等服务贸易外汇收入均在 1200 万美元上下。在服务贸易进口中，国际运输的外汇支出为 22.72 亿美元；专有权利使用费和特许费外汇支出为 9.21 亿美元；咨询服务外汇支出为 3.34 亿美元。

2006 年，天津市加快发展服务贸易的步伐。天津市制定服务贸易发展战略，完善服务贸易管理体系，11 月 8 日，成立天津市国际服务贸易领导小组，由主管副市长任组长，下设国际服务贸易领导小组办公室，做好日常推动协调工作；研究国际服务贸易统计调查办法；制定了统计调查实施方案；申请建立滨海新区服务贸易示范区。

2007 年天津市服务贸易国际收支总额为 74.05 亿美元，其中：服务贸易收入 31.77 亿美元，比上年增长 8.11%，服务贸易支出 42.28 亿美元，比上年增长 5%，收支逆差 10.51 亿美元。主要项目情况是：运输收入达 21.32 亿美元，是全市服务贸易收入的主要来源（占 67.1%），运输支出 22.17 亿美元，占全市服务贸易支出的 51.35%；建筑安装与劳务承包收入占比为 14.79%，支出占比达 3.97%；咨询收入占比为 6.38%，咨询支出占比为 13.42%；其他商业服务收入占比为 7.11%，支出占比为 3.84%，专利使用费收入占比为 0.17%，支出占比为 22.7%。这 5 项合计占服务贸易收入的 95.55%，占服务贸易总支出的 95.28%。

四、利用外资成就喜人

（一）利用外资逐年增长

利用外资方面，除了 2007—2009 年美国次级贷引发全球金融危机外，基本均处于逐年增长的趋势。2002 年，天津市新批外商投资项目 816 个，比上年增长 32%；合同外资额 58.12 亿美元，增长 25.5%；实际利用外资额 38.06 亿美元，增长 18.2%。2003 年全市新批外商投资企业 941 家，比上年增长 15.3%；合同外资额 35.1 亿美元，增长 74.3%；实际利用外资额 16.3 亿美元，增长 62.9%。按照经贸部原口径计算：合同外资 53.1 亿美元，增长 43.2%；资金到位 29.3 亿美元，增长 68.7%，同口径为历史新高。2004 年，天津市新批外商直接投资项目 1102 个，比上年增长 17.1%，直接利用外资合同外资额 55.89 亿美元，增长 59.1%；实际直接利用外资 24.7 亿美元，增长 51.4%。2005 年，天津市共引进直接利用外资项目 1309 个，比上年增长 18.8%；完成合同外资 73.2 亿美元，增长 31%；实际利用外资 33.3 亿美元，增长 34.6%。优势产业引进合同外资 40.4 亿美元，占全市引资总量的 58%，增长 17.7%。2006 年，天津市新批外商投资企业 1050 家，同比下降 19.79%，项目投资总额为 144.36 亿美元，同比增长 11.28%，合同外资额 81.12 亿美元，增长 10.77%；实际直接利用外资金额 41.31 亿美元，增长 24.09%。合同外资额和实际直接利用外资额均创历史新高。实际直接利用外资额在全国主要省市中位居第 7 位，与上年持平。2010 年，天津市批准外商投资企业 592 家，合同外资额 153 亿美元，比上年增长 10.5%；实际直接利用外资 108.5 亿美元，增长 20%。至年末，批准外商投资企业累计达 22244 家，合同外资额 1202.8 亿美元，实际直接利用外资 671.2 亿美元。

（二）利用外资的特点

（1）主要国家和地区来津投资稳步发展。2002 年来津投资的国家和地区 57 个，按合同外资额排序前 5 位是：中国香港、美国、维尔京群岛、日本、韩国。与上年相比，中国台湾和日本增幅较大，日本有 87 家投资，合同外资 4.5 亿美元，增长 52.3%；台湾有 73 家投资，合同外资 3.14 亿美元，增长 98.5%；维尔京群岛、瑞士、加拿大、澳大利亚等国家地区也呈现较大增幅。香港合同外资额居首位，达 25.5 亿美元，增长 11.2%。2005 年，中国香港、美国、韩国、日本、新加坡分别居在津投资国别地区的前 5 位。中国香港、新加坡、韩国增幅均超过 80%，来自欧盟的投资 6.8 亿美元，增长 78.9%。

（2）第三产业吸收外资增幅明显。2002 年第三产业引资 12.2 亿美元，比上年增加 6.9 亿美元，增长 1.3 倍。新批国贸及服务业项目 259 个，增长 37%，占新批项目总量的 32%。房地产业利用外资项目数和合同外资额成倍增长。交通运输业合同外资额增幅高达 10 倍。旅游、物流、商贸等领域利用外资大幅度增加，渤海湾游艇俱乐部项目、天意城发展（意式风情区）、盘山野生动植物园项目投资额均在 2000 万美元以上。国际著名跨国集团，如三星爱商、叶永福物流、统一物流等在津建立物流中心。华燊燃气、摩托罗强芯集成电路在津设立地区总部和研发中心。2004 年，服务业新批外商直接投资项目 413 个，直接利用外资合同外资额 19.35 亿美元，实际利用外资 6.6 亿美元，分别增长 22.1%、45.7% 和 35.8%。商贸、房地产业合同外资额分别达 9.2 亿美元和 5 亿美元，增长 107.4% 和 45.8%。物流和交通运输业中，海运、码头等重点项目直接利用外资均超过 5000 万美元。2010 年，第三产业新签外商直接投资项目 439 个，增长 3.5%，合同外资额 117.85 亿美元，增长 18.2%，占全市合同外资额的 77%。其中，批发和餐饮业增长 70.4%，交通运输及仓储业增长 52.7%，银行、证券、保险业增长 1.9 倍。实际利用外资 57.4 亿美元，增长 17.4%，占全市的 53%。交通运输及仓储业增长 1.5 倍、房地产业增长 11.8%。

（3）跨国公司投资增加。2002 年新批投资总额在 500 万美元以上的项目 123 个，比上年增长 105%，投资总额 27 亿美元，增长 1.3 倍；

其中外资额 23.56 亿美元，增长 1.21 倍，分别占全市投资总额和外资额总量的 43.6% 和 42.2%。知名跨国公司的投资项目不断增加，加拿大的太阳人寿、德国的麦德龙、法国的欧尚、美国的柯达以及 LG、雪夫隆等世界 500 强先后在津有较大投资。至 2002 年底，世界 500 强中有 93 家在天津投资落户。2003 年包括 3M、京瓷在内的 5 家世界 500 强企业新加盟，2003 年底，有 98 家在天津落户，投资额超过 67 亿美元。全年包括住友商事、松下等 12 家世界 500 强企业在津投资 21 个项目，增长 40%；投资额超过 2 亿美元，增长 18%。2004 年，有 17 家世界 500 强企业来津投资，涉及项目 22 个，投资总额为 6.88 亿美元，合同外资额为 3.86 亿美元，其中由 500 强企业出资的投资额为 3.33 亿美元。日本的积水建房、日本邮船、日立、三菱电机、爱信精机和美国的沃尔玛首次登陆天津。2005 年又有 13 家 500 强跨国公司来津投资，项目 15 个，投资总额 6.5 亿美元，其中合同外资额 2.35 亿美元；有 18 家 500 强跨国公司增资，增资项目 26 个，增资总额 3.2 亿美元。至 2005 年底，有 114 家 500 强跨国公司来津投资，批准投资项目 311 个，项目总投资额 120.58 亿美元。按投资总额分析，500 强企业在天津投资的项目平均规模为 3877 万美元，是天津市外商投资项目平均规模的 10 倍。2010 年，世界 500 强企业在津投资、增资项目 27 个，合同外资额 9.8 亿美元，其中新投项目 7 个，增资项目 1 个。至年末，世界 500 强企业有 143 家在津投资 396 个项目，合同外资额 81 亿美元。

（4）外商投资企业生产经营情况较好。2002 年外商投资企业工业总产值 1612.19 亿元，比上年增长 22.6%，增幅高于全市。外商投资企业出口总值 91.1 亿美元，增长 28.1%，高于全市出口增幅 6.1 个百分点。

（5）优势产业聚集度提高。2003 年全市制造业吸引外资企业 594 家，合同外资 21.5 亿美元，增长 94.7%，占全部的 61.3%。电子通信、交通运输设备、化学原料、机械设备、医药制造业等传统优势产业引资均超过 1.5 亿美元，增幅都在 2 倍以上，产业聚集度不断提高。一汽丰田增资 3 亿美元项目获得商务部批准，净增外资额 1.5 亿美元，成为本年最大外资流入项目，丰田以商招商效应日趋明显，年内有包括三爱汽车部件、福来精工在内 39 家重点汽车配套企业落户天津市，比上年增长 3.2 倍，交通设备制造业新增外资（含增资）4.1 亿美元，占制造业全部的 20%，使汽车产业群聚配套能力增强。2004 年，制造业吸引直接利用外资合同外资额 34.3 亿美元，增长 59.4%，占全市直接利用外资合同外资额的 68%。其中，电子、电气、机械、汽车、化工等主要行业吸引直接利用外资均超过 1.5 亿美元。中芯国际、飞思卡尔等全球知名半导体和集成电路公司落户天津。

五、对外经济合作成就显著

2002 年全年对外承包工程和劳务合同 501 项，合同金额 2.85 亿美元；完成营业额 2.68 亿美元，业务遍布 84 个国家和地区。年末在国外劳务人员 1.19 万人。天津市积极引进国外先进技术，成交技术引进合同 380 项，合同金额 5.2 亿美元。新批境外机构 39 个，其中在境外投资生产企业 30 家，总投资 2641.1 万美元，在总投资额中中方投资 2427.8 万美元。2004 年，天津市签订对外承包工程和劳务合作合同项目 777 个，金额 5.47 亿美元，比上年增长 35.40%；完成营业额 5.27 亿美元，增长 30.12%。年末在外人数 12485 人，派往的主要国家和地区有新加坡、美国、缅甸、韩国、印度尼西亚、日本、尼日利亚、沙特阿拉伯、墨西哥等国和中国台湾。对外承包工程主要有：缅甸 3 万纱锭纺织厂交钥匙工程、马达加斯加公路项目、阿曼公路项目、尼日利亚修建公路项目、印度水坝项目、越南混凝土管道项目，以及委内瑞拉、突尼斯、苏丹和伊朗石油化工项目等，涉及建筑、石油化工、水利、交通、地质资源勘探和开发、工业生产线多个领域。2006 年，全市当年对外承包工程及劳务新签合同 1098 个，合同额为 12.47 亿美元，比上年增长 1.9 倍，实现营业额 6.09 亿美元，增长 90.2%。年末在境外劳务人员 1.2 万人。全年新批境外机构 72 个，其中境外投资生产企业 39 个。新批境外投资生产企业总投资 7545.46 万美元，其中中方投资 5982.79 万美元。引进国外先进技术力度继续加大，全年签订技术引进合同 471 项，合同金额 7.18 亿美元。天津被国家批准为服务外包基地城市。天津市成功举办了中日韩十城市市长联席会等大型活动，扩大了影响。2008 年，全市当年对外承包工程和劳务合作项目 619 个，合同额 18.41 亿美元，比上年增长 44.1%，实现营业额 10.98 亿美元，增长 47.8%。截至年末，对外承包工程和劳务合作涉及国家 32 个，在境外劳务人员 1.07 万人。积极引进国外先进技术，全年签订技术引进合同 427 项，合同金额 18.84 亿美元，增长 55.9%。2010 年，对外经济合作开创新局面。服务外包产业增势迅猛，全年签订服务外包合同 203 个，接包执行额 3.4 亿美元，其中离岸接包执行额 2.1 亿美元，分别增长 60.6% 和 64.6%。对外承包工程和劳务合作项目 234 个，合同额 18.02 亿美元，完成营业额 24.89 亿美元，增长 15.7%。对外承包工程和劳务合作涉及国家 35 个，在境外劳务人员 1.27 万人。对外投资快速增长，境外投资中方实际投资额 2.6 亿美元，增长 1.2 倍。技术引进力度加大，签订技术引进合同 510 项，合同金额 12.2 亿美元，增长 40.6%。外资研发中心有 27 个。埃及苏伊士经贸合作区建设加快推进，建成 1 平方公里起步区，引进西电集团等一批大项目。

六、口岸进出口贸易额突飞猛进

"十五"时期，天津口岸进出口规模持续扩大，连上 4 个百亿元台阶。2002 年完成外贸进出口值 365.35 亿美元，2003 年完成外贸进出口值 461.67 亿美元，2004 年，天津口岸进出口贸易额 677.67 亿美元，2005 年，全市口岸进出口总值 819.29 亿美元，比 2000 年增长 1.7 倍，五年年均增长 22.4%。"十五"时期，进出口贸易额累计 2648 亿美元，是"九五"时期的 2.2 倍。天津口岸与河北、山西、内蒙古、新疆等省区建立跨口岸区域合作机制。2005 年，天津港完成港口货物吞吐量 2.41 亿吨，比 2000 年增长 1.5 倍；完成集装箱吞吐量 480.1 万国际标准箱，比 2000 年增长 1.8 倍。进入"十一五"期间，天津港进出口贸易额继续增长，2006 年天津口岸进出口总值突破 1000 亿美元，从 2002 年开始进出口总值五年累计 3342.82 亿美元，年均增长 25.8%，其中外地经由天津口岸进出口货值占 54%。2006 年，国务院批准在天津港东疆港区设立全国最大的保税港区，滨海新区整体的辐射服务功能进一步提升。2007

年天津口岸进出口总值达到 1290 亿美元，比上年增长 26.6%。其中，进口 537.13 亿美元，增长 20.0%，出口 752.87 亿美元，增长 31.8%。天津港已在北京、石家庄、郑州、包头等地建立"无水港"，并与北京等 11 个省、自治区、直辖市签署了《北方地区大通关建设协作备忘录》和《建设内陆无水港合作意向书》，实现与腹地通关作业一体化，进一步提高了通关效率，全年外地经由天津口岸进出口货值占天津口岸进出口总值的 56.9%。2008 年全年天津口岸进出口总额 1631.02 亿美元，增长 26.4%。外地经由天津口岸进出口的货物总额占到 59.7%，比上年提高 2.8 个百分点。2009 年全年天津口岸进出口总额 1242.24 亿美元，下降 23.8%，其中外地经由天津口岸货物总额占 58.0%。2010 年天津口岸进出口总额完成 1641.10 亿美元，增长 32.2%，其中外省市经由天津口岸进出口总额占到 59.9%，比上年提高 1.9 个百分点。

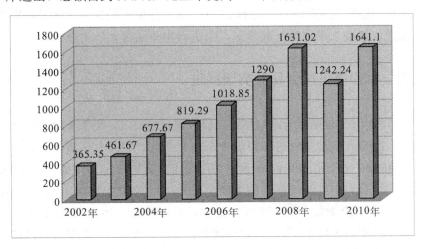

图 6-8　2002—2010 年天津口岸进出口贸易额分布图（亿美元）

资料来源：根据 2003—2011《天津年鉴》资料整理。

七、商贸业对外全面开放

2002 年，天津市商业抢抓入世机遇，对外招商引资保持快速增长

444

势头，实现协议外资额 3.03 亿美元，比上年增长 19.17%；外资到位额实现 6105 万美元，增长 17.4%。天津市商贸业主要有三个特点：一是国际知名企业纷纷涌入。除前几年进入的美国麦当劳、肯德基，法国家乐福，日本大荣、伊势丹，香港新世界、华润，台湾华钜外，又有美国沃尔玛、普尔斯玛特，德国麦德龙、欧倍德，荷兰万客隆，法国欧尚和台湾好又多等大型集团，在天津市投资项目进入经营和建设阶段。二是投资规模大。美国沃尔玛拟在和平路、新开路开办两家购物中心，建筑面积 5 万平方米，投资总额 3 亿元；德国麦德龙在红桥区兴建的大型仓储式会员店，建筑面积 1 万多平方米，投资总额 3000 多万美元；顶新集团在塘沽区及河北区设立的大型乐购生活购物中心，建筑面积 4 万多平方米，投资总额 2 亿元以上。三是对外贸易和投资进一步扩大。全年商口自营进出口贸易额 6074 万美元，比上年增长 54%，其中自营出口创汇 2093 万美元，增长 28.25%。新增获得自营进出口经营权企业 20 家。

2003 年，天津市商业对外开放呈现多层次、多业态、多样化发展特点，商贸业全面对外开放。一是招商引资规模扩大。全市商业协议外资额 2.25 亿美元，比上年增长 50%；外资到位额 1.2 亿美元，增长 97%；美国沃尔玛、德国麦德龙、荷兰万客隆以及泰国正大易初莲花等著名跨国商业集团的投资项目建成开业。二是利用外资领域不断拓展。沃尔玛设立的物流配送中心投入运营。三菱商事投资的物流项目全面启动；家乐福与劝华集团合作嫁接改造国有企业，连锁店铺由原先的 2 家发展到 5 家。三是对外交流合作步伐加快。全年商业自营出口创汇 3175.6 万美元，比上年增长 42.9%；接待日本、英国、美国、德国等 10 多个国家和地区的外商团组 29 批 230 多人次，组织赴日本、中国香港、欧洲等团组 16 批 110 人次；利用中央关于《内地与香港关于建立更紧密经贸关系的安排》政策的机遇，率先组团赴港，促进双方经贸关系进一步发展。

参考文献：

[1] 天津市统计局. 辉煌的历程 天津改革开放 30 年[M]. 北京：中国统计出版社，2008：4、10、27-28.

[2] 天津商务年鉴编辑部. 天津商务年鉴 2008[M]. 天津：天津社会科学院出版社，2009：23.

[3] 天津市人民政府. 天津年鉴 2002[M]. 天津：《天津年鉴》编辑部，2003：278、279、290-291.

[4] 天津市人民政府. 天津年鉴 2003[M]. 天津：《天津年鉴》编辑部，2004：270.

[5] 天津市人民政府. 天津年鉴 2004[M]. 天津：《天津年鉴》编辑部，2005：324.

[6] 天津市人民政府. 天津年鉴 2005[M]. 天津：《天津年鉴》编辑部，2006：413、423-424、426-427.

[7] 天津市人民政府. 天津年鉴 2006[M]. 天津：《天津年鉴》编辑部，2007：363.

[8] 天津市人民政府. 天津年鉴 2007[M]. 天津：《天津年鉴》编辑部，2008：371、383.

[9] 天津市人民政府. 天津年鉴 2008[M]. 天津：《天津年鉴》编辑部，2009：343.

[10] 天津市人民政府. 天津年鉴 2009[M]. 天津：《天津年鉴》编辑部，2010：234-235、263-264、299.

[11] 天津市人民政府. 天津年鉴 2010[M]. 天津：《天津年鉴》编辑部，2011：311、313、314.

[12] 天津市人民政府. 天津年鉴 2011[M]. 天津：《天津年鉴》编辑部，2012：120、309.

后　记

　　本书是天津市 2011 年度哲学社会科学规划课题"天津当代商贸发展史"（项目编码为 TJTJWT11-33<委托项目>）的研究成果之一。在研究本书的写作思路和拟定写作大纲时，得到了天津社会科学界联合会原党组书记万新平研究员、天津市经济发展研究所原所长刘东涛研究员、天津市社会科学院城市经济研究所原所长韩士元首席研究员、天津工程师范学院商贸管理系主任孙可娜教授的悉心指导。本书主要研究和阐述了中华人民共和国成立后的 60 年中天津市商业发展的历史过程。面对 60 年天津商业波澜壮阔的发展历史，参与本书撰写的全体人员既被其丰富的内容所震撼和折服，又感到很难把所有的历史细节都囊括进本书中，只能把天津当代商业发展的历史脉络和主要内容做简要阐述。在本书的写作过程中，我们参阅了大量的前人研究成果和参考资料，这些研究成果和参考资料已在书中的参考文献栏目中列出。在此我们对给予我们悉心指导的四位专家和为我们提供了研究成果和参考资料的作者们表示衷心的感谢。

　　本书的研究和撰写分工如下：张堃负责全书的写作指导，确定写作思路和拟定写作大纲，在写作过程中进行纲要性指导，对全书进行统稿和审定等。各章节的具体撰稿人如下：绪论、第一章、第二章：张堃；第三章：张志超、苏佩兰；第四章：王庆生；第五章：张堃；第六章、第七章：胡宇橙；后记：张堃。此外，参加本书资料查找和协作写作的学生有天津商业大学商学院研究生宋津、刘茂林、崔明月、李海泽等，在此一并表示感谢。

由于本书撰写时间紧迫，因此不可避免地存在一些错误和不足之处，我们真诚欢迎同行学者们提醒和指正。同时，对于文献引用中的遗漏，也敬请相关作者谅解。

张　堃

2017 年 3 月